荆楚文库

〔道光〕蒲圻縣志

〔清〕勞光泰 修
〔清〕但傅熺 纂

荆楚文庫編纂出版委員會
武漢大學出版社

荆楚文庫

〔道光〕蒲圻縣志

DAOGUANG PUQI XIANZHI

圖書在版編目(CIP)數據

〔道光〕蒲圻縣志/〔清〕勞光泰修;〔清〕但傅煒纂.
—武漢:武漢大學出版社,2022.3
ISBN 978-7-307-22894-8

Ⅰ.道…
Ⅱ.①勞… ②但…
Ⅲ.赤壁市—地方志—清代
Ⅳ.K296.34

中國版本圖書館CIP數據核字(2022)第016176號

責任編輯:李 程
整體設計:范漢成 曾顯惠 思 蒙
責任校對:汪欣怡
出版發行:武漢大學出版社(中國·武漢)
地址:武昌珞珈山
電話:(027)87215822 郵政編碼:430072
録排:武漢恒清圖文菲林輸出工作室
印刷:湖北新華印務有限公司
開本:787mm×1092mm 1/16
印張:24.75 插頁:6
版次:2022年3月第1版 2022年3月第1次印刷
定價:99.00元

ISBN 978-7-307-22894-8
9 787307 228948

《荆楚文庫·方志編》編纂組

組　長：劉偉成　陽海清（執行）

副組長：劉傑民（執行）　王　濤　謝春枝　郝　敏　嚴繼東　范志毅（執行）

參編人員（以姓氏筆畫爲序）：

王　濤　李云超　宋澤宇　范志毅　郝　敏　柳　巍　馬盛南　陳建勛

夏漢群　梅　琳　陽海清　彭余焕　彭筱澂　楊　萍　楊愛華　雷　静

劉偉成　劉傑民　劉水清　謝春枝　戴　波　嚴繼東

編　審：周　榮

顧　問：沈乃文　李國慶　吴　格

出版説明

湖北乃九省通衢，北學南學交會融通之地，文明昌盛，歷代文獻豐厚。守望傳統，編纂荆楚文獻，湖北淵源有自。清同治年間設立官書局，以整理鄉邦文獻爲旨趣。光緒年間張之洞督鄂後，以崇文書局推進典籍集成，湖北鄉賢身體力行之，編纂《湖北文徵》，集元明清三代湖北先哲遺作，收兩千七百餘作者文八千餘篇，洋洋六百萬言。盧氏兄弟輯録湖北先賢之作而成《湖北先正遺書》。至當代，武漢多所大學、圖書館在鄉邦典籍整理方面亦多所用力。爲傳承和弘揚優秀傳統文化，湖北省委、省政府決定編纂大型歷史文獻叢書《荆楚文庫》。

《荆楚文庫》以「搶救、保護、整理、出版」湖北文獻爲宗旨，分三編集藏。

甲、文獻編。收録歷代鄂籍人士著述，長期寓居湖北人士著述，省外人士探究湖北著述。包括傳世文獻、出土文獻和民間文獻。

乙、方志編。收録歷代省志、府縣志等。

丙、研究編。收録今人研究評述荆楚人物、史地、風物的學術著作和工具書及圖册。

文獻編、方志編録籍以一九四九年爲下限。

研究編簡體横排，文獻編繁體横排，方志編影印或點校出版。

《荆楚文庫》編纂出版委員會

二〇一五年十一月

前言

《〔道光〕蒲圻縣志》十卷，清勞光泰修，清但傅熺纂，清道光十六年（一八三六）刻本。牌記鐫：「道光丙申纂 蒲圻縣志 板存縣庫」。

勞光泰，字静庵，清廣東南海人，嘉慶二十五年（一八二〇）進士，官蒲圻知縣，歷任監利、嘉魚、通城知縣，荆州、隨州知州等職。但傅熺，字晨陸，邑人，道光十四年（一八三四）優貢，候選訓導。

邑志明代歷四修，皆不存於世。清之有志始於康熙十二年（一六七三），乾隆三年（一七三八）知縣王雲翔續修，其後九十七年未有再修。勞光泰於道光十四年（一八三四）到任，次年冬開館，延但傅熺等纂修續志，「使九十七年之事增著於篇，而舊志之有舛錯、脱畧者，悉正而補之」，十閲月而書成。

志分十卷十綱：職官、選舉、沿革、鄉里、溝洫、賦役、祠祭、名宦、人物、藝文。开篇列序、纂修職名、目録，每卷前引言簡介所涉綱目。其「職官」以年表形式列之，使民敬爲政美者而泣惡者。「選舉」參考通志、舊志，釐定其互有參差者。蒲圻一縣分四鄉四十四團，其「鄉里」依郡國約編之，又参照常璩《華陽國志》略加增飾。「祠祭」並條録入「縣内所有載在祀典者，以及民間之所崇報」者。「人物」一志，「舊志編目頗碎」，是志以「行全事雜者爲列傳」，其後以類分目，並更改舊志所録有誤者。「藝文」依照《欽定四庫全書總目提要》書録録之，軼者仿《文獻通考·經籍考》「並據他説畧存篇目，而邇來所作則篤其實」。

是志内容詳盡，《四庫大辭典》有讚言：「此書綱目少於前志，但一邑之典章事跡，概括無遺」。其體例特殊，以「職官」「選舉」而不以沿革、建置等内容爲首，於地方志中少見。其原書目録中，「名宦」「人物」下詳列所録人員名單，便於覽者快速查閲。然較之前志，其綱目簡略有失當之處。如「職官」下含「城郭」「公署」等建置内容，又附「災異」，於志例不符。「選舉」下有「學宫」相關内容，不如前志單設「學校」一綱。另有「分野」「古蹟」目入「沿革」、「風俗」目入「鄉里」等，皆不如前志所設「建置」「風俗」二綱清晰合理。

據《中國地方志聯合目録》，是志有刻本，藏於國圖、中央黨校、南京地理所、武漢等地，另有抄本，藏於上海圖書館。本次據清道光十六年（一八三六）刻本影印，該底本原缺卷二第五十八葉。（彭筱溦）

目録

道光丙申纂

蒲圻縣志

板存縣庫

纂修蒲圻縣志序

知縣勞光泰譔

蒲志自乾隆三年續纂至今九十七年矣其始纂在前明宣德戊申迄乾隆凡經六纂泰到職之初即有意是役而未暇蓋築隄之役急廹籌之軍書十數月間馳驅往來竟無虛日舊志數卷時一披覽輒以不得續纂爲恨去秋後隄告安瀾乃單騎從容周歷縣境與邑人士接見訪究吏事得失而談論於文史之間入洋泉山山連二十里奇峰數十並清潤松竹覆其頂多石路險甚徒步以行及山腰飛泉跳其下水碓砰磯聲達雲表宋南渡陳求道父子遇害者山道孫凱避賊此中名曰小

桃源今山中多其裔嘉慶三年白蓮教匪潛入跳梁蓋險以捍難亦以作難在司土者拊循之耳棄故路右轉歷四村莊既又層累而升忽及山頂但見鳥道一綫縣崖壁間與白雲齊長可四里時已傍晚輕命長驅有王尊叱馭意思既出山一山復前迥丈人石立其上卓絶下有木蘭寺讀壁上詩知此間名士不少入西艮湖湖彌五十里篷艙布颿扣舷欲歌仰視湖邊神山如蓬萊一角沿湖迤東訪呂岱故治究縣名所起惆悵久之捨舟循塍至上寺園山深類洋泉而清潤遜之田肥美有戴駝子數十人潛藏盜害垂二十年爲剷其洞窟盡擒之民悉安至港口驛任萬年菴菴乃明前縣林增志所葺爲驛館董文敏題額其上吳文恪綴以詩和者甚夥前縣何光晟彙刻之名曰諮餘錄前年夏阻雨菴中時江水陡長一丈深慮隄決亦作詩二章今寺僧並以刻入覽之不無愴懷至新店市訪新溪書院乃宋進士周子登仕讀書處有堂無舍爲分俸構屋楹一時好義之士相繼獻田以助至洪山園所過葛家任家兩垸經上年督修今皆完好而洪山古寺挺出雲端近寺諸山並峭絶巉崖如積鐵康熙時土人忤觸縣官爲請兵將殲之兵既集賴張鵬翥老人一言而解蓋此方山形險怪故俗尚剽悍土瘠民貧多積逋然爲之開陳利害之說卒人人點頭至小栢園西望石頭口烏林赤壁諸古

蹟平蕪綠野無復曩時戰爭氣象返輿內睇龍坑斗門諸圍千牛分列而牧隔溪黃土上年勘築之垸亦已長草垂蔓與柳葉同姿至車埠鎮敖生以其先人所著古今詩文賦屬爲序前此凡五至車埠敖生亦五接見然皆爲禱雨捕蝗勘災籌事皆未暇論文至此乃以文相屬而隅菴老人之裔又有所謂白蘓先生者乃在茅山左右朱石君相國序其海嶽集爲有關世道事功不朽之文亟造其舊廬收其遺帙以歸藏之篋中由是所歷既周所知愈熟自陸水長洋汀泗三大支流外別有四十八泉以溉農田其利甚美往時農夫救旱爭水構訟有司勘斷失當輒釀命案者既以瞭然於心目而邑內

又有徐州衛武左衛兩軍戶軍田與民戶牽涉結訟累季不能解者亦盡得其所居常欲著爲圖說以裨益吏治邑人士習見泰之閱工捕務皆極其勤而又周覽周詢不怠學古雅以文吏相欵洽冬月二日士畢集議請續志因條其凡例廣爲搜羅分授但傳熺張培芳等嚴裁峻製使九十七年之事增著於篇而舊志之有舛錯脫畧者悉正而補之十越月而書成是非頗不謬於聖人義例要以合乎古史然苟於到職之初倉卒爲之亦必不克辨古人文治之興皆有待也蓋以此

道光十六年歲次丙申冬

纂修蒲圻縣志職名

總纂

湖北武昌府蒲圻縣知縣 勞光泰

協纂

優貢生 但傳熺

邑廩生 張培芳

邑附生 但綖

邑附生 陳濤

總辦局事

附貢生 陳杏昌

貢生 游步雲

貢生 陳光聯

監生 王明福

校對

邑附生 周召棠

邑附生 陳星熺

採訪

擧人 游道

邑附生 羅家典

邑武生 李先倪

邑附生 鄧琦

邑附生 李士奎

監生 祝作楷
監生 賀會璟
貢生 賀會琪
邑附生 劉履銘
邑廩生 雷作霖
邑增生 錢自塋
邑附生 賀于逵
監生 宋璜
監生 何俊
邑附生 宋常輔
監生 楊瑞山

邑附生 章源盛
附貢生 章賡盛
邑附生 劉斗南
邑廩生 馬文綸
職員 陳宏綸
監生 張至善
州同知 謝澤逵
貢生 馬崇德
邑附生 錢兆奎
歲貢生 敖元愷
監生 廖祖培

邑附生 黃漢周
邑附生 馬應龍
邑附生 熊文楚
監生 熊祥
貢生 宋光宇
監生 黃吉兆
貢生 張盛治
歲貢生 任佳逵
邑附生 任嗣瀛
監生 余德安
監生 楊之雲

職員 鮑會麟
邑附生 任殿選
監生 任佳學
邑附生 邱印山
邑附生 廖世文
監生 金光烒
邑附生 李茂癸
監生 童廷晉
邑附生 田正斌
邑增生 徐盛治
歲貢生 葉先南

邑附生陳鴻
貢生李建美
監生鐘祖恒
邑附生江兆海
邑附生龔琳
邑廩生周順延
監生熊艮柏
歲貢生黃崇權
邑附生曾文鑑
邑附生聶聰
邑附生羅霖

監生顏光彬
職員馬效忠
監生周世澤
邑附生沈士燾
貢生張經周
邑附生胡德錦
貢生周家麟
監生徐宗楷
邑附生徐瓊治
監生魏治晰
監生吳士意

監生石宗泉
邑武生吳祚魁
邑增生涂開先
邑附生盧敏思
邑增生田寅春
邑增生陳光清
邑廩生李方椿
監生胡宏澄
監生聶步雲
監生周大鵬
邑附生李先詩

監生陳德豐
邑附生廖應彪
邑附生覃昇
邑廩生但兆龍
邑武生陳光德
梓人殷登榜

纂修蒲圻縣志目錄

卓行
廖視 李懋 何鑰 田賦
陳汝楫 王德原 鄧槐 陳文禮
王貴高 馬駿 魏銘 魏頌
王璧 黃頤 但存學 仵紳
但維城 魏濬 魏正初 龔良猷
馬練 馬之貌 饒敬承 魏朴如
龔棹 熊萬伋 謝師啟 張諧
余登 任文台 劉應命 周于蕃
袁昭文 魏說 馬天錦 徐鳴玉
余宗 李軫 謝應璜 鄒應錫
李世紀 任崇 馬淑昌 張瑾光
黃錦 雷閬 徐淑嘉 唐有勛
視大澄 張兆安

人物六

孝義
廖均用 戴思明 余恭 李玘
劉慶 魏宏 李興賢 邱岡
鄧廷珮 何珍 黃宗榮 熊若虞
任文定 魏彬如 徐錦 饒承教
王棋 周玉寰 舒春野 謝奇杏
彭楚書 但仕 楊四智 袁吉暉

賀世麟 張拱璧 張拱翼 宋維舉
任經邦 張大綱 張士達 朱希明
萬昂 丁鼎元 舒鳳翔 張達佐
舒恒言 費成禕 陳學義 徐鳴珍
馬宗昌 盧逢益 張文誨 張宗白
周柏 李曰瑚 但開元 周天度
王崇學 李方弼 黃恒濉 李爲松
張吉兆 錢琦 陳樹賢 賀運梅
吳濂 章開瑞 文攀元 馬光德
章應韓 章應勛 周麗金 賀瑄
賀斌 丁師

人物七

武功
汪濤 但應隆 劉鐸 劉錫乾
侯定國 張時麟 李侍義 馬天騎
王武臣 但起卿 傅奇俊 項楷
葉鳳舞 舒萬年

人物八

隱逸
歐陽炳 燕遺民 龔乾瑞 龔乾曜
戚眉壽 魏宸 魏式國 黃門相

朱時魁 何沖然 雷鶯 李正蔚
田有年 周維新 熊崑 萬啟明
魏崙 汪應華 鄧明崑 葛蒙校
何凝思 黃鳴鐘 彭大章 陳岱
魏熙達 熊巨侯 高學泰 周占魁

人物九

仙釋 楊易生 太元

人物十

流寓 廖正一 陳求道 趙葵 黃師曾
唐岳 傅鄉

人物十一

列女 元四人 明三十七人
國朝三百八十三人

卷十

藝文

蒲圻縣志

職官

楚以荀況爲蘭陵令蓋在秦置郡縣之先漢制千石至六百石曰令五百石至三百石曰長而長多循吏蒲圻中縣在令長之間昔之涖此亦有似潁川四長其人者至如荀令猶將待之

皇上御極以來州縣特加

召見倘作令如荀子必有以慰也然而令長之美與惡民之所不忘也雖在丞尉司鐸等官皆是也所有額設知縣一員縣丞典史巡檢各一員教官二員城守營千總一員又舊有主簿一員旣裁

去今並表之使爲政美者民覽之起敬惡者掩袂泣下闗于志職官城郭公署倉廒驛站鋪遞演武塲普濟堂育嬰堂義冢災異並附

歷朝職官年表

漢　涉羨縣令丞尉無考

三國　吳初建蒲圻於西良湖置鎮牧　呂岱有傳

唐	令	丞	主簿	尉
	武德 鄭元璡滎陽人有傳	永徽 李必聞有傳		開元 鄭光丞滎陽人有傳
	李必文名載府志			

宋	令	丞	主簿	尉
	紹聖 宋壽天長人有傳			
	隆興 簡世傑江西人有傳		舒邦佐進士江西人有傳	
	淳熙 汪泳休寧人有傳			趙方進士有傳
	錢仁老			淳祐 陳慶勉進士有傳
	端平 薛儀老永嘉人有傳			景定 蕭之才名載舊志

元	尹	丞	主簿	尉	典史
	至元 王斌有傳	狄忠列舊志河朔人	李佑載舊志		
		鄧仔有傳	李珪載舊志		
	至正 韓世輔河南人有傳		侯玉濟陰人有傳		
	譚天祐茶陵人有傳		侯矩載舊志	劉讓載舊志	葛元載舊志

明	知縣	縣丞	主簿	典史
	洪武 柯日新湖南平命知縣事平涼人有傳	爾朱欽四年進士陝西人有傳		
	丁士梅纂編修簡知縣事有傳	丁則行	胡宣城人	
	李居仁十年任山東人有傳	戴城十八年進士初授丞青田人有傳	王俊	
	黃廣二十五年任同安人有傳	王綱		
	錢昭二十九年	郝子謙載舊志		

任山東人有傳
張煜古田人有傳
永樂 吳俊五年任四
川人有傳
洪熙 高鼎元年任有傳 鐵 姑熟人
宣德 杜紳三年任四 傅 永豐人
川人有傳
回喬戴舊志河間人 陳 揚州人
正統 劉獻列舊志河內人 陸隆列舊志吉安人 朱琮列舊志吉安人
胡中五年任江 蔣茂列舊志華 張傑名載舊志
西人有傳 亭人

王斌列舊志六安人 劉恭列舊志吉安人 陳綱列舊志
天順
成化 葛鳳儀七年任天 王鎬列舊志樂 徐禧列舊志海 鄒盍列舊志瀘州人
津人有傳 平人 州人
周洪十八年任 石中艮列舊志四 王源列舊志奉 胡海列舊志光
上海人有傳 川人 節人 州人
朱賢名列舊志 余潮宗列舊志四 白潮宗名列舊志 湯鎮名列舊志
川人
宏治 羅列四年任南 汪顯四年任婺
海人有傳 源人有傳
解哲名列舊志 楊善名列舊志 謝和名列舊志 潘佑名列舊志

江西人
徐淮十八年任 鄭璜名列舊志 段錦名列舊志 蒲儉名列舊志
廣西人有傳
朱鵬列舊志四
川人
金麒永列舊志應
天人
正德 張珮十一年任 焦貴名列舊志 王勝名列舊志 吳經名列舊志
江西人有傳 泰州人 宿遷人 巴縣人
李邦十六年任 霍睿名列舊志 馮經列舊志宜 鄭錡
四川人有傳 綏德人 春人

蘇琮名列舊志 楊斌名列舊志 孫仝名列舊志 吳英名列舊志
江西人 劍州人 孟津人 武進人
韓完堯列舊志廣 計宗名列舊志 雷鳴高
東人有傳 鳳陽人
韓唐列舊志潁 鄭瓚名列舊志 陳因名列舊志
州人 成都人 山東人
王穀列舊志安
江人
劉虔列舊志四
川人

	劉善衹列舊志豐			
	城人			
	范言列舊志浙			
	江人有傳			
	方一桂二年進士			
	三年任莆田人有傳			
	吳本固八年進士	廖廷之名列舊志		何道四川人
	九年任河南人有傳	雙流人		
	沈正名列舊志	何鯢列舊志	汪爵祈門人	黎山南海人
	當塗人			
	沈森名列舊志	汪遠徽州人	謝聯	

	李桂廿三年任	金允升崑山人	盧敏政	金驥會稽人
	全州人有傳			
	崔一濂進士二十	陳白罷四川人	汪存古四川人	莫慰桂林人
	六年任南海人			
	羅學禮舉人三十	劉芳譽	徐禎四川人	陳湘江西人
	一年任內江人			
	桒漢舉人滁州		陳世栢	王恩寧波人
	人			
	高邦佐舉人四十			
	三年任烏程人有傳			
	毛彬青州人有傳			

隆慶	陳履五年進士			
	東莞人有傳			
	周逵舉人忠州人			
萬曆	胡其高進士二年			
	任井研人有傳			
	王三宅進士二年	吳芝巫山人	艾仲陽四川人	杜一學南海人
	任汲縣人			
		劉崇孝南直人	賈紹陽	李重豐城人
		孫體恒清江人		李桂
	章嘉禎進士後歷	廖逢吉達州人	羅亨四川人	王文湛
	吏部主事德清人有傳			

		戴萬年雲南人	秦周亳州人	徐時顯江西人
		王言石埭人		龍顯武太和人
	高舉進士擢御	周希閔縉雲人	韓甬仲婺源人	胡中嵩酆都人
	史淄川人有傳			
		呂文夔全州人	羅慎祥青陽人	張汝舟邵武人
		李淳允		唐璒漢州人
	吳宏濟進士擢御			
	史秀水人有傳			
	倪斯蕙壬辰進士	景守節選貢歷知	何汝霖璧山人	阮士亨於潛人
	歷吏部主	縣安邑人		
	事巴縣人有傳			

王之傑戊戌進士二十七年任陞刑部遂寧人有傳
汪有功甲辰進士三十三年任擢御史歙縣人有傳
張光前庚戌進士三十九年任後陞吏部澤州人有傳
顧其仁有傳癸丑進士四十三年任華陽人
宣大勳有傳癸丑進士四十四年任崇化人傳
吳炳己未進士四十八年任陞工部主事宜興人有傳
天啟 尹洗壬戌進士五年任擢給事中安肅人有傳
崇禎 林增志戊辰會魁元年任瑞州人陞翰林院有傳

唐一德義寧人
劉正教滄州人
陳克敬寧德人有傳
芮攀龍陝西人
程夢麟彭澤人有
陳嘉言烏程人
穆枝蕃南皮人
譚文周太平人
金夢麟桐鄉人
王元英四年任雲

何應珍彭澤人
陳若愚武隆人
王銳淳安人
李時植浙江人
譚希曾豐城人
劉光聘青陽人
宗大綬如皋人
汪可受歙縣人
羅宏三年任吉水人

張應蛟山陰人
黃廷膺青神人
沈僊
吳嘉慶南直人
魏國尚合肥人
壽得和山陰人
朱尚賓望江人
朱文遇南昌人
林一增永康人

廖道廣韶州人舉人八年任
曾棫臨川人辟舉十二年任有傳
姚繼舜徽州人貢生十六年任

南劍州籍寧波人
杜問益十一年任鄞縣辟舉
皋必升海門人恩貢十五年任

周之藩灤州人監生七年任
鍾律諸暨人係十年任
毛邦卿溧水人監生十五年任

阮世澄十二年任福建人
宗大綬南昌人十四年任
楊逢春會稽人十五年任

國朝 知縣

順治 張蘊東昌人恩貢二年任
戴成名開元人貢士八年任有傳
江一經建德人監

縣丞

齊儼然房山人恩貢二年任
鄭國賓大興人吏員五年任
呂榮賓旌德人九年任
馬斯才萬全衛人恩貢十二年任

巡檢

甯應賓青陽人三年任本年奉裁

典史

曹復彬會稽人三年任
劉敬儒保寧人武生七年任
江化龍青陽人吏員十一年任
趙永祿同州人十三年任

貢十四年任

任

王道夘 陽城人舉人十六年任　　王鼎 桐柏人歲貢十六年任

任遡昉 閬中人戊戌進士十八年任　　陶璞 合水人歲貢十八年任

康熙

汪濊 山東人　　唐國弼 大興人吏員元年任

張圻隆 西華人辛丑進士十八年任　　劉闊儒 高淳人貢士十年任　　潘家進 浙江人七年任

王來賓 遼東杏山人官生特簡十三年任　　邱誌 直隸天津人例監　　趙廸祥 直隸人

李清 山西安邑人例監十年任有傳　　李秀發 江寧人例監　　張如彥 山西人三十四年任

霍際斯 廣東南海人舉人二十四年任　　梛承芳 當塗人例監

康熙

馬煥曾 藩司經歷二十四年攝

趙景伯 直隸盐山人二十六年任　　馮瓏 山東人例監二十六年任　　徐衍珠 山東人四十年任

張芑 桐城人二十六年攝有傳

李榮 嘉魚令三

十年攝

韓維翰 山東淄川人進士三十二年任

詹象泰 咸寧令三十三年攝

蒙國祚 南海人舉人三十三年任　　楊名世 錢塘人例監三十三年任　　蓋忠貞 山西人四十九年任

佟寧年 遼東例監三十六年任有傳

胡俊 崇陽令四十三年攝

趙昌祚 江南句容人進士四十三年任　　丁士遴 直隸人五十二年任

尚璠 武昌令五十一年攝有傳

吳益琬 福建安溪人舉人五十二年任

袁霆 興國州同五十三年攝

吳文琦 通城令五十五年攝

陳倬 貴州湄潭

八進士五十五年任有傳
王遴秀福建武平人例監五十六年任
劉文燧咸寧令五十七年攝
張朱霖江南大倉八進士五十八年任調
雍正
毛之琇四川松潘人舉人五年任
周思呂候補五年攝
吳琁福建將樂人癸卯進士六年任有傳
樊本淏江西舉人候補六年攝
乾隆
劉嗣孔陝西舉人候補元年攝
王雲翔江西新淦人癸丑進士元年任有傳

陳文蔚鑲紅旗人例監
王調鑲紅旗人例監四年任
于度直隸安州人歲貢五年任

方廷楷直例人六年任
金在閶浙江人十年任

孫毓華順天大興人貢生七年任
俞鋐浙江歸安人進士九年任
蔣毓琇十一年任
孫穆直隸豐潤人丁巳進士十二年任
高綿勳厢黃旂漢軍人監生十九年攝
郭元正陝西蒲城人丙午舉人二十一年任
張大儒湖南沅陵人貢生二十一年攝
安洛德山東聊城人乙卯舉人二十一年任
龔士楷四川營山人乙未進士三十年攝
李世護湖南桃源

俞瀚江南江寧人附生五年任
楊永道正紅旂漢軍人監生十八年任
高芳厢黃旂漢軍人監生二十年任
蔣惟炘浙江蕭山人厢黃教習二十一年任
韓悅曾江蘇長州人監生二十四年任
鄭康侯雲南嵩明州人監生廿八年任
胡達望湖南邵陽人貢生二十九年任

丁元吉順天宛平人吏員三年任
楊希濂順天宛平人吏員十年任
莊銘浙江石門人吏員十八年任
朱寅順天大興人吏員二十五年任
嚴起鳳順天涿州人吏員二十八年任
陸繼震江蘇武進人監生三十年任

陳文燧順天宛平人吏員四年任
曾灝浙江會稽人供事十二年任

	人監生三十五年攝	錢 炡 浙江長興人監生三十二年任	高元佑 陝西韓城人監生三十五年任	
	吳正域 江蘇甘泉人甲戌進士三十五年任		朱昌煜 直隸清苑人吏員三十六年任	
	韓悅曾 本縣縣丞三十八年攝			
	何光晟 湖南湘潭人庚辰舉人三十九年任	史廷標 浙江會稽人監生四十一年任	鍾 蓮 廣東長樂人吏員三十九年任	張時雨 浙江山陰人吏員三十九年任
	黃 熓 江西南豐人辛卯舉人四十四年攝	薛介廷 陝西雒縣人廪貢四十三年任	高元佑 四十三年復任	
		羅應壁 四川營山人監生四十五年任		王經熾 山西安邑人捐納未入四十五年任
	孔毓檀 山東曲阜人乙酉舉人四十六年攝			
	任其昌 四川銅梁人癸酉舉人四十九年攝			陸 瑢 江蘇元和人監生四十九年任
	鍾濟亨 廣東博樂人辛卯舉人五十年攝	孫汝明 江蘇陽湖人監生五十年任		
	李 垣 直隸吳橋			

蒲圻縣志卷一 職官 十三

	人己亥舉人五十一年攝			
	湯汝梅 浙江仁和人監生五十二年攝			
	孫廷華 浙江鎮海人監生五十二年攝			
	王學渟 浙江錢塘人丙戌進士五十二年任			
	寇恭先 四川渠縣人庚辰舉人五十四年任		俞傳聲 浙江桐鄉人監生五十四年任	陳 銳 江南江寧人監生五十四任
	永 保 正黃旗漢軍人丙午舉人五十八年任	沈元琦 浙江海寧人監生五十七年任		
	靈 川 正黃旗漢軍人乾隆繙繹舉人六十年任			
嘉慶	楊清輪 江蘇陽湖人乾隆丁酉舉人二年攝本任靈川三年回任有傳	孫士清 順天大興人監生元年任		翟 儒 安徽涇縣人供事二年任
				許世昌 安徽歙縣人供事二年任

蒲圻縣志卷一 職官 十四

石爐 正白旂漢軍人監生七年攝本任靈川八年回任

王文然 浙江仁和人乾隆丙午舉人九年攝本任靈川回任

黃瀚才 廣東吳川人監生十一年攝

鄭家屏 直隸灤州人廩生十三年任

張增齡 江西新淦人乾隆丙午舉人十五年攝本任鄭於是年回任

楊承懋 江蘇金匱人廩生十六年攝

陳善 湖南長沙人乾隆庚子舉人十八年任

鄭儁 直隸豐潤人監生十九年攝

彭炢 江西寧都

汪慕鍾 廣西臨桂人吏員十二年任

俞顯德 浙江海寧人監生十三年任

陳紹堯 四川保縣人吏員八年任

張霖 順天大興人監生十五年任

高會寅 安徽清溪人供事五年任

許世昌 九年復任

袁蘊 祖籍浙江寄籍順天監生十九年任

人壬戌進士二十年任

沈夢蘭 浙江烏程人乾隆癸卯舉人二十四年攝本年彭炢回任

道光

王瞰 山東黃縣人戊午舉人元年任

方椿森 安徽桐城人正黃旂教習四年攝

沈棠 直隸清苑人捐納從九四年攝本年王瞰回任

王達 順天宛平人乾隆辛酉進士五年任

白榮西 河南武安人嘉慶癸酉舉人七年攝八年王達回任

丁周 湖南醴陵人嘉慶戊辰舉人十

范繼昌 順天人祖籍浙江供事二十三年任

俞大亨 浙江海寧人監生元年任

程攀桂 浙江會稽人監生三年任

年攝
唐瀛士山西高平人壬午舉人十一年任　秦元治陝西郃陽人監生十一年任
蔣廷敔廣西全州人嘉慶辛未進士十二年攝
林鳳儀福建福清人嘉慶甲戌進士十三年攝
勞光泰廣東廣州府南海縣人嘉慶庚辰進士十四年任　李翰容順天大興人監生十五年任

宋學正　李洪有傳
教諭　宋偲名列舊志　雷益明列舊志　黄廷訓列舊志
直學　宋侃列舊志　陳圭列舊志
掌儀　黄廷鳳列舊志　王宣議河南汝陽縣人
學訓　高敔渭列舊志

元學正　至元劉昭列舊志　董奇發列舊志
學長　趙子美列舊志
學諭　楊元孚列舊志　宋孟卿列舊志
直學　黄元善　宋公正
學訓　朱公明　黄癸南　項琛

明教諭
洪武鍾彥良列舊志
榔潤民十五年任有傳
永樂朱鑑十五年任擢御史全州人有傳
甌邦吉名列舊志

訓導崇禎三年裁
唐岳六年任列流寓平江人有傳
艾觀九年任邑人有傳
任時用十三年任邑人有傳
李德庸十九年任列理學邑人有傳
沈孔熙列舊志柳城人
馬敬六年任山東人有傳

宣德黄純 拜給士中全椒人有傳

正統黎公弁 臨川人有傳　曾謨 列舊志吉水人　蕭子楫 十二年任泰和人有傳

胡實 十三年任南城人有傳　鄒信 列舊志

景泰　曾雞 六年任泰和人有傳　曾政 泰和人列舊志

成化傅善 列舊志新淦人

嚴謹 列舊志浙江人

宏治鄭肅 祁門人有傳

郭統 列舊志吉水人

張暕 列舊志浙江人

正德辛懋 內江人有傳　洪山 列舊志成都人　楊克復 列舊志眉州人

郭顯 列舊志廣平人　林文禮 列舊志古田人　何欽 列舊志南海人

嘉靖羅弼 列舊志　甘洪 列舊志長壽人　陳伯僑

歐陽至 泰和人　袁忱 列舊志龍溪人

龔璋 舉人列舊志雲南人　錢儒 騰越人

胡乾 舉人臨桂人　胡鏜 會稽人　范時省 華陽人

陳雲鵠 宜春人　沈英 臨淮人　謝宸 蓬溪人

康厚 通許人　袁廷光 宜良人　張時秀 南溪人

馬進階 舉人內江人有傳　藕顯祥 宜城人　李燮 溧陽人

吳世忠 舉人陞知縣歙縣人　李圭 繁昌人　王鎬 南平人

李嘉言 舉人陞同知臨桂人　方夢龍 宜城人

李尚德 舉人合州人　李朝陽 綿州人

隆慶吳復清 南海人　張大韶 馬龍人　程嘉鳳 彭山人

萬曆林民止 元年任二年中進士莆田人有傳　蔡仲襄 蓬州人　曾治 彬州人

王朝輿 舉人安福人　袁肅 常州人　伍廷宰 清流人

何鍾秀 通江人

周允惠 華亭人

何師聖 舉人內江人

董廷縉 瑞昌人　張儒 鍾祥人　趙子文 歸州人

張大化 舉人歸善人　楊時霽 寧遠人

徐景化 納溪人　吳守仁 衡陽人

馮斯艮 舉人楚水人有傳

李世薦 舉人麻城人有傳　崔世忠 江陵人　謝薦 麻城人

蔡士用 三十四年任邵陽人有傳　何思遜 安鄉人　田鈞 巴東人

廖守遴 常寧人　熊光祖 夔州人

萬仞 興山人　邢懋才 黃梅人　周延申 蘄水人陞知縣有傳

蔣季燗 舉人全州人有傳　周艮壁 應山人

張應軾 西平人　陳天街 漢川人

魏開之 舉人京山人　劉秉鈇 廣濟人有傳　王應時 棗陽人

天啟李不伐 舉人山東人有傳　張存紳 華容人有傳　苗時可 舞陽人

劉傅 舉人江陵人　梅遇春 當陽人　石應奇 隨州人

崇禎黃表赤 舉人宜興人有傳　李必秀 城步人

吳道善 舉人孝感人

王立位黄陂人陞金華知縣　胡景文沔陽人
舒中天舉人黄岡人有傳　李　澤宜都人
李帷晉監利人
陳一道江夏人中丁亥進士

國朝教諭　訓導康熙三年裁十五年復設

順治　劉　昌舉人潛江人　周文昱漢陽府人
蘓世鼎舉人巴陵人　許師邵江陵人
熊世讜江陵人中巳亥進士有傳　李光炳黄安人陞教諭
程艮惺孝感人中甲辰進士有傳　楊成珙蘄水人
康熙　徐祚宏舉人孝感人　李　儞荆門州人有傳
朱家藩夔陵州人十一年任

李　衮鄖西人由當陽訓導陞十九年任　盧世銓慈利人十八年任
李必泰蘄州舉人二十四年任有傳　程光琦孝感人三十四年任
雷　先巴東人歲貢由零陵訓導廿四年任　方鍾齡漢川人三十七年任
楊尚訓江陵舉人五十六年任　張天秩黄陂人捐貢四十二年任
徐　桐漢川舉人六十年任　歐陽迺漢川人損貢四十八年任
余澤宏沔陽州人損貢五十一年任
雍正　鄒受祉黄岡舉人五年任　葉鳳喈蘄州歲貢五年任
夏元旦漢川歲貢九年任
高時健天門歲貢十一年任

乾隆　夏扶雎湖北孝感縣人丙午舉人六年任　鄧艮爕湖北蔴城縣人拔貢四年任
熊　琫湖北雲夢縣人戊午舉人十八年任　伍聯元湖北沔陽州人拔貢八年任
但準昌湖北漢川人丙午舉人二十五年任　劉　選湖北襄陽人優貢十六年任
章士縉湖北沔陽人甲子舉人三十六年任　王　楷湖北雲夢縣人拔貢二十二年任
沈文封湖北安陸人癸酉舉人四十三年任　梅成正湖北歸州人廪生二十九年任
孫　謚湖北京山人丁酉舉人五十二年任　聶　普湖北漢川人癸酉舉人三十二年任
李澤張湖北荆門州人廪生三十五年任
張材魁湖北廣濟人廪生四十二年任
羅其膚湖北東湖人廪生五十一年任
嘉慶　范　鐸湖北宜城人乾隆乙亥舉人六年任　高安復湖北鍾祥縣人廪貢九年任
劉益隆湖南鳳凰廳人歲貢九年任　黄紹秀湖北江陵人廪生十七年任

吳覲光湖北江陵人乾隆壬子舉人十五年任　龔傳瑜湖北鶴峰州人拔貢十八年任
蔡敦仁湖北沔陽州人廪貢二十年任
道光　左承陽湖北漢陽人嘉慶戊辰舉人二年任　陳　準湖北蘄州人癸酉舉人八年任
王穎川湖北監利人嘉慶己卯舉人十年任　吳直鈞湖北黄梅人歲貢十三年任
陶英鴻湖南安化縣人歲貢十六年任

城守營千總　舊志缺載今載其近者

李成英江夏縣人行伍雍正十一年任

胡　榮黃岡縣人行伍乾隆五年任

魏　國江夏縣人行伍乾隆十二年任

陳　明江夏縣人行伍乾隆廿八年任

吳觀瀾東湖縣人武舉乾隆二十五年任

郭萬年江夏縣人行伍乾隆三十年任

江濟盛湖南瀏陽人武舉乾隆三十九年任

周興國江夏縣人行伍乾隆四十八年任

陳　臨蘄州人行伍乾隆五十七年任

鄧長青江夏縣人武舉嘉慶八年任

蔡光福東湖縣人武舉道光七年任

王名得江夏縣人行伍道光十六年任

官制

漢沙羨縣令一人有丞有尉有三老有嗇夫有游徼

晉蒲圻縣令一人有勸農吏

唐蒲圻縣令一人有丞有主簿有尉

宋蒲圻縣令一人有丞有主簿有尉

元蒲圻縣達魯花赤一人監縣事兼勸農有尹有丞有主簿有尉有典史

明蒲圻縣知縣一員縣丞一員主簿一人順治三年裁典史一人儒學教諭一人訓導二人崇禎三年裁一康熙三年全裁十五年復設一人羊樓洞巡簡司巡簡一人雍正五年裁鳳山驛驛丞一人雍正六年裁官塘驛驛

丞一人乾隆二十一年裁港口驛驛丞一人乾隆二十七年改爲巡檢稅課局大使一人長河河泊所所官一人前明裁陰陽學訓術醫學訓科各一人僧會司道會司各一人

城郭

在府治西南三百六十里東七十里至咸寧縣界東南七十里至崇陽縣治南四十里至崇陽縣界西南一百五十里至湖南岳州府臨湘縣界西四十里至臨湘縣界西北一百里至嘉魚縣界北四十里至嘉魚縣界東北七十里至咸寧縣治城周迴七百丈高一丈七尺磚壖廣五尺城廣一丈六尺城樓凡六南曰迎薰北曰拱極東曰聚奎西曰寶城又西曰豐樂北曰通淮萬歷三年知縣胡其高築三十八年知縣張光前修崇禎三年知縣林增志重修有記

國朝康熙九年知縣張圻隆重修南北譙樓十年新建東西二門譙樓雍正四年知縣張朱霖毛之琇繼修嘉慶二年知縣承保重修

公署

縣署在積慶坊鳳山監舊地並拓駱瀚歐陽炳和居址唐武德九年自西畈湖徙置元至正十二年燬於兵明洪武元年知縣柯日新復建永樂十二年災宣德二年知縣回裔載建正統五年知縣胡中修成化九年知縣葛鳳儀重修天啟二年知縣吳炳修崇禎三年知縣林增志於宅後作中隱園明末燬於兵

國朝順治十六年知縣王道从重建康熙九年知縣張圻隆重修嘉慶十五年知縣鄭家屏修道光十五年知縣

勞光泰重修

唐岳記附蒲之爲邑也東臨江漢之會南控衡湘之要自吾武昌觀之可謂鉅邑矣且左杭豐財右連疊秀南挹蓴川之清流後有龍潭之美跡山川之綢繆人物之儁麗賢官名宰具在方冊巍科顯仕代不乏人奈何兵火之餘街渠委於榛莽人烟竄於荆棘獸蹄鳥跡之交横商賈舟車之罕見縣官結茅署事百廢未舉甲辰春聖天子受天明命削平僭僞選用賢良整理部縣明年秋平梁柯公日新來知縣事雅量足以鎮浮俗正言足以厭佞諛清慎寡欲廉公有威主簿宣城胡公學優而仕典史鄭公有學有守果而能斷於是刑政清明人皆悅服斯邑之民流徙者畢復其業他縣之民慕德來歸者襁負繼至而田野以闢戶口以增絃歌之聲相聞禮義之化以興柯公乃謀於衆曰吾爲邑長而縣邑荒穢不治聖賢之祠鞠在草莽豈非吾黨之責乎且吾聞務其三時驗其丁產則動民而民不懼勞民而民不怨今年穀屢豐四民安業一新縣邑以稱聖主光天下之意夫何難爲皆應曰諾乃同寅協恭百工贊襄獻巧者斧斤相聞効力者謳歌載道闢草萊樹棟宇而署事有廳分憲有司參贊有幕吏牘有房刑禁有所又有戒石之亭更鼓之樓宅土之祠周以垣墉甃以陶甓塗以丹雘

三皇文廟秩祀之神皆復廟像至郵亭傳舍津渡橋
梁未及朞年靡不修舉何成功之速如是哉葢有得
於敬事而信節用而愛人使民以時之㫖也遺老屬
予爲文刻之貞珉以昭示無窮予謂亂極而治理之
必然當天造草昧之時屯難未亨之際欽遇國家啟
運分職設官一時之賢萃於斯邑克復舊觀以立國
家萬年之基是可書也已

林增志重築北河城垣記附載 丸封如蒲所稱三里之
城也僻居萬山衝當四達豈惟本邑庫獄重大郎巨
室蓋藏之篚單門妻孥之依咸憑城以完其有余戊
辰冬受事歷遇遭兒讌樓圮廢甚矣隨申請上臺發

帑錢修繕敗者葺之缺者完之毀者新之每一麗譙
工竟輒詣閱諦觀犒匠役有差惟北河一帶當千溪
萬泉之衝而崇通二邑朝宗之水復取道於此凡春
夏之交雨溢流漏泛濫奔騰而下其勢撼岸激石非
至堅莫抵舊垣自阯而上率以小石和土砌就築者
繕者遞相因仍苟且完局不爲經久計一遇狂瀾如
枯朽當廉利靡不摧拉數仞鹵莽之累下受齧而上
傾隤是以屢築屢壞徒縻畚鍤之費庚午春因水壯
復圮余思唐顏魯公守平原當祿山未叛之先逆知
其不軌潛爲之備陽託霖雨增陴浚隍厥後二十四
郡望風而靡平原金湯歸然得之預也況今國家戒
嚴而全楚有紅旗之釁僻懸一蒲倘暴客橫發而城
適訌於水何以守禦則綢繆於北垣者可不懷永圖
乎同政戎廳金君素負幹當具留心民社分猷宣勞
克祇厥事因以董築之役專屬君毅然力肩其任焉
凡四閱月告成

教諭訓導署在學宫內
縣丞署在縣署左
典史署在儀門內左
港口巡檢司署在縣西六十里

倉廒

常平倉在署右　漕南倉在五顯廟

驛站鋪遞

鳳山驛在縣北使星坊明洪武十五年知縣李居仁肇
創後徙五嶽觀後雍正六年遷縣城內址存
官塘驛在縣東北六十里明洪武間創
港口驛在縣西六十里明洪武間創
廖道南記截附莆田方進士一桂尹吾蒲圻才優行
卓克祇厥事乙酉春正月御史王秀巡於蒲圻乃喟
然嘆曰美哉山河四塞氣鬱鬱乎佳哉惟茲官塘當
茲邑之北衝京畿中州之逵繇焉港口當茲邑之南
衝雲貴閩粵之逵繇焉古者司里授館候人道璣掌
國司險委吏主藏膳夫餽粲賓至如歸乃今二驛耆

鬱蒼夔石巑基圮木日委翳鳥鳴狸走予嘗悼焉爾方今其克新之方令曰是不類責也乃鳩工庀材官塘樓者三門者三廳者五廂者六港口堂者三庫者二樓廳廂庖湢亦如之不踰月而功告成以復於御史嘆曰美哉規度宏偉可貞也已屬道南記之截錄

鳳山總鋪在縣治左廢北十里憉懃鋪二十里下壠鋪三十里詹家嵛鋪四十里石子崗鋪五十里官塘鋪六十里龍坑鋪至咸寧界南十里五洪鋪二十里白石鋪三十里來山鋪四十里港口鋪五十里洪石鋪六十里麥坪鋪至臨湘界東南十里荆港鋪至崇陽界西北十里洪水鋪至嘉魚界

演武場舊在縣西北雲盤塘側明王簿王爵增設萬歷

三年胡其高修城據其地又取土增埤勢汙下不便閱武將其餘地易本縣民王世賢五嶽觀前山地爲之建門堂旗臺築垣樹相環之崇禎三年知縣林增志重修其舊場餘地改厲壇爲掩骼地名漏澤園立石界焉

普濟堂在縣南雙路口舊義倉地額載孤貧十名共銀二十一兩

育嬰堂在縣豐樂門卽南糧倉遺趾雍正年間建

知縣勞光泰育嬰堂記附楚俗多溺女有育嬰堂而女得不溺矣予蒞蒲月朔望必詣堂親給乳資驗嬰兒以優劣乳毋故嬰兒鮮有死者而所收養由是益多然只有女嬰無男嬰故知所收之女皆將溺之女也惟存堂本錢僅壹千八百串歲取息可育肆十餘口今所收至一百二十餘口若以本錢濟之後將不繼女仍溺耳予乃捐廉爲倡隨令堂長張美賦等勸捐得錢四百餘串踰年謝上恩等勸捐得錢三百餘串又劉海存呈捐錢壹百串曾永清捐田壹百畝張琪美捐田十五畝王名魁捐田十三畝馬文杏捐田十八畝陳修榮撿蓋堂宇而劉海存等六人復捐錢二百串取息製嬰兒棉衣嬰兒既得飽煖矣然是目前之觀也恐後仍不繼焉蓋雍正間堂初建之乳資故未收養乾隆四年知縣王雲翙始捐廉收養十餘口旋亦廢乾隆四十二年知縣何光晟復修堂立堂

長設循環簿始積乳資錢道光六七八等年知縣王達復積之陳修榮等爲堂長又積之而所收養未有如今之多也予惟願溺女者少則收養亦少也不然則既收之女旋卽勸人抱去也又不然則捐錢捐田者衆使租息足以育之而堂得不廢也用記之以勸善者

義冢　一在東洲一在西洲一在城南五岳觀前一在演武廠一在黃土嶺一在楓樹嶺一在茶園嶺一在城西銅錢坡凡八處皆舊義土又一在演武廠後又一在楓樹嶺後一在五岳觀前餘橋上首山凡三處黃佐廷捐又一在豐樂門外厲壇左右山二段周楚士捐又大石橋一段陳秉乾捐又道光十二年大疫貢生陳杏昌

在西洲及城南捐地為大冢掩埋又鄭萬年王明福等
購地三段一在城南錢家庄一在和市嶺一在大石橋

災異

明

洪武二十六年六月十五日縣南圍村天晴將午空中
聲如轟雷驚二三里居民見田野中水騰沸久之乃止
往視之見一竅約四五尺掘之得一石大如酒瓮色青
黒狀類狗頭蓋星隕所化
永樂十九年正月朔縣東北西艮湖近岸有深淵名石
潭是日風浪恬息有婦人出汲見一物橫亘湖汲長不
可度衆往視之乃龍也久而始沉其年是方大疫

正德三年大水
四年大旱
五年蝗食松盡死
嘉靖二十三年大旱斗米千錢
萬歷三年三月蒲之西江得古磚一窑知縣胡其高夢
有雷文祥者與言建城事亡何父老於西江獲古磚上
有見夢者姓名風聞當途相詫靈異
四月朔日晝暝獸奔鳥亂
四年地大震
十六年大旱禾稼盡枯
十七年大旱赤地竟邑
二十九年正月朔日城内火災比屋延燒四面焰起灰
燼幾半
三十年五月有虎子入城是年大水龍挾九子妖蛟不
戢地陷山崩陵谷失位
三十三年春二月地震
三十六年夏江豚入山河巨浸稽天市中使船如使馬
人畜溺死者無算
三十八年三月初六日天鳴
五月大旱
四十五年夏大旱知縣宣大勲訓導陳天街禱雨有應
四十八年産瑞竹多處似雕鏤龜文

天啟元年十月初五日天雨黒子狀如黍如菽食之
味甘 十二月鹽價騰涌每包七錢
二年二月二十五日大風拔木屋瓦咸飛大雨雹
五年大饑穀貴七月雨雹
崇禎元年戊辰十月三十日羣龍鬬於空中江河魚鱉
盡死
十月内外樹介 考晉書武帝朝十一月陰霧凝冰封樹寒故得雨而冰謂之樹介介兵象也
二年大旱
四年四月二十一日夜雨冰
七月十八日寅時地震空中蓬蓬有聲室廬如蕩舟搖

旆至十月十二日丑時復震
十三年大蝗冬十月晝暝路人失措鷄犬驚散五刻始
復冬十一月桃李盡花穀價每石一兩
十四年春大疫秋蝗蝻蔽天所過稻粟一空
十五年春大疫哭泣之聲比戶相聞
十六年秋七月十一日流寇張獻忠陷城知縣曾栻死
之白骨山積屋廬灰燼者大半
國朝
順治二年闖賊寇蒲盤踞鄉市積三閱月燒殺殆盡五
月
國朝王師臨楚六月委官至蒲安撫殘黎復睹太平大有

年
三年旱
四年大歉穀價每石二兩
九年夏大旱秋九月始雨蕎粟熟
十年大歉穀價每石二兩民食蕨根
十八年大有年
康熙元年壬寅大有年
二年大水
王師征勦西山運米背夫死者甚衆
四年乙巳大有年
八年四月十四日大風屋瓦皆飛樹木盡折江河溺死

者無算
九年夏大旱知縣張圻隆禱雨有應有碑秋大水冬冰
雪積五旬始解黎民凍餒
十年夏四月蟲食苗既　五月大旱赤地千里百姓哀
號多襁負逃散者至十月始雨
十一年夏四月麥熟秋七月蟲食稻日伏水中夜食苗
稼殆盡是年多雨
十四年大稔時兵車絡繹而米價甚平
十五年夏秋大水
十七年我師破賊流亡轉徙者歸集
十八年旱

二十一年秋大水
二十三年大稔
二十四年大水
二十五年穀貴
二十七年穀貴
二十八年旱
二十九年饑
三十年大有年
三十三年旱
三十五年大水
三十六年大有年

四十年大有年
四十四年大水
四十五年春夏大疫
四十七年大水穀貴民復病疫
五十三年秋旱
五十四年夏蟲麥秋大熟
五十五年大水城市行舟低田盡淹沒
五十七年大有年
五十九年六月大水
六十年秋多虎
雍正元年秋旱鹽貴

三年秋旱痢疾盛行穀貴
四年大水
五年春夏大水沒城長堤決麥無收穀貴每石一兩餘
郡守臨縣撫綏饑民
六年春夏民病疫秋大熟
七年夏蟲災
十年大有年
十一年麥大熟
十二年三月八日大雷電雨雹土礄圍騰蛟壞民田廬
十三年旱
乾隆元年大有年縣民錢　　之妻一產三男

二年大有年
三年秋七月旱
四年夏五月旱
七年大水
十三年大有年
二十九年水
三十二年水據冊檔
三十四年水冊檔
四十二年有年麥雙歧
湖北巡撫臣陳輝祖
奏爲恭報二麥豐收雙歧麥成事竊照本年入春雨水勻

調麥苗穮粮俱極暢茂茲届孟夏據各屬稟報二麥現
在先後刈穫收成均有八九分遍省豐稔容俟遵例彙
核
題報又據司府轉據蒲圻縣知縣何光晟稟該縣萬壽庄
鄉民祝其源家於刈麥時見有雙岐之穗撿取多莖呈
驗前來臣伏查宿麥如雲滋茂嘉苗匝地標奇皆
國家景運昌明盛事乃耆我
皇上大孝純誠永懷私慕體
深宮堯舜之仁獨復恩周於蔀屋被
累葉和甘之兆豐亨福錫於黔黎垂慶自天湛恩載地閟
閟蒙

澤草木含膏因之感先百穀上慰
宵旰之憂勞是以秀發雙歧共載
仁慈之德化伏爲
皇上聖德淵冲不言符瑞現據農民呈報臣不敢壅於上
聞理合恭摺具
奏並照麥穗繪圖進呈
御覽伏乞
睿鑒謹
奏奉
硃批知道了欽此

四十三年旱災

四十六年旱

四十七年水

五十年旱

五十三年水

五十九年歲大熟

嘉慶元年大有年

三年邪匪滋事勦平之歲有秋

七年大旱

十六年大旱

十八年大有年

十九年有秋

二十一年除夕大雪瓦上有人足跡

二十四年城內火

道光元年辛巳有秋

三年大稔

十一年大水

十二年水大疫

十五年旱知縣勞光泰禱雨有應勒霖雨頌碑秋有蝗

冬大雪

十六年丙申大有年

知縣勞光泰捕蝗記附

捕蝗不如捕蝻捕蝻不如滅種此史茂説也若泰於

蒲圻則力多捕蝻蒲圻多山樹茂密石壁立人不得上任年飛蝗停落之處有遺種嘗設法掘之不能盡於是定爲捕蝻之法以待稽蝻之始生形甚小相聚成堆若牛糞然視之微動以一束薪燒之立滅越數日卽能躍見其躍而薙草以燒之亦可立滅惟在能伺之而已於是畧仿古團練法令邑內四十四團保甲各舉業長數人或數十人以一二公正紳士領之就其中田地每畝量抽錢五六文分儲備用而日僱數夫周行巡視復傳諭牧童樵婦有能察出以報者給數錢賞之捕如前法或蝻經大躍廣至數里則許各業長保甲按戶抽夫分隊業長領之前行如列戰

法以半夫薙草半夫持竿撲捕已乃焚去其有不出夫及出夫而不盡力者罰無赦約既定而上寺一圖已有蝻萌生矣時甫三月既與業長依法燒之迨四月十八日白石圖復有萌生亦燒之四月杪上寺方橋來山官田石坑等圖山上均有萌生泰惶恐手足無措幸早備之而官田石坑來山三圖均與如法燒滅惟上寺圖則蝻在峭崖之上不能捕乃於昏夜時爇薪其下蝻望光投火自焚晝則伺其躍下掩捕如是者數晝夜蝻盡滅忽五月初十日車埠圖集飛蝗業長急率夫捕之投之火中蓋能捕蝻因能捕蝗而遺種亦已滅矣詩曰田祖有神秉畀炎火其謂此乎是歲幸大熟而泰仍有餘恐也故記之

蒲圻縣志

選舉

漢以制科起士法變乎前厥後相沿科目紛繁考藝亦異前明定制三途出身試以經義策論

國朝因之稍增以詩而又屢開

恩榜

詔舉鴻詞

欽賜耆儒

甄敘方正皆由州縣教官取結咨送蓋猶是鄉舉里選意也蒲人士歲科額貫本邑學籍外又占府學無定額其由是而騰達者未始著之明為盛而稽之通志舊志又互有參差用加釐定表列三途以武科封蔭附焉志選舉凡學宮學額學田書院義學考棚賓興銀兩並綴篇

元

博學宏詞

至治	江存禮	三年中通志薦舉有傳裔孫師古
泰定	王廷揚	三年中通志薦

舉有傳

明

賢良方正 經明行修 孝廉 人材

洪武 王德源 字克明知昭遠縣舊志十三年舉聰明正直有傳

王永茂 字才英居積慶坊官知縣有傳子愷

陳汝楫 字濟民官知府

何熻 字仲明官知州

田賦 字信之官知縣舊志應求賢詔有傳

馬敬 有傳父槐孫有傳

張志通 授通州州判

龔善

魏觀 字杞山官祭酒有傳曾孫銘

李德庸 號斗室十九年聘授訓導有傳曾祖義山祖智齊

黃師曾 辟訓導有傳

艾觀 薦授縣學有傳

李楙 官知州有傳府志辟舉

燕遺民 字逸德號空谷老人屢徵不起有傳

永樂 王貴高 字明遠二十年舉授知縣有傳子禎祥

國朝

恩賜鄉會試者年職銜

文振翎 乾隆甲寅恩賜舉人

賀典學 字仁長道光甲午恩賜副榜

謝翀 字際霄嘉慶丁卯恩賜舉人

宋

進士 鄉貢

費師古 天聖二年宋郊榜官諫議有傳裔孫習原傑洪

廖正一 字明略元豐二年時彥榜官端明殿學士有傳

黃廷訓 寶祐六年中本

總志京山人孫視

學掌儀

任獻夫 字安世君長澥政和七年嘉王榜官荆門刑曹有傳

曹大亨 紹興中官大理評事總志建炎

補遺

熊舜選 開慶甲子舉人

倪若潛 咸淳乙丑進士

端平三年吳叔吉榜本庠學錄

父汝止江西人慶歷癸未進士

周登仕 嘉禧二年周坦榜

劉有開 咸淳元年阮登炳榜

劉有緒 見湖北通志

元

進士

何槐孫 泰定四年中官推官有傳

鄉貢

何維 延祐元年中有傳

何槐孫 字德孚號龍岡泰定三年中父天駿子綸

熊愷 天歷二年中

黃溥 字彥博至元元年中校慶元路鄖山書院山長有傳

王顯文 至正十年中

費元傑 至正十年中師古裔孫

明

進士

舉人

貢生

武科

封蔭

年號	進士	舉人	貢生	武科	封蔭
洪武					
		鄧奎 字景星二十六年癸酉中官綿竹教諭通志鄭奎	趙德貴 居上三都上里十九年貢士始官兵科給事中有傳		汪清 居新溪世襲官明殿將軍有傳
		鄧林 字茂時二十九年丙子中官教授有傳	王朝貴 二十年貢府衛知		汪昱 清廷世襲觀海衛指揮
					汪廸 清孫世襲
		黃煜 字士昭號毖齋二十九年丙子中有傳父構子城塀孫玹頤裔孫圖昇	陳文理 字貴和二十二年貢官御史有傳裔孫績		汪鏞 清元孫世襲
			陳理 通志御史		
		鄧槐 字大材三十二年己卯中通志建文元年	廖崇信 字德恆二十四年貢官教諭有傳父均用子清孫傅佐俊		
		郭敬 字行簡三十二年己卯中官建	涂宗富 二十六年貢		
	鄧槐 三十三年庚辰		彭禮		

蒲圻縣志卷二　選舉

年號	進士	舉人	貢生	武科	封蔭
	湖廣榜官知縣有傳通志建文二年胡靖榜	始知縣通志建文元年	二十七年貢		
			宋繼民 二十九年貢官廬州府推官		
			程遠 三十年貢官蘄縣典史		
			羅綱 三十三年貢官易門所吏目		
			劉景文 通志主事總志嘉魚		
			任時用 通志知縣		
			趙德庸 總志給事中		
建文					
永樂		王愷 字時號雲谷元年癸未中父	茅芳 元年貢劍州訓導		漆永受 世襲官千戶有傳

王愷 二年甲申曾棨榜官僉事有傳

羅宏 二年甲申曾棨榜官御史有傳

永茂五世孫基

羅宏 元年癸未中

王原道 字大本三年乙酉中

江朝宗 字宗海三年乙酉中官三江遞判

徐潮彰 三年乙酉中官四川重慶巴縣知縣

徐思誠 三年貢交趾所屬知縣

唐鐸 四年貢交趾跳江州同知

尋原 五年貢交趾屬主簿

曹仲昇 七年貢義烏縣丞

龍潛 七年貢

漆永春 永愛弟永愛無嗣以弟襲

漆景 永愛姪調岑溪

龍景亨 四年丙戌林環榜官御史有傳

龍景亨 字伯通三年乙酉中子霖

高大本 八年舉楷書漲渠州吏目

龍時 字景用六年戊子中官靈璧教諭

尹天旭 八年貢無極縣丞

余宗 九年貢

張從政

字時建六年戊子中

彭文輝 十年貢府軍衛經歷

馬駿 字季良六年戊子中官同知

熊仕奇 十一年貢

李朝海 字濟夫六年戊子中有傳

方永慶 十二年貢

黃鐘 十二年貢

王交友 字三益十二年甲午中官成都訓導

王解 字時化十四年貢廷試三次第一授宛平知縣時稱鐵輔循良

劉錫 字成器十二年甲午中

來思銘 十五年貢

吳存性 字尊道十五年丁酉中

徐興賢 十六年貢貴州布政司都事有傳

余恭 字尚欽十五年丁酉中有傳五世孫[illegible]熙

李廷信 十七年貢

舉人	貢生
宋致中 字中和十五年丁酉中	程景升 十八年貢
	仵清
劉從義 字適宜十五年丁酉中	十九年貢
	李璧 二十二年貢
劉釗 字行達十八年庚子中官吉水知縣	田惠
宋庸 字用中十八年庚子中官巴縣訓導	
李璿 字伯政十八年庚子中官九江訓導	
徐浩 字宏海二十二年癸卯中官崇仁教諭	

宣德

進士	舉人	貢生	武科	封蔭
	黃城 字孟高二十一年癸卯中官富順諭有傳父煜子玹	饒巘 元年貢撫寧衛經歷		
	黃墀 二十一年兄弟同榜官內江諭有傳	吳菘 二年貢		
		黃恕 四年貢繁昌知縣		
		王价 六年貢建昌縣丞		
		石昕		

八年貢東昌通判

尋思聰 十年貢夔州府通判

進士　舉人　貢生　武科　封蔭

正統

王文修 字三省六年辛酉中官涪州訓導

黃鑑 三年貢高邑知縣

王允茂 禮父誥贈奉政大夫修政庶尹廣西按察司僉事

但勝恭 五年貢鄒縣縣

程鏞

丞

唐政 字汝器六年辛酉中官璧寶教諭

姚鎮東 襲指揮

七年貢榮昌訓導

龍霖

王仕昇 字時濟九年甲子中官龍泉教諭　九年貢重慶知事

盧中 陳茂 字守正九年甲子中父貴賢　字茂才十一年貢任廣西平樂所吏目

盧中

十年乙丑商輅宋奎

榜官參議有傳

徐思賢 字天章十二年丁卯中官廬江教諭　字從哲十二年貢官知縣有傳六世孫鳴玉鳴

廖清 字源潔十二年丁卯中官教諭有傳父崇信子佐

珍

鄧從政 十二年選貢

廖瓊 十三年貢永州主簿

李裕

十三年貢聊城縣丞

張本 字道克十四年貢澧州府推官

景泰

進士　舉人　貢生　武科　封蔭

廖俊 字交英居芙蓉山元年庚午中官學正有傳祖崇信父蒓川子江

費敭 元年貢肥水縣丞

江淵

盧貴賢 中父誥封奉政大夫刑部江西清吏司員外郎

進士	舉人	貢生	武科	封蔭
	漢孫道南	二年貢廣西宣化知縣		
	魏銘　字日新居蒲首山元年庚午中曾祖觀子頎頗頦	李銓　三年貢萬安縣丞		劉鏵　字振遠官指揮同知世襲父清孫閑有傳
		王春　四年貢		
	李溥　字公濟四年癸酉中官四川慶符縣教諭	周禧　五年貢萬載訓導		
魏銘　五年甲戌孫賢榜官知府有傳				
	王璧　字器之四年癸酉中官雲陽知縣父文修	王明　七年貢授山王府教諭		
	劉滄　字東之七年丙子中官四川永川知縣			
	王瑩　字潤之七年丙子中官刑部司務有傳			

進士	舉人	貢生	武科	封蔭
	吳朝用　七年丙子中			
	余正　字廷瑞七年丙子中定遠知縣			
	龔晟　字德輝七年丙子中孫良傳良獻良衡裔孫棻本樽逢祥維三璋			
天順				
	朱璽　字廷信三年己卯中官定遠知縣	馬騏　二年貢宜都訓導		
		傅寬　四年貢		
	周鑑　字孔昭三年己卯中萬縣教諭	馬衡　六年貢餘杭縣丞		
	石均　字士平三年己卯中廣德訓導	熊梁　七年選貢鹽場		

成化

進士

龔晟 八年甲申彭教榜官參議有傳

舉人

江晟 字明遠三年己卯中吳江訓導

王儼 字民望六年壬午中曾祖子民

梅瑄 字廷獻元年乙酉中湘川教諭

王塗 字彥之元年乙

貢生

江晟 大使

仵祐 七年選貢洛澹訓導

鄭玫 七年選貢汝源王府教授

任昇 八年貢新都教諭

龍鐸 八年貢府左衛經歷

周章 八年貢懷集教諭

王坦 元年貢茂州倉大使

彭鑑 二年貢於潛訓

武科

封蔭

劉志清 鐸父誥封明威將軍母王太恭人妻徐程俱恭人

酉中袁州通判有傳

導

進士

汪洪 三年丙戌羅倫榜官參議有傳

王儼 五年己丑張昇榜官山東巡撫有傳

黃玹 十一年乙未謝遷榜官大理寺丞有傳

舉人

廖傳 字文弼元年乙酉中官刑部司務父清

黃玹 字敬潤元年乙酉中祖煜父城子誠孫圖昇

汪洪

王儼 字克容元年中順天府第一名父勝

孫暹 字景輝七年辛卯中

黃頤 字敬德七年辛卯中子嵩孫鶴翀

廖佐

貢生

潭興 四年貢通判吏目

饒泰 六年貢資陽訓導

游志 八年貢新野王府教諭

王臯 十一年貢汝州訓導

廖性 十一年貢

李瑞 十四年貢元江軍民府經歷

王輔 十六年貢青城訓導

唐本

封蔭

龔濟 晟父敕封文林郎江西道監察御史母曾太孺人妻黃孺人

汪勝 洪父敕封承德郎戶部山東清吏司主事

黃城 玹父敕封文林郎廣東道監察御史母熊太孺人妻石孺人

江旭 師古父敕封承德郎工部主事母李太孺人妻唐安人

劉閑 鐸孫蔭指揮

劉恢

字文輔十年甲午中爻清 十六年貢鄧都訓導 鐸孫

徐澄 字潔之十年甲午中

連芳 二十年貢射洪訓導

汪浩 字克深十三年丁酉中

馬文明 二十二年貢著溪連筠教諭祖駿

黃頤 十四年戊戌曾彥榜官知縣有傳

仵紳 字佩之十九年癸卯中爻祐子瑜

魏正亨 例貢

石維岱 例貢

廖漢 字天章十九年癸卯中爻俊子

周萬邦 例貢

十二八次道南

廖賓南 例貢

江師古 字克永十九年癸卯中元存禮之裔

廖維南 例貢

周廷璽 例貢

但存學

廖鐈

字宗儒號陋菴 例貢

二十二年中官敘州推官有傳

陳經 例貢

魏滋 字文淵二十二年中官樂令有傳子正恭孫表桂曾孫翼如元孫詔

周漢 例貢

龔朝中 例貢

仵紳 二十三年丁未費宏榜官戶部主事有傳

宏治

進士 舉人 貢生 武科 封蔭

魏頎

徐慶

字元之五年壬子中爻銘 元年貢

江師古 六年癸丑毛澄榜官授工部主事有傳

鄭宗仁 字純夫五年壬子官知縣有傳祖潮海子琳瑝孫之亮

徐源 三年貢劍州吏目

宋彰 五年貢

廖漢 六年癸丑毛澄榜官戶部主事有傳

鄧榮 字周臣八年乙卯中官德陽元武知縣

馬文獻 字世徵七年貢瑞州府學訓導祖駿子鍊

魏頑 字麟之八年乙卯中官永寧知縣父銘
魏厚 九年貢
鄭宗儒 字秀夫十七年甲子中官鎮江通判祖潮海
唐譜 十年貢句容訓導
李興賢 字廷賓十七年中有傳父仲高
魏珉 字世資十一年貢歸德學正
黃嵩

十二年貢乾江訓導
游伸 字邦直十七年甲子中廣宗知縣
龔鍊 十三年貢
傅涵 十五年貢
李志學 十七年貢元城教諭
馬之龍 例貢

石維城 例貢
但維城 例貢官縣丞有傳

正德

進士 舉人 貢生 武科 封蔭

魏頌 字美之二年丁卯中官知州有傳父銘
胡文 元年貢四川成都府訓導子堯元堯凱俱有傳
周廷輔 二年丁卯中
李繪 三年貢

魏濬 字文盛二年丁卯中官鄰水令有傳子正初正蒙正時孫裳
陳沐 五年貢蘇州府學訓導
石鏡 七年貢營山教諭
仵瑜 字忠甫五年庚午中第一名父紳子密藝
周廷珪 九年貢修仁知縣
李仕爵 十二年貢綿竹
胡堯元

進士	舉人	貢生	武科	封蔭
	字廷猷五年庚午中	教諭		
		吳時鑾		
	龔良傳	十二年丁丑貢		
胡堯元	字起巖五年庚	馬潮		
六年辛未楊愼	午中父鍊子乾	十三年貢		
榜官至參議有	中乾瑞乾曜孫	黃謗		
傳	棻棹本	十五年貢重慶		
	胡堯凱	府學訓導		
	八年癸酉中有	費軏		
	傳	十五年貢		
	廖道南	孫璽		
	字鳴吾八年癸	十七年貢		
	酉中父濮	畢竟成		
	曾大啟	十七年貢		
	字子正十一年	劉爵		
	丙子中	例貢		
	鄭瑝	唐貴		
	字鳴仲十四年	例貢		
	己卯中	徐應元		
	謝存儒	例貢		
	字懋珍十四年	沈相		
	己卯中	例貢		

進士	舉人	貢生	武科	封蔭
	李璞			
仵瑜	字中玉十四年			
十二年丁丑舒	己卯中			
芬榜官至禮部	游鳳儀			
主事明史有傳	字交瑞十四年			
廖道南	己卯中尉氏知			
十五年庚辰中	縣			
第二名辛丑廷	馬綵	宋尚儒		
試二甲第一名	字元素十四年	例貢		
楊維聰榜官至	己卯中父交獻	張調		
侍講學士有傳	子之猊孫介曾	例貢		
	孫天錫元孫漵			
	昌			
嘉靖 龔良傳	胡昱	龔鋊		謝勝
五年丙戌龔用	字仲陽號次峯	元年貢銅仁府		存儒父誥封戶部
卿榜官至副使	四年乙酉中官	經歷		郎中母崔太宜
有傳	韓城令有傳祖	黃崙		人妻甘宜人
	交父堯元	三年貢永昌府		龔綵
謝存儒	魏正初	推官父頤子鶴		良傳父誥贈奉政
五年丙戌龔用	字汝復七年戊	翀		大夫浙江僉事
卿榜官至侍郎	子中官知州有	任翰臣		母王談俱宜人

有傳

傳父濬

龔良猷 字起虞七年戊子中官通判有傳祖晟

饒士亨 字行之十年辛卯中官海豐知縣子敬承

四年貢以上三人通志隆慶年

廖金 五年貢南昌府學教諭

石鏊 七年貢濟源訓導

但偉 字邦彥七年貢

妻揭張俱宜人

馬文獻 練父誥贈中順大夫河南府知府母太恭人妻恭人

魏正蒙 裳父誥封中順大夫山東濟南府知府母太恭人妻劉恭人有

馬練 八年己丑羅宏榜官至知府有傳

魏表 字端甫十三年甲午中有傳父正中孫翼如曾孫詔詡

張東周 字子用十六年丁酉中子楷模孫于階于陛

宋儒珍

官岳池知縣有傳

吳楚登 庚寅副榜

宋準 九年貢

任洛 十一年貢有傳子文定

吳德剛

傳

廖漢 道南父敕封承德郎翰林院侍講母黃太宜人妻汪宜人

汪軾 啟東父敕贈徵仕郎經歷母吳妻項俱宜人

張璽

傅卿 二十三年甲辰秦鳴雷榜官至廣西僉事有傳

十六年丁酉中

傅卿 字獻卿二十二年癸卯以軍籍中福建鄉試裔孫鼎新

魏裳 字順甫二十五年丙午中父正蒙子樸如彬如孫詵

十四年乙未貢

龔乾中 十七年貢

田甫 二十年貢

龔良衡 字起箏廿一年貢官訓導有傳祖晟

周浹 二十一年貢

東周父敕封承德郎禮部主事母陳妻余俱安人

鄧友信 廷猷父敕贈承德郎戶部浙江清吏司主事母湯妻呂俱安人

張東周 二十六年丁未李春芳榜官至禮部員外郎有傳

魏裳 二十九年庚戌唐汝楫榜官至副使有傳

饒敬承 字象賢二十五年丙午中官府同知有傳祖士亨子若蒙

鄧廷猷 字汝嘉號月泉二十五年丙午中子士望士達孫日芳

謝鵬舉

謝存恕 二十五貢星子知縣

龔乾瑞 字汝賢二十六年貢覇州州同有傳父良傳子木蓁孫逢烈逢堯曾孫維祚

費能達

謝鵬舉 三十二年癸丑陳謹榜官至副都御史有傳

鄧廷猷 三十三年癸丑陳謹榜官至知府有傳

字仲甫三十一年壬子中子承祿

熊兆祥 字汝飛號渭水三十一年壬子中官重慶府通判有傳父勝珊子若虞若虛孫宗

何思登 字一擧號滄南三十七年戊午中父珍子夢周夢相夢星

魏樸如 字文可四十年辛酉中官同知擢加副使有傳父棠子詩詒

謝師啟 字叔蒙號衡沖

二十八年貢

劉采 二十九年貢

吳廷儀 三十一年貢

廖仲儒 三十二年貢

袁璧 字輝東三十五年貢官英山司訓有傳

黃鶴沖 三十六年貢

四十三年甲子中父三訓

王艮謨 字克許四十三年甲子中官知縣有傳子學孔孫台彥鼎彥

鄭之亮 字邦采四十三年甲子中官苑馬寺少卿有傳

祖宗仁

龔棻 號雲石四十三年甲子中有傳曾祖晟孫維宗

馬之猊 字威如四十三年甲子中官知州有傳父練

何珍 字承聘號天石三十七年貢官教諭有傳父文質子思登

陳綸 字載宿三十九年貢文禮裔孫官江西德化轉授青州授

魏正道

四十一年貢教諭

魏正恭 字汝敬四十三年貢官擢縣令有傳父滋子祐

邱岡 字望山號鳴鳳任望山四十五年貢官魯山縣教諭有傳子之楷

張諛 例貢父東周兄諸

謝三訓 例貢有傳祖洪子師啟師彥

石佩 例貢

田稷耕 例貢

田汝耕

廖欽兆 例貢

隆慶 進士 舉人 貢生 武科 封蔭

魏拱辰 元年丁卯中

魏正參 字汝三元年貢官縣丞有傳父泫子科孫珩如

任文定 字兆麐元年丁卯中官同知有傳父洛

仵密 元年恩貢官縣丞

謝師彥 字淑美元年丁

卯中父三訓

張書 字子中號蒲源元年丁卯順天中式子時雍時熙時麟

魏桂 字上甫二年選貢官縣令有傳祖泫父正參

張書 二年戊辰羅萬化榜有傳

熊萬仞 字立卿四年庚午中官樂安有傳元熊愷齋

廖彥 四年貢

龔乾曜 號江湖愚隱六年貢有傳

鄧士達 字行吾四年庚午中石泉知縣

馬之驥 例貢

謝師啟 五年辛未張元忭榜官參政有傳

龔棹 字時發四年庚午中官通判有傳祖艮獻

馬合 例貢大足縣縣丞

謝師彥 兄弟同榜有傳

魏翼如 字進可例貢有傳父表子詔

何希孟 四年庚午中

游良貴 例貢

年號	進士	舉人	貢生	武科	封蔭
萬曆		謝承範 字元疇元年癸酉中官同知有傳父鵬昇	羅承榮 元年選貢 王邦 元年貢		謝明 鵬舉祖誥贈通議大夫戶部侍郎祖母陳贈太淑人
		張諧 字弼卿四年丙子中官淄川令有傳父東周子于陛于階	鄭瑗 四年貢澧州訓導 謝承祚 五年例貢官通判父鵬舉		謝寬 鵬舉父誥贈通議大夫戶部侍郎母張妻全俱淑人
		余登 字懋庸四年丙子中官廣平諭有傳	任交台 字位南六年貢官學正有傳		何珍 思登父誥封刑部郎中母黃妻鄭俱宜人
	何思登 二年甲戌孫繼皋榜官至副使有傳	龔本 字心渤四年丙子中官知縣有傳祖艮傳	馬介 字于石八年貢官武寧令有傳祖練子天錫天銘孫淑昌		任洛 兆定父誥贈奉政大夫南陽府同知母張妻馬俱宜人
		魏禥 四年丙子順天	任啟 字東明十年選		饒相 敬承父誥贈奉直

年號	進士	舉人	貢生	武科	封蔭
		中有傳	貢浦江教諭		大夫廣西廣州知州母楊妻李俱宜人
		王廷策 字治卿七年己卯中官知州有傳	唐時正 十四年貢 黃晨 十五年貢		王世廉 艮謨父敕贈文林郎四州蓬溪知縣母徐妻馮俱孺人
		劉應命 字長俞十三年乙酉中官知州有傳			鄭琳 之亮父敕贈文林郎臨淮知縣母龔妻曾魏俱孺人
		周于蕃 字介人十三年乙酉中官司理有傳子文臣武臣	田亮耕 十六年貢		謝三訓 師啟父敕封文林郎陝西道御史母鄭妻揭俱孺人有傳
		饒思承 十三年乙酉中	王進臣 字東洪十八年貢石門教諭有傳高祖貴高子樹屏樹德樹石		
		徐錦 字黃谷十六年戊子中有傳子邦隆孫維機	魏彬如 字均可號川二十年貢官教諭有傳父裳子		謝鵬昇 承範父敕贈承德郎吉安府通判母項妻陳俱安人

馬天錦 二十三年乙未朱之蕃榜官至兵部郎中有傳

何夢星 字季縞十六年戊子中有傳父思登
周淳 字完初號海月十六年戊子中官同知有傳子璘仕穎仕亮仕彥仕孫玨赫
朱時魁 字文可號惺軒十六年戊子中
袁昭文 號海嶼十九年辛卯中官知州有傳父盛
謝自修 字敬之十九年辛卯中官至上林知縣
鄧士亮

鄭說
鄭怡 二十一年選貢官河陽知縣
謝思望 二十二年貢
邱之櫃 字敬菴在潭灣二十四年貢項城訓導
吳學啟 二十五年戊戌貢
祝于祖 二十六年貢磁州訓導
鄧一鶚 二十八年貢官教諭
吳宇 三十一年貢官襄陽訓導

魏袝 珩如父敕封徵仕郎翰林院簡討母方周妻謝俱孺人
馬介 天錦父敕贈承德郎工部主事母黃魏妻魏俱安人
袁盛 昭文父敕贈承德郎徽州府通判母吳妻沈俱安人有傳
朱維栽 時魁父敕封文林郎行人母何妻魏俱孺人
周鎬 于蕃父敕贈文林郎推官母游妻

詹俱孺人

字寅俟十九年辛卯中官至知府有傳父廷佩子日崇
魏詔 字奉之十九年辛卯中父翼如
魏說 字肖生二十一年甲午中父彬如子方授方復通志十九年辛卯科
馬天錦 字襞生二十二年甲午中父介子福昌燕昌
魏于階 號八漢二十二年甲午中有傳父謨
魏珩如

魏說 二十六年戊戌趙秉忠榜官至戶部侍郎僉都御史有傳

任遇隆 號衡雲三十四年貢官教諭有傳
何夔周 字伯庄三十六年貢官司訓有傳父思登
孫承烈 三十八年貢
米濟世 四十年貢官永州教諭子良崑
費裕德 四十二年貢
但維節 四十四年貢官訓導
龔逢歷 四十七年貢官湯溪訓導
馬宗儒

張時麟 字季昭三十一年癸卯以錦衣衛軍籍中順天京衛武舉三十三年乙巳進士官至參將父書子昇有傳

謝承祚 以父鵬舉蔭官通判

魏珩如 二十九年辛丑張以誠榜官至翰林院簡討有傳

宋時魁 三十二年甲辰楊守勤榜官至知府有傳

汪艮 字白叔二十五年丁酉中父科 府學貢官樂會教諭通志盧宗儒

二十五年丁酉以軍籍中貴州鄉試官至知州

羅晃 四十八年貢官湘陰教諭

張于陛 字青如三十一年癸卯中官至舞陽知縣父諸子四

謝三進 例貢

但維簡 例貢

王台彥 字明珍三十一年癸卯中官參政有政父學孔子九真

魏栗如 例貢

熊崇

鄧士望 字子異例貢官至同知有傳父廷獻子曰芳

張時熙 字德門三十一年癸卯中更名懋雅字仲正三十一年癸

王學孔

魏詔 三十五年丁未黃士俊榜官至提學副使有傳

卯以軍籍中順天鄉試官至知縣有傳父書

例貢父艮謨子台彥鼎彥

劉朝薦 字開愛三十四年丙午中

謝思廸 例貢

饒若蒙 字完白三十四年丙午中官知縣有傳父敬承子宏監奇監宏

龔逢堯 例貢官益都主簿祖乾瑞

鄧士元 例貢

望

張時雍 字存肅三十四年丙午以軍籍中順天鄉試父書子昂晃孫應震

謝自治 例貢

任經世 字達生三十七年己酉中有傳子熙聯

謝廷蓀 例貢

徐鳴玉 字振之三十七年己酉中官通判有傳父謨

魏許 例貢官字羌通判父樸如

張時雍 四十一年癸丑周延儒榜官至知府有傳

黃圖昇 字孟起四十年壬子中第一名有傳祖玹父褒子金門金問官知縣通志登易文明榜

謝增 例貢

馬天銘 字新生例貢有傳父介于世昌淑昌

王鼎彥 字隨菴四十年壬子中官至兵備副使有傳父學孔

劉調鼎 例貢

龔逢祥 字安治一字存緒四十三年乙卯中官至平凉司理有傳父樾

鄧日崇

字峻生四十三年乙卯中官至江西贛州府同知父士亮

米艮崐 字彥伯四十三年乙卯中官至知縣有傳父濟世子舫通志朱艮崐

泰昌

貢生

劉光輝 字大者號八桂元年恩貢有傳父時敬子來遠來庭孫開嘏通志天啟年

天啟

進士

舉人

余宗 字叔夏號襄城四年甲子中官

貢生

徐邦隆 字孟昌元年恩貢有傳父錦

武科

封蔭

魏翼如 魏詔父誥贈中憲大夫江西按察

進士

舉人
至工部侍郎子應甲應中
龔維三 字位中號衡湘四年甲子中有傳父逢璧子瑗珈璋瓊
鄧日芳 字茂叔七年丁卯中有傳父士望子之奇孫宗彥
李軫 字君翼號鯤溟七年丁卯中官至郎中有傳子六應壯應謙應晉應豫
溈之圖

貢生
李師綱 二年貢官沔陽州訓導
李甲 四年貢
余應治 字進之六年貢
魏方琨 字越石例貢
張淑吉 例貢
謝彌煥 例貢

武科

封蔭
司副使母陳妻龔俱恭人
周邦選 周淳父誥贈奉政大夫山東兗州府同知母曾妻熊俱宜人
饒敬承 若棠父誥贈奉政大夫母李妻宋周俱宜人
王學孔 台彥父誥贈奉政大夫思南府同知母但妻魏俱宜人
鄧廷佩 士亮父敕贈文林郎肇慶府推官母田陳妻但江俱孺人

崇禎

進士

舉人
李甲 字孚先三年庚午中官至同知有傳子藥珠
鄧之梅 字京白三年庚午中父日崇
舒鳳池 字湛遠三年庚午中
李應謙 字蒞孚、號彥吉六年癸酉中官至崖州知州有傳父軫
萬中逵 字理中九年丙子中官至朝邑知縣
鄒振奇 字庸人十二年己卯中通志武

貢生
黃中逵 元年恩貢
魏諶 三年貢官平江訓導
鄧日昌 四年貢
但鼎 字象州六年貢
雷御龍 字鬐望八年拔貢官至鳳陽府同知有傳父鷟
古大復 字鉉一九年貢官黃岡教諭
魏詒 字穀生十二年貢父楪如

武科
舊志鈌載今從通志補
馬天將 中鄉試官至遊擊孫之鵬
馬際昌 庚午年中鄉試
王五臣 字莞菴十三年庚辰中鄉試

封蔭
魏裳 魏說祖誥贈通議大夫戶部侍郎祖母劉贈淑人
魏彬如 說父誥贈通議大夫戶部侍郎母錢妻宋俱淑人
鄧士毅 崇父敕贈文林郎贛州推官母龔劉妻劉俱孺人有傳

昌人

謝允璜 字皇黼號紫山十二年己卯中官至知縣有傳父師武子元元常元京

陳明廷 字子介十四年貢

黃鳴陽 字山旭十二年己卯中官至當陽教諭有傳父金莖玹五世孫

鄒旻 字秋生例貢

楊濬 字孚明十五年貢

馬淑昌 字稗若號雲峯十九年壬午中

龍維八 壬午副榜父逢璧

鄒應錫 字爾圭號荆野十五年壬午中官至太湖知府有傳父守泫子履恒履巽履益履壯履觀履升

補遺

錢敏明 宣德間例貢官至四川重慶府學訓導

國朝

進士　舉人　貢生　武科　封蔭

順治

張啟谿 字明奎三年丙戌中

鄒大賢 元年歲貢

鄒守宏 應錫父敕贈文林郎太湖知縣母余妻宋俱孺人

張瓘光 字子待號陸庸五年戊子中父拱璧子佶達達仕

龔逢烈 字無兢副榜三次三年恩貢廷試考上上卷援知縣改華容教諭祖乾瑞

張昇 五年戊子以鑾儀衛旗籍中出東鄉試父時麟

余開熙 字時純號嵩山五年戊子中父應瑞

余開熙 六年己丑劉子壯榜官至吏部文選司郎中有傳

饒宏人 字能伯三年貢

任自宏 字毅心十一年甲午中官至靈寶知縣

唐徵汝 字暢菴五年拔貢官至知縣有傳父之夔子有功

徐淑嘉 字爾會號誠齋十一年甲午中官至知縣有傳

邱今芳 字芳遠五年貢有傳

袁吉暉

父鳴珍孫而發

乙酉選貢有傳

任崇 字山宗號衡麓十一年甲午中官至縣令有傳

廖志鵬 字翔溟三中副榜六年貢

馬淑昌 十二年乙未史大成榜官至商水知縣通志順治九年壬辰鄒忠倚榜

張奇勳 字以定十年貢有傳

周成臣 字會生七年貢

謝紹慶 字可庭八年恩貢

魏文煌 字于章九年府學貢官至道州學正

黃金門 字獻卿府學貢

龔維祚 字永叔十年貢官攸縣教諭父逢旦

潘之禎 字木仲十一年恩貢官至楚雄知縣

駱中駿 字伯顧十一年貢

張瑾光 十六年己亥徐元文榜官至推官有傳

張大綱 字伯常十五年貢

龔瑾 字伯懷十七年貢

徐淑嘉 十八年辛丑馬世俊榜官歷任羅城知縣

沈芳嗣 字聲遠十八年恩貢

康熙

進士	舉人	貢生	武科	封蔭

任熙聯 字公幹元年恩貢父經邦嗣伯經世後

馬宗昌 之鵬父誥贈奉直大夫工部虞衡司員外郎冊王妻王俱宜人

鄧日章

字君煥元年貢
方之煥　唐巽汝
字炳公府學貢　有助父敕贈文林郎四川綦江縣知縣母仵妻廖俱孺人
謝元觀
字用吉三年貢
王旂垣　鄧蕡英　劉洪魁
字煙非五年丙午中官至彭水知縣　字羽上邑人巴陵貢　鐸爵昌部授武左衛領運百總
徐維機
黃錦　字晹侶例貢
字蜀眉五年丙　李萌

午中官至知府有傳　字仲復八年貢
但近迥
徐美大　字君常十年貢
字亦八號石峯八年己酉中　魏方恕　十二年貢
徐美大　九年庚戌蔡啟榜官至中書有傳
宋希若　字瓊夫十一年壬子中祖維舉　李應晉　十四年貢
謝長慶
龔璋　十六年貢
字玉特十一年壬子中祖逢壁　徐惟椿　十八年貢

父維三　劉愷　費珪
吳之驎　十六年丁巳另設科舉附江南榜通志　二十年貢　字子玠號嶧山二十年辛酉中
田承暉　二十一年貢
謝登啟　劉洪大　楊四美
字石郎十七年戊午中祖師啟　二十四年貢　二十三年甲子中
黃鳴鐘
馬之鵬　二十六年貢
字文淵號新溪二十年辛酉中　王旂城　二十八年貢

父宗昌　李應彥　三十年貢
馬之鵬　二十四年乙丑陸肯堂榜官至戶科給事中有傳
劉之翰　字鳳岑二十三年甲子中　彭大章　三十二年貢
詹逑
二十九年庚午中　龔維亮　三十四年貢
汪定召　宋之一
字首南二十九年庚午中　三十六年選貢
宋曰誠　萬室憲

三十三年癸酉中
三十六年貢
周兆豳 三十八年己卯中
吳應旟 丙子副榜
白瑚 例貢
王元勳 字資萬四十七年戊子中
熊嘉 例貢
容榮祖 三十八年貢
曾濯聖 字鳴菴五十年辛卯中
徐美政 四十年貢
程材傳 字晉懷五十年辛卯中
梅仔 癸丑副榜候選教諭父文銓
朱瑚 字次韓四十一年壬午中
馬一案 字朴存五十年辛卯中
葉應時 四十二年貢
鄒祖嶧 例貢官至漢陽訓導
李曰瑚 字介眉五十二年癸巳恩科中官至鄖陽教諭
朱藻 四十四年貢
曾必大

例貢
賀日運 四十六年貢
何佩 例貢官至當陽訓導
夏瑚 四十八年貢
唐有勳 字柱參號琅峯四十八年選貢
官至知縣有傳
宋之栁 五十年貢
文振阜 字扶搖五十年辛卯中
田起瑞 五十二年貢
李伍 字蘇材五十三年甲午中
任奇澤 例貢官至鄖陽訓導
李自遂 字順輔號月麓五十三年甲午中官至山東大嵩衛守備
馬格 五十三年甲午中
唐有恒 五十四年貢
李如歐

洪琵
五十三年甲午中
五十六年貢
謝瀇 例貢
馬士龍 字作衡五十六年丁酉中
盧逢益 五十八年貢
方日躋 六十年貢
張濤 字海來五十六年丁酉中
彭祖武 例貢
舒宏晉 例貢

許之豫 副榜官至知縣
江鑑 例貢
雷閬 太學生官至漢中府褒城令有傳
雷闢 官至知縣
龔維辟

宋希正 恩貢
周灝 恩貢
張孺子 字遇黃三十三年貢官訓導父文光
汪文儒 例貢
賀世拓 丁亥年貢

進士 舉人 貢生 武科 封蔭

雍正
程材傳 元年癸卯王敬銘榜官至知州有傳
萬大中 字時菴二年甲辰南北分科補癸卯鄉試中官至竹谿教諭父昂
駱之遴 元年貢
周升遴 三年貢
余喬楫 五年貢
馬士龍 五年丁未彭啓豐榜
林盛 例貢

年號	進士	舉人	貢生	武科	封蔭
		魏之仁 字陽元 七年己酉中	邱之成 七年貢		
		熊之岐 字鳳岡 十年壬子中	廖金聲 七年選貢有傳		
			彭尙懷 九年貢		
			李如孟 十一年貢		
			程世焜 十三年貢	宋策勳 字功垂號安山 十三年乙卯中 五十	
			李祚培 例貢		
			李標 字蓼灘 十三年選貢		
乾隆			熊毓南 元年貢		程懋昌 材傳祖 元年
		張開懋 字勿伐 三年戊午中 祖達材	陳王建 二年貢		誥贈奉直大夫 祖母周氏贈宜人
		徐在郯 十二年丁卯中	徐文輝 四年貢		程之逵 材傳父 元年

年號	進士	舉人	貢生	武科	封蔭
		李標 十二年丁卯中 有傳	沈均 拔貢		誥贈奉直大夫 母魏氏贈宜人
		沈均 字秉之 丁卯中	李光賁		
		祝其杏 字洪川 丁卯中 有傳	徐鍾衡 廪貢官至均州學正		
	祝其杏 十三年戊辰梁國治榜	但開元 字會宗 十七年壬申恩科中	黃世純 甲子年貢		
		祝其檠 字 十八年癸酉中	金世煌	江似海 十八年癸酉中	
			宋文如 十二年丁卯貢 子修		
		戴廷杞 字有山 二十年丙子中	熊際聖 字賡廷 庚午年恩貢		
		王楷 字二十四年己卯中	歐陽謙 恩貢		
		周天度 字丹山 三十一	潘韡		

年乙酉中子順簡
李游 字陟山三十五年庚寅中
徐慶昭 字四十四年己亥恩科中官至知縣
賀魁選 字瀛洲四十四年己亥恩科中
祝大澄 字東川四十五年庚子中官至山西汾陽縣有傳
張含兆 字心畬四十五年庚子中
魏鳴和 字南岡四十五

潘星文 拔貢
周應斌 十九年甲戌貢
張嘉瑞 官至訓導
熊之泰 字鎮東二十三年戊寅貢
舒國梅 二十五年庚辰貢官至松滋訓導
張開東 字賓陽二十七年壬午貢有傳
劉士猷 甲申年貢
宋修 字客山三十年

舒士傑 三十六年辛卯中
黄清 四十五年庚子中

徐在邦 鍾衡嗣父三十年敕封修職郎母馬氏孺人
徐鍾衡 三十六年敕封修職郎妻梅氏孺人
梅文銓 梅仔父貤贈修職郎母張氏孺人

年庚子中官至教諭
張兆安 字仁齋號對山五十四年己酉恩科中

乙酉拔貢官至羅田教諭有傳父文如
徐學昭 優貢
沈世美 字二泉歲貢
黄思信 丁亥年貢
熊廣壽 字漢思戊子科副榜
汪日解 戊子年貢
張逢年 庚寅年貢
唐必彩
沈雲臺 乙未年貢
李振蘅 丙申年貢

宋承祖 五十三年戊申中
汪長春 五十七年壬子元
周順掄 五十七年壬子中
鮑祚斌 五十七年壬子中

徐慶昭　拔貢
吳　輿　戊戌年貢
歐陽逑堯　歲貢
賀大年　字拜颺　乙巳年恩貢
周　道　庚子年貢

廖世柏　癸卯年貢
李振翼　乙巳年貢
潘星海　歲貢
吳洪甲　字雲谷　五十三年戊申副榜
王崇學　字避亭　五十四

年己酉拔貢有傳
傅祚魁　字萃五　五十八年癸丑貢
張吉兆　字紫垣　五十九年甲寅貢
周人盛　五十九年甲寅中
熊　聖
舒士芳　六十年乙卯中

敖一瓚　字黄中　六十年乙卯優貢
熊之璉　字商一　辛未貢

嘉慶	進士	舉人	貢生	武科	封蔭
		徐效治　字三年戊午中	鄭傳杞　字愷圖　元年丙辰貢		祝日振
					大澄祖　敕封文林郎　祖丹沈氏贈孺人
		錢　琦　字竹村　三年戊午	賀魁南　三年戊午貢		祝其銑

張兆安 四年己未姚文田榜官至武岡州加同知銜有傳

午中官至郎陽教諭

周應淮 字桐臯四年己未貢

但傳鵬 字翔雲五年庚申貢子文恭

敖一瓚 五年庚申副榜官至天門縣訓導

廖昌達

大澄父敕封文林郎母賀氏贈孺人

廖昌達 六年辛酉中

廖昌達 字豁夫六年辛酉貢

李振翮 七年壬戌貢

朱克善 八年癸亥選貢

梅逢郁 八年貢

陳樹賢 字見思號竹軒九年甲子貢有

敖馨八 一瓚父敕封修職郎母廖氏孺人

舒正紀 萬年祖誥封武功將軍祖母黄氏封夫人

舒世盛 萬年父誥封武功將軍母尤氏封夫人

但文恭 字允先十二年丁卯中現官零陵縣知縣父傳鵬

王信達 十二年丁卯中

傳

馬瑞麟 十二年丁卯貢

周順揚 十三年戊辰貢

賀運梅 十三年戊辰貢

熊駿 十四年己巳貢

賀自莘 十六年辛未貢

馬如龍 十五年庚午中官安陸營千總考滿候補守備

但文英 字愼先十八年癸酉拔貢

陳增華 十八年貢

吳濂 字芥舟十八年癸酉副榜

周順簡 十九年甲戌貢父天度

馬貞吉 如龍父贈武畧騎尉母彭贈安人

張道源 兆安祖六年馳贈文林郎祖母魏氏孺人二十五年復馳贈奉政大夫祖母宜人

張開忠 兆安父六年

年號	進士	舉人	貢生	武科	封蔭
			周順倜　字偉齋二十年乙亥貢		敕贈文林郎母王氏孺人
					十五年誥贈奉政大夫母宜人妻談宜人
			梅士璜　二十一年丙子貢		
			吳霖　字傅岩二十二年丁丑貢		張兆接　兆安兄十四年貤贈文林郎嫂金氏孺人
		賀青連　字芥掄二十三年戊寅中現官咸豐縣教諭	劉觀海　字滙川二十四年己卯貢		陳光蒲　桂昌父二十四年貤贈登仕佐郎母熊氏孺人
		張贊周　字渭川二十四年己卯中現官四川定遠縣知縣	黃自騫　二十四年己卯貢		
			賀斐觀　字鈞香二十四年己卯優貢考取八旗教習		
道光	進士	舉人	貢生	武科	封蔭
		馬利文　更名麗文字郁	梅芝　字敏齋元年辛	李文鳳　元年辛巳中現	

年號	進士	舉人	貢生	武科	封蔭
		齋元年辛巳中	巳貢	官竹山城守把總	
			周麗金　字甡川元年辛巳貢		
	馬利文　更名麗文三年癸未社受[illegible]榜現官禮部主事軍機章京		陳學銘　字雙礪二年壬午副榜		
			錢自勝　二年壬午貢		馬雲書　麗文祖貤贈奉直大夫祖母龔氏贈宜人
			熊燦　二年壬午貢		
			張至紱　字文麟三年癸未貢		馬清河　麗文父誥贈奉直大夫母范氏贈宜人
		章望之　字儼山八年戊子中	周人甲　字函九五年乙酉拔貢官山西繁峙縣知縣		
			葉先楠　字芸畦五年乙酉貢		

游道 字志庭 十二年壬辰中

謝澤均 字秉之 六年丙戌貢

周玢 字南礀 八年戊子貢

楊春華 字寶村 十年庚寅貢

周天潢 人甲祖 十四年覃恩貤贈文林郎 祖母姚氏孺人

但傳禧 字晨陸 十四年甲午優貢候選訓導

周順階 人甲父 十四年覃恩貤贈文林郎 母宋氏妻劉氏俱孺人

但炳中 字存先 十五年乙未貢

劉斐恭 字穀亭 十五年乙未貢

章應勛 見孝義傳 以子聯盛 封奉直大夫 母李氏宜人

敖元愷 一讚子 十六年丙申恩貢

黃崇權 十六年丙申歲貢 父恒滙見孝義傳

周人弁 人甲弟 十七年丁酉拔貢

補遺

任佳達 字國儀 道光六年貢

學宮　在縣治南舊在金疊山下唐鄭元瑾建宋紹聖間知縣朱壽昌移建今所明柯日新吳俊胡中郭鳳儀焦貴吳本固前後增修

國朝康熙二十六年署知縣張芑修雍正七年知縣吳珽教諭鄒爰祉重修嘉慶二十三年訓導蔡敦仁修東齋道光三年教諭修西齋並補修學宮墻垣堂廡道光十六年教諭陶英鴻訓導吳直鈞俱重加修葺張文光林增志張圻隆余開熙張芑楊倘訓均有記載舊志

文廟正殿祀

至聖先師孔子

四配　十哲東西廡祀先賢百二十三人

崇聖祠祀

至聖五代雍正七年追王配先賢四東西廡祀先賢五人

學額　廩增各二十名歲科兩試每次錄取文童十五名歲試錄取武童十五名

學田原額四項三十一畝五分五釐納谷二百二十一石七升乾隆二十九年清查案內每石折銀五錢除納糧賦外收折租銀八十兩八錢一分六釐四毫按年支賑貧生造名入冊餘充餉

朝陽書院在縣北使星坊乾隆四十五年知縣何光晟率邑人張占兆等創建嘉慶二十五年知縣彭烒建閣祀魁星道光十五年知縣勞光泰重修仍移魁星於前樓閣祀朱衣

義學在延壽寺舊藏經閣處道光十年丁周建旋廢十五年知縣勞光泰捐廉復設

新溪書院在縣新店市宋進士周登仕建道光十五年知縣勞光泰捐廉拓修

知縣勞光泰重修新溪書院記附甲午冬余勘地至新店乃訪宋進士周登仕所築新溪書院而遊憩焉有黃生崇權聶生聰進曰院址久湮無復存者乾隆間貢生張勉民等六十四人購地復築之惟院後則周子故堂在耳院堂略具而學舍未建也余於是捐俸錢百緡拓之而院中諸生有黃鳳九者捐院側屋一所又捐錢三十緡唐士梅捐田壹石聶乾三聶承

彝黃廷璧魏長新雷定祥聶世初捐田或石或五斗有差其不捐田者各畀以錢於是講堂學舍既煥然可觀又有田糧以供生徒筆札余仍進黃生崇權等而勗之曰書院之設非獨為制舉也鵞湖鹿洞學約森然願以相砥礪異時生等有如周子登仕者成進士可也即非進士可也或進周子而上之尤余廣拓書院之意也生等志之毋相忘是為記

汀泗橋義學在關帝廟側章開瑞建

考棚在延壽寺西道光十年邑人章應勳捐建其子聯盛襄盛詠盛十六年復捐錢肆百串存典生息作檢葺資

實興存典生息錢叁千串章應韓章應璜各捐錢壹千串章勉章應斗各捐錢五百串

卷價存典生息錢三千串係章應斗章寅盛章聯盛各捐錢壹千串

韓陽重修儒學記附載

蒲圻爲鄂之壯縣儒學在縣治南即宋故地址基孔阜面勢向陽清溪迴環遠岫森列實一縣之勝地也以故出於其間者多魁梧俊偉之材政事文章之彥奈何殿堂齋廡歷年滋久日就傾頹官是縣者固多惜未有能振其廢者正統庚申冬十月永新胡公通理以丹陽典教秩滿用知者薦奉命來宰縣事視篆之後首謁學宮覩其頹弊無任

咨嗟蓋以學校風化之源人材之本乃爲政首務毅然即有舉修之念於是經營圖畫召匠鳩材先葺禮殿明倫堂齋廡戟門厨庫以及書樓誦室飲饌庖湢之所一皆撤而新之他如祭祀之器與凡庠校所需之物巨細畢舉輕重無遺廟學規制於斯爲備較諸往昔大不侔焉經始於正統六年十月訖工於十年十月濟濟衿佩來遊來歌奠謁有嚴講肄有所上不知費下不知勞是皆縣宰修治之功也一日庠之職訓蕭子楫氏具述其事告曰蒲圻之學新矣毀刺鄭修頌魯義有記矧公任勵學之責敢以記請余遂書以記

廖道南重修縣學記附載

惟皇上御極二十有五年秋八月哉生明蒲圻學宮成先是西粵李侯桂蒞政之夜熒惑守斗侯乃大恐諸生言曰茲土之有邑也自吳赤烏始也時諸葛孔明以漢丞相會魯肅於六月戎馬倉皇弗閑俎豆迨唐改遷鳳山鄭元瑾肇澄化源侯今蒞止勃焉興思其諸元瑾之遺績也哉侯以時詘舉贏讓而弗遑者逾歲越明年旱魃蘊隆室如懸磬諸文學言曰茲邑之有庠也自唐永徽始也時李必聞以唐宗室偕鄭光系於蒓川雲雷經綸天造草昧肆宋改遷金疊朱壽昌助建釁基侯今蒞止溘焉鳴鐸其諸壽昌之遺訓也哉侯以工浩財匱讓而

弗遑者又明年歲登和豐民有定宇諸鄉大夫言曰茲庠之有宮廟也自宋乾道始也時汪侯若游以文公鄉髦聞風興起而薛侯儀老相繼成之迨我明詔新學校柯日新吳侯俊葛侯鳳儀胥加修飭侯今蒞止煥焉庇制其諸若游之遺緒也哉乃率僚徐君禎宏規畫拓疆域[illegible]捐輸瓦甓平水臬奠方位董章程課餼稍日不暇給者經始於乙巳之夏五月而落成於今秋八月自洪武庚辰科以來舉進士者凡十九人癸卯科以來由鄉薦者凡九十八人至嘉靖庚子癸卯二科五人今科中式者三人會逢其適功不可誣也乃繫之詞曰惟歲甲辰獲乃艮牧升歌清廟雍

雍肅肅乙巳經始有闢軒庭鳩材孔亘思樂用徵丙午載營有嚴堂室遐不作人不顯亦世惟茲庠宮山水之鄉後倚龍阜西瞻鳳岡金紫前臨靈應左列山祗川若篤生英哲總皆聖蘊寳自心傳精一敬義匪外鑠焉嗟爾來學對揚先命毋忘夙夜日邁斯征日星重光政教重熙嗣今作者永世咸宜

蒲圻縣志卷二

蒲圻縣志

沿革

陵谷更形古有之矣況分割土地代有不同者乎縣地古無專名三國孫權割沙羨地爲蒲圻以呂岱鎮之漢書沙羨（晉灼曰羨音夷）屬江夏郡是漢爲沙羨也自三國至今縣名不改而或割地他屬或屬名他郡屢有分隸縣治亦經改易今詳味

大清一統志而以爲安止焉著爲表以分野古蹟附志沿革

歷代沿革表

兩漢	三國吳	晉	宋齊梁陳	隋	唐	五代	宋	元	明
沙羡縣	沙羡縣	蒲圻縣	蒲圻縣	蒲圻縣	蒲圻縣	蒲圻縣	蒲圻縣	蒲圻縣	蒲圻縣
沙羡縣地	吳赤烏二年夏五月城沙羡嘉禾三年權合呂岱屯陸口後徙縣於西良湖側口蒲圻	太康初置屬長沙郡今崇陽縣晉時皆蒲圻地	初屬巴陵後屬江夏郡梁屬上雋郡	徙治屬江夏郡沙陽下雋省入蒲圻	屬鄂州天寶中分置唐年縣今崇陽通城縣	南唐保大中分置嘉魚縣		屬武昌路	屬武昌路

漢江夏郡高帝置屬荆州應劭曰沔水自江別至南郡華容爲夏水過郡入江故曰江夏縣十四次九沙羡前漢書地理志

後漢荆州刺史部郡七縣邑侯國百一十七江夏郡高帝置雒陽南千五百里次八沙羡後漢書郡國志

吳孫權十五爲沙羨長建安四年權進討黃祖於沙羨二十五年權自公安都鄂改名武昌以武昌下雉尋陽陽新柴桑沙羨六縣爲武昌郡赤烏二年夏五月城沙羨嘉禾三年權令岱領潘璋士衆屯陸口後徙蒲圻權乃分武昌爲兩部岱督右部自武昌上至蒲圻三國吳志

晉武帝太康元年平吳分置郡縣并荆州爲一長沙郡漢置統縣十次九蒲圻晉書地理志

宋江夏太守領縣七蒲圻男相晉武帝太康元年立本屬長沙文帝元嘉十六年度巴陵孝武孝建元年度江夏巴陵太守文帝元嘉十六年分長沙之巴陵蒲圻下雋江夏之沙陽四縣立屬湘州宋書州郡志

齊鄂州鎮夏口舊要害也分十五郡江夏郡領六縣次蒲圻南齊書州郡志

梁武帝起家巴陵封臨湘侯後督郢州諸軍事梁書梁置上雋郡又有沙陽縣置沙州州尋廢平陳郡廢蒲圻有石頭山魚嶽山鮑山隋書蒲圻注

隋分荆州爲二十郡江夏郡舊置郢州梁分北新州尋又分北新立土富澗泉濠五州平陳改置鄂州統四縣次四蒲圻隋書地理志

唐鄂州江夏郡緊土貢銀礦賫布有鳳山監錢官領縣七次四蒲圻上唐書地理志

唐末屬湖南馬氏後入南唐置嘉魚永安通山三縣文獻通考又通考注蒲圻吳縣有赤壁嘉魚縣本蒲圻縣地隋之鲇漬鎮以多生鲇魚爲名唐天寶三年本道以鎮界所管懷仁宣化三里合爲一鄉屬鎮徵科楊吳陞爲嘉魚縣寰宇記

宋鄂州統七縣次四蒲圻宋史地理志 按宋置荆湖南北路統二十四州郡屬北路至道二年改武清軍爲武昌軍紹興二年改荆湖北路嘉定十一年置沿江制置使十五年陞武昌軍爲壽昌軍

元武昌路統七縣次四蒲圻元史地理志 按元世祖南伐自陽邏洑至鄂州白鹿磯命伯顏攻沙陽堡至元十一年改荆湖南路安撫史

明武昌府元武昌路屬湖廣行省太祖甲辰年二月爲府領州一

縣九次四蒲圻府西南有蒲首山有蒲圻河即陸水也又西有蒲圻湖西南有新店等湖下流至嘉魚之石頭口注於大江有羊樓巡檢司○明史地理志

國朝因之

按縣治吳黃武二年置在兢江口隋開皇十二年洪水泛溢縣遂漂流就鮑口權立唐武德四年使人王宏讓刺史周和舉權在陸溪川中爲縣貞觀七年移還鮑口寰宇記 鮑口即今治也湖北通志

分野 楚地翼軫之分野也今之南郡江夏零陵桂陽武陵長沙及漢中汝南郡盡楚分也漢書

古蹟

吳城山在縣四十里孫權常築城其下遺趾尚存湖北通志

呂蒙城在蒲圻縣西南八十里孫權以蒙爲橫野將軍於此鎮守 元和志 寰宇記屬鮎濱鎮今嘉魚地

太平城在縣西南孫權遣魯肅征零陵於此築城 寰宇記

疊秀亭疊秀山上洪武中縣丞王綱改爲射圃 湖廣總志

岳公城縣東北宋岳飛征楊么築此屯兵 明一統志

沙陽城縣北城領舊址畧存今張巡廟基是 湖廣總志

祭風臺赤壁山下相傳漢孔明祭風處 湖廣總志

寶花臺受澥里 湖廣總志

蒲磯山在縣西南一名蒲圻山蒲圻縣初置於此 通志

蒲圻亦名隱圻按宋書到彥之討謝晦退保隱圻綱目注云隱圻卽今武昌蒲圻

赤壁山在縣東北江濱

按水經注赤壁山在百人山南去烏林只二百里自元和志以赤壁與烏林相對新志遂以爲在今縣西南蓋誤以古蒲磯山爲赤壁矣又按江夏縣東南七十里亦有赤壁山一名赤磯一名赤圻非周瑜破曹操處也 一統志

嘉魚西七十里曰赤壁山烏林磯 天下郡國利病書

鄂都自赤壁鏖戰吳人能以弱制强此有天幸非人力也 天下郡國利病書

李白赤壁詩二龍爭戰決雌雄赤壁樓船掃地空烈火張天照雲海周瑜於此破曹公

杜牧之赤壁詩折戟沉沙鐵半消自將磨洗認前朝東風不與周郎便銅雀春深鎖二喬

李璧赤壁詩赤壁危磯幾度過沙羡江上鬱嵳峩今人悞信黄州是猶有水經能正訛

魏裳赤壁詩崔嵬風雨一登臨落木蕭蕭萬壑陰賦裏不須疑赤壁尊前應自見烏林東風共羡回天力西蜀堪憐報主心忠武芳名垂宇宙將軍千古未沉淪

蒲圻洲在縣西南蒲圻山北對蒲圻洲亦曰擘洲又曰南洲洲頭卽蒲圻縣治上有白面洲洲南又有濕口水出豫章艾縣東入蒲圻至沙陽西北嶽山入江 水經注

蒲圻湖在縣西北湖多蒲草 吳大帝立蒲圻縣因蒲圻湖爲名 元和志

唐竇參讀書堂在河東濟通志載在寶相寺參未第時肄業於此山神以他日當富貴果如其言因捨宅爲寺 名勝志

宋馮京讀書宅在縣西頭村 省志

宋趙葵宅在縣治西梅隱坊 省志

宋廖明畧讀書軒在鳳凰山

宋周登仕讀書齋在新溪

宋蘇軾書竹溪堂額在竹山洞

明魏觀讀書臺在蒲首山

宋濂序附濂與太常卿魏觀先生遊甚久知其爲孝

敬人也先生嘗謂濂曰余家鄂之蒲圻有山曰蒲首
焉巉然而起如雲旓翠豨蕩摩空濛間對峙雙石檻
亶上如筝中敞碧千尋嘉葩靈草雜被之紛紅駭綠
儼圖畫中先人愛玩不忘日支筇步其下或濯纓澗
底咏詩坐磐石上或望雲出沒崖谷悠然忘返遂以
碧巖自號時異事遷層巖絕壁雖蒼然不改於舊而
先人則追逐葦仙於風馬雲輿中弗能見之每過其
下不覺潸然出涕故於宦遊所至揭碧巖之名於楣
間所以志之思夫親也雖然名之固寓也而言之則
尤寓也曷若親履其地而求先人之遺跡乎當今聖
人在上方以孝治天下他日築亭山麓仍以碧巖名

之當風日晴美與二三子遊其間指而言曰彼清泉
瀏瀏而斜出者此先人濯纓之處也磐石纍纍而可
坐者此詠詩之地也巖谷沉沉靈氣之宣通者此望
雲出沒之所也一俯一仰精神參會非惟慰其遐思
抑將藉是以勵夫所學期克肖乎先人于雖耄矣此
心敢忘乎幸為辭濂曰傳有之舜食則見堯於羹坐
則見堯於墻古之上聖若斯況下焉者乎人子之於
親遇事觸物無有不可感勵者況親所遊歷者乎斯
亭之建當與甄氏之亭並稱其視崇臺芳榭以騁遊
觀者何如也先生字杞山觀其名也學問富德行修
踐揚中外其善政蓋章章云辭曰巖之雲兮英英其

升巖之木兮欣欣其榮悵仙人兮何之飆風薄而上
征豈降精而委祉兮發為休徵三秀之茁兮膏露之
凝渺長思於無窮兮覗一夕於千齡金可銷而石可
泐兮又焉能爽吾之精誠

虞帝廟通志載至元間監縣帖木兒創建在龍翔山西
相傳舜南巡嘗駐蹕於此又云在縣治有斷碑載及二
妃事其字漫滅不可讀今廢一統志

竹溪書院在蒲圻縣東五里宋建蘇軾書額今廢一統志

鳳山書院在金疊山今廢

王儼鳳山書院記附蒲圻縣學西有山名金疊唐
縣學基也宋遷學于縣治南地遂就荒有老氏者流

募材建張忠烈祠于其上藉以家焉而族日後大正
德辛未天台蔡公巨源典湖藩教事期崇正學論以
善端老弱欲躍請公毀之公以初拔部攷較日勤姑
未暇及又明年為甲戌公自衡襄駐節于蒲遂遷其
祠于南郊山川壇地仍錫以白金二錠命撤其舊材
豎為人無怨言乃取扑刑之贖暨士夫之助命署教
諭事內江辛懋總其出納命庠生分理之造坊于前
曰鳳山書院次門曰靈峰疊翠改蓮座為樓曰集雲
取多士之義也翌以小軒左曰無逸右曰務斂取書
之勸戒也左旁之堂曰頤賢右為文會先養而後教也左右前後
為椽數楹先德行而後文秇名義攸在也山之顛峗
為亭曰仰高最後一所曰游息繚以周垣踰月大就

廖道南鳳山書院賦附蔡潮字巨源別號霞山爲湖廣督學寓蒲肇修鳳山書院時道南爲諸生蔡公乃命作鳳山書院賦其辭曰霞山先生卬謙山之巑𡽱俯潕水之洸洋背艮軸以枕陰面晋旭以賓陽於是乎經野覘土諏日擇吉鳩工聚材測景平臬伐巽木以爲學拔泰茅以爲堂隆大過以爲棟建書院於鳳岡蓋以植人紀樹天綱考法象陳典常而丞丕烋之烈於無疆也爰有三湘公子九嶷丈人馭黃鵠之猋輪驂繡麟之雲輿抗招搖以遐征指攝提而上馳躡巉巖而眺望肆懸河之修詞公子曰竊伏湘澧遐哉邈矣不圖今日院斯落矣青青子衿于胥樂矣且

吾聞諸蓬萊之陽扶桑發赭迷穀揚彤橄欖映波其屈縮枸枝搖嶼其青葱乃有青陽之宮綺疏繁星藻梲宛虹安期涉咸池而洗日羨門登暘谷而凌空崑崙之西蟜淵泱漭泑澤淪漪冢遂肆完其巾霞泰器嶔嵜其巀霓乃有素灝之居晶宮栖魄璇題納曦睿成據沙棠而逍遥韓衆依子桐而栖遲炎僑之南緬緲丹垠紆廻紫㬇育隧暘薰風之籲軫巖懸火德之躔乃有朱門之垣金枝通牖玉甃照筵祝融司厰而開宇句赫胥御紀而壓天田瀚海之北氣凝霜鑾精結冰嵋吉艮產千金之駿騶吾具五色之質乃有元景之室閶冢九關磔礰萬壁嘯夋制長鯨而揮擢任

公跨巨鼇而肩屭先生益用黿朋華乎豹蔚螭青陽之曈曨飫素灝之瀲灔服朱明之陸離披元景之赫奕無乃窮四荒超八極於焉栖息爾矣乎先生曰恣遠遊者疇與近取諸身務外觀者疇與內求諸心子言博矣曷載陳之公子又曰太昊乘震執規司春玉衡秉信珠斗同仁蒼驪駕而協氣和鳦鳥巢而條風温於斯時紅藥翻階朱槿蔭庭靈運賦池草而宣機自觸孝綽感山櫻而雅韻攸成炎帝乘離執衡司夏赤鷹鳴晨丹艮燭夜於斯之時蘿烟裊帷松風入榭江淹懷綺樹而興慨皋蘭傳元思秀麥而宣謡田稼少昊乘兌執矩司秋悲臺蕭瑟哀壑飀飀鵲梁廻而

津橋橫蟾桂芬而月殿幽於斯之時竹君萬箇木奴千頭左思睇翔鳳而金飈初動潘岳咏歸燕而玉露方流顓頊乘坎執權司冬同雲聚霰寒澌凝淙日陸旋而品彙藏星紀周而象緯從於斯之時令屬元英律應黃鐘穆王躋平圃而白雲縹緲梁王遊兔園而素雪玲瓏先生漸儀鴻羽鼎食雉膏煦春元而熙熙茂夏亨而陶陶賡秋利而肅肅孚冬貞而昭昭無乃順四時周六虛於焉居諸爾矣乎先生曰善言天者必徵諸人善言古者必準諸今子言近矣願悉陳之公子又曰粵稽有漢西雍是京嵳峩虎觀蜿蜒鳳城麒麟矗界而芙蓉披鳩鵲翹翾而椒蘭榮乃有承明

之廬著作之庭銅龍承宇金馬標門方朔占歲星之
色象更生招太乙之威神粵稽有晉江左載作鐘山
龍蟠石城虎躍顯陽韡炳而亙赤烏永安離奇而延
朱雀乃有華林之園昇元之閣江實浮波山葩吐萼
陸機詠芳藻以敷文謝眺賦青山而尋樂粵稽有唐
起於晉陽華清毓秀興慶蜚香勤政通天而接熊耳
飛山凝碧而起鶡翊乃有結璘之樓鬱儀之堂虬漏
宵沉鈴索晝張李白摛辭而焜煌鼇掖韓休抗疏而
飛翥鸞章粵稽有宋國於汴京渾河爲池嵩岳爲城
嘉惠嘉福以延宏慶純和熙和以聯邇英乃有巖猷
之製寶謨之箴十閣叢起兩制竝名易僭承恩而御

書飛白永叔視草而史策垂青先生節以制度頤以
保貞紹漢賢之高躅步晉哲之芳塵追唐臣之逸軌
播宋儒之光靈無乃兼四代冠羣英於焉浚明爾矣
乎先生曰載事者存乎史載道者存乎經子言美矣
吾何能焉九疑丈人喟然嘆曰於乎緊噫予知其一
未知其二也夫北人見布而疑麖越人見罽而疑毳
拘乎藝也犇蜂不能化桑蠋伏雌不能伏鷇卵泥乎
類也若公子者未免馳志藝文之末而或遺其本游
精散殊之博而靡得其約也已乃若先生之登茲鳳
山也其東則有豐財靈應幽蘭點筆蕭堆仙雲雪峯
丫髻河抱石牛而掩映星河溪洄赤馬而虛涵天日

其西則有鐵山壺山蒲首瑞雲感山廬山芙蓉石門
湖出二羅而澄潭瀦蓄水趨六口而長江吐吞其南
則有桃花白石月山梅岑金紫五洪雲臺荆泉鹿洞
谽谺而林陰夕合羊樓峠崛而巖花晝妍其北則有
龍翔行將鳳隱石盆雷壇天馬明水山門北渡浮舟
而汙鐔懷古西艮遺堞而烏石藏靈是故鳳凰于飛
維石巖巖三峯層巒五水縈灣金疊石筆金臺雲磐
隆岡秀起而翹翼南門平原衍彝而廻抱西關是故
其爲書院也其中則有集雲之樓崢嶸繒綾嵯嵁綢
繆飛甍特起叢栟孔修若升元圃之邱爛瑶宮森貝
闕朝扉八而暮靄浮其左則有無逸之所堂曰頤賢

麗澤輔友齋曰六行愼修恪守若窺瓊林之牖辨商
彝測姬卣輝璧月而燦珠斗其右則有務敏之軒堂
曰文會列鼎鳴絃齋曰六德仰高鑽堅若升石渠之
筵庇廣廈履緗縢羅寶典而肆璚篇其前則有疊翠
之門靈峯矗立河流吐吞蛟騰虎變鵠舉鳶騫若排建
章之闔金支簇朱旂翻浥仙掌而迎朝暾其後則有
六峯之亭仰高游息躭幽會冥窻草交翠野竹搖青
若入華林之園采芝秀紉蘭馨杳鶴渚而迴鳧汀是
故山以鳳靈院以山名先生之建茲院設茲教也而
豈徒哉昔者鳳凰之爲世瑞也軒轅臨元扈而受圖
伶倫適嶰谷而協律高辛聆音而拊鞞少昊名官而

纂歷巢於阿閣堯命羲和以授時儀於籥韶舜察璇璣以齊政翔於紫庭文王占景緯而游歌止於岐山召公陳卷阿而謳詠茲蓋傳之道統納之世軌昭之人文章之物釆示之賢規約之邦紀所以淑斯文者懋矣望諸生者厚矣視唐之集賢麗正含象光順宋之嵩陽白鹿石鼓嶽麓蓋異世而同符焉爾矣先生聞之有睟其容有盱其衡喟然歎曰有是哉九嶷丈人乃歌曰惟九嶷兮蒲山之宗仁者壽兮靜斯同三湘公子亦從而歌曰惟三湘兮尊水之淙智者樂兮動斯同先生乃賡載歌曰九嶷巍業兮君子以崇德三湘湫淡兮君子以廣業吾與吾徒期大同兮永貞

吉

龍門書院在東門今改驛館

黄曰洙龍門書院記附耐菴王先生宰蒲之二年政舉民安亟興學以造士於治之南搆龍門書院延名師厚餼脯聚邑人士課業其中己未夏余來署造訪以記見屬余避席而興曰先生建學之意何居將使諸君子呉吟雒誦以馳聲於藝苑歟抑欲其懷文抱質朴率爲有本之學以蕲進于古之君子歟夫楚才雄博楚風彬雅左倚屈宋照耀千古其文章無俟爲諸君子進惟是鄂渚衡陽爲南軒考亭過化之地而濂溪周子紹絕學之傳實生乎其間流風遺韻至今深入景慕故岳麓書院與吾江右之白鹿並垂不朽今蒲接壤衡湘又山川靈秀所鍾知必有豪傑之士上接濂溪之心傳者其去岳麓居隣地近爲學之要一一具在特人狃風微振興乏人士每抱殘守獨倀倀而無所依先生之意殆欲正其聲利之失而亟返之於正心誠意之學則書院之設洵哉其知本者矣抑吾尤願諸君子之善承之也記曰三王之祭川也先河而後海或源也或委也此之謂務本君子務本本立而道生學者果能根抵六經存養心性本周子主靜之旨而以朱張二子存誠主敬爲入德之門使身心間粹然醇然未發而中常存已發而和不失將

見修齊治平之要皆裕於一室講習之地而全體大用亦無不具是爲于以紹絕學之心傳而先生振興之心庶可以無負余衰矣不能杖履從遊與先生討論晨夕亦如朱張二子往復質正于岳麓書院俾當時興起成就之功復睹于今亦惟先生勉諸君子于有本之學以其鄉先哲之前言往行爲法而相與以有成則理學心源不難上嗣周子豈僅以雄博彬雅稱楚才楚風哉先生曰善夫微吾子亦不能爲此知本之言也因次其一時問答之詞而爲之記

王雲翔示龍門書院諸子詩附　靈府洞六虛神明於此宅玄關虎豹蹲衛徑爭辜磨劃　澄徹源頭水涓

涓石上流何須爭涇渭三峽已沉浮　水不生波濤
舟師艱上下輕帆御風行天槎窮海㳻　窻虛能受
月樹老不生風性地漸瑩潔理道乃融通　物理本
易格人心不難測誠明無障時月上梅梢雪　浩瀚
大江流朝宗赴東海源頭復源頭龍雲結煙靄　空
靈只一隙芥子亦能室澄徹拓洞虛倒吞雲夢入
振衣千仞巔高視俯一切我從太虛遊超然忘絕巔
饑食扶桑葉文繡被古今吾人枕書籍醞藉當復
深　錢散能歸貫綵紛抑自眞頭緒把握時滿懷都
是春　筆花原有種種向空靈區根蒂日深固五色
光榮敷　善根不可拔日浃以詩書充腴漱芳潤華
實自紛披

蒲圻縣志

鄉里

縣者鄉里之積也猶天下者郡國之積爾矣後漢書志郡國志一統也蒲圻一縣四鄉三十里四十四團今依郡國而約編之並仿常璩巴蜀各志又略加增飾名山異產風俗社倉橋道並隸焉至戶口川流則分隸賦役溝洫不復收我朝累洽重熙閭閻遵道觀於鄉而可知也志鄉里

蒲圻縣鄉四團四十四　城內置城廂團　東鄉易出乎震震者東方之卦萬物之始也故城內冠之 有南甃團以舗名 有荊沙團以荊泉沙田名 有土橋團以橋名 有石坑團以渡名 有洋泉團以山名 有雙坵團 有大貴團 有占嶺團以詹家嶺舖名 有官塘團以驛名 有渟泗團以橋名 南鄉對待相尅流行相生故南次之 有大田團 有白石團以山名 有來山團以舖名 有峽山團以山名 有馬坳團以嶺名 有楊林團故產楊 有新興團 有新店團以河名 有城西團以太平城名 有港口團以驛名 有洪石團　西鄉白蒓團故產蒓 有官田團 有蕭橋團以橋名 有斗門團 有車埠團以故筒車埠名 有白駒團以橋名 有黃土團以潭名 有楓橋團以橋名 有龍坑團以湖名故龍柏 有小柏團以山名故龍柏 有洪山團以山名 北鄉有清樂團 有黃龍團以潭名 有劈精團以廟名 有方橋團以橋名 有上寺團以橋名 有安豐團 有坪下團 有池江團 有馬獅團以湖名 有郭連團 有官橋團以橋名

里三十 有一七都上 有一七都下 有二四都 有上三都 有下三都 有五都 有六八都 有九都 有十都 有十一三都 有十四都上 有十四都下 有十五都 有十六都 有十八都上 有十八都下 有十九都上 有十九都下 有二十三四五都上 有二十三四五都下 有二十六都 有二十七都 有上三十都上 有上三十都下 有下三十都上 有下三十都下 有三十二四都上 有三十二四都下 有市上 有市下

團說

團者何也韻會訓曰聚隋書禮儀志騎兵三十爲團團有偏將一人唐書兵志三百人爲團團有校尉宋史元

豐元年修開封府界保保甲勅成書上之三年詔立團教法以大保長爲教頭教保丁凡一都保相近者分爲五團卽本團副都保正所居空地聚教之蒲邑自孫吳置縣呂岱屯西艮魯肅屯陸口碁交星布皆屯地正韻屯聚同團邑舊有三鄉西南吉陽鄉統七里東北長樂鄉統二里西南沙陽鄉統四里宋元祐初以長樂益咸寧明洪武中分爲四十三里永樂十年併爲三十八里宣德七年併爲三十里嘉靖間編置稍殊萬歷間仍宣德

國朝因之增爲四十四團統於四鄉康熙間續修邑志遍改團爲鄉較前鄉數且十之殆非古法而鄉民至今稱團不改故仍志團

里說

漢世十里一亭亭有長東漢志有里魁北魏李沖上言宜準古五鄰立一里長明洪武二十七年設里老

朝制百一十戶爲里里統十甲爲一圖甲繫於里里繫於鄉蒲圻不然人編數戶分繫數里而鄉地不得而繫之原其故始患官司之橫暴而卒爲畸零其後豪猾之戶利其飛灑詭寄隱匿包收諸弊而因緣胥吏以爲奸胥吏亦利其弊而甚之而舊籍蕩然矣常欲令各鄉田著爲魚鱗細冊坐圖還糧而應者皆有難色豈知此冊成而諸弊可除里制可復保甲可行盜風息而訟獄衰其利爲無窮哉今三十里總著於篇并爲之說以俟之

閤縣

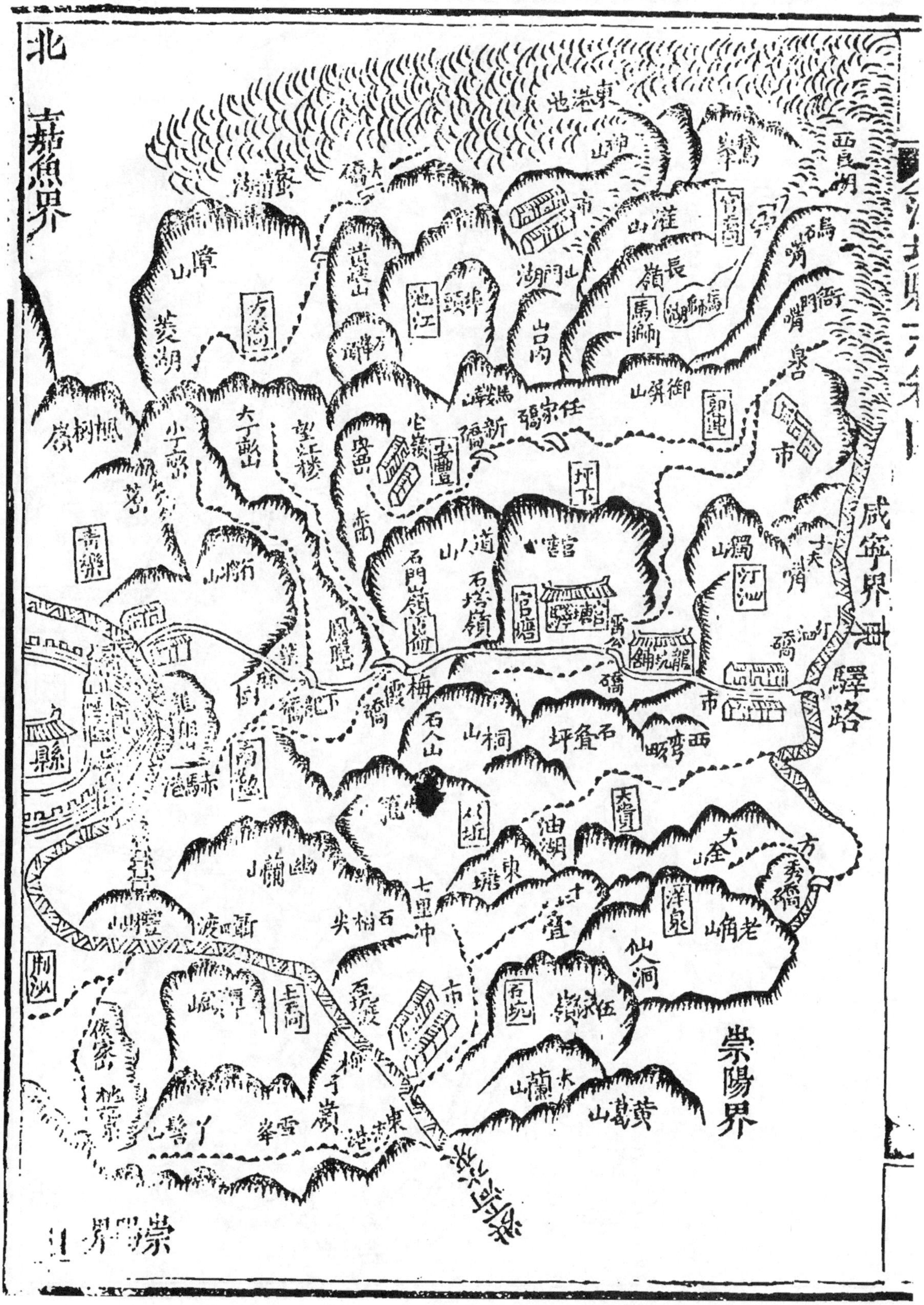

總圖

嘉魚界
臨湘界
崇陽界
六磯口
界石
柳山湖
接里湖
真湖
錦湖
高湖
梅湖
黄土坑
鹽石湖
宣公堤
市
雞冠山
小罗湖
大罗湖
芙蓉山
飯包山
神山
香石山
八卦畈
黄龍
城厢
署
鳳皇山
五洪山
加水橋
白石
南山
大田
關山
白石山
白岩
分水
港口
洪石
雲台山
望夫山
峽山
偏髻山

風俗

火耕水耨民食魚稻果蓏蠃蛤且物常足故呰窳偷生而無積聚飲食還給不憂凍餓 漢書地利志 人多勁悍決裂 隋志 士子以文辭相尚有六朝舊體 宋柳拱辰郡守題名記 鄂俗計利而尚鬼病者不藥而聽於巫 宋劉清之傳 正月一日鷄鳴起於庭前爆竹以辟山臊長幼悉正衣冠以次拜賀 正月十五其夕迎紫姑以卜蠶桑并占衆事 三月三日士民出江渚池沼間爲陳杯曲水之飲 四月有鳥名穫穀其名自呼農人候此鳥犁杷上岍 五月五日採艾爲人懸門戶上以禳毒氣是日競渡採雜藥 七月七夕牽牛織女會

婦女結綵樓穿七孔鍼陳瓜果於庭中以乞巧　七月
十五日僧尼道悉營盆供諸佛　九月九日四民並籍
野飲晏　歲暮家家具肴簌詣宿歲之位以迎新年相
聚酣飲荊楚歲時記　岳鄂閒田野小人例只養二男
一女過此輒殺之尤諱養女以故民閒少女多鰥夫初
生女輒以水浸殺其父母亦不忍卒常閉目背面以手
按之水盆中咿嚶良久乃死東坡集　俗尚質樸不事
繁華一統志　蒲為鄂之壯邑居郡上流山川清淑科
第代不乏人總志　武弛文張民日趨於禮樂之域元
明善武昌路學記　蒲圻負山帶河湖坡內滙外為長
堤其俗昔儉而今奢昔訥而今嚚昔等威而今集集然

而戶尚詩書士安誦讀武昌府志　田里小民半習攻
木遊藝四方尚血性事親病多刲股
李　標詩附蒲土由來瘠蒲民自昔闤桑麻全不稅山
澤半於田樂歲供三月謀生及四川近來王事急還上
洞庭船
周順倜蕁川竹枝詞附三月春風長嫩芽村莊少婦解
當家殘燈未掩黃粱熟枕畔呼郎起採茶　茶鄉生計
即山農壓作方磚白紙封別有紅箋書小字西商監製
自芙蓉每歲西客於羊樓司羊樓洞買茶其磚茶用白紙緘封外粘紅紙有本號監製仙山名茶等語
芙蓉山在西鄉六水三山却少田生涯強半在西川錦官城裏
花如許知誤春閨幾少年艮思堂詩集

知縣勞光泰兩婦篇并序附甲午秋有城內徐生名以
潤病既劇其妾秦氏割股肉和湯以進徐遂愈又聞上
年有胡傑煌妻周氏以姑馬氏病亦刲右臂和藥姑旋
愈既為區額以表用作詩紀之名兩婦篇
瘵親自刲剔丈夫古有之何為兩巾幗乃在今蒲圻一
為胡孝婦一為徐淑姬姬小生西蜀昔來二八期事徐
十六載忽焉徐病危夫在甘苦辛夫妃將安依妾聞古
孝子和藥刲膚肌妾身皆夫有妾月為夫炊拭刀候鼎
沸掩淚防人知引臂盡一割夜半鐙寒時長跪進夫前
烹煎妾所私飲罷躍然起室內驚且疑問藥爾何來但
見血濺衣鄰里走相告縣尹為嗟咨答言去年秋胡婦

同此奇少徐十一載病姑六十衰亦嘗進一臠亦既名
一醫再歲事再見鬼神重夔持蒲圻古沙羨山水含清
暉傑士間世出巾幗已有茲何必是丈夫行成名則垂
激揚有徵柄要使風俗移用特賡此篇比並孝娥碑
蓄畬說附蒲圻多山而為田長陰寒又畏旱久雨輒復
過水故麥少收宜種三稻早稻六月熟遲稻七月熟晚
稻八九月熟皆以石灰糞之使暖早稻與遲稻同時播
種而惟遲稻備歷炎暑多養一月倍結實故收獨豐種
者十之八焉然苟六月不雨收亦歉一也至田家所食
惟藷芋藷謂之苕種山上芋則擇良田種之稻以供租
稅若非實祭必不食之也

城內距府東南三百里　有六門有八鋪十七坊南興賢坊毓賢坊北
阜俗坊仙遊坊仁美坊使星坊甘露坊東澄清坊積慶坊育才坊西梅隱坊登瀛坊忠信坊忠孝坊左沙陽保障坊右巖
治承宣坊儒學騰蛟起鳳坊　勅建坊四十七　學士坊魏觀建　宮允坊王愷建
耀秀坊王交脩建　傳桂坊龍霖建　聯桂坊廖俊建　折桂坊余禎建　攀桂坊
黃鉞建　桂林坊王瑩建　登雲坊梅瑄建程鏞建　登第坊李溥廖傅建　登俊坊
周鑑建　登科坊石鈞建　進士坊盧中魏銘汪洪江師古仵紳建　解元坊仵瑜建　父子
進士坊仵紳建　父子侍御坊謝三訓建　賓興坊宋奎建　賓賢坊廖清建　飛
騰坊王璧建　飛鶚坊黃頤建　蜚英坊徐澄建　鍾英坊劉滄建　文魁坊朱璽
建　文奎坊王湰建　鵬舉坊孫暹建　桂史坊鄭之亮建　三鳳坊鄭宗儒李興賢游紳
建　三麟坊魏頌魏熔周廷脩建　繡衣坊龔晟建　青雲得路坊龔晟建　金榜題
名坊龔晟建　會魁坊廖道南建　太史坊廖道南建　世美坊廖佐建　世聯魁璧

坊廖漢建　龍門世躍坊沈晟建　司馬坊謝存儒建　褒封三代欽使存問
坊謝鵬舉建　兄弟進士坊謝師啟建　三世侍郎總督部院坊魏說建　縣署
故鳳山監唐武德九年置通志詳職官志　有夏雨軒道光十六年知縣勞光泰修
有紫竹墳故紫竹坡有石筍　學宮在金疊山東通志山在治南自金紫鳳凰雨山層疊而來為萬峯之首　雙乳石在金疊山　有長壽觀康熙庚午年重修　有純陽
祠邑人陳樹賢重修　有楚志樓魏裳居　疊秀山一曰射圃嶺通志在治南屈曲而來為梅隱岡金臺岡迴龍岡雲盤岡跨維而出循河而止有瀠洄不盡之致按舊志明洪武中縣丞王尚建觀德亭於其上　有延壽寺府志唐永正中僧威公建有藏經閣嘉慶十五年知縣鄭家屛重修　鄭家嶺
故梅師岡或曰梅隱岡　金臺岡有觀通志唐貞觀中掘土得石有金臺字故名
觀音閣在郭南邑人黃圖昇建　有水月閣嘉慶中僧本如建　有浮橋在北門
河舊志明正德元年縣丞焦貫肇創六年提學蔡潮增修萬歷二十六年知縣倪斯蕙三十五年知縣汪有功三十八

年署縣葉文懋四十年知縣張光前崇禎三年知縣林增志
康熙九年知縣張圻隆重修祠是照糧出費三年一修乾隆
三年知縣王雲翔捐俸重修不派里民另設渡船二隻以備
水張太平寺僧遠範施田九石作渡工飯食及造船之費乾
隆丁丑年王員聽之妻佘氏同子婦寶貫國妻馬氏捐田拾石
零七升呈券縣官收租以作修葺浮橋之資貢王佘氏捐田有
橋長司之田至今尙存惟僧所捐田仍歸該寺經管致彼盜
賣道光十六年清出楊泉黃泥庄田三石三斗又一石六斗
三升東港田五斗潮泉畈田一石八斗金
泉三斗萬壽橋一斗五升仍立渡長經管

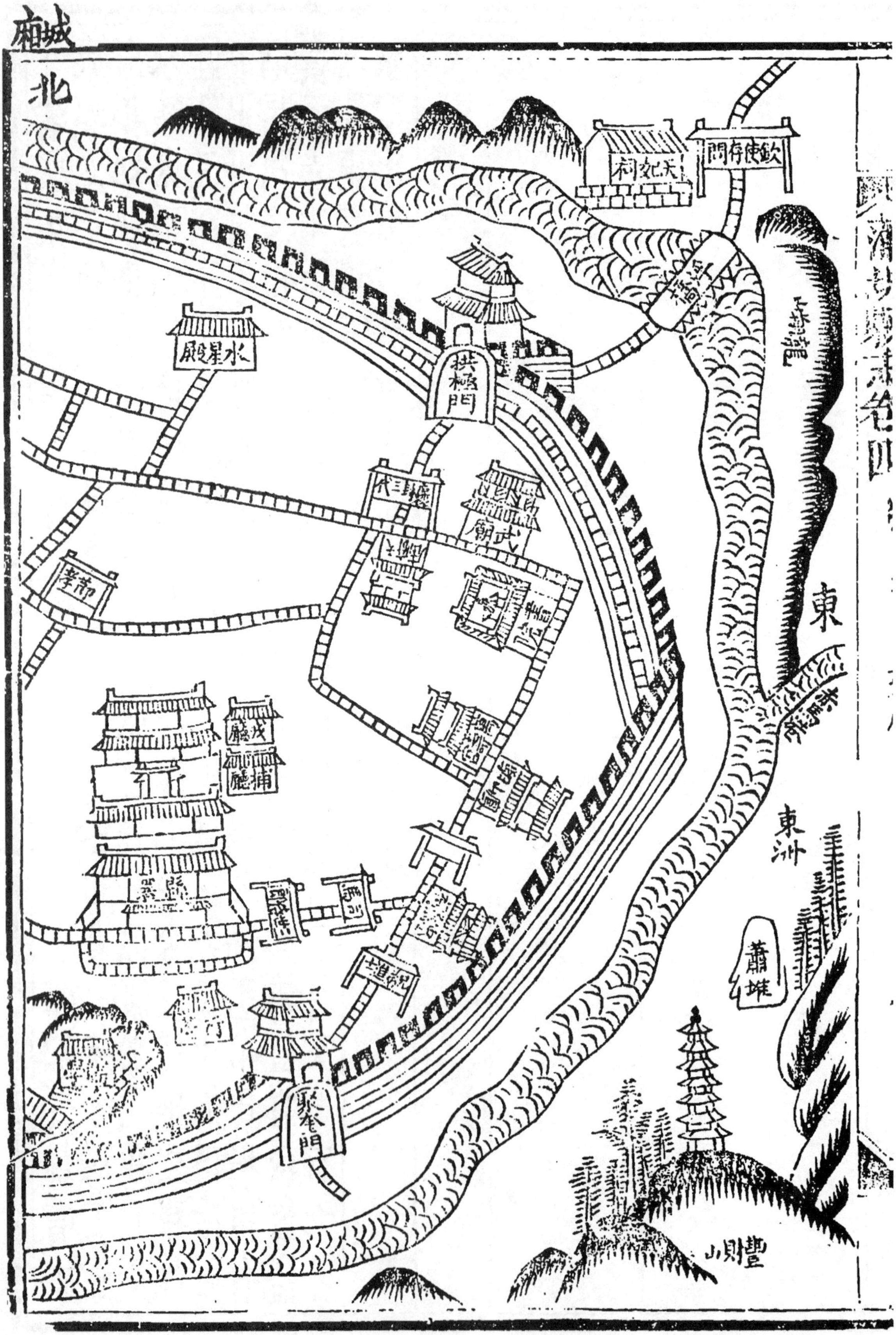
府城
北
天妃祠
欽使存門
水星殿
拱極門
武廟
捕廳
縣署
聚奎門
東
東洲

圍圖

通濟門
武營舊基
湖
寶成門
西門湖
湖
西門橋
長壽橋
吳王廟
馬鞍山
觀音閣
豐樂門
考棚
延壽寺
疊秀山
金盆山
迎薰門
大閣
文廟
節孝祠
顏公廟
五岳觀
城厢
西

存問謝鵬舉謝恩表附原任南京都察院右都御史致
仕臣謝鵬舉爲恭謝　天恩事茲者恭遇　皇上
以　皇孫誕生尊上　慈聖宣文明肅貞壽端獻恭
熹皇太后徽號　詔告天下因而推　恩在籍舊臣如
臣鄙陋亦在　詔書條款文官二品致仕年九十以上
差官存問之列臣原籍湖廣武昌府蒲圻縣人本年九
月十一日據蒲圻縣官吏奉院司道府勘劄行臣知會
臣聞　命自天措躬無地伏思存問乃　朝廷之盛典
臣子之至榮也臣犬馬之齒雖踰九旬然樗櫟之才素
無樹立雖小廉曲謹曾蒙獎賞蓋皆臣子職分之常何
至損辱　朝命至此哉是以戰兢惕厲寢食不安跼蹐

徬徨罔知所措也至十二月二十三日該　欽差禮部主事袁宏道賫捧　詔書到臣又該本縣知縣汪有功備辦綵幣羊酒一同到驛該臣具服扶掖出城迎接到家臣萬感涕零汗流浹踵焚香叩頭祇領望　闕恭謝外伏念臣一介草茅竊祿十八年遷轉一十三次徒苟皇上天地高厚之　恩未效狗馬馳驅涓涘之報愆尤日積瘝曠日深伏蒙　聖恩容臣致仕自萬歷庚辰回籍迄今又二十八年衰病之軀苟延九十歲獨幸歸田之後際遇太平河清海晏盜息民安雖間值凶荒蒙　恩賑恤雖大工鼎建額賦未加雖地方釁孽稍萌隨即撲滅臣雖跧伏林泉如在春臺玉燭每蚤夜自

思以爲遭逢若此卽旦暮風燭老有所終可以含笑入地矣詎意濵死之年復又欣逢慶典普天戴德率土騰歡日月偏照乎溝渠雨露不遺乎枯朽況臣已廢棄多年又遠在江湖之外乃亦蒙遣官存問之恩辱綵幣多儀之賜山川震燿蓬蓽生輝此又臣分量之所難勝夢想之所不及者也是以使臣入境通邑父老子弟遠近走集夾道聚觀莫不舉手加額以爲邑中二百年來僅此一見不知臣何修而蒙此殊　恩於垂斃之日也此臣所以聞　命自天震驚無地萬感涕零罔知所措顧臣衰朽龍鐘朝暮入世神魂已逝軀殼徒存安能啣鐶結草以酬萬一之報哉苟一息尚存惟有日夕焚香祝

聖壽萬年與天無極子孫萬億應地無疆而已臣感激　天恩爲此具本專差孫男生員謝堂抱賫赴　闕奏謝冒干　威嚴臣無任戰慄恐懼之至謹具奏謝以　聞

馬練重建北河浮橋記附載

蒲川有渡在縣治之北當驛路之衝川之源濬於通而其流經於雋駛且深先時嘗濟以舟舟不勝載墮溺隨之宏治末蒲丞秦典焦君始作浮橋冀可繼而可久也正德辛未臨海蔡公以督學按此輿爾既廢而宏大其規嘉靖丁未南海崔公以進士尹此新爾再敝而協濟其美邦人至今誦其德不置嗣之有司覩簿書覈官資不給又遑恤此哉於是奔渡

爭先覆舟相跡甚至一日而溺及三十人死者固遇而生者坐視其變不爲之所亦何忍也乃幸我劉源泉公來式茲土夏中而暑厥簝秋既而成厥梁籍舟三十虹亘櫛比維以鐵紐護以周楯置守者防其觸梭而時其斂放兩岸樹有坊北阜構有亭不惟民得履坦免爲魚鱉而山若劃而增明水若瀏而增妍是誠蒲之壯觀也邑士大夫民父老慶幸而相賀曰其涉川偉績乎夫拯溺濟人務孰先是費鉅工殷事孰難是急其所先先其所難不沮不撓不猛不却此可以觀誠夫必鳩工必庀材必乘時時以掄材材不廢材以聚工工不弛工以趨時時不妨此可以觀才用人公董役者勸察奸明朘削

者惧親往規督惰者奮頑者畏欺而隱者毋或逞此可
以觀政夫道仁義而已矣仁義之發和於事宜於民橋
蓋宜民之謂也

魏　裳濟美橋賦附歲在著雍辰次涒灘月臨仲呂日
旋離南肆我濟川君橋六水拯民艱爰有句廉逸翁方
壺仙子胥與驂白螭駕元鯨淬赤馬之清流躡龍翔之
碧岑訪窪尊之往蹟飈紫虛之幽芬放浩歌于岌業挹
瑞藹于空冥句廉翁曰粤稽邃渾澤濫九濱河圖效乾
洛書流坤陽侯舒靈于島嶼力墨貢技于滄濵時則有
若乘龍之聖陟荆嶺而抵天津姬運肇啟敷德閎休川
祇錫美海若呈幽燭夜光于跳沫燦明月于蜃樓時則

有若釣璜之叟載後車而鳴著球夋劉嗣祚霏英蔚華
郎官澄練東井緋霞嘉士沉幾于授履神人韜采于星
槎時則有若乘駟之儒含珠玉而闡奇葩晉陽紹統鳳
翥蛟翔昆鄰濯異咸池浴光陸子擊𢌿湍而厲志羅公
擲柱杖而徜徉時則有若酌泉之彥甘冰蘗而漱瑤芳
神君濬有熊之璿源沛尙父之膏澤渙司馬之懿文操
隱之之奇節乃茲懋績于斯橋也不有媲美于若人者
乎濟川君曰子之言古也非今也方壺子曰吾聞曲阿
朏明衡陽熙煥榮若華于晻曖爛扶英於蒙谷乃有飛
沙走石風馳電逐宛雲龍之夭矯架仙梁於海蜃縣若
望舒營魄纖阿晰靈挽倒景於桑榆炳宵耀于西冥乃

有霓裳舞列羽衣遐征晻精光而奪目恍銀橋於廣庭
粤若雲英之遇符合纏連晨餐流瀣夕奏鈞天阿毋發
瑤川而獨運青童馭寶婺以爭妍酌元霜兮清儁神嘉
會兮泰元亦若廣陵之景流丹洪寥浣衣星潴滌玉雲
濤肆神珠之弄藥暨玉田之生苗通元極兮無垠陳燈
火兮逍遙神君旭海岱之青陽萃巨闕之灝氣昭雲英
之貞符顯廣陵之嘉際乃茲赫靈於斯橋也不有潛達
於至理者乎濟川君曰子之言物也非我也於是句廉
翁方壺子莞然而笑喟然而嘆曰噫嘻天乎吾闞孰握
其扃地乎吾翕孰測其貞何道非古何古非今何物非
我何我非神乃若利涉之淵也其水則三山源淨龍潭

湍瀠上黃灌流壺頭渙文宣役涖川而興嘆孺子濯纓
而怡神若君子之邃學思淵泉其靜淡其濟則馮彝艷
日江妃麗霞姚黃芬馥魏紫交加挺挺乎彭澤之柳灼
灼乎河陽之花若至人之育物恩浩蕩以無涯其下則
隋珠含珍和璞澄輝蜃珧綴玉驪龍示璣符公興蘭陵
之詠雍伯顯天授之奇若髦士之摛藻照太乙之青藜
其上則屬玉棲煙珍禽鬱翠止者忘機飛者奮翼振蜚
聲於重泉播鴻勳於孝義若懿政之懷思擁行車于非
類乃茲厥功之成也經始兮則痌瘝而衷軫念而人弔
伍子于胥濤泣三閭於湘魂裁制兮則官無攸費民無
攸厲廓孟津之嘉謨敷刺史之康濟襄猷兮則富者捐

貲能者効勤邁趙老之鴻績廸楊令之忠貞樹烈兮則山靈顯瑞河伯降祥詠垂虹於南極昭遺愛于洛陽若夫危樓拱北結搆康莊厥覆軏軏厥基堂堂東枕豐財西連蒲岡南眺金紫北望龍翔沉桂盧涵乎天日黃龍蕩漾乎星芒鳴宮商于鼓笛漲峻彩于西艮豁江山之一覽傳美惠於無疆在昔包公振揚風紀拯茲黔黎錫之繁祉爰有焦賢矢心贊理險阻既彝流光青史粤若蔡公宣化茲土奠麗輯和貞石不朽爰及張侯憂勤綏撫德化旁敷人獲我所神君紹貞栢之遐軌嗣鰲禁之嶶音淬景倩之鋒鋩負紫芝之奇珍乃橋斯域而濟厥美也不將視古今於一息胥物我於兩忘矣乎言畢句

廉翁歌曰三嵏兮恢恢九嶷兮巍巍於嗟拱北兮雲漢昭回方壺子亦歌曰陽曲兮汪汪渤澥兮湯湯於嗟濟美兮江漢悠長濟川子賡載歌曰拱辰獨峙兮鳳山之陽作德高明兮長發其祥於嗟此心兮永無負於明艮

王世貞譔魏　裳外傳附魏裳字順甫從仲父遊太學則已讀周禮左氏國語及唐李杜名家言矣居恒謂生當以三尺素豪于古人間安能吾伊學官語耶十六試諸生高等是時廖太史鳴吾家居觴諸生而太史雅自負博而辯又貴倨也所引說經史連柽諸生中獨裳避席奏對不窮又所請益時時出其表太史自失曰何物少年乃爾足三冬耶諸生亦大喜謂阿游胡渠使五鹿少府折角也益又十餘年而舉鄉試又四年而成進士授刑部山西司主事請急歸復守故官始與王元美及李於鱗輩遊而好為古文詞裳自以才不稱諸子益自刻苦晝從曹中治司空城旦小間即開卷非夜分弗釋也而會母李恭人疾裳廢寢食而侍者月餘搏顙籲天者無數以是亦羸困而李恭人竟不起裳痛哭不欲生一夕亦絶且而甦時同年李師孟吳明卿視之裳張目曰得從先恭人地下無恨以後事累二子二子曰嗟嗟不有而翁在耶裳乃稍稍就粥飲杖而起服除當補官三月餘不報人或謂裳不當有所造請耶裳笑曰我一欵段馬不數步而僵且歸矣亦不知何門可造請人之

復補山西司裳凡三為其司主事同舍郎皆後進據其上而其于推案文法無害咸拱手矣已稍遷員外郎郎中最後為濟南知府時于鱗已棄官里居一切謝客裳三及門而不見以一蒼頭報謝人或謂曰與君郡民胡倨也裳益往候之于鱗不自得乃出飲談詩甚懽裳性高簡亡所過從所過從必于鱗即非于鱗亦無他客也以是竟其任時或謂裳文章士心易之然其為刑部甫蒞事而寬大同叅議獄爭于其長及執政莫能難也決大獄江左詧其情稍有間者即為讞語著于牘以授御史故于守濟南益斂練有聲是時寇蜂起齊魯間裳晝策誘誅其渠率數人而散其黨使歸耕曰汝第為善不

汝讓也所屬邑獨章丘腴而其人最苦徭賦則皆爲豪所侵裳奮身往悉逮豪寘之理于是伏田盡出而小户大要得足食無困徭矣于是裳以最滿遷爲山西按察司副使分巡冀南道裳爲濟南三歲所得臺吏薦凡六最後一不當其意竟以指摘去副使歸久之有外艱而其毁加于哭李恭人時汪伯玉鎮楚念欲搆楚史不就亡能當之者以聘裳既服除乃郎家開局集諸郡邑博士掌故手裁定之而先上其草伯玉伯玉讀敘傳雜論而喜曰班荀儔也所爲楚史凡七十六卷數十萬言而是時楚人何某亦爲楚史成俱上之臺或言二史當合者裳意不懌曰五色有可合也者而淄白不可合也毋

巳則寧簏吾史乎及裳疾所餘心血耗則以楚史故既屬纊謂其次子彬如曰數盡矣夫吾詩與文孰傳哉其屬之元美遂瞑得年五十八裳爲人温温長者湛于濂洛之學志在力行而性特介于取予辨毫髮不苟所善如于鱗明卿及吳與徐子與裳皆兄事之所最莊事于鱗裳所習自經典性理子史諸天官卜筮龜筴地理家言靡不精究其詩最善近體沈鬱勁壯有河朔風于文尤精刻創法森森立不以藻競夫冶飾贍辭後靡爲市門粧者見裳可愧死巳著有雲山堂集子楧如中嘉靖辛酉鄉試官至徵江守次子彬如萬歷壬辰歲薦官耒陽教諭孫說中萬歷戊戌進士官户部侍郎裳以孫說贈如其官

袁宏道奉使存問詩附

一行旌節萬人從爭看前朝老臥龍杞梓楩楠俱朽盡就中留得兩高松公號松屏畢鏘號松坡是年存問二公

謝公伯子京兆君時年七十趨走膝下有若稚子凡謝公拜起俯仰皆京兆君扶之

碧瞳紅頰照霜明倚杖前頭倚杖行七十老翁猶膝下爲人爭不羨爲兄

知縣吳本固縣署後樂堂詩附

雪色搖銀海蕁川悦練川溪流冰鑑合巖樹水晶懸野老壽歸徑漁翁罷釣船顧瞻堪入畫應喜兆豐年

黎公弁石笋詩附

山骨如龍形觸地露雙角纖纖茁笋芽苔斑斕錦韡扣之玉長鳴其聲清以越誰知貞白姿肯爲風霜落

廖　漢石笋詩附

我有雌雄劍寶匣藏精光倏然震雷電化作雙龍翔神氣燭地靈突立石勢剛貞節永不攺昭文遠彌彰伊昔媧皇遺補天五色章至今雲錦成斗牛星輝揚請君看雙石萬古流禎祥

廖　俊廻龍岡詩附

緬惟龍岡勝叠秀佳山水水繞桃溪紅山映蕁川紫樓臺金碧間城郭丹青裏幽色日夕佳天翠聯霞綺觸石膚寸雲夭矯神龍起霖雨滿商巖霑渥均遐邇吾當慰山靈援筆磨崖紀

何景明信陽州人北河渡詩附向晚蒲圻渡遥聞鷄犬喧斜光入深巷疎雨過閑門縣市渾依水人煙只類村蕭條燈火夕沽酒共誰論

知縣勞光泰紫竹墳詩并序附墳在縣署西廳之西漢御史中丞駱瀚墓舊志未晰注但言歐駱父老援歐遷蒲在建置鳳山監之後既置監不應復有墳駱遷蒲在未設鳳山監之先故當以墳屬駱特作詩表之詩曰墳前紫竹枝不改建安時藏者中丞瀚休將疑冢疑

教諭陶英鴻詩馬鬣從今識漢官衙西從倚復盤桓依然紫竹留清影只有時平異建安

訓導吳直鈞詩中丞辭漢歸小築鳳山屋身後墳亦芳

千年有紫竹　竹繞衙廳西莫識中丞在椽筆樹清標
令君今南海
陳樹賢坐水月閣詩附城郭人烟抱碧流望中飛閣與
雲浮綠溪畫處行誰到幾個漁郎夜泊舟　黄鵠磯頭
水接天移來光景畫欄前好將一曲梅花笛吹入塵途
醒客眠
賀斐觀北門浮橋詩附盈盈一水漲晴河幾度臨流興
奈何錦纜自牽青雀舫紅橋偏穩白鷗波舳艫接攏連
環妙輻輳來如折葦過依樣周行平似砥勝他溱洧濟
人多　掀造人曾矢栯舟依然砥柱向中流塡河志不
隨精衛阻客風知恨石尤止水情懷勞結構澄波心事
尚勿留月朗水静寒烟鎖惆悵靈魂古渡頭

東鄉南勳團距城十五里　行將山有洞古大將避兵於此總志在縣東北七里相傳黄巢亂時有大將避兵於洞石墜塞門陰晦常有鉦鼓聲官山寺在二王廟東北萬歷十八年建乾隆二年僧銀波慈若重修　楂林畈有草堂菴舊志南山有天馬峯有潮泉寺在道士坪中通志按舊志明成化中建寺雍正十五年重修石榴尖有古塘山有寺僧慧澄建有石林菴　天燭山一曰太平山有石泉洞有太平寺僧慧銘建靈應山一曰豐財山有塔有地藏菴通志形如覆釜上有天池旁有荆竹坡洞虛敞可容數千人其陰有逕鼓洞初入石道蹭蹬歷三關始空濶有石牀石鼓西麓有東洲蕭堆故龍家山總志郎龍家山俗云水激蕭家堆蒲圻出大魁通志有石突起東洲石相寺故竇參宅通志唐宰相竇參宅有石相寺參未第時肄業於此神告當貴既如其言因捨宅為寺府志延壽寺祖山有赤馬港產文石　有沙子嶺驛路堤明崇禎間知縣林增志築道光十六年邑人謝立勳修仙雲山在靈應山南有觀

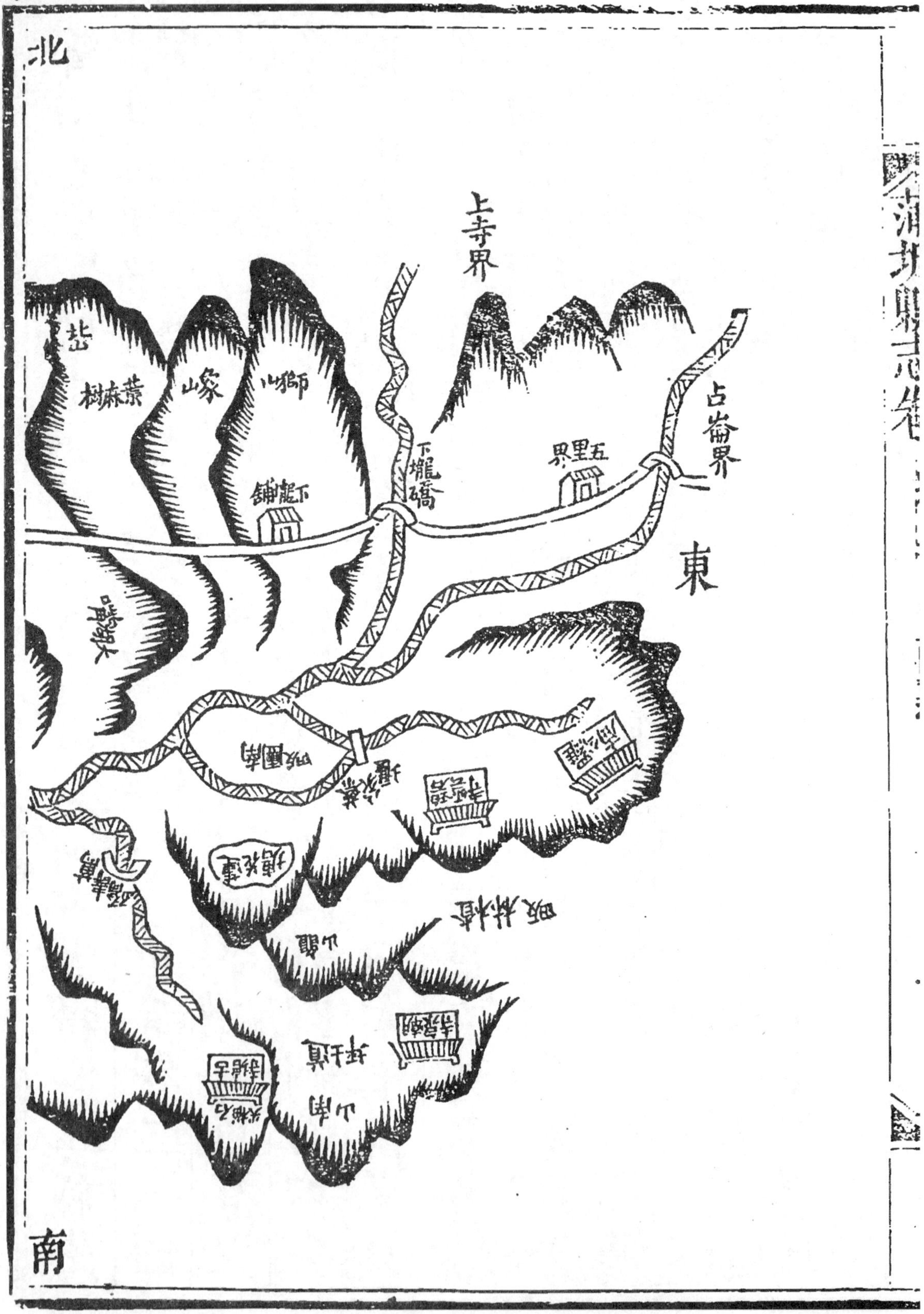
北
上寺界
苧麻樹
象山
獅山
下龍鋪
下堰橋
五里界
占崙界
東
南
蒲圻縣志卷

莆田縣志 鄉里 南勲 二

圖

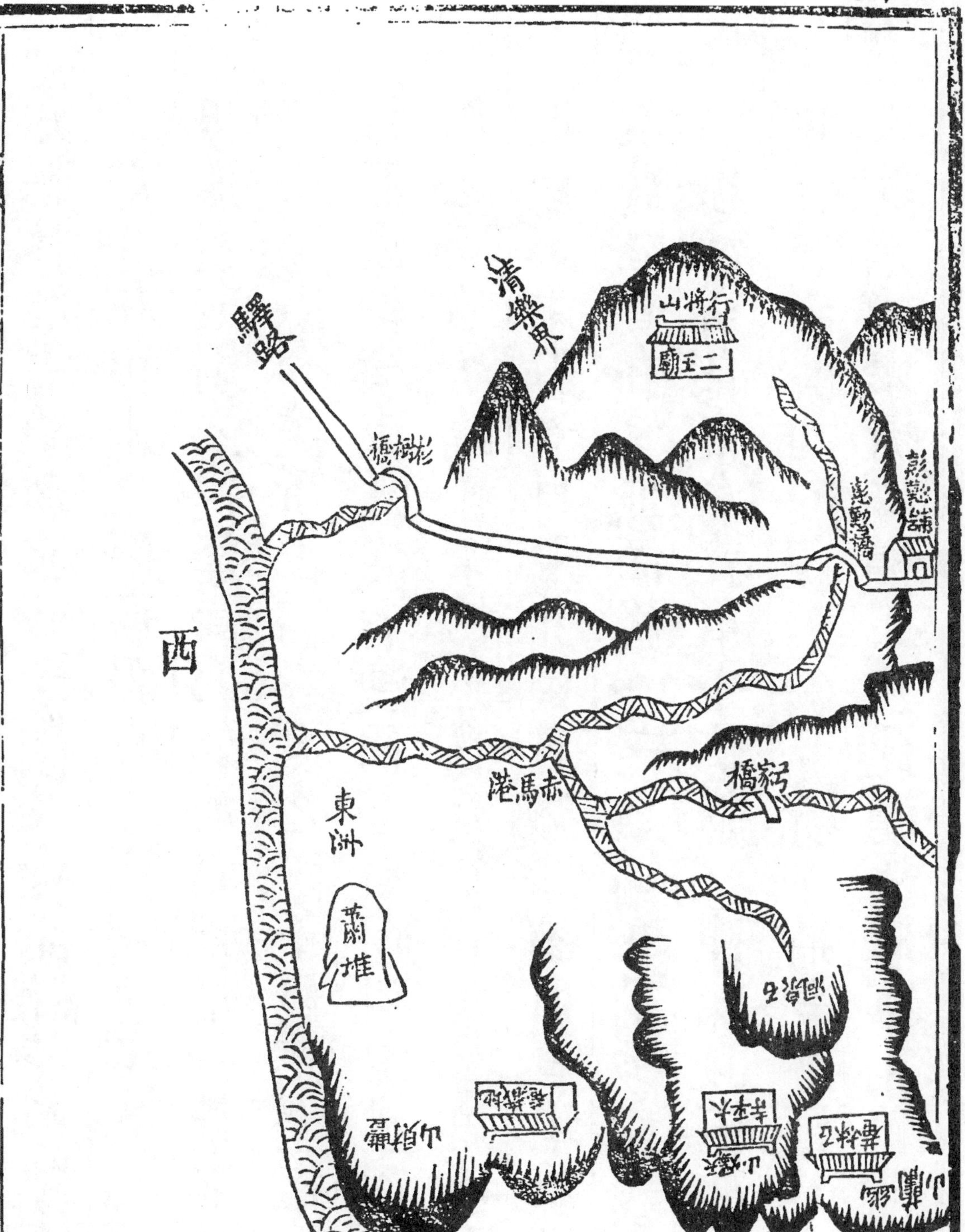

知縣林增志築河北砂子嶺長堤記附載蒲邑隸鄂而踞上游介在山水之間巖疆也亦澤國也道故孔燕吳浙粤滇貴楚蜀之逵達焉郭外河北驛路一帶地瀕礀道二雋湯湯合流所徑當春夏之際千巖萬壑復觱沸迸騰而出勢橫流溢漥者溼而高者嚙遨潦盡砂石縱擁衡蹶閡輪妨蹏難于托足爲賓旅病八達周行壞若鹿徑鹿塲本縣業自至止寓目驗焉諏所自圯咸謂築砌經費不貲在官無額修公羡之編在民勸樹義布埒之倡因循所自來矣昔單子聘楚逕陳陳以道茀譏焉此固守土者責也可復因循是玩乎時急於港口輿梁之役執難兼舉擬竣橋工及此嗣屬時事孔棘拮据徵輸

佐儲胥之詘公私如洗一切未遑然于此役殆未嘗少置於懷雖俸薪巳捐于浩穰未濟因思庫貯按院黃贖鍰三十六兩係馬師所辭本院之饋詳請改支爲修路工費果首六度恆至人普濟宏愿歡喜俯允所請仍撤嘉魚再取贖鍰一百兩以襄斯舉本縣卽將前銀一百三十六兩給付砂子菴僧德慧復擇謹愿善民蘊遇昇周繼賢等同收以董其役庀料傭工蠲吉始事屬同政戎麗金蒲夢麒總其理先是前令吳曾給緣簿命僧募貲逾春未及千丈今巳漸就圮矣餘未修者計二千丈有奇圖爲永逸當慮周經始其地或高或下且彝且塞彝者之餘未克塞者之累本僧用價三兩購就近土隴一片以資塡塞厥堤崇準五尺趾廣丈有三尺固以巨石面視趾減三之一恢拓堅厚較昔不啻倍之隄旁咸寄插梛不數載將翠縷成陰行者可翳其陰堤且憑根荄彌鞏也

蕭子揖蕭堆賦附景泰二年重光協洽彝則應律金氣飕飕兮方訓廸諸生於文會之齋講論乎六經子史巳而做觀瀾之亭睇眄乎高山流水維東有峯狀如覆釜下有蕭堆勢若抔土巋然如伏屼然若起巀嶪若斷崔嵬其崎嶔雖不踰數仞廣亦不盈數里壯蒲邑之偉觀獻芹泮之佳致四川巑岏恍若驪龍之戲珠一水漭沆下瀝赤馬之江汜固非君山之在洞庭鞋山之在彭蠡亦非蓬瀛之泛滄溟金焦之砥揚子要諸名勝曷足以擬厥植斯生厥動斯止惟土地兮潤澤肆卉木兮輝光彼蘭芷兮羞伍蕭艾有檜栢兮相間松篁緊樫栁兮䕫蔚蕃桂蘭兮芬芳若鄧林兮鬱鬱騁旱麓兮蒼蒼賓日兮鳳若斯鳴警露兮鶴引圓吭貪苹兮鳴鹿呦呦在谷兮白駒彭彭乎眺兹方心曠神怡不自知其手舞而足蹈諸生乃摳衣趨進拱手而相告曰先生傳經庠序於兹有年效仁者樂順性之天曷不登疊秀眺豐財躋白石躡雲臺又曷不棲鳳隱陟龍蟠瞻蒲首躍馬鞍廼區區蕭堆之是觀乎噫先生之所樂者不在乎山而以其名爲蕭耶抑亦必有獨得於心而若是其囂囂耶盍先生徒知其可樂而不知其所以可樂之妙也予旣駭然而聽之復喟然而應之曰其然豈其然乎盍爲我言之諸生對曰茲山雖小鍾秀孕傑巨浸一激大魁斯出前乎漢唐羣英濟濟後乎宋元碩人俁俁調和鼎鼐則有趙葵甫列官諫議則有費師古與夫何純溪之喬梓齊鳴宋文齋之詩文獨步入我皇明混一區宇雲與從龍風生從虎歷顯要而終祭酒者魏公杞山侍青宮而任藩臬者王公時舉或登第兮撞破煙樓或聯科兮繩其祖武司風紀兮激濁揚清寄名祉兮庇民尊主職武學兮閑韜略敎文學兮施化雨是山靈之降神致吾邑之郷魯乎曰噫嘻子之所言可謂驗矣然不知所以進修

則甘自棄而徒羨夫人天爵荀修人爵斯見在諸生之自勵庶所生之不忝諸生唯唯而退皆曰先生之言甚善

黎公弁蕭堆詩附蕭堆倚河干春風雜花木雷雨漲春流巨浪相奔觸金鱗奮赤鬐龍門輕一蹴魁擢遺讖言重爲邦人卜

黎公弁赤馬港詩附赤馬飲河流因之名赤馬山横石壁斜奔流逐其下洄洑起波濤信非無本者漁翁欸乃聲明月秋清夜

謝先璜元日出遊仙雲山詩附忽霽逢元日新閒隔去年同人于草野秣馬稅桑田累谿慈王側心空埒相前

平沙歸騎晚烽堞靜無煙、

黎公弁寶參讀書堂詩附丞相祠堂古飛甍光奕奕深林翳道旁紅葉多秋色邦人愼景仰桂漿飲遺德清風江上來千載無今昔

東鄉荆沙團距城十五里　鎖石嶺有靈鷲菴邑人謝正先修十八衛有黑石嶺有玉皇閣明崇禎中邑侍郎魏說建荆泉山有龍王廟有洞秀水出一曰荆泉一統志在縣南十二里洞有石臺石田溝勝悉具居民歲視其燥濕以占凶穰自洞門入可百步別有門甚狹好事者裹糧而入信步趨出則在崇陽之葛藤坪相距百餘里　按通志舊邑志有廟有泉在洞旁洞出幽黝無聲名秀水半里許始震撼如雷玉巖山故上方寺唐僧道馨建舊志萬歷中邑人謝師蔵重修順治十年謝承纘重修有青峯通志在縣南十二里卓立直上勢凌霄漢西有桃花嶺故羊子嶺有坪桃花泉出輿地紀勝按府志在縣南十里有金獅觀在袁家畈西府志在荆沙鄉明成化中建雄踞山巔俯瞰河流鮑家洲有鏡潭通志在縣南河雋水中

荆沙

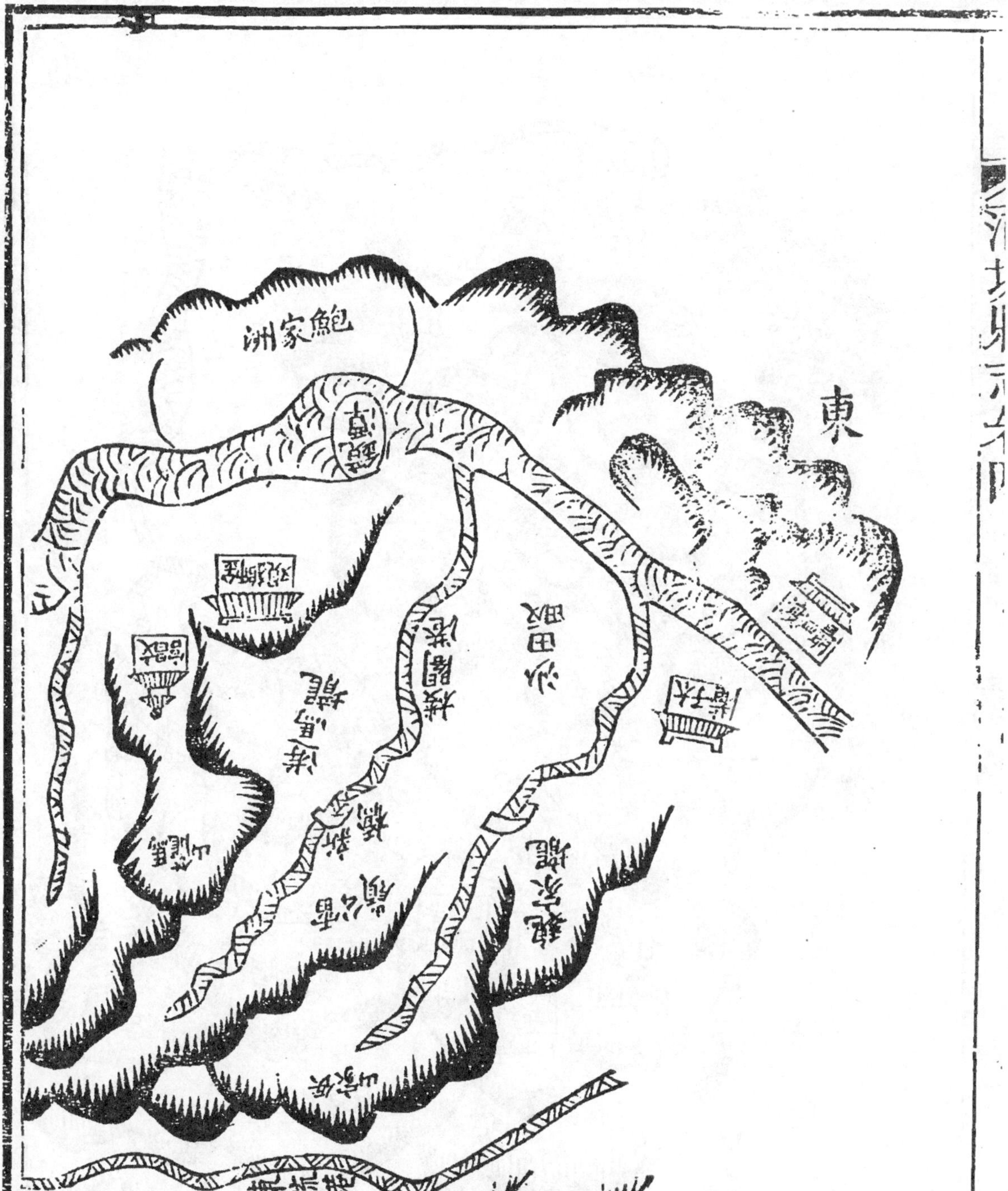

團圖

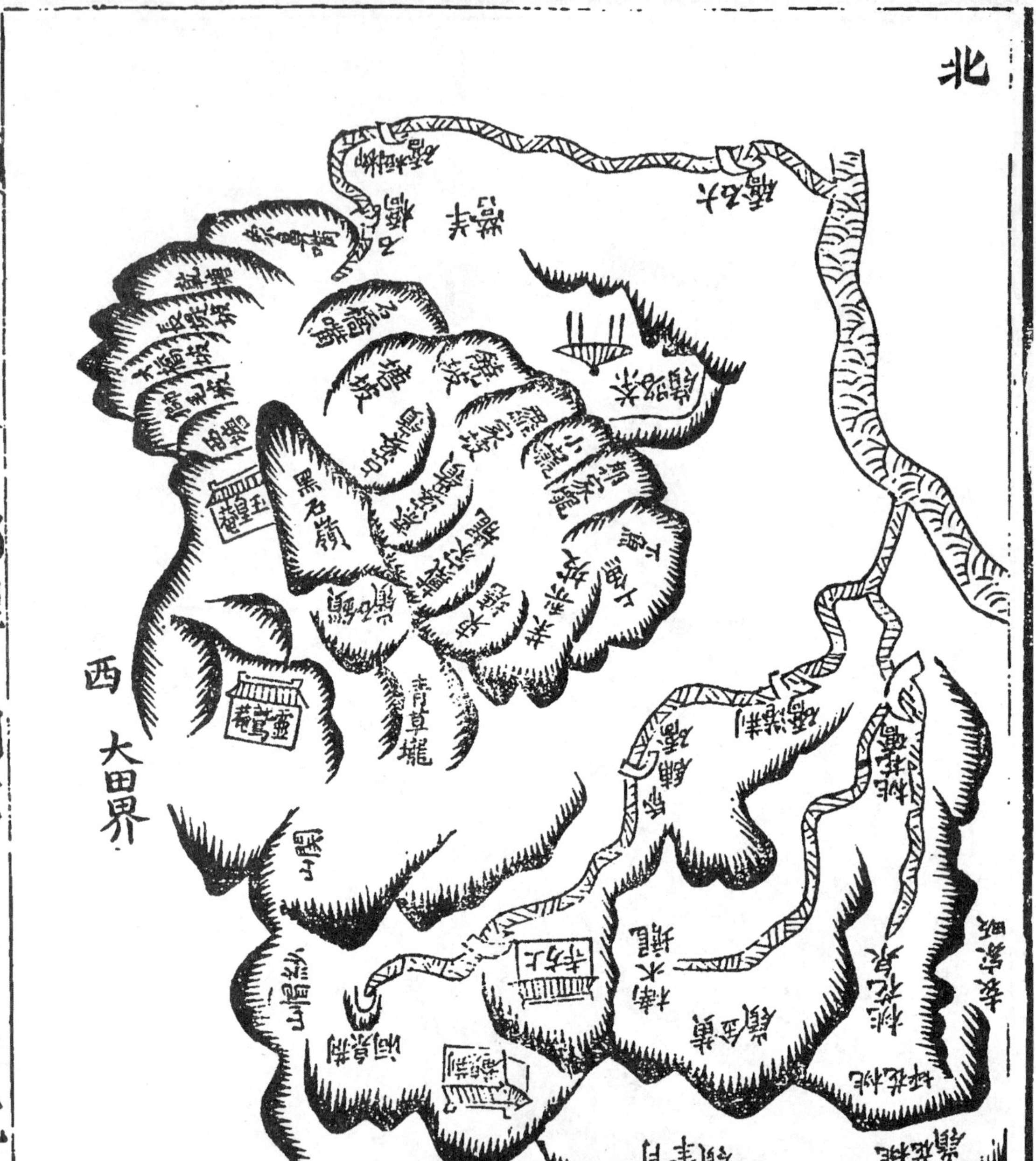

蒲圻縣志卷二鄉里　荊沙

二

謝允璜新修上方寺記附載 上方寺創于唐興于明康熙甲午春僧洞山元潔和尚出山往浙道經蒲余倡募同學諸君子具書幣迎師於黃龍堂上請住上方師以浴佛日受請遂踰分寧來余同張子霍岑魏子來復邀諸虎巖以五月十三日至蒲入城時比戶咸炷香敬禮上堂于延壽首剎聽法者緇素數千人自建邑來曠見者師以城市喧雜小憩于湧蓮菴許時六月朔九日同學迎師入上方師傳洞宗三十五代雲門湛老人之孫弁山瑞老人之子于上方爲開山第一代寺爲他年祖庭矣寺有田十數畝山地十數區皆師及同學置供佛香燈者遂以爲上方常住

鄒應錫聽默菴記附癸未避兵山中得便探東南勝槩
從亂石叢莽收淨白地一區今聽默菴是也菴之修建
強半出予貲及耆衲觀初師與其上足予迦捐衣鉢告
施諸長者其設像制器堂廊庖湢如叢社規制既成師
徒瀹茗招余山中請菴名名之曰聽默迦曰默可聽耶
聽在默耶予卽應之曰若謂聽在默能所爲兩墮若謂
默可聽不斷根塵用我從亂石間松風如相觸羣籟鬧
寂時無諸一切擾不離一切處當樂清淨身見星流鳥
喧無默無非默汝但如是聽卽應如是聞森然衆竅具
無默無聽者茶話已仍書是語記其事迦如有得俟異
時再證焉

黎公弁荆泉洞詩附流泉出荆洞靜深杳莫測青山百
丈高六月寒威逼人言水有神主茲靈異跡祈禱致懇
詞浮沉任抛擲
廖道南詩附抱疢嗜幽壑宜懷訪名泉羣峯簇靈境列
巘攢仙壖石峭躡飛竇溪迴涉澄川捫蘿綠篠寄攀葛
丹梯懸篝燈照岩㵎灑墨濕沙田方疑兕虎伏倏詫鳶
鸞騫蓬島埒茲勝桃源詎能先馭風臨八極乘景淩九
淵安得同心侶晤言思賦元
謝師啟詩附乘興探奇並舸與清溪數里歷縈紆仙家
蓬海空三島人世桃源自一區古碧重雲開玉宇虛巖
集雨滴冰壺尋幽不怕迷歸路賸有龍眠照夜珠　宛
轉仙源入更深風泉雲壑正陰陰只疑蛟室遥通海誰
謂龍宮不隔林列炬未能窮勝蹟臨流頓已滌塵襟此
中靈物升沉異莫擬飛騰迸作霖
黃圖昇詩附一路晴峯生紫煙芒鞋踏去眺名泉守關
龍母翻行雨對局仙人動隔年咫尺雲深靈窟遠躊躇
秋老勝情偏有緣再作尋眞約定逐桃花入洞天
王鼎彥詩附翠壁丹崖鳥道通飛梁奇似玉玲瓏祠官
歲請潭龍雨山叟時占石燕風何代仙人棋跡古前朝
遊客字痕蒙分明指點尋源路流水桃花向此中
蔡　潮荆港鋪詩附涉水緣山百里程驅馳曾是爲逢
迎停驂屢謝難爲忝負笈周遊只此情言教自慚非盛

節面從何敢薄羣英芸軒不厭湖湘綠惜取流光次第
行
韓宗堯詩附午度桃花第一峯顧瞻何處覓殘紅道人
也是尋春客山鬼休嗟馬未驄
知縣張　珮詩附曉泛桃溪水又渡桃峯雲誰云種桃
者花發忽逢君
陳汝楫桃花泉詩附溪南松樹綠如雲飛瀑時從絕壁
聞不用荷亭消暑氣一樽留客醉斜曛　桃花流水合
荆溪夜雨春波拍斷堤偶爾今朝出門首平疇雉雊麥
初齊
廖道南詩附泉石如桃花花開石更佳石懸多紫英花

落如丹霞何人采石藍飛去到仙家
黎公弁鏡潭詩附空潭碧如鏡明水澄清秋倒浸廣寒
影疑是嫦娥遊蛟龍怪珍重側視不敢謀獨憐魚拋尺
擘破黄金甌
謝師啟上方寺詩附上方塵不到靜境客相依澗響清
幽榻雲深冷薄衣鳥閒歸樹早僧老出山稀俱得安禪
意聽經掩竹扉　泉近水聲幽香臺隱上頭月明松嶂
夕風動石林湫衆壑煙同瞑諸天雨半收一燈還照客
清磬復悠悠　諸峯寂歷月初懸鍾磬冷冷雜澗泉僧
在山中依樹老客從雲處借牀眠綠蕉夜滴空階露翠
竹涼生古徑煙漸覺此心能出世不妨巖戶任經年

吳　童詩附秋山黃葉寺與客宿氛氳禮佛諸香遍參
禪半偈分夜泉喧過雨晨鐘塞歸雲寥亮中峯磬入間
總不聞

王鼎彥詩附諸峯環野寺一徑靜傳燈鐘定泉聲落廊
陰壑氣蒸雲迎幽訪客鳥悅晏眠僧飽飯離胡罷還期
捫紫滕

謝先寅將之任西江留別上方寺詩附尋幽幾度入希
徵二十年餘半衲衣泉乳分來茶竈近山嵐落處雨花
肥庭荒漸喜開生面不笑應知露活機歸力佛恩何以
報西江吸盡可言歸

東鄉土橋圖距城二十里　丫髻山一曰葛仙山晉句漏令葛洪修煉於此有祠有土橋畈通志在縣南廿里雙峯如髻其陰有土橋畈王子畈雪峯山有寺唐咸通二年建府志按舊志咸通二年開山七年造佛像宋元祐七年重修明景泰二年重興明末燬於兵康熙七年僧松雪募建潭頭山有石岡在河中　幽蘭山產蘭上有石泉有寺有跌仙石總志通志又府志石上有掌形南山大湖坪或曰大壺坪有石榴尖峯故望鶴樓總志通志梘水嶺西有迴龍潭有通志潭在陸水中有石洞梁盤渦旋漩水勢險絕

有社倉穀八十二石

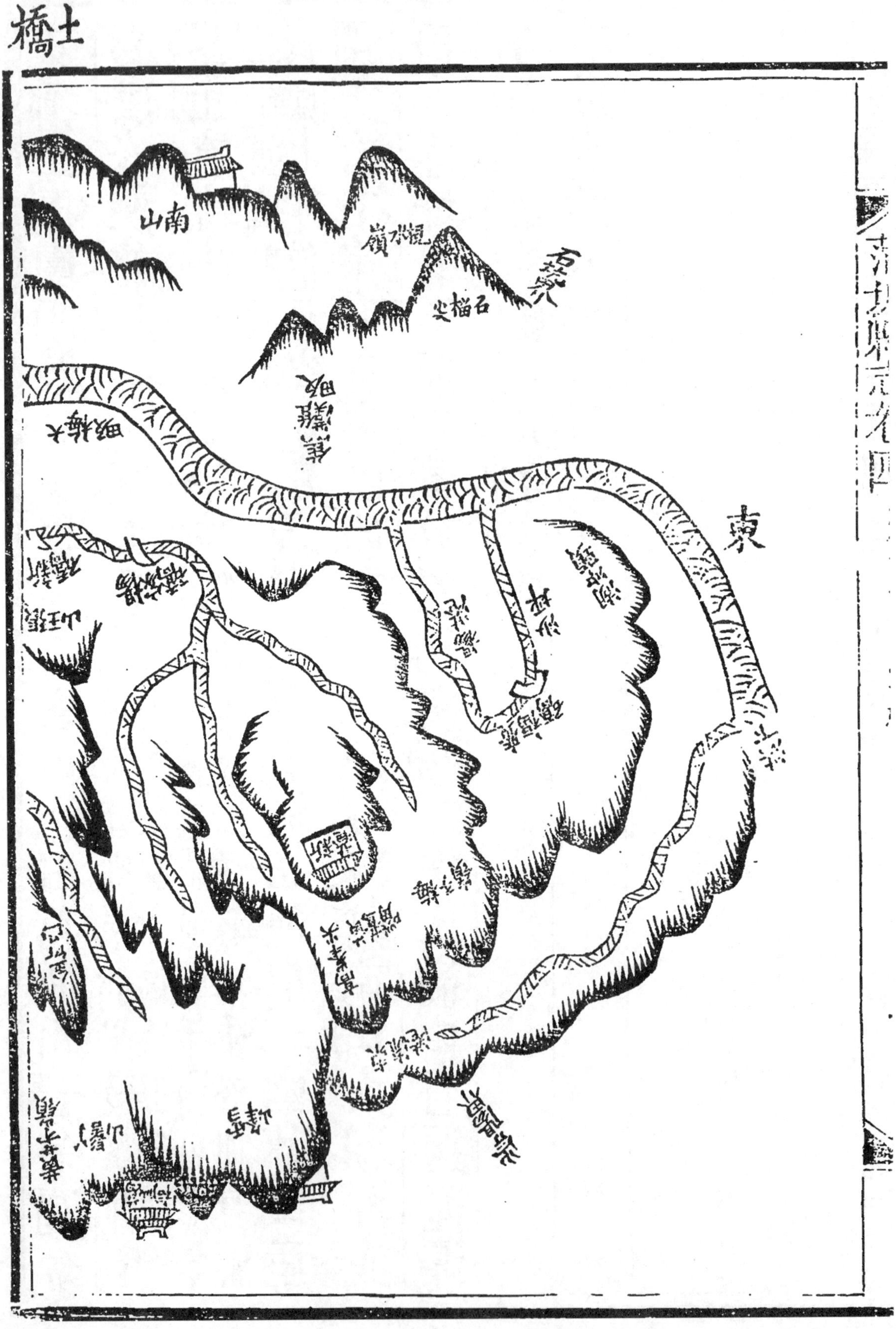
土橋
南山
觀水嶺
石猫尖
東

圖

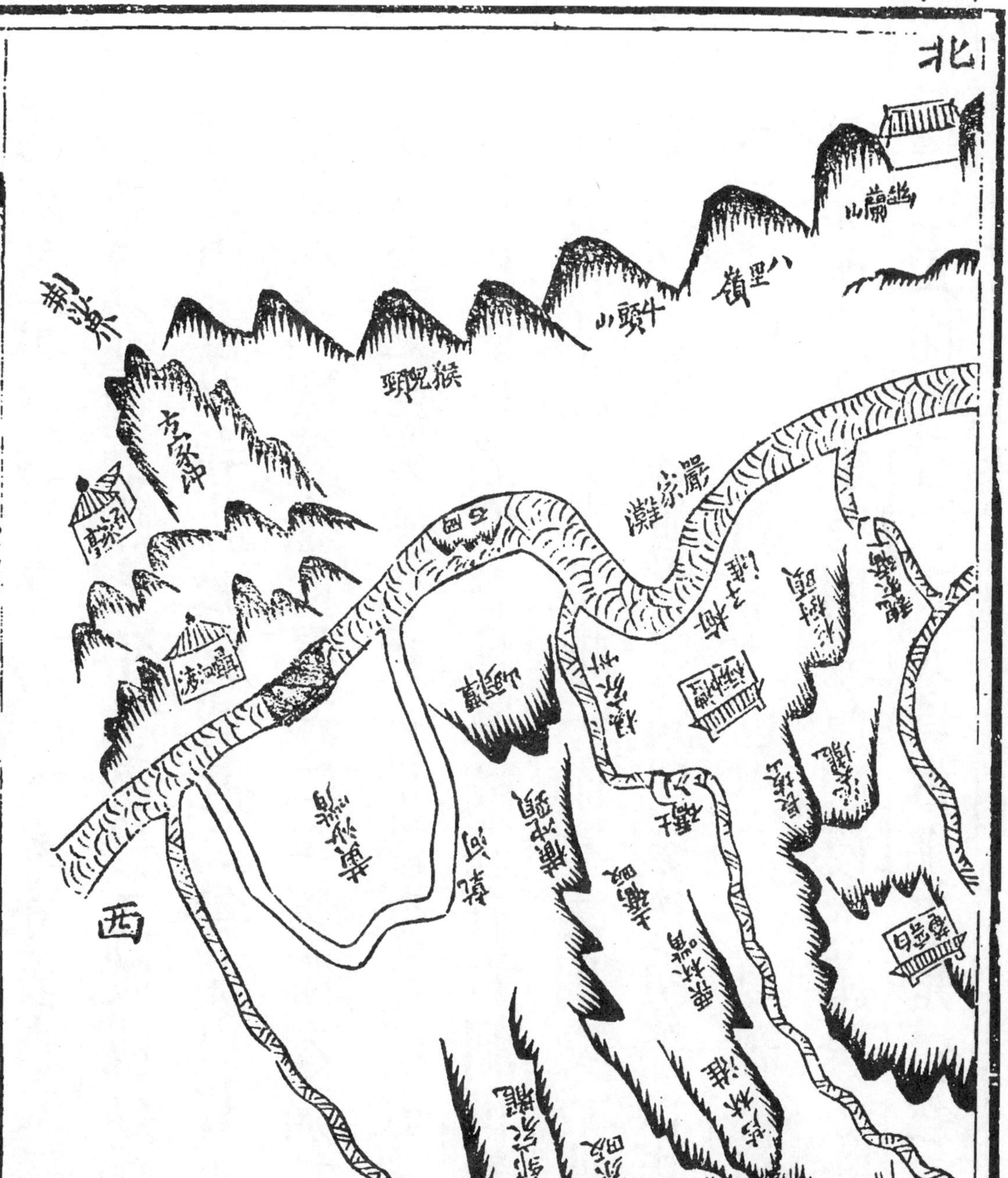

[illegible]鄉里　土橋　二

馬淑昌重修雪峯寺記附載

雪峯寺舊志未詳落落無聞與衆寺等今康熙七年冬重修工竣謀新佛像乃始見佛藏中書此寺昉於唐咸通二年開山七年造像宋元祐七年二次裝金明景泰二年復修之嘉靖十五年三次裝金遞至崇禎末兵火焚蕩梵宇鐘鼓幾在昆明池刼灰中住山諸僧各鳥獸散適有古洞山元老人卓錫上方僧雪松與其徒惺一師事之因受戒典此山香火從此願力堅猛與在家諸同參爲初發心菩薩誓古佛前不了此重修願不休也甲辰季夏諏吉經始架梁本日佛前盆盎中突開瑞蓮一枝從蓮房疊吐瓊蕋間傳遠近走而觀者數千人豈古佛以是蓮爲飛來種耶功

咸不日締造一新諸同叅謂余是舉也君不可無記謹
記諸石

張開東遊廻龍洞記附洞既修水綏涉平冬且涸人可
走丙辰春正月十三日將暮春潮未至和風盎谷予納
伴侶各秉燭以遊衆咸畏之予曰往遂前往焉門僅高
二尺餘俯而入又漸低衆難之予復前往越數十武拳
然一篙背頓爽又徑往得一圖屋能容四五人石空稍
高予曰可以半伸腰矣衆咸聚是且憩焉又魚貫而入
石若塞得一竇伏以行背齊石面目臨地予亦幾苦倏
然大勢若長房中有沙洲清水環帶徹底無塵亦有石
鯵潛游形影碧亮殘苔撲岸含濕欲生衆披肩坦行無

所礙且迢迢不窮旋一曲而房始盡嶙峋嵚崎累壓如
垂中通小徑名曰元關元關者洞之重門也蜿蜒進入
其關曠渠穹隆空如大廈一設一龕四廊響應古石鄰
砌玉筍斑斕石乳涓涓滴而為佛光怪離陸不可端倪
環顧而拂此宮一截衆以為盡予曰未也又俯首入其
關有清溪小港彩石晴沙交錯道上此宮一截衆以為
盡予曰未也又鞠躬入其關復有清溪小港彩石晴沙
徵風引漲周轉如輪此宮一截衆曰無復去予曰未也
又匍匐入其關有兩石分列一石磬一石鼓叩之鏗然
其韻各別殆太古之遺乎右有龍床平鋪如席予倦欲
睡其側隔於小池不得遂左旋折路層級如梯窈然益

幽望其右皓石懸空離地數仞予履危凹遂躍而過羣
相挈提登其上復如平地仰其頂隱隱在霄漢之際歸
其處若寒磯破釜若古寺撞鐘昔朱氏率其族四十餘
人避難於此蓋聳乎為白雲樓矣復就樓下依前蹤而
往此宮一截予亦以為盡又逐空去得一嶺如水港泥
滑不能躋予與衆攀援而上亦凜凜乎不自持衆停以
望浩然有退志忽有聲淋漓若河濱浣女砢砢隔岸之
砧若黃昏野店空庭夜雨之綿綿予甚疑焉又然新燭
且行行劃然煬曉容容其堂氣冷而雲迥異人世即而
覘之盎水滴石音是也予從座石旁獨馳幾半里攝衣
而立徑斷路迷覘其下黑雲擁紫霧騰泥霧交沉怪風

颯颯有神龍氣不知其幾千萬丈也予迅返駭然謂衆
曰請君從此止

吳　童丫髻山詩附雙峯聳壑外孤日大荒西去海江
流渺摩天雁影迷仙人留廢井雲屋有鳴鷄秋興逢搖
落良朋喜並攜

王鼎彥雪峯寺詩附絶巘開清梵花宮峙雪峯麥田雲
外種蘿逕雨餘封鳥韻沉朝翠泉流答午鐘還商仙馭
近松鶴解相從

王鼎彥葛稺川祠詩附勾漏何年度此山海仙何日駕
雲還馴龍守戶人稀到野鶴巢松僧自閒常有局聲聞
岫裏猶存劍跡隱池間彩霞歲歲封丹竈將岸長流帶染灣

東鄉石坑團距城三十里　黃葛山上有黃栢湖丹泉出總志葛稚仙修煉處通志上有黃栢湖盈涸無定按舊志頂有丹泉右有山頂瀦水曰黃栢湖祥雲山前有木蘭山產木蘭有寺故在團山明萬歷中徙建於此有丈人石通志木蘭山怪石層疊古木差參舊志寺自明景泰七年開基團山後改建祥雲山下有石峭立高四五仞以丈人名之有蘭泉港逕柳林北入河有木蘭潭舊志中坪在金家閣東有石門限有大雲菴邑人王九眞建洪下灘一曰洪石有南悅菴有東流港產竹按崇陽志灘與蒲圻縣分界處有石屹立勢若建瓴石坑渡有鎮有青蓮菴

石峯有寺明嘉靖中建有璃碧灘故犂壁　有八角樓　有陳求道墓舊志在縣東二四都興陂畈　有長石路路接大貴直通崇陽邑人章世璜築

石坑

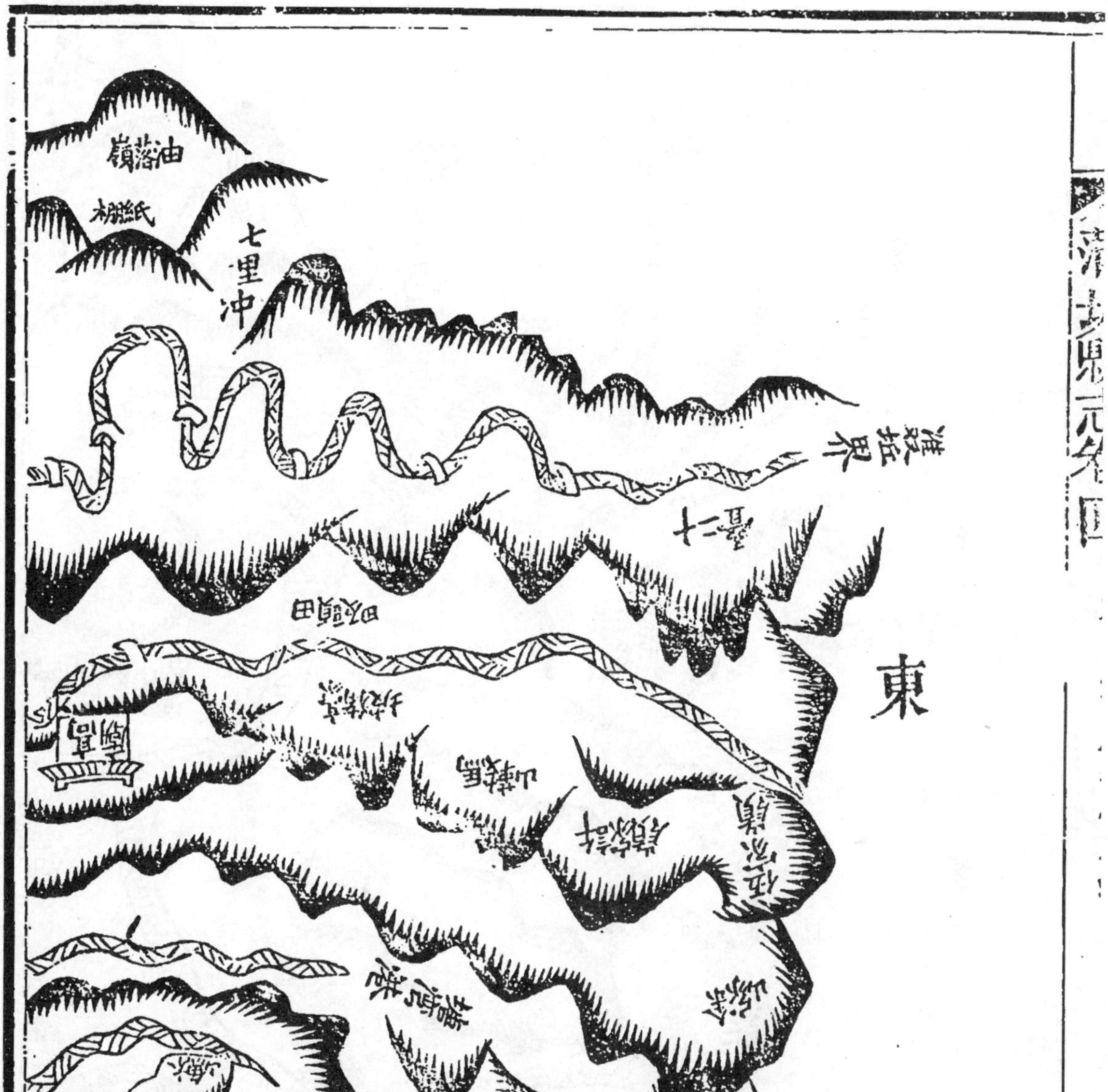

里圖

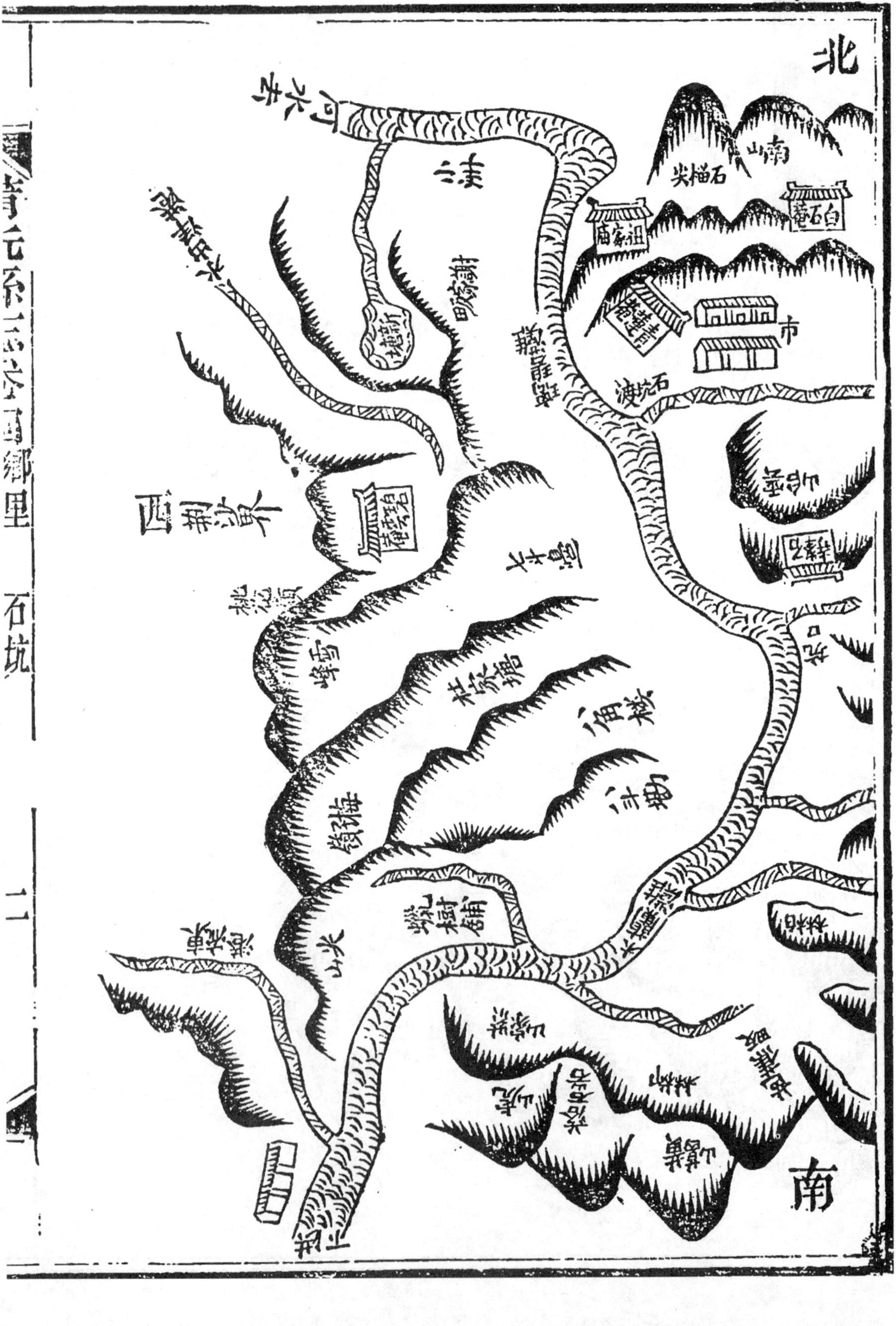

龔　璋石門灘詩附谿惡舟不進坐石聊相守奇哉此灘石二氣融妙有一一盪漩窩如斛復如臼或如跬跙躍或如鐘磬紐或銳如假山或卧如楸肘尋思此機轂理幽難遽剖石性有剛柔水力無暫久水石日交戰石還撞剖剛者轉不化柔者紛能受以此聽雕鎪留作煙霧藪我來卽苔痕水落寒江後千古雲濤心一夕遊人趣

魏方復登玉蘭菴詩附夢裡蜂臺古玉蘭綠雲深處放毫端送春雨過經初歇含笑人來花已殘有鳥若呼林外曉無魔可伏此中寬僧寮茶火家常事待月重過興未闌

東鄉洋泉圖距城七十里

東泉嶺在老角山南東泉出故屬崇陽上有石涼亭通志山在崇陽東北有龍巖龍洞有泉二一入崇陽界一入蒲圻界邑人章心唐建亭有仙人洞陳求道繫遯兵處通志唐道士劉元靖遺跡按舊志距城三十里中有石橋其下深澗飛瀑旁一小巖可入相傳宋陳求道遯避兵於其中崇仙觀在老虎巖上明嘉靖中建上有葛仙丹井舊志板坑有橋邑人章心唐創建趙家山有紅綠嶺產煤

新田橋故東泉有青水當左有尖峯山　有消水洞亦曰雷破洞洋泉圖水所出或曰洸泉起此總志咸寧西五十里有洸泉源出蒲圻入本縣界數里下注大石竇中聲如萬鼓遂伏而不見按洋泉一圖之水歸消此洞詢其所出土人謂在咸寧界爲洸泉發源處

洋泉

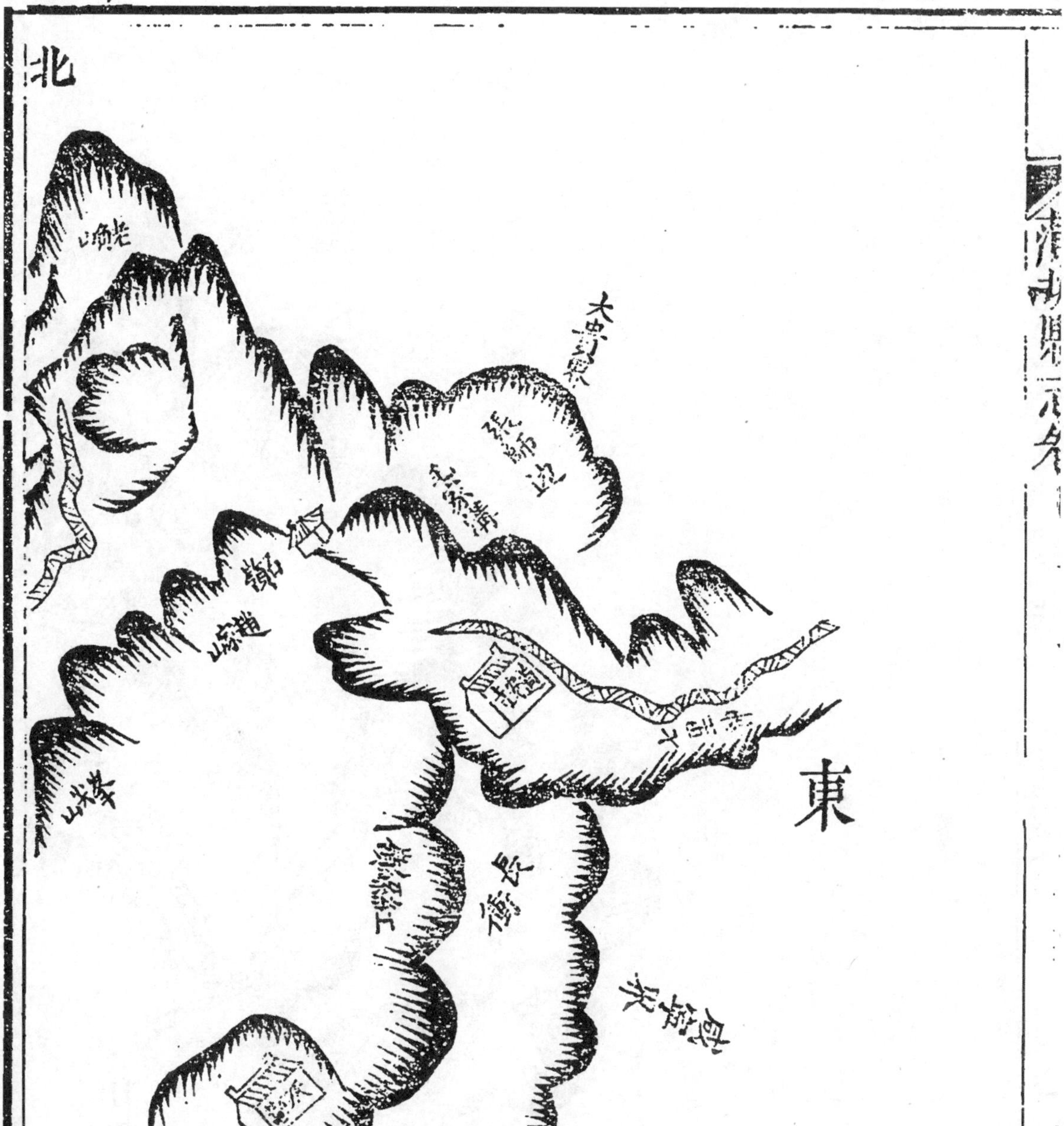

石坑界
仙人洞
下垌
老虎岩
上垌
窖山
毛湖坪
新田橋
大窖山
一家塅
西

東鄉雙郎團距城四十里　石尖山有玉樞觀明成化中建有茶亭在寒婆𡌛中道士沈希仙建鳳山故留雲有降山寺　燈籠山前有金鷄坪通志坪在縣東二十里其陽爲潑頭其陰爲石子嗣滴水巖一曰獅子腦產煤　東塘山有消水洞有油湖右合羅海井水出沙橋　油落嶺有紙棚出火紙　經堂菴有包山塘塘四面以山爲基終年不涸

雙邱

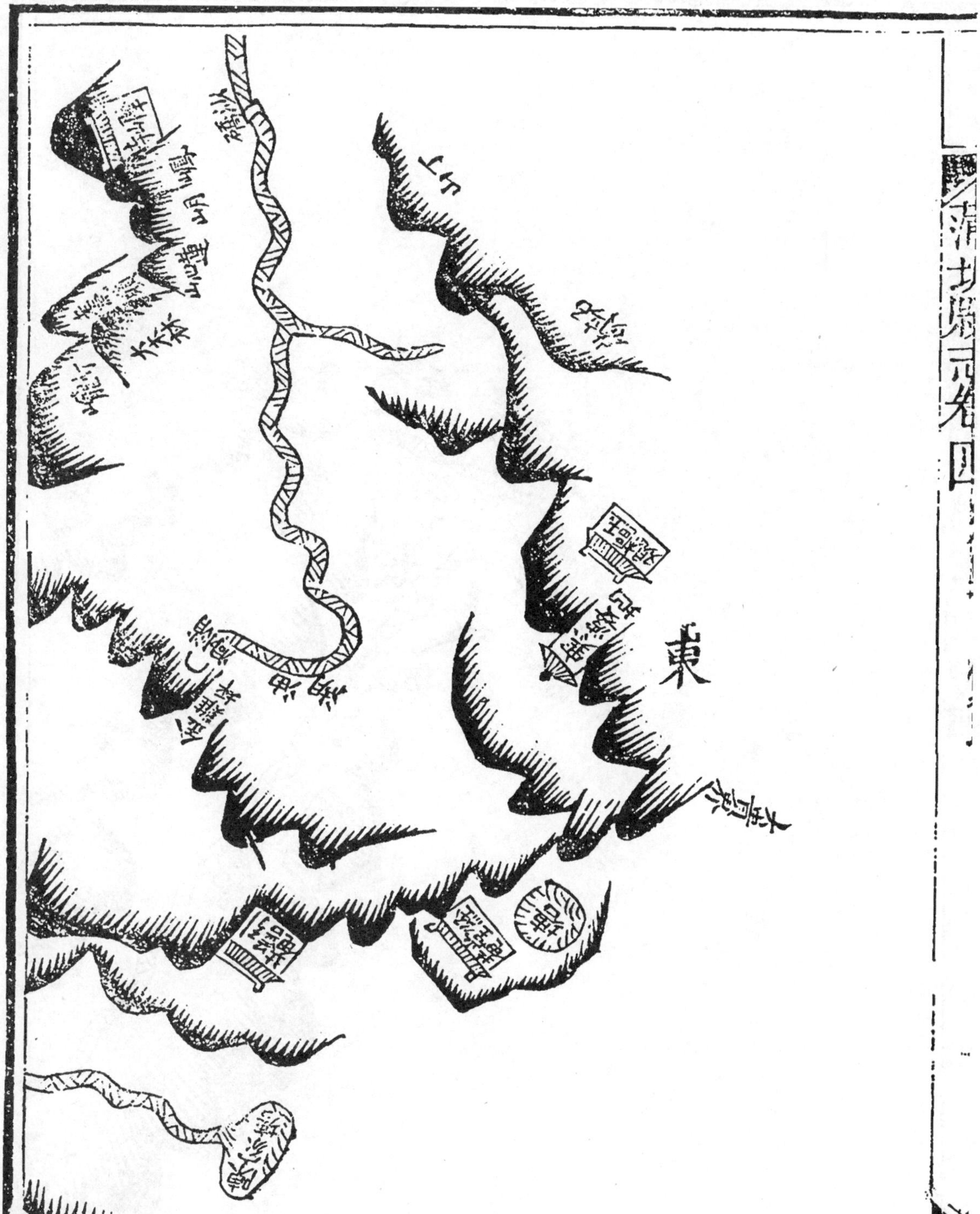

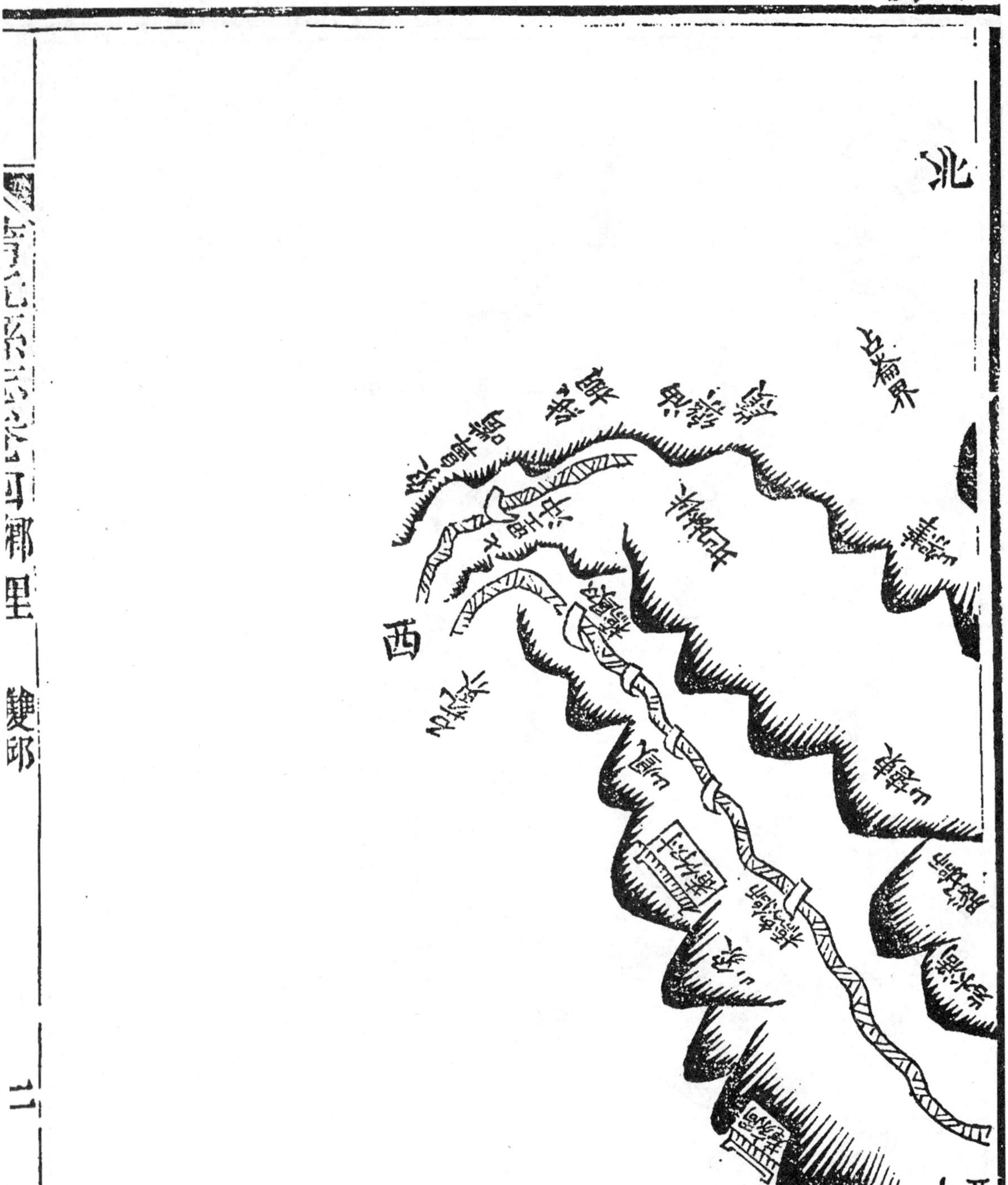
北
西
南

王蔓降山寺詩附

愛此清幽寺，茅菴近碧岑。路疑行不到，房覺坐來深。明月空中影，浮雲世外心。人生不滿百，能得幾登臨。

張東周旱後遊降山寺詩附

疋馬秋初歷上岑，生涯十里九豀祲。望門惟是松杉影，入寺空聞鐘鼓音。桑柘楚田貧入骨，風煙荊國怨傷心。幾回欲上希文啟，撥路相知淺未深。

東鄉大貴團距城六十里　天星山有甘露菴在石壘坪中明洪武九年建苦竹畈蘆竹有蘆塘菴又有沙塲菴　鏡面山古天眞大名寺古泰明康熙二十五年重修舊志二郎殿在北山圖山寺在天台山　有石屋山　有迴龍菴　黃沙畈南有青龍山有寺有古白菓樹通志山距縣六十里北出爲黃沙畈爲洪口橋南出爲阪嶺爲洋泉自洋泉而北爲西衝又北邐自楊畈達於汀泗橋府志明景泰中建寺有刺史袁昭文所書金字金剛經泉洪嶺有曇華菴

大泉山有道安寺有七里衝出火紙　方秀畈有青龍橋水經洪口官灣山至方秀入咸寧界三元腦在右劉家林在左

有崇陽長石路邑人章世璜捐築

有社倉穀九十三石

大貴

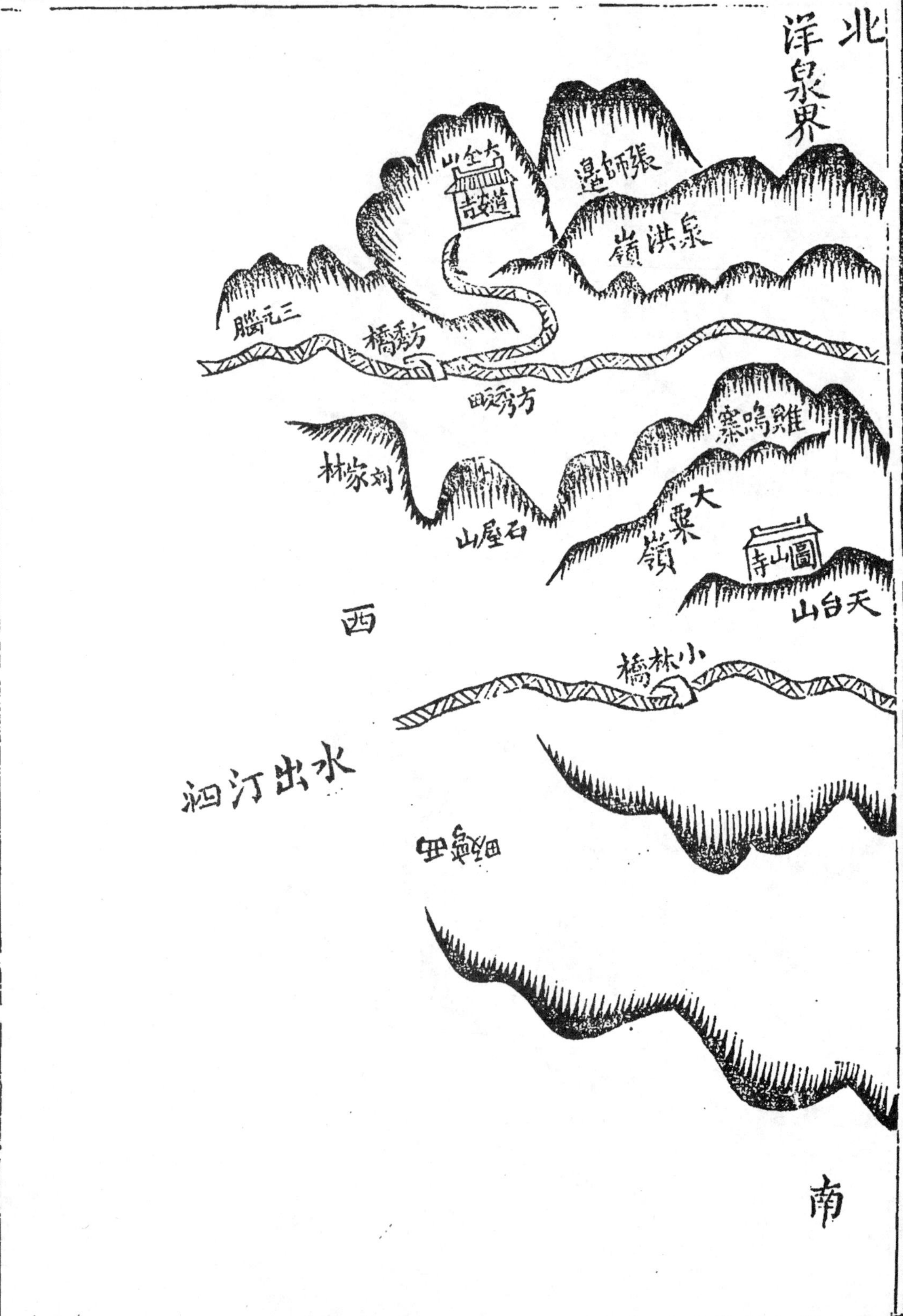
北
洋泉界
張師邉
大全山
泉洪嶺
三元腦
方秀橋
方秀畈
雞鳴寨
刘家林
石屋山
大栗嶺
圓山寺
天台山
西
小林橋
水出汀泗
南

魏樸如青龍寺詩附龍宮丹堊照山隅神物飛騰事有無檻外秋聲黃葉下尊前寒色白雲孤上方說法逢支遁舊舍留詩憶大夫手澤百年塵壁在不勝酸楚罷操觚

東鄉占崙圖距城三十里　有詹家崙鋪故北峯社學有包泉寺舊志　洪山廟一曰洪山案　金雞壠有坪　分龍嶺在石塔嶺西有石子岡鋪　有泉洪寺　羅眞人廟有龍井掘泉出舊志　有社倉穀壹百八十石

占崙

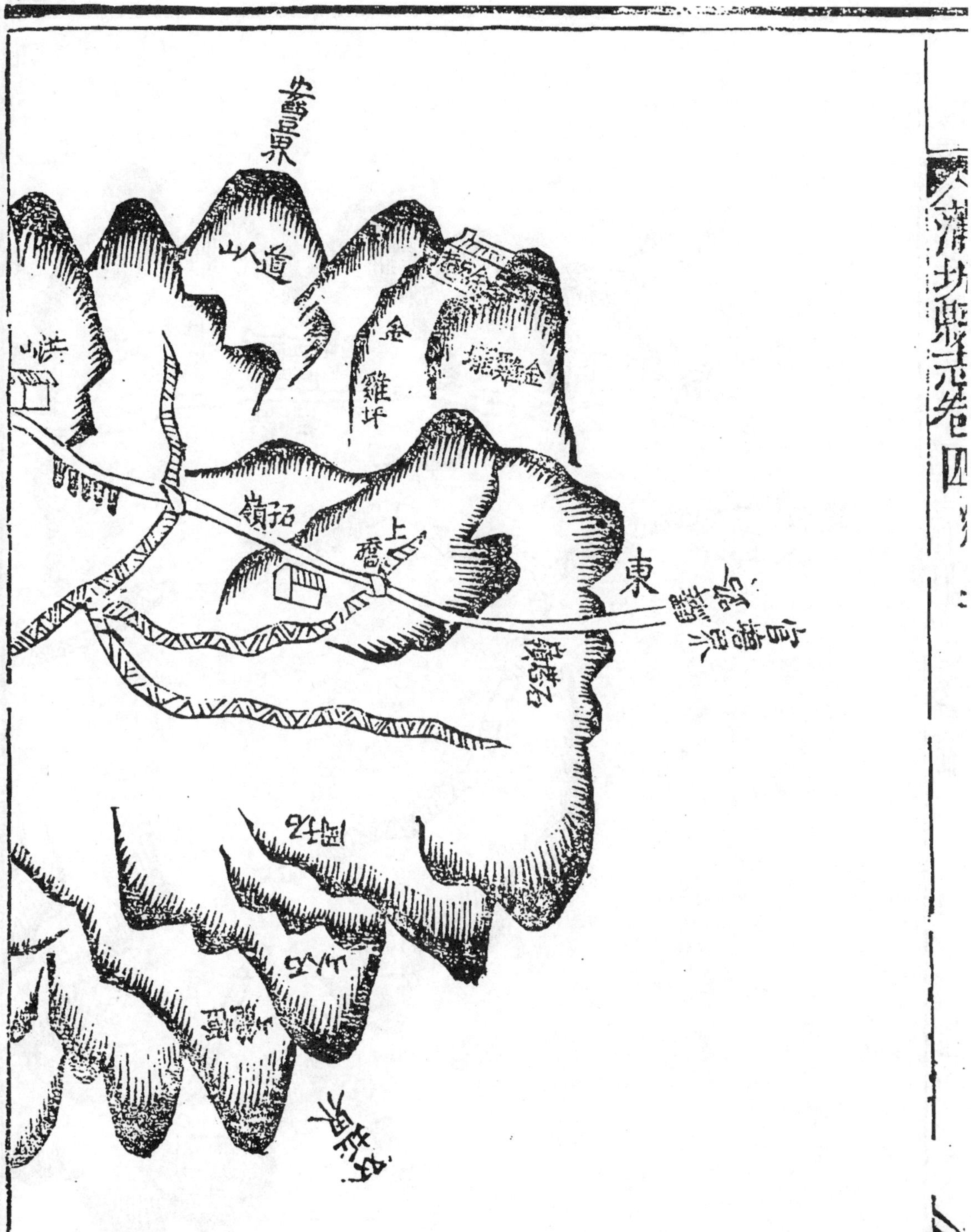

里圖

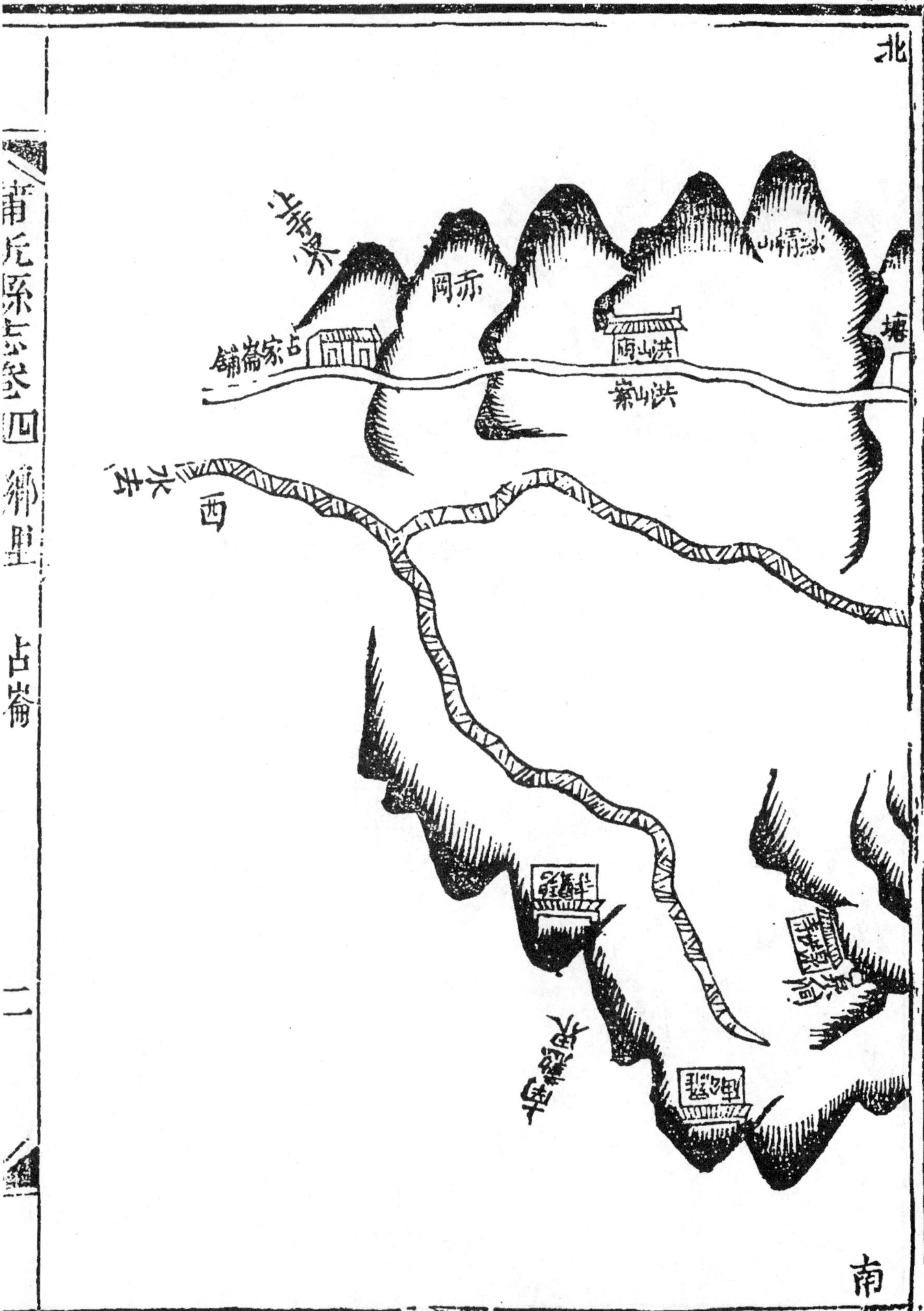

蒲圻縣志卷四 鄉里 占崙

二

張開東掘泉記附邑東北五十里有泉焉曰掘泉以靈稱何以靈以禱雨輒應故也何以禱雨輒應凡邑有大旱不禱於白石明王則禱於此宰官率其屬先齋戒宿告於城隍廟卜日步行詣其所命巫者前導官拜跪祝陳辭讀畢浮於水面已而卷牒層折逐波下若有諦視之者誠則少頃泉勸出巫取甕納以歸途中風雷作大雨如注官吏櫛風沐雨不乘輿馬隨其後田禾皆起否則泉不湧出其視辭不受卒無雨故稱靈焉明陶公嘗建石坊於泉上其西岸有羅真人祠乾隆中王公有碑記祠前述其異余幼時聞老人言昔有眞人過茲土之水憂其女汲之遠一日與女約曰吾翌日將逾山南大

泉鴽龍穿山來雞初唱汝亟持鋤往掘之及期女寐不
覺雞已三唱寤而驚索鋤不獲乃取舂杵從之擣其地
得泉眞人遂莫知所在越今四十年余始遊此其里之
耋叟所傳與昔不少異然則披視辭而若諦視之者其
卽斯人與抑又聞之其泉之側吾遠族人世居之謂眞
人乃其舊姻而雙邱李氏又曰吾先祖也蓋李本羅姓
故未呈皆書羅彼所謂生爲李死爲羅者是也卒不可
考夫山川社稷風雲雷雨之神以爲民佑載在祀典世
受祭享顧或祈禱不應而眞人僻處荒榛蔓蕪中與人
欣戚相關呼吸不少離又能鑒有司之誠否輒應之如
響眞人其可謂靈也已獨其名莫考深爲可恨然古之

有功德斯民而姓字湮沒磨滅不傳者不可勝數矣八
享廟祀殆數百年勒碑禴官壇祭而民尸祝之冥冥中
已有隱相捘合者又何必拘拘求其名實之以彰於八
世哉爰記之

魏　顏詹家崙舖詩附聞說張騫泛海槎幾年飄泊在
天涯道宗鄉傳誰眞到詩傾乾坤自作家窗外好風鳴
古木草頭零露濕寒花馬周去後常何遠數遍郵亭月
正斜

東鄉官塘圍距城五十里　有官塘山有驛　有石塔嶺見占

嵛東有天妃廟唐建明景泰三年藩憲劉重修崇禎四年知縣林增志復修舊志　塗山畈有

港經二塘堰出雷公橋　有桐岡故社學舊志　獨山有元明觀

淨菀山有岳臺寺俱見舊志

社倉穀二百三十一石

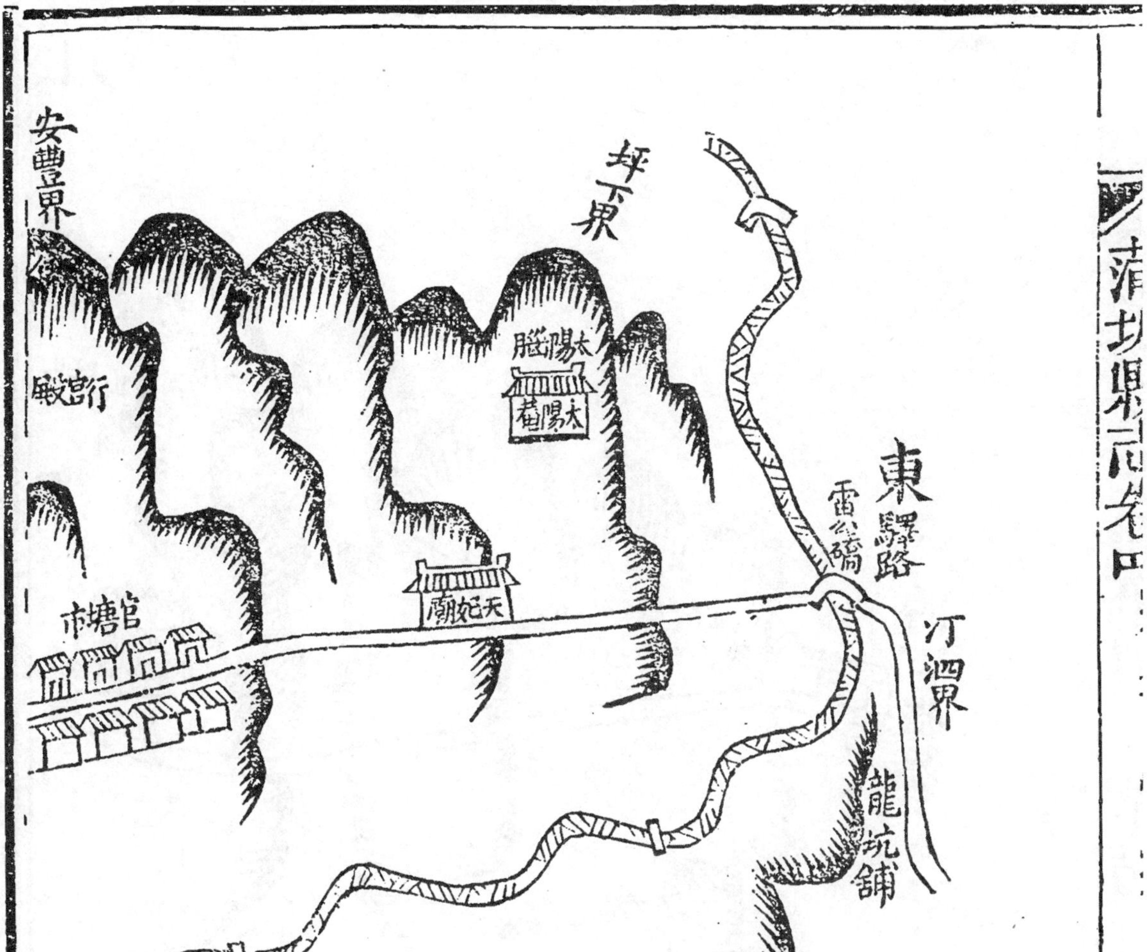
安豐界
坪下界
行宮殿
太陽腦
太陽庵
東驛路
雷公橋
天妃廟
官塘市
汀泗界
龍坑鋪

團圖

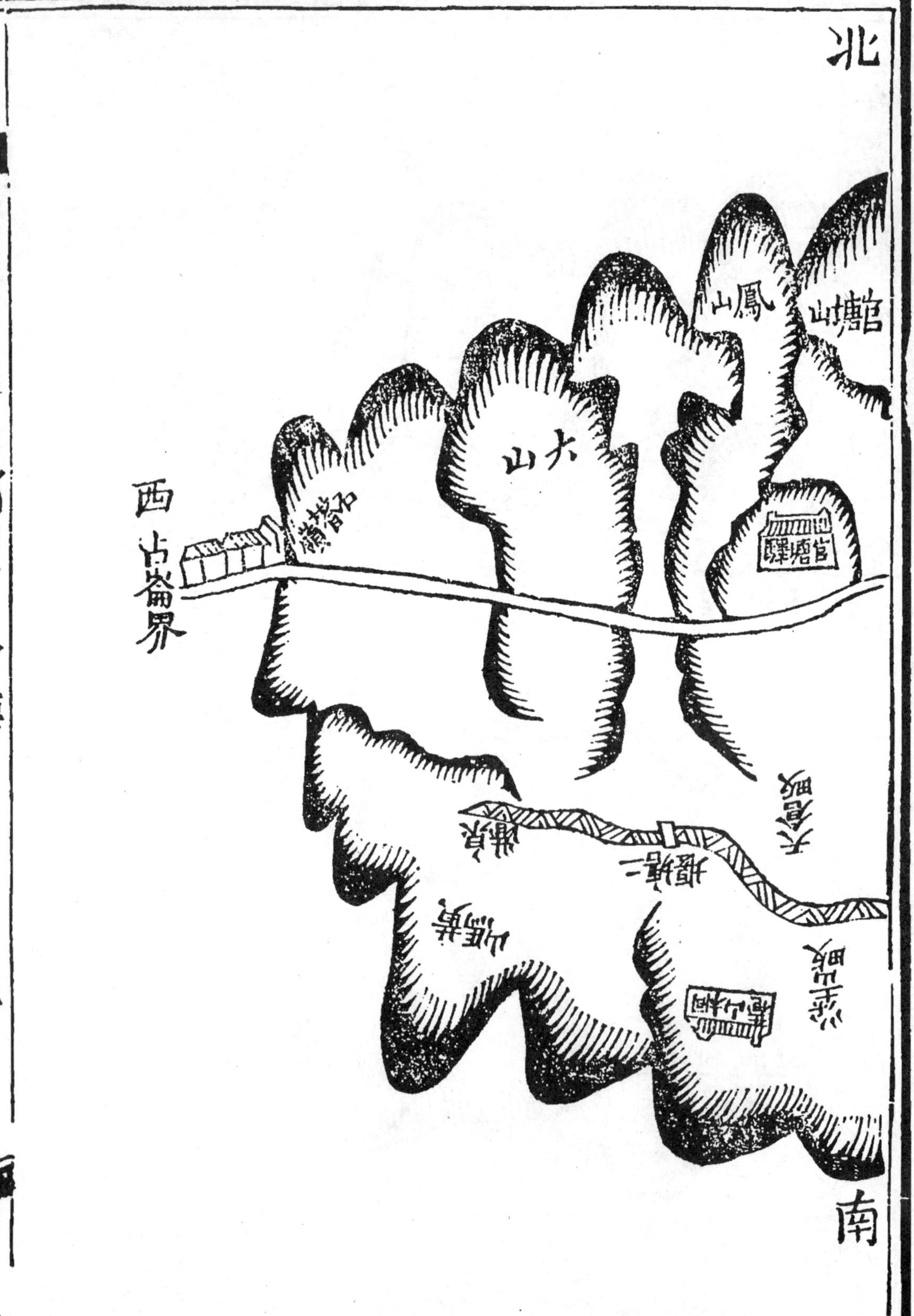

廖道南官塘桐岡詩附桐岡蜿蜒通天梁萬峯含翠千巖蒼仙宮巇峩白日暗石洞黝黑清泉香玉樹琪花紛旖旎湘芷猶存畹蘭紫山空無人鳥欲棲滿庭華月煙如水我來正值秋暮時東籬黄菊何離披息駕登堂對雙鶴蚪龍夭矯盤穹蟠大笑臨池分紫翠鬱葱萬疊浮佳氣乘傳何人數驛程魚符總爲蒼生寄蒼生蒼生爾君何桑麻十里官租多王人導利布上下洋洋父老聞謳歌我將祗役還燕關山靈前驅戒明發涼飈落木洞庭波彩鷁翩翩溯江月堪歎乾坤自古今關山如請物華新輶軒使者聞斯語爲遣陽和福我民吁嗟乎爲遣陽和福我民

東鄉汀泗團距城七十里　驛有汀泗橋一曰丁師有鎮咸蒲分界於此一統志通志俱詳咸寧橋頃圯邑人章心唐重修有吉祥菴創始李唐康熙甲戌年重修西灣大貴水所出有獅臺寺白楊畈在西南有方秀港獨山有元明觀　包家畈有南溪橋港經永豐橋入河泉口鎮有關聖寺　有義地與汀泗橋義地俱邑人章心唐捐士夫嘴南有太平菴　官屋塘有橋邑人章心唐建又重修石頭嘴章家畈中九眼石橋一座有石路經大貴到崇陽邑人章應璜修　有社倉穀一百七十二石

汀泗

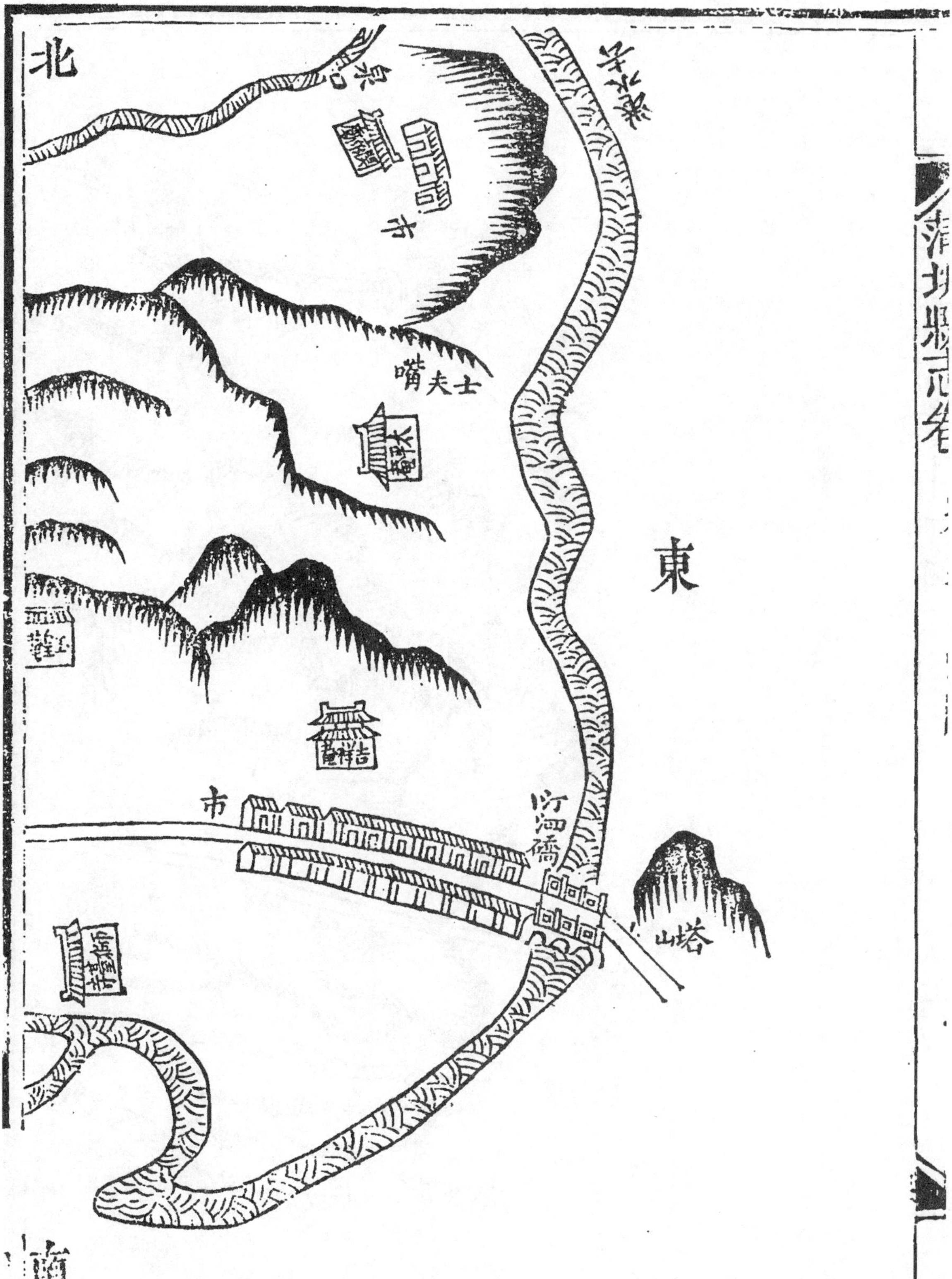

輿圖

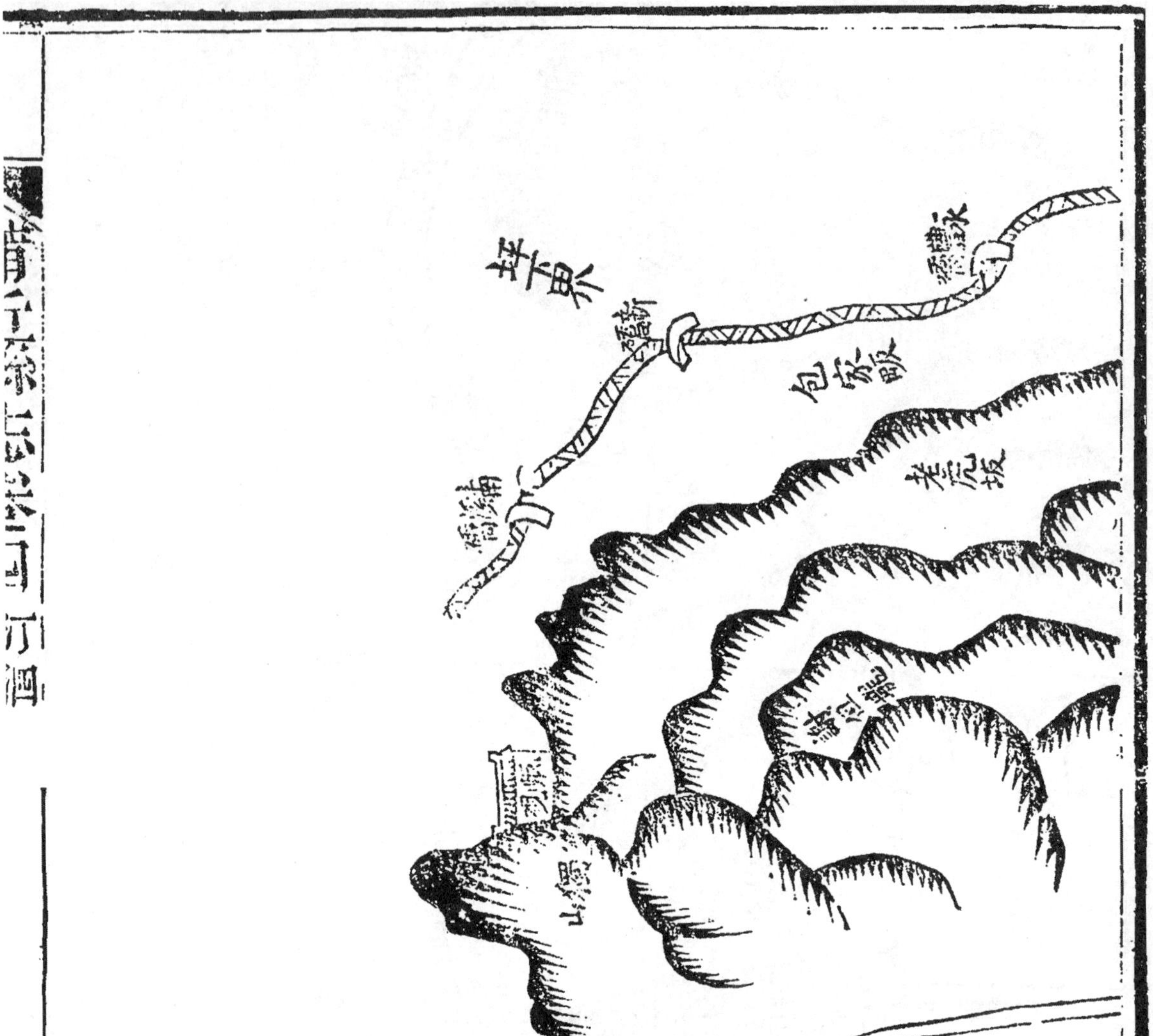

南鄉大田圍距城十五里　五岳觀故山川壇明正德九年改有東岳廟有張公祠通志南門外朱端平間道士陳洞觀於金疊山之陽明改山川壇爲之按舊志觀在東岳廟魏說修張忠烈祠謝師啟修　鳳凰山有寺故靈鷲吳黃龍間鳳集於此更名通志唐建明洪武初修舊志歸王岩重修　五洪山上有泥壺坪有七里衢港有五洪橋總志縣西南十里五水合流通志元皇慶初曾剛昌同里人鄭國賓建橋　有湯塘溫泉出有冷塘煖泉出府志五洪山　白雲寺故黃沙寺有古柏明崇禎四年知縣林增志增修寺西楹有柏大二丈餘高十餘丈相傳宋天聖二年植　關山有黃墩廟明知縣曾栻死難於此　有熱泉在大田畈中　有大石橋邑人王台彥建按舊志邑人參政王台彥建僧淡齋刺血書金剛經爲鎮

國朝乾隆三十五年知縣安洛德重修邑人陳士雲抄尊經兩部爲鎮

大田

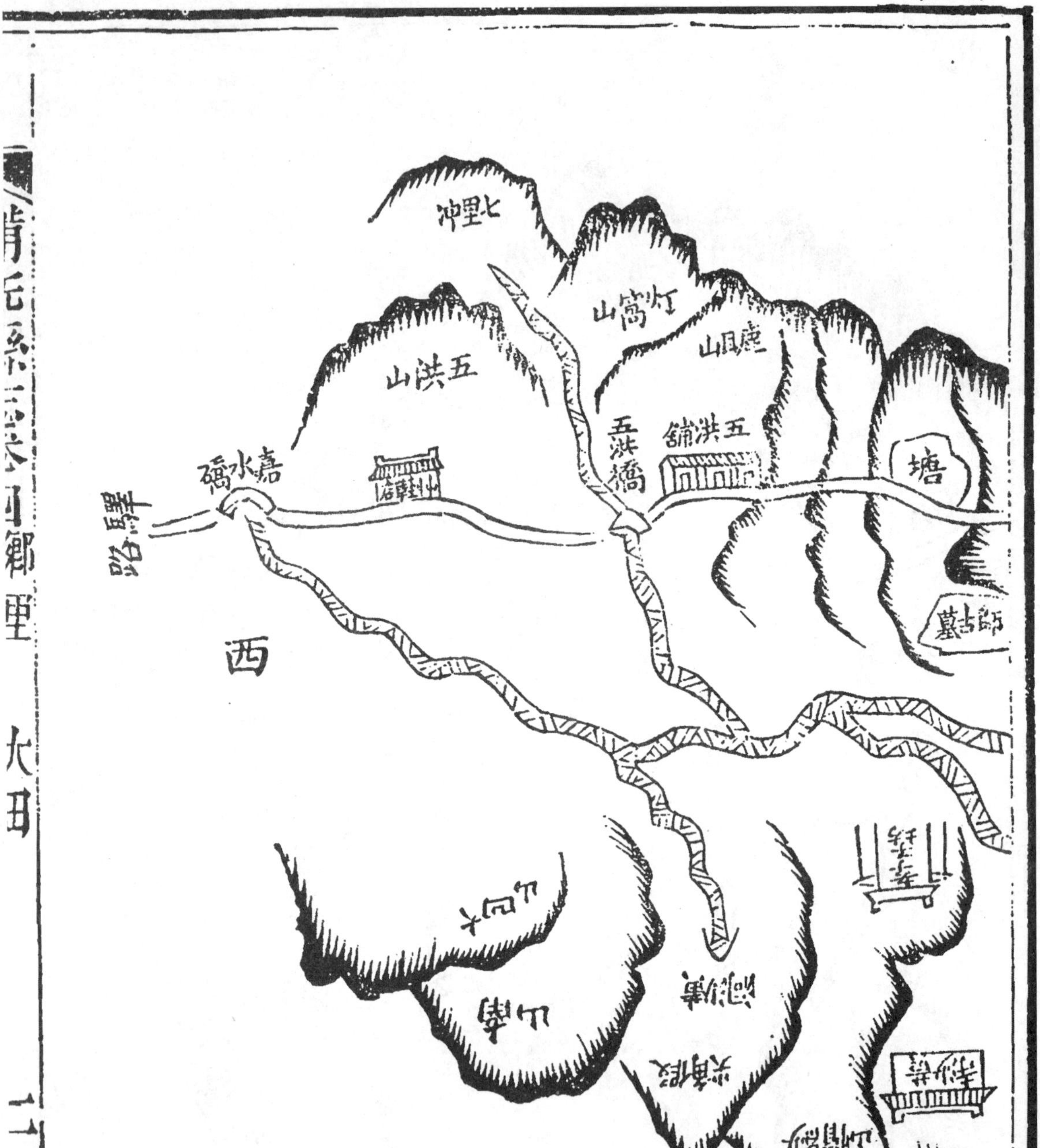
七里冲
灯窩山
五洪山
五洪舖
五洪橋
嘉水橋
驛路
西
塘

謝師啟張忠烈廟記附載蒲邑祀睢陽張公自祀顏平原常山兩公始公威靈無處不著而特顯於蒲故蒲人士祀之亦最嚴祠在邑治南五嶽觀之左規制迫狹余自諸生時已厭之萬曆己丑祠災余過其遺趾低廻久之卜庚寅季春八日鳩工庀材重爲建廟至其時而余仲子自怡生越七月十七日置修建始末于其臟遵俗例也則曩爲公建廟者即邑龔氏亦前庚寅七月十七日也異矣

劉光輝重修五洪橋記附載邑之南有橋名五洪者蓋上下數省津梁也橋創于元皇之初程學士記于延祐丁巳之十一月檀越願力詳哉其言之到今三百餘年閱

世多矣邇來水勢衝激磷磷者忽焉解裂來過客之悸驚動居人之扼腕發願者雖慈悲而力棉有力者復慳貪而願薄余不佞假道感慨間雅意于言願言力也竟以奔丞王程間關歲月未暇與之言願言力也邑中謝上舍草塘保御史叔蒙先生之弟也取與纖毫不苟正大有願力者而肯言願言力也遂捐貲若干先二三臭味者而言修遂有二三臭味者亦捐貲若干而言修以致十方人斗米文錢一夫尺布各各効涓滴恒河沙數以贊成今日之役若似乎衆人亦有願有力到今而都言願言力也則願力不旣多耶余不佞因感于程學士之記而續記之也

黃　煜鳳凰山賦附戊寅之秋重九之日與客攜壺窮高縱陟追孟嘉之往事訪長房之遺蹟於是紫萸簪帽黃菊泛甌几雲案石詩酒賡酬攬蒲山之秀色挹蓴水之清秋忘形爾我其樂優游客有問曰登斯山也意氣軒騰山巒屹立極乎高昊山洞幽陰入乎杳冥際窮蟠壤亘古迄今山以鳳稱胡爲乎名余乃停卮揮藻爲客陳之自昔鴻濛初判高厚鏊昏神禹懋績地平天成山嶽挺峙品物流形雨暘時若協氣駢臻是故鳳依山而呈瑞山以鳳而顯靈乃若春風浩蕩淑氣春融升亭亭之扶桑茂蓁蓁之梧桐鳳輝木德而來鳴兮喈喈雝雝乾精曜曦時當溽暑亢大塊以蘊隆徯商巖之霖雨鳳輝火德而于飛兮翽翽其羽風高氣肅斗轉箕旋仙管遏雲而嫋嫋金蟾皎夜而娟娟鳳輝金德而迴翔兮亦傅于天朔氣栗烈嚴飈凄凛著鈎森玉而旖旎白石巉瓊而鹵鹵鳳輝水德而審視兮亦集爰止客曰子樂矣乎子誕矣乎於乎噫嘻我知之矣虞部盡美來儀于廷周德至盛岐山來鳴惟我皇明道泰時和値茲美景睠彼卷阿我車我馬且馳且多炫九苞之焜煌象茲山之嵯峩吾豈效楚狂之避世而吟哦將以述召康之納約而咏歌也客乃笑曰有是哉歌曰山兮山兮彼高岡鳳兮鳳兮於朝陽時兮時兮登虞唐

袁　禹溫泉說附于邑贅泉有二其一著者五洪山下之泉其一不甚表表者在五洪橋之畈中山下一泉何以獨著以司徒魏公先隴在焉凡留心形家言者無一不身履其地見之者衆也其燠等沂水探之未嘗以冬夏少異此中疑義從古未剖郎歷稽史乘如歙如宜春等邑耳目到處所在而是俱能狀其勢莫能言其故予毋卯之名堪輿祇謬以地脉旺氣對了無確解且託爲海以內第一稀奇事尤堪捧腹予曰旺氣宜翁不宜張詎堪再洩耶洩於水山寧能鍾靈耶且凡水源清則流潔源濁則流汚理也溫泉寒泉其流暖冷亦應若是乃此等水燠處俱僅斗大其源其委何以多不然其人語塞而退以予所睹記此無他總之下有礬石流經此自

溫也葢礬陽石也凡數種有蒼者白者青者紫者有紅皮桃花金星銀星特生諸名其實一物但以形色異稱又一種出漢中者外色紫赤內白如霜中央有白狀形類齒者亦有色白粒細若粟者其性皆毒且熱並可毒鼠制汞醫家間以蒼白二色入藥用服者宜愼之然諸礬生于山則草木不生霜雪不積生于水則熱似沸湯臭如硫䃴溪澗有之卽成溫泉其氣之熱可知矣其毒不可試也在先哲或有著其害者昔王子敬靜息帖言礬石深是可疑凡喜散者輒發癰葢散者寒食散也丹房及黃白術多用之中有此石性最毒熱故云深可疑也劉表在荆州與王粲登障山見一岡不生百草粲曰

此必古冢其人在世服生礬石熱不出外故草木焦滅表掘之果有礬石滿塋又今洛水不冰下亦有礬石人謂之溫洛是也取此石安甕中水亦不冰又鵲伏卵取石置巢中以助溫氣其性如此豈可服乎兄文安公鎭金陵秋暑減食醫者湯三益敎服礬石丸已而飲啖日進遂加意服之越十日而毒作衂血斗餘自是數數不止竟至精液皆竭而死凡若此者非其寒食散之害最彰明較著者耶方士乃假此爲沖　之藥以愚人可訝也

黃廷堅鳳凰山　贈廖明畧　詩附江淨明花竹山空響管絃風生學士塵雲繞令君筵醫是肱三折官當歲九遷老夫看鏡髭衰白敢爭先

魏　裳鳳凰山　聽饒象賢琴　詩附讀書臺倚鳳凰東府落高秋握手同愁裏舊懷青玉案歌前上客紫芝翁讖論雙眼塵中白貪數諸天覺後空一曲陽春聊進酒萬山林木起悲風

劉光燿詩附晴來曉氣步郊原古木深山古寺門巖畔蘿煙蓮座潤風披荷葉石泉喧鐘傳禪定三聲佛鳥送笙歌四月村行到峯頭通帝處憂時有策亦須論

程嘉鳳暮春偕同官遊鳳凰寺詩附問道追歡自洛賓相攜載酒共尋春千山樹色晴當席十里鶯聲遠趁人詞客風流高白雪使君意氣重青蘋到門僧舍鳴金鼓

疑有鳳凰出世塵

黃宗榮暮春黃使君招集諸同官陪遊鳳凰寺詩附聯鑣郭外喜晴暉上客尋芳興不違綠樹祇園堪避俗青天佛日總忘機一尊潦倒卑東閣滿路謳歌動少微不是諸君能下士春光猶自掩柴扉

廖　漢五洪港詩附一溪流水半山雲懶時坐看閒時行相逢野鳥還飛去不問人間陰與晴

王　堉溫泉詩附萬斛名泉沸似湯波搖山影共蒼蒼嵯峨怪石蒸攀氣岸老疎桐映碧光太液月澄尋古字丹爐雲繞憶仙郎溯洄若有伊人在紅樹花開鶯半忪

南鄉白石團距城二十里　金紫峯在南總志距縣三十里每晴霽嵐光如畫通志峻聳凌雲高出諸峯之上有白石山俗謂獨角麟總志山多白石白石泉出有港經嘉瑞橋入大田一統志距山里許有泉出巖中流下為白石港有忠烈廟元至元間監縣帖木兒建通志山之下有白石廟祀三顏公其泉汲之輒雨詳祠祭古巖菴有木魚山

驛有白石鋪黃泥嶺有白石塘　包官嶺有紙棚

普菴寺明嘉靖中建有雙港口東有洸水湖　湯塘有畈

白石

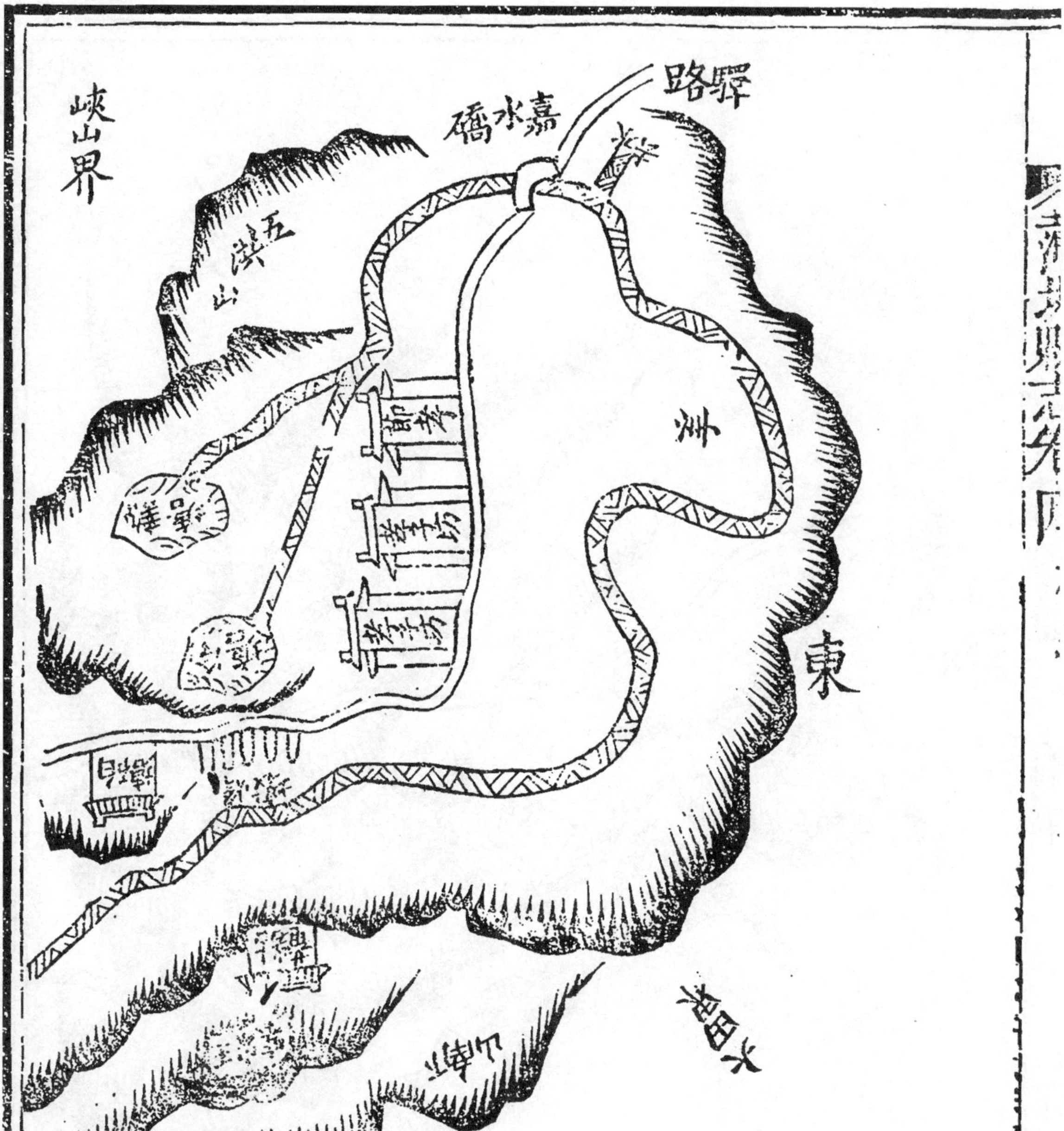

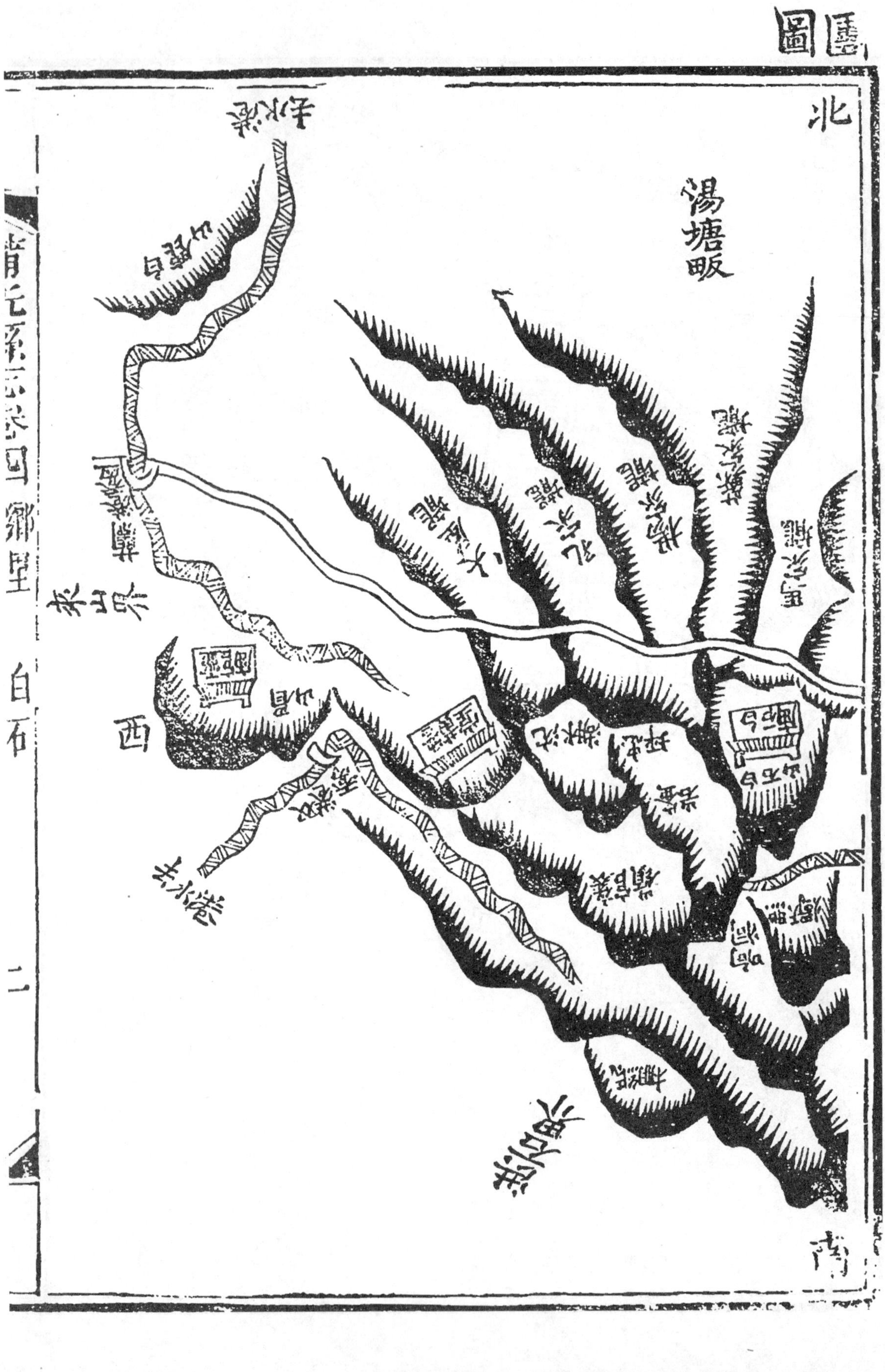
北
湯塘畈
西
南

何夢星唐顏公兄弟廟建門題辭附邑白石之祀顏公其來最古其泉奔而石裂亦若非是莫可祀公者今讀魯公所與藍面宰相語大不能抹英雄淚也曰嗟乎古忠義有若公之一門瑰烈者乎余觀古之殉國者或爲神劍怒濤長虹野火甚夫哭祠之屬意公不然公必出而爲世之正人君子者也則其神或不在是然往往有禱則應有夢則告每斜日寒天使人不欲近然則其神果在是乎乃居人每夜或聞車馬鉦鼓之聲又疑其神無不之則或鄉居人謂其爲仙或憑人而爲癘或時出爲正人君子皆理之不可知者是公以其精光靈動者置人心而人以其思慕想像者爲公則是固鄉公也已

矣惟廟在山根不職孔道毎星使羈客徂見幾點青山
數聲流水不獲瞻拜余甚悵焉乃集僉議建一門坊于
驛路庶倉皇丞馬亦得一向拜而去而其得見㕕者雖
去矣猶復低回留之其亦可也至夫冶其賊以說于衆
又俟門成後議之願同心者竟此舉矣

蕭　鐈顔忠烈廟記附蒲邑西南二十里有廟曰白石
所祀之神顔氏蓋唐太子太保杲卿司徒眞卿與其弟
春卿也太保司徒之忠人皆知之而春卿蒲圻人相傳
至孝其曰三位明王者宋所封爵有司至今春秋祀之
其靈應異甚正統戊辰春二尹王君斌廬州六安人謁
拜祠下顧瞻庭宇頹圮黝堊漶漫慨然有撤而新之之

意適其夏旱禱于祠刻期而雨歲以大孰王君于是率
諸父老修治之經始於是歲之冬而落成明年春之三
月不弛前功無改舊貫寢堂門廡煥然一新蒲圻之民
咸相慶幸以爲神將永福茲土也至是京衛武學教諭
黄君墀屬余爲記

廖道南金紫峯詩附日月歲云改山堂對金紫金紫何
岧嶤突兀煙霄起或如登崑崙元圃聯霞綺或如陟泰
華龍首接熊耳或如嵩降神巨靈崇嵬巍或如登日觀
東望滄溟水或如猿狖巢或臥如虎兕或馴如羣羊儦
俟如鹿豕懸石如瓊花千朶金精蘂飛泉如瀑練萬丈
銀河駛嵐光變日夕態狀弗可擬永愜靜者心卽之悟

元理今夕復何夕造化自終始土鼓歌豳風聊以暢幽
旨

廖道南白石山詩附白石層巑岏清泉響潺湲閒雲抱
幽石倦鳥巢空山野老相對酌寒宵相與還

龔逢祥顔忠烈白石廟詩附削成一片石萬古白粼粼
素壁纏雲霧空祠集鬼神陰風低半樹殺氣戾邊塵血
染流泉碧苔依斷碣新三良瞻異代完節重千鈞父老
爭投謁春秋薦藻蘋峯巒標梃直日月抱嶙峋俯止堪
長歎那能贖百身

黎公弁顔忠烈白石廟詩附顔氏有遺廟白石山下旁
歲時躬報祀撾鼓羅旛幢烹羊擊豚豕椒桂惟馨香神

君謝我去冉冉雲飛揚

魏　銘顔忠烈白石廟詩附峻壁嵯峩削似峯殿庭清
晝白雲封生前殺賊精誠盡死後封王爵位隆萬古千
秋嚴廟祀皇天后土鑒孤忠曉來拜謁靈宮下簷鐸鳴
風玉燭紅

賀斐觀謁睢陽祠詩附南八男兒嗔未終頭顱環射寶
刀紅殘兵倘撤江淮守大將難言郭李功馬革脂膏餘
將帥蛾眉鼎鑊報英雄漢書雅信平生癖每有遺忘欲
叩㕕

南鄉來山團距城三十里　羅峯嶺有石屋有寺在花紅山南明嘉靖中建通志在縣南三十里接崇陽界按峯之南鸞爲崇陽之東流鋪道光十二年賀子彥倡修

桃林畈有豐樂橋乾隆年間賀惠連建道光十二年賀名顯重修子繁齡買田築堤　石筧有龍王橋經必定橋與斗門橋水合上有花林橋　茶安嶺西有雲臺山産棗有洞坡産沙總志距縣三十里其陽爲石羊洞其陰爲水口畈有雲臺觀在來山鋪明天順中建驛有來山鋪　有高嶺塘　有社倉穀二十三石

來山

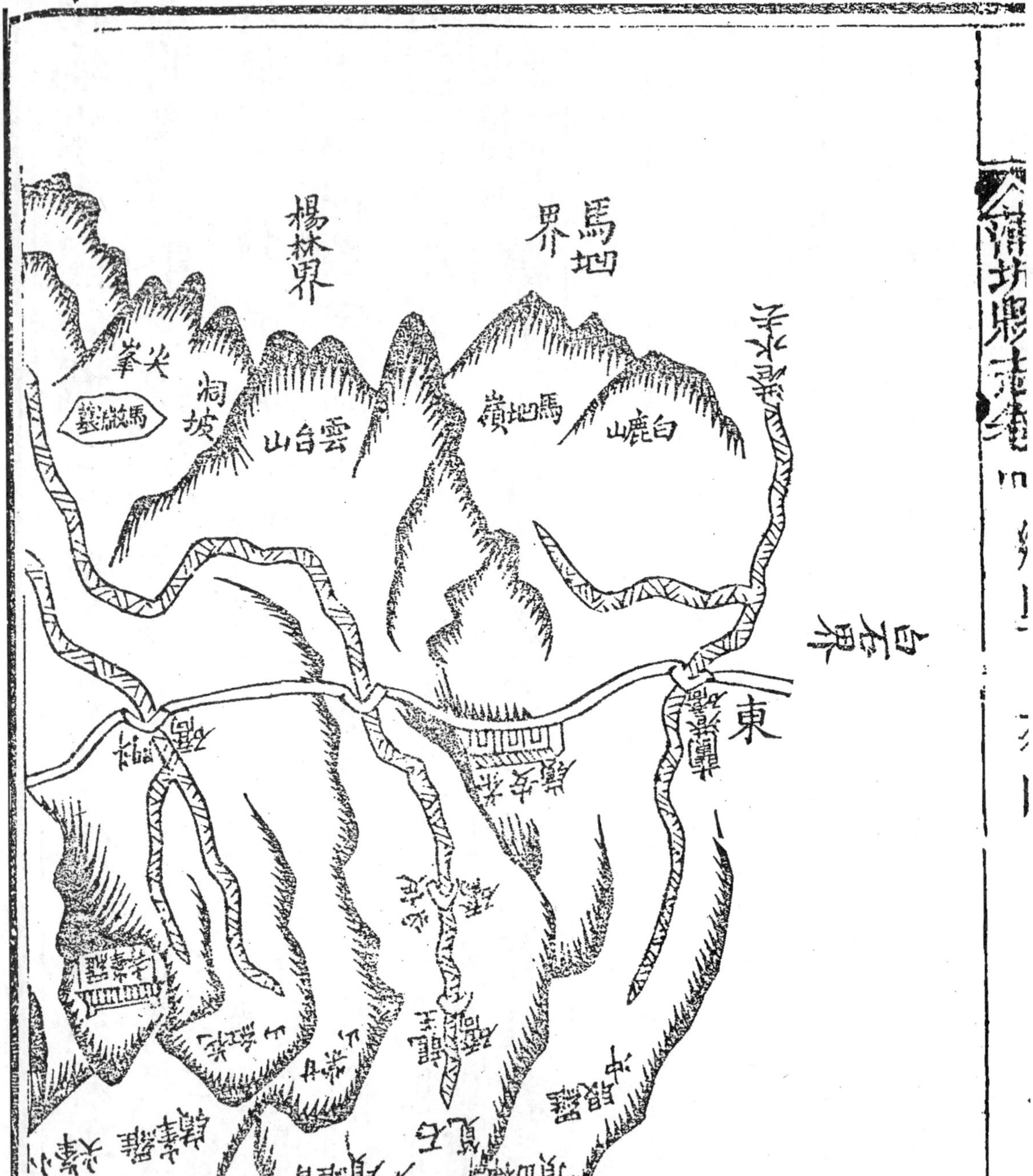

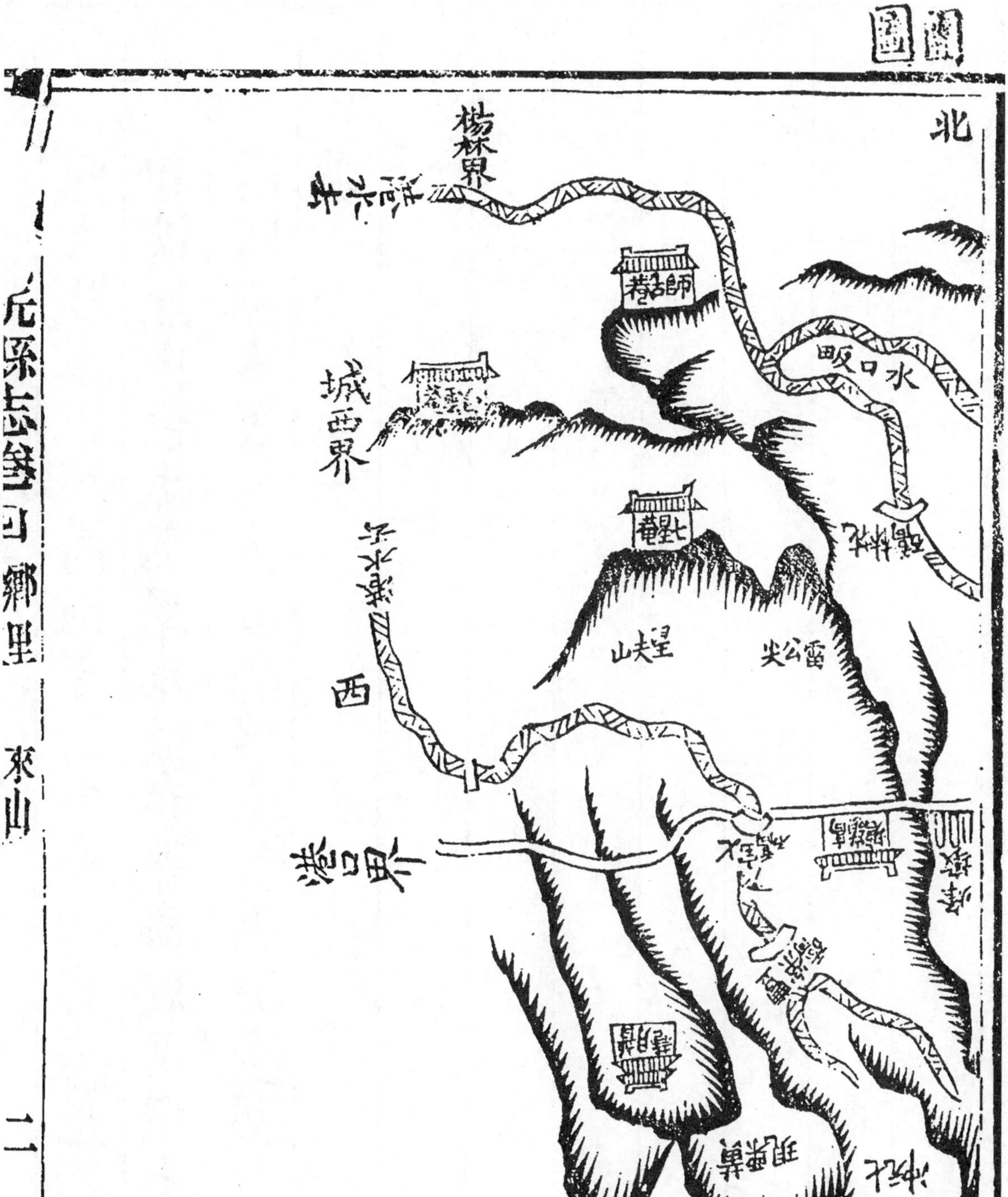
北
楊林界
水口畈
城西界
雷公尖
西
南

陳大壯來山鋪詩附午坐松亭爨薜蘿楚節晴喚鳥音和溪連山色虛沉翠水散春聲曲放河避石肩輿緣路滑吹風木葉向人多愁容爲許開芳輿頻對長亭發嘯歌

南鄉峽山圖距城三十里　長崙嶺有八案廟北有靈鷲菴總志嶺在公安山前通志山口有大壺嶺小壺嶺蓑衣坡有堰有橋　會土橋水入青石橋水出馬埛選佛社在青岡壠南順治中律師職如建　有峽山總志兩山相夾大壺嶺有亭東有小壺嶺有岫雲菴總志二嶺在公安山右江灘建亭有花路亭　有淨覺菴僧印青建有木蘭嶺　有櫟木橋水出白埜有社倉穀六十石

峽山

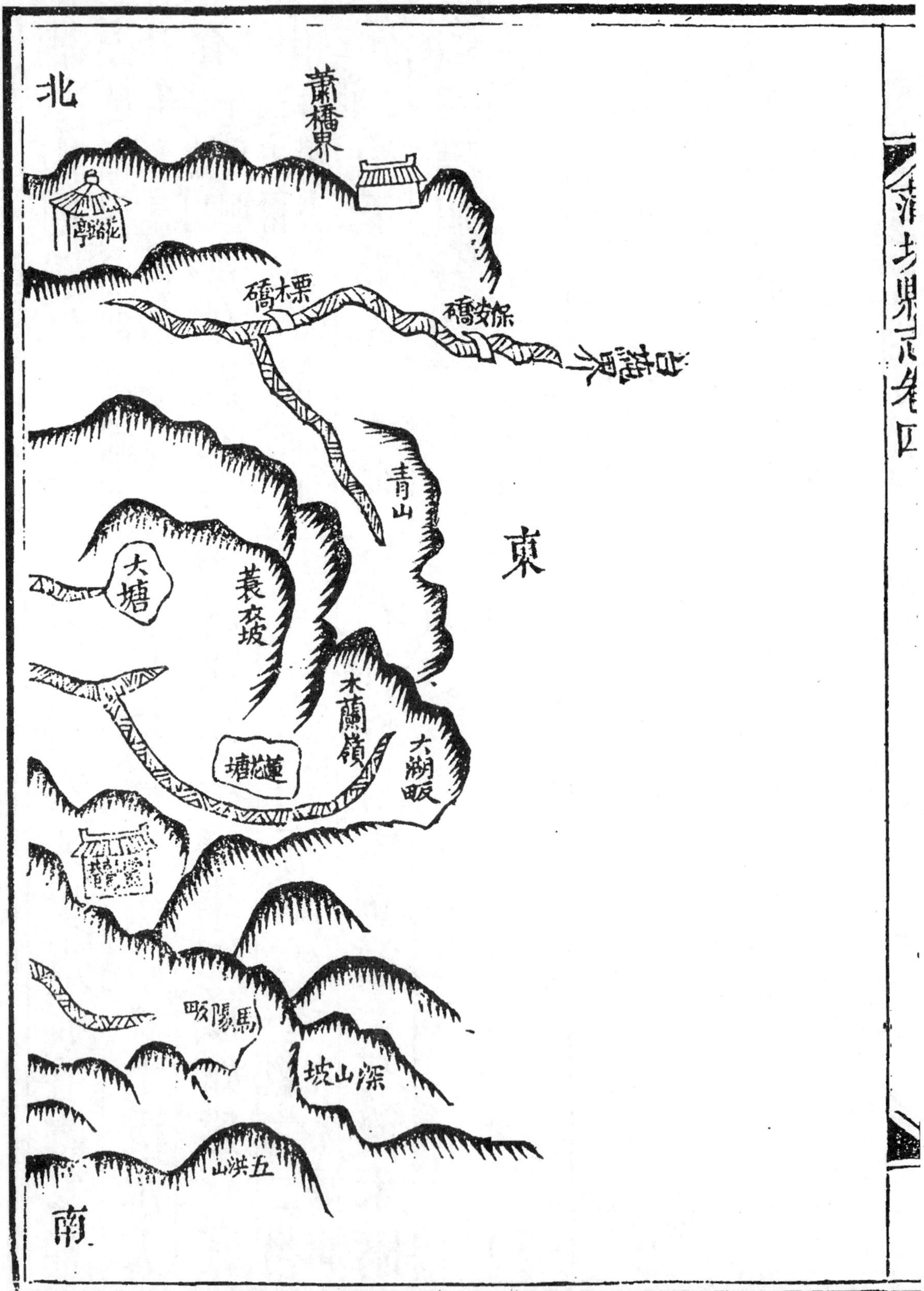

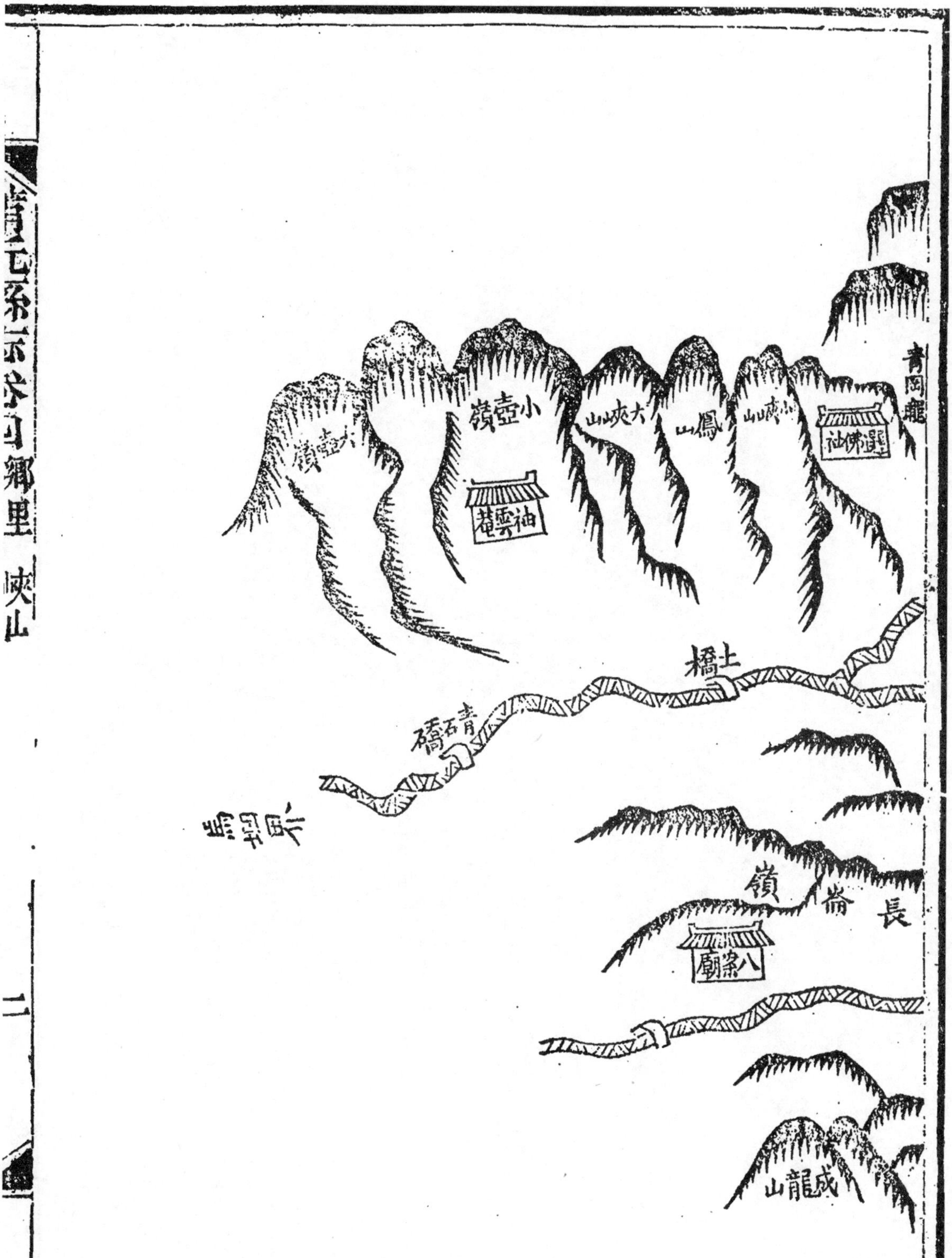
大壺嶺
小壺嶺
袖雲庵
大峽山
鳳山
小峽山
選佛社
青岡龍
上橋
青石橋
長崙嶺
八桼廟
成龍山

蒲圻縣志卷四

南鄉馬坳圖距城三十里　馬坳嶺有牛泉寺明嘉靖中建寺中有泉從石牛口出因名白鹿山有蘭港有橋經石家畈出楊林總志白鹿山迴抱金紫拔山之陽爲蘭港橋陰爲石家畈通志云其陽有荆原荆港非有張王廟有雷家橋

大壺嶺在小壺嶺西通志有北衡山盤旋聳秀古木蒼翠有青石橋西

有蓮形畈　有盤山塘

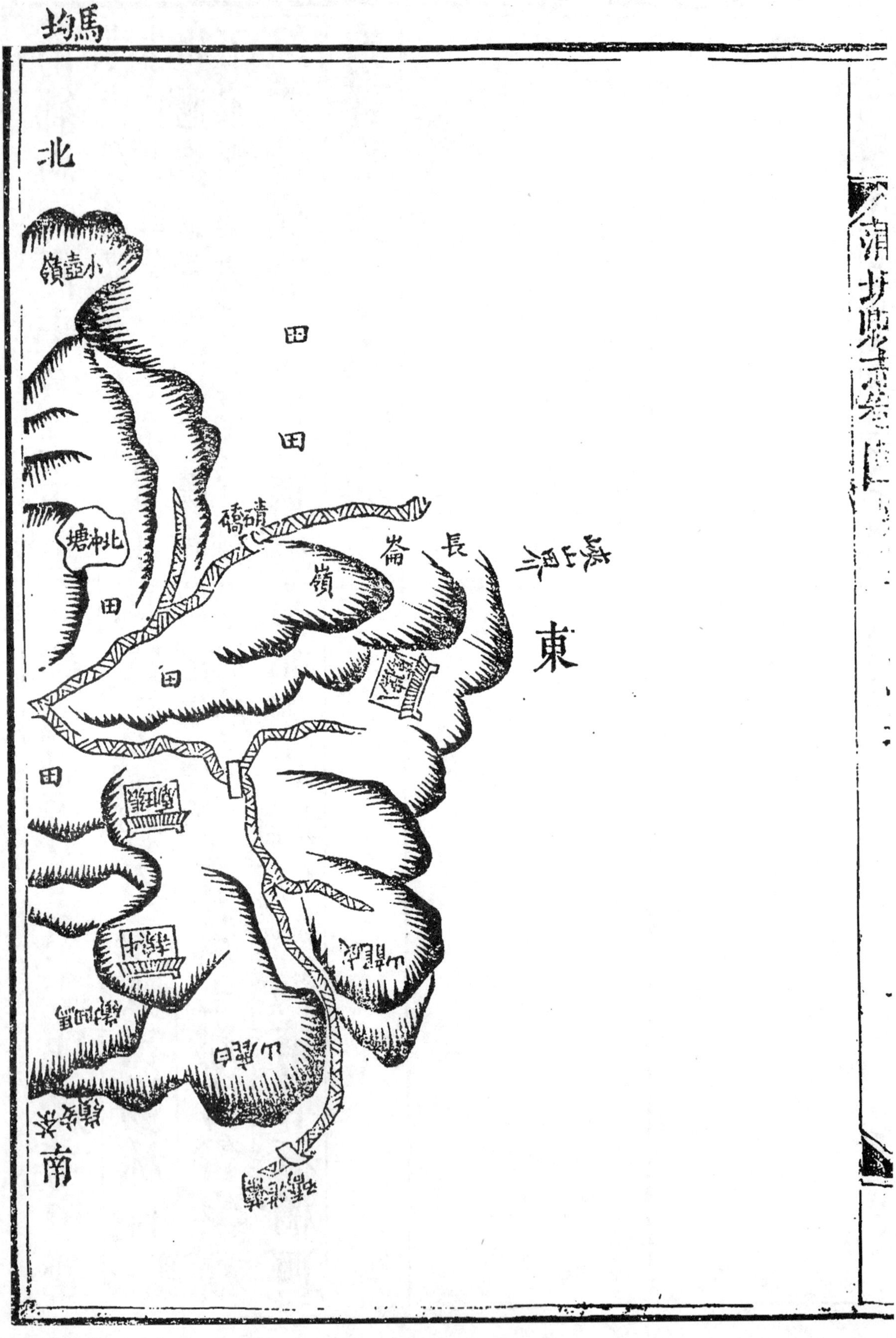
均馬
北
小壺嶺
北冲塘
磧橋
長崙嶺
田
東
南

圖

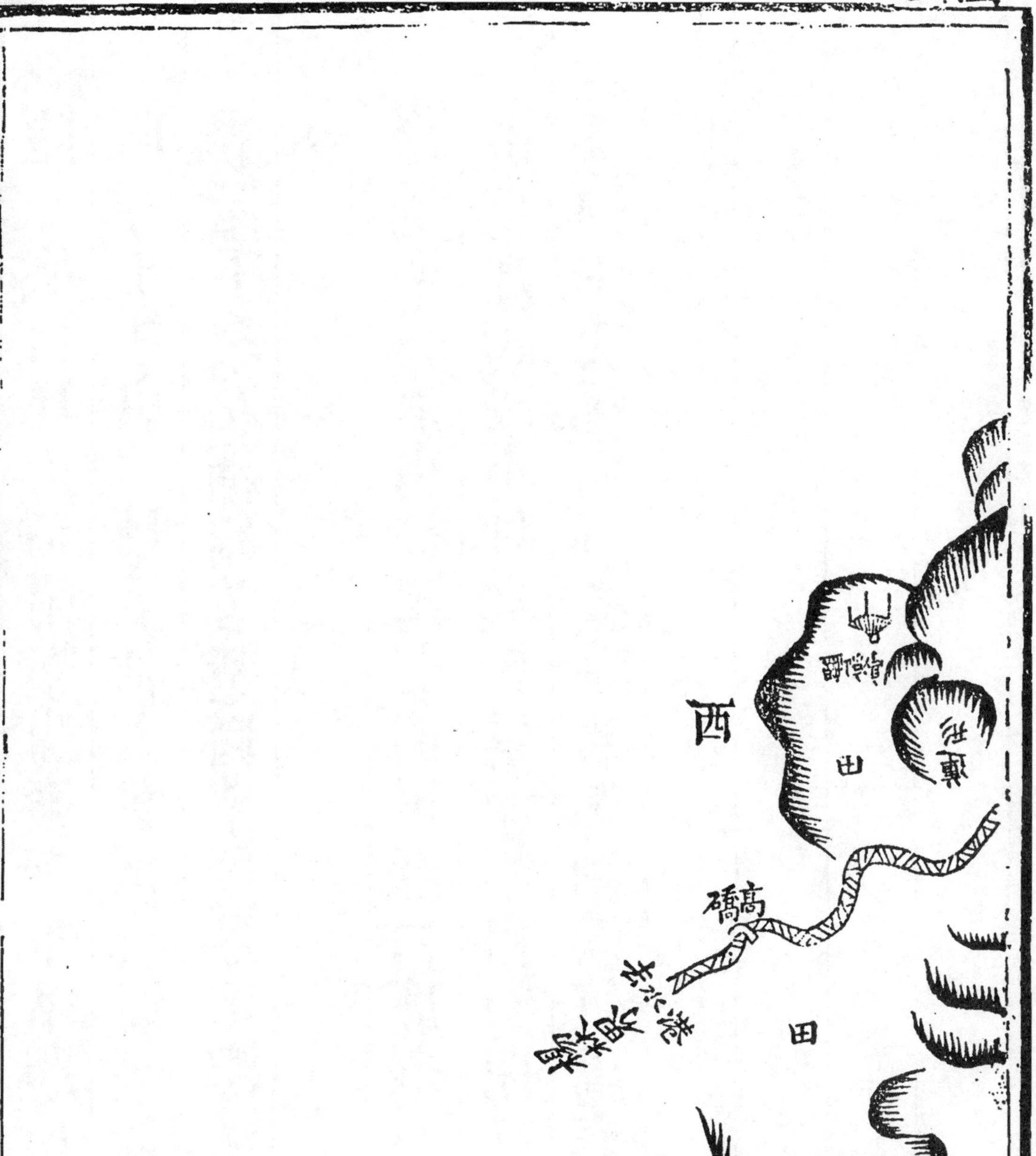

陸　餞白鹿山詩附紫陽廬嶽爭名勝白鹿茅堂春洞
開學士碧山今地主仙人黃鶴幾時來巖間桂樹含丹
霧階下泉花繡錦苔楚國懷賢歌七澤漢宮回首望三
台
廖道南白鹿山詩附昔聞匡廬白鹿洞今見雲臺白鹿
山白鹿呦呦不知處白雲渺渺相對閑三峯矗立紫巖
秀四水交流赤石環草閣獨栖松竹塢春深花發鳥間
關

南鄉楊林團距城三十里　黃茅山通志其陽有黃泥洞其陰有龍泉府志綿亘龍嵸脊如浪湧有顧顯廟在乾壠坡東邑人但明志熊心翁倡修楊林畈有泉塘有廟周姓基址衆姓公修鐵峯一目茗溪莲煤有九宮廟在皂角垱中東有洗心洞有福應山廟嘉慶十年邑人周麗金游應善倡修有彭家嶺　有人山以形似名蒲首山在西北城西詳新輿　瞯家嘴有廟在楊林城西二團之界水口畈有師古菴在團東　東有高橋有港橋沈高建有益陽橋經李公橋至新溪河

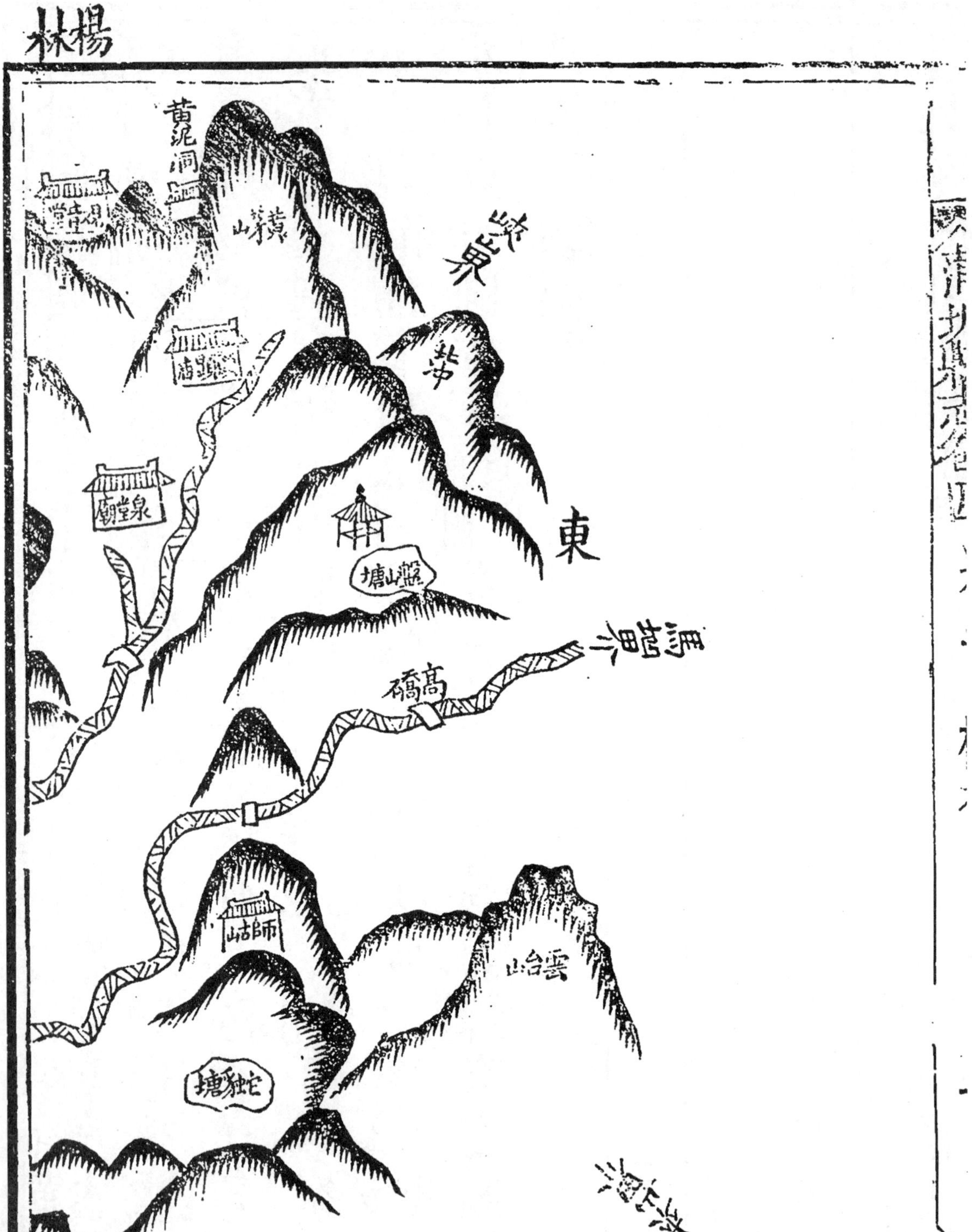
楊林
黄泥洞
東
盤山塘
高礄
師姑山
雲台山

團圖

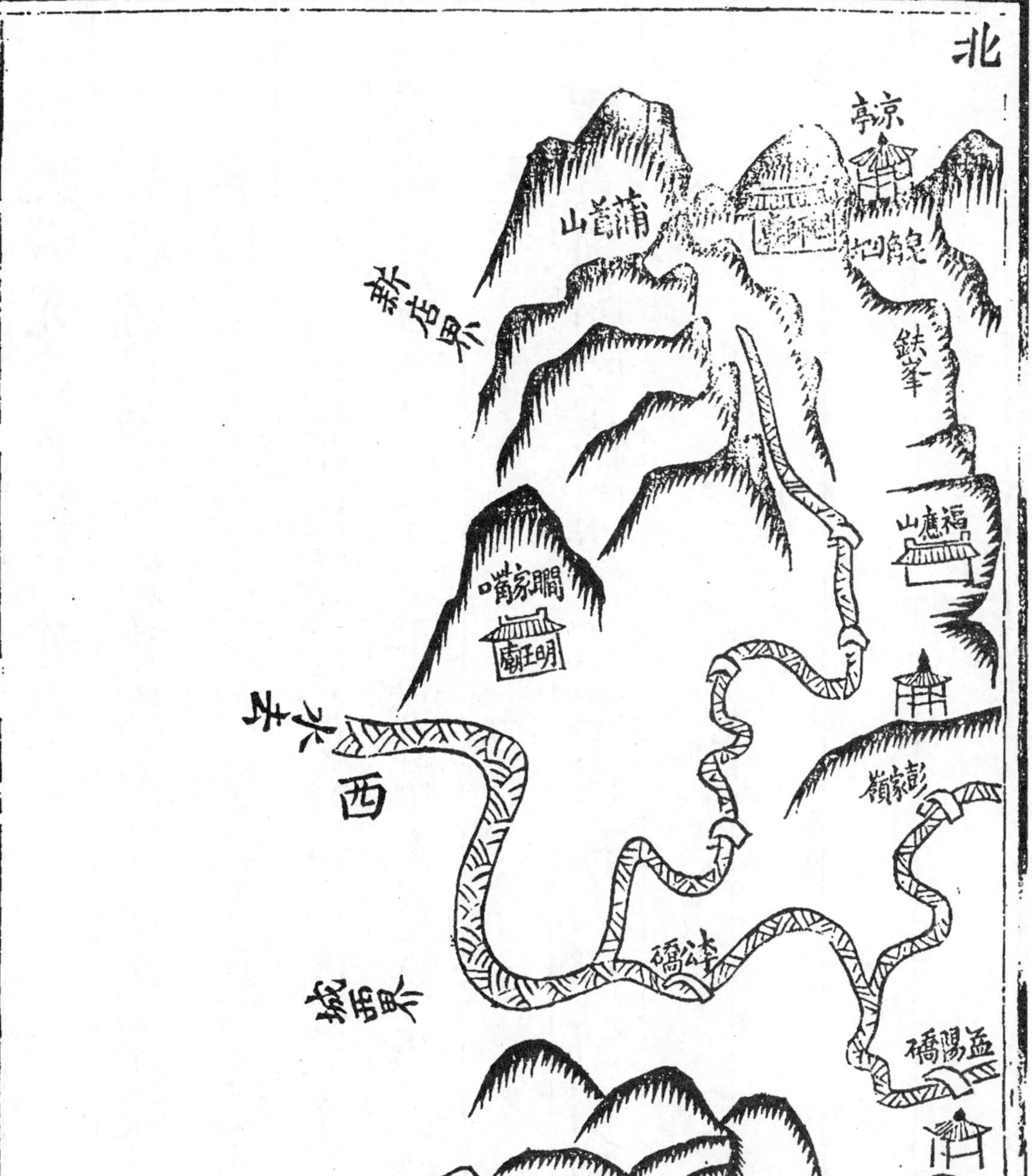

蒲圻縣志卷四鄉里 楊林 二

知縣勞光泰古驛詩并序

孫權旣以蒲圻爲重鎮而於西南路築城以攻零陵名曰太平城乃古驛路所經扼要之處今驛路已改而楊林諸山路迹尙存惟田間忽不見耳

楊林有古驛直達太平城城上見衡岳孫權此用兵又

驛自前朝改傳聞信不空尙存人馬跡明滅夕陽中

南鄉新興圖距城三十里　蒲首山有摩尼峯有古刹有普陁巖邑人葛吡陽淨室葛玉峯修岩白石寺在泉坑渡上　石門山有靈泉寺有古柳總志山有雙石對峙如門明宏治中建寺有龜山馬文淵所居　有太極圖在土墩隴中上有熊家橋明正德間熊伯珍修其下瞰港水彎環形如太極有龍會橋經永興橋八馬蹄湖有聚仙臺龍會橋僧見空重修永興橋熊漢廷倡修官司垇有新橋明正德間熊伯王修有合流橋明萬歷中袁昭文所修

社倉穀二十三石

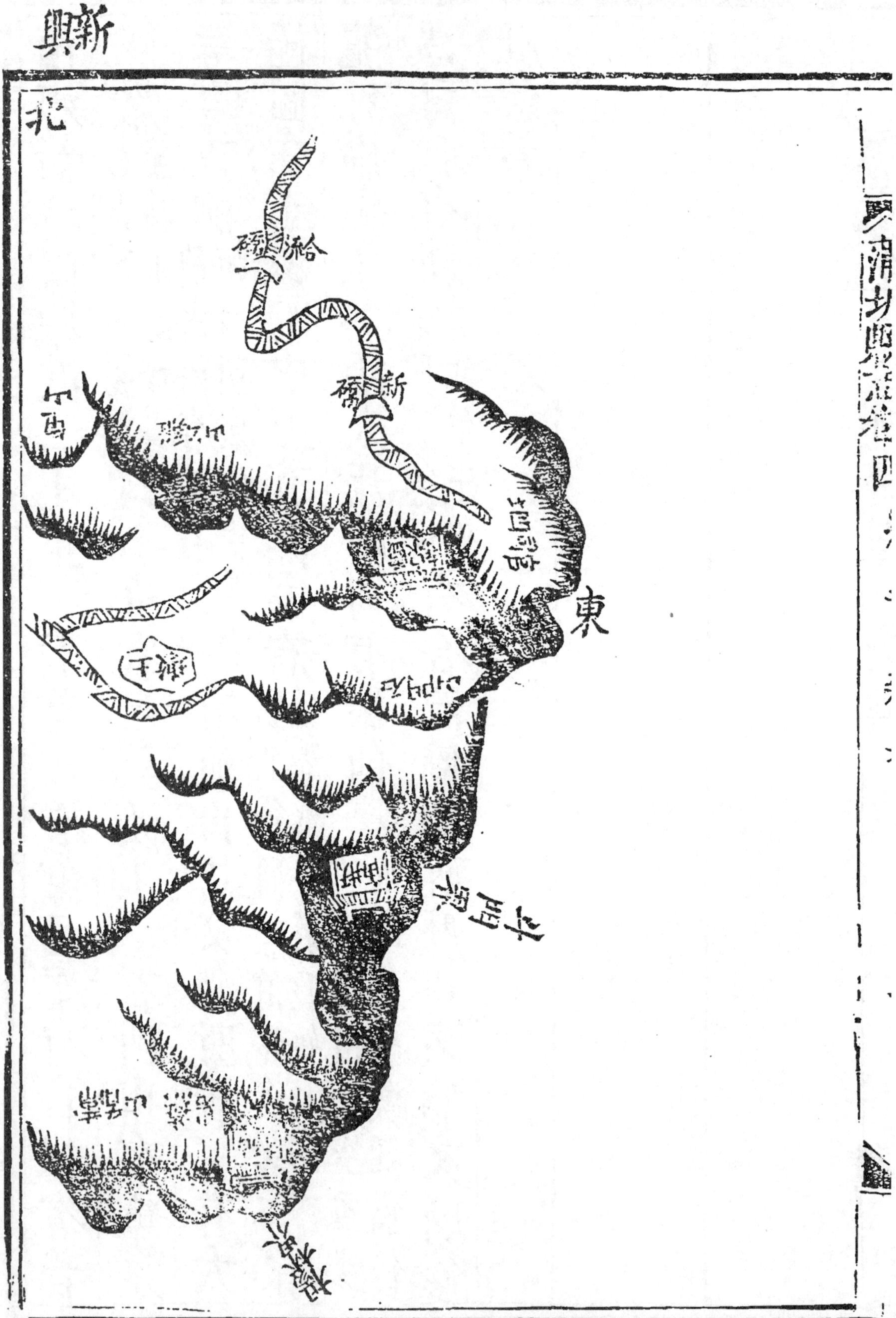
新興
北
東

圖

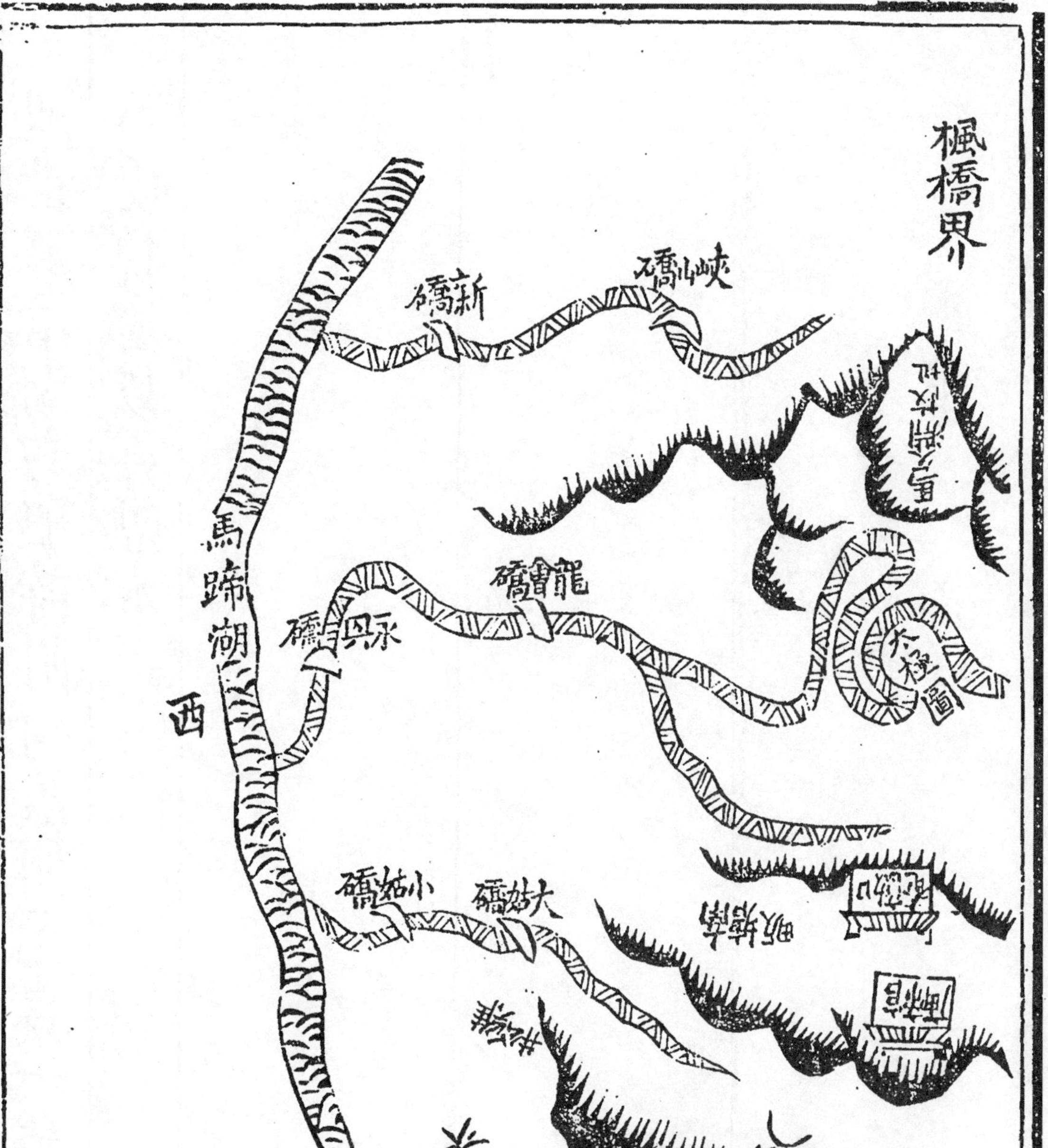

視世祿滄湖釣艇詩附何處問元眞一棹江之涘直釣

不受貪聊以弄煙水

南鄉新店園距城四十里　蒲首山（詳城西新興）有涼亭　小河有夜珠橋（宋嘉祐甲寅年周子才建）砂子嶺南有古臺山在眞覺菴前（乾隆戊午年重修）有燒香嘴有廟（創始無考）有泥灣廟（乾隆甲午年重修）有洪家洲灘頭橋有新溪河（詳溝洫志）有街埠潭上有鎮出新店酒（府志按舊志潭水味辛以爲麴蘖釀倍芳洌）有新溪書院宋周登仕讀書於此（一統志宋進士周登仕建道光十四年知縣勞光泰捐俸倡首增修周墓在院後排年塘側）新街口有永安橋（道光己丑年邑人曾永清倡修）有鳴水灘（水石相薄聲如絲竹舊志）社學廟故新溪社學（乾隆二十一年僧俊慧貫與萬等建）仙芝山有東嶽廟（有萬歷四十年洪治三年二鐘）任家河有巨石或曰將軍灘有堤有熊家橋（總志石係吳孫權磨刀處橋創堤側嘉慶八年邑人廖雲漢補修）有利涉橋在馬蹄湖上（乾隆間張清其張式旃兄弟建張家橋利涉橋於上）

新店

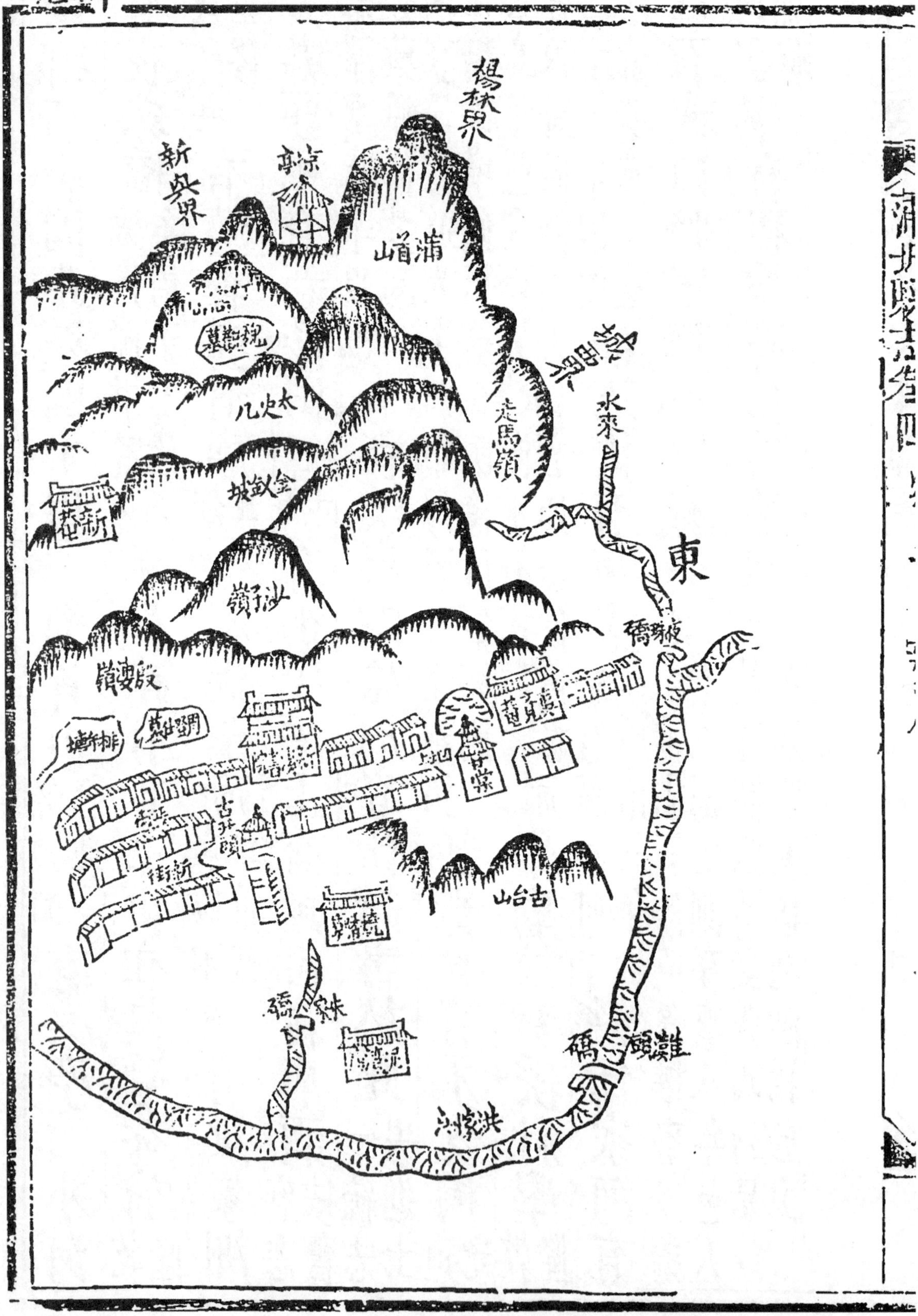

北
南
西
新安界
大姑橋
小姑橋
馬蹄湖
雞公井
古塘壠
任家坑
雨霖嶺
東陸畈
大塘壠
萬家塝
將軍寺
社亭廟
張家灣
東岳觀
永安橋

邱僧乾新溪古社詩附人交百室接薪傳好友徘徊勝蹟研橋左尙堪環駟馬澤濱猶自集三鱣久湮舊址存今古誰振遺風譜管絃遊玩惟祈重卜築莫教茂草每竿竿

南鄉城西團距城三十里　蒲首山有燕子巖故碧巖亭明祭酒魏杞山讀書於此有山泉瀧總志蒲圻首山按府志上有巖明魏觀建亭讀書處互見新興小河有木魚洲來山峽山馬墈楊林諸水會此逕夜珠橋入河荷葉塘有興墈或曰奔墈有永興橋在禾子潭上邑人劉惟縉建并捐田四斗收租以備補葺鸞瑞山有雪林嶺摩斗墩在南山嶺蜿蜒起峯其陽爲鸞書塘爲花園山其陰爲大塘瀧太平城在吳城山下三國時孫吳所築一統志吳孫權遣魯肅征零陵於此築城至今基址尚有存者有碧潭寺唐廣德中僧照公建通志斤絲潭出春魚一曰交魚按岳州府志臨湖沅潭亦有此魚此潭與沅潭水相接其深俗傳以斤絲爲度每春三月間春魚乘潮而上至此浮於水面可取其細如針長三四分許味佳有白雲菴在木形山東　有社倉穀

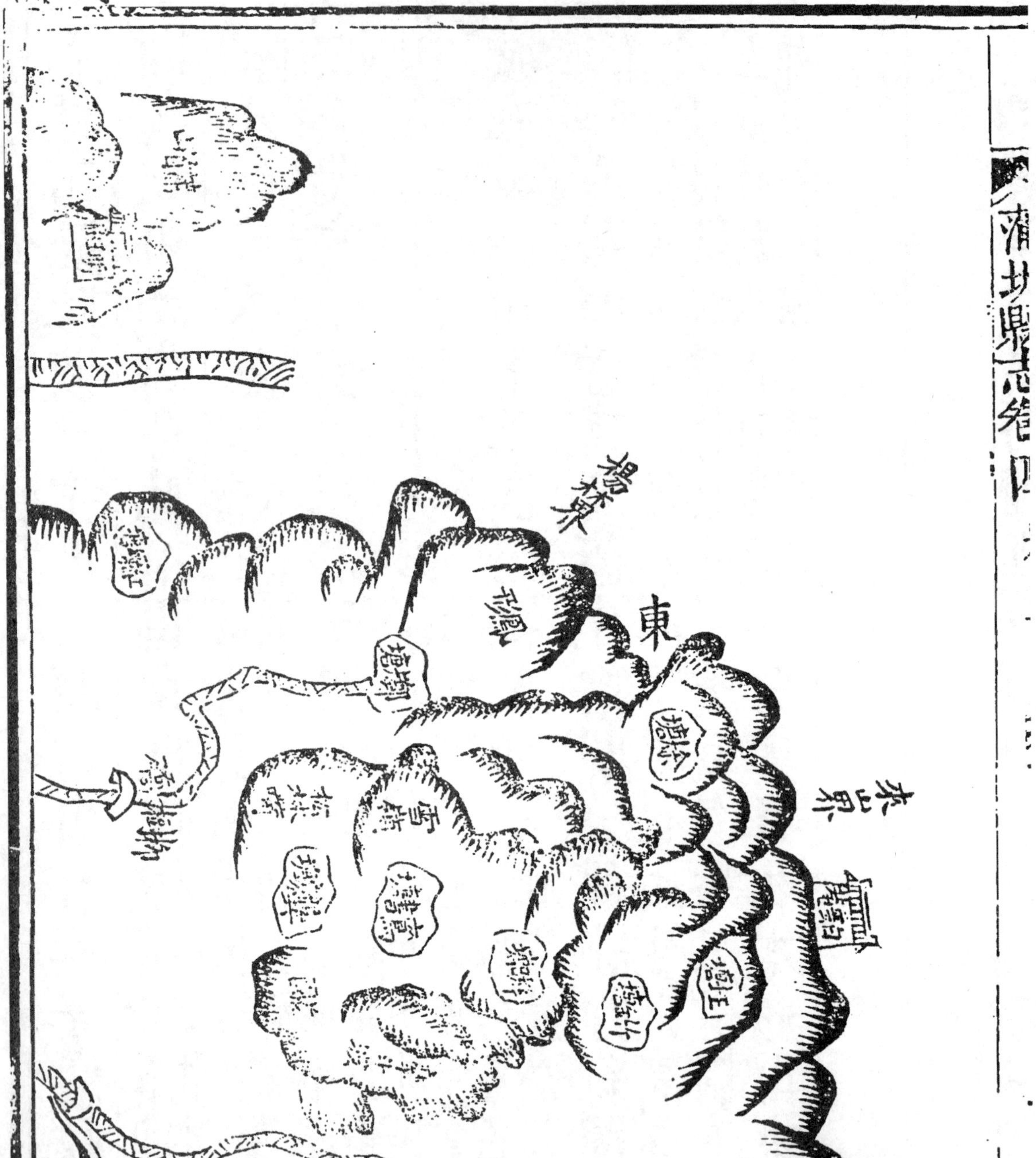
東
南

團圖

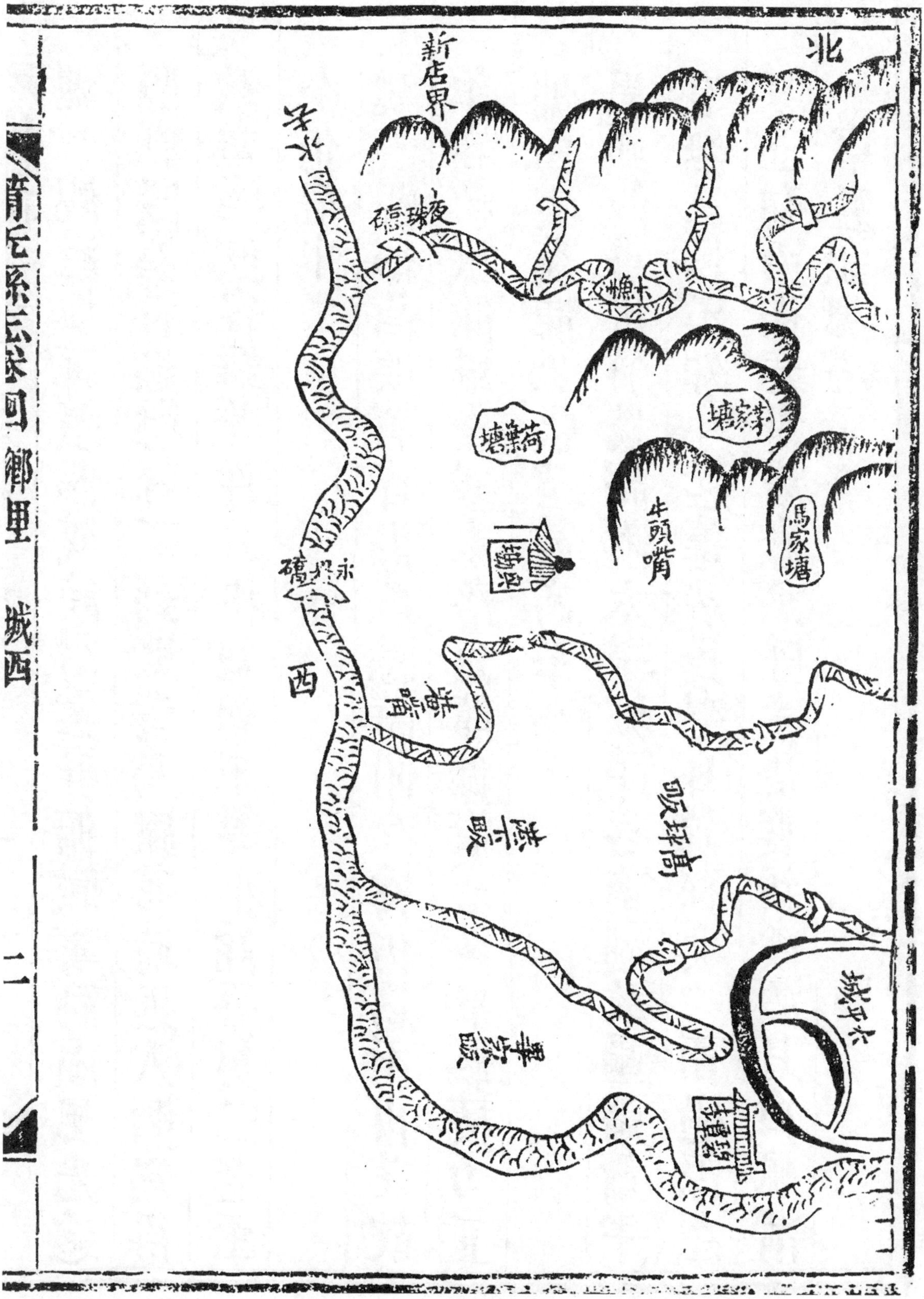

魏　觀避地蒓濵偶成詩附雲扉俯瞰蓴湖濵風光迥隔巔陽塵青蟲懸絲不到地黄鳥蹴花時近人酒爲得歡當樂飲客雖非伴且相親朝來羣小詫吾舅二老至今仍皂巾

魏　觀都昌懷蒲首山舊隱詩附江霧仍爲雨山花故作容秋風餘鼠雀寒水落魚龍慷慨心多壯羈棲力正慵白雲蒓蒲上悵望最高峯

周順倜蓴川竹枝詞附太平城蹟近南湖故壘蕭蕭半有無三國不知年近遠居民空自說孫吳　雨過涼生夏五初沿街聽得賣春魚呼童更貰新溪酒月白風清一草廬　艮思堂詩集

南鄉港口圖距城五十里 密崖有百巖菴僧大雲所建府志羣峯簇翠按舊志龍宮虎穴人跡罕到列有八景曰方丈綠澗錦屏石摸月峯烟鎖溪雙乳泉問天臺留雲坪聽仙洞荳尖山有普月菴 七寶橋有屏家堰望夫山在北有七星菴故紫衣府志望夫山木葉盛夏中斷如剪俗謂望夫婦人指爪所掐菴祀望夫七娘按總志有石似婦人楓樹嶺有十字亭 皇華橋故龍橋滙雷家橋水入河有驛有港口舖

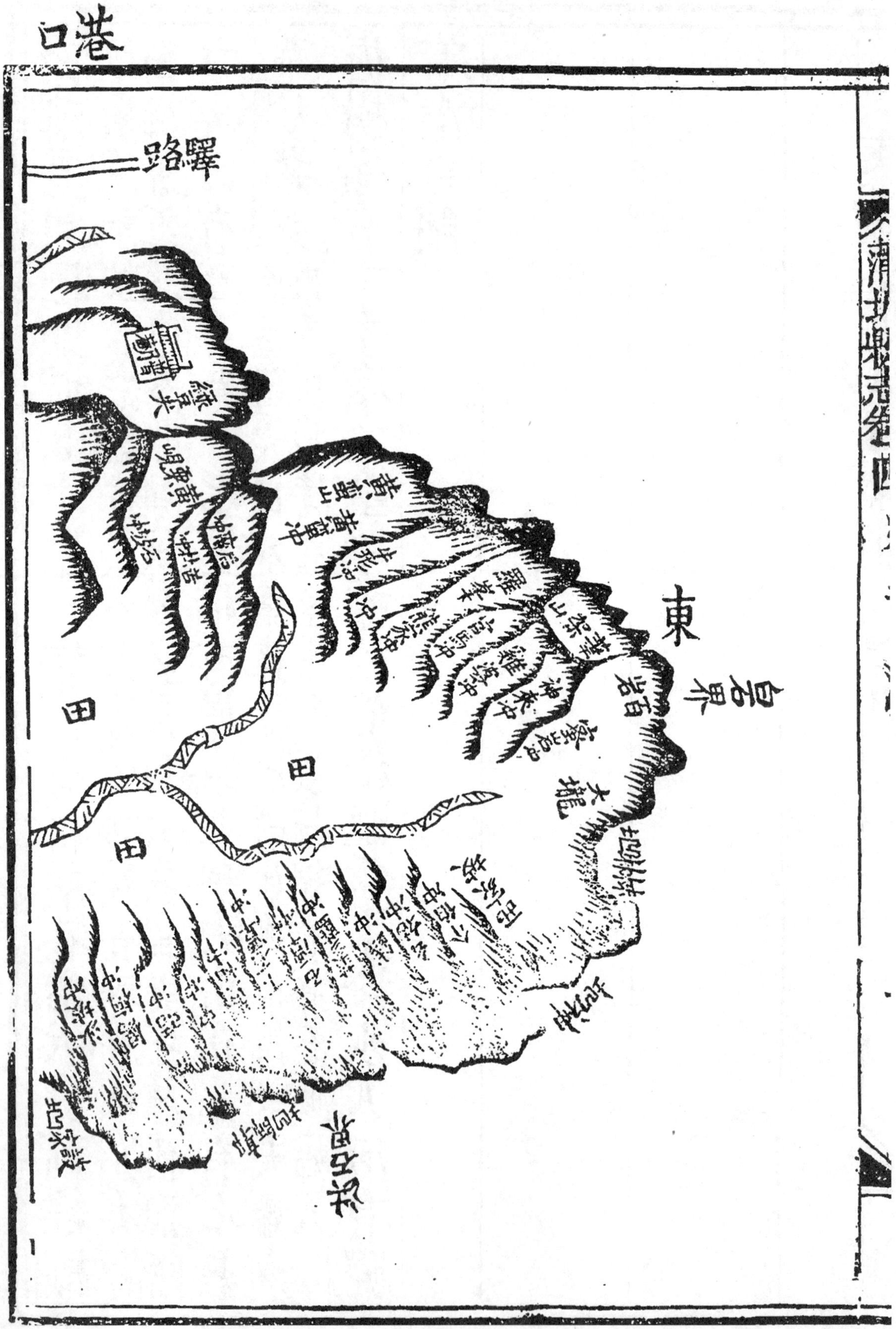
巷口
驛路
東
田
田
田

南圖

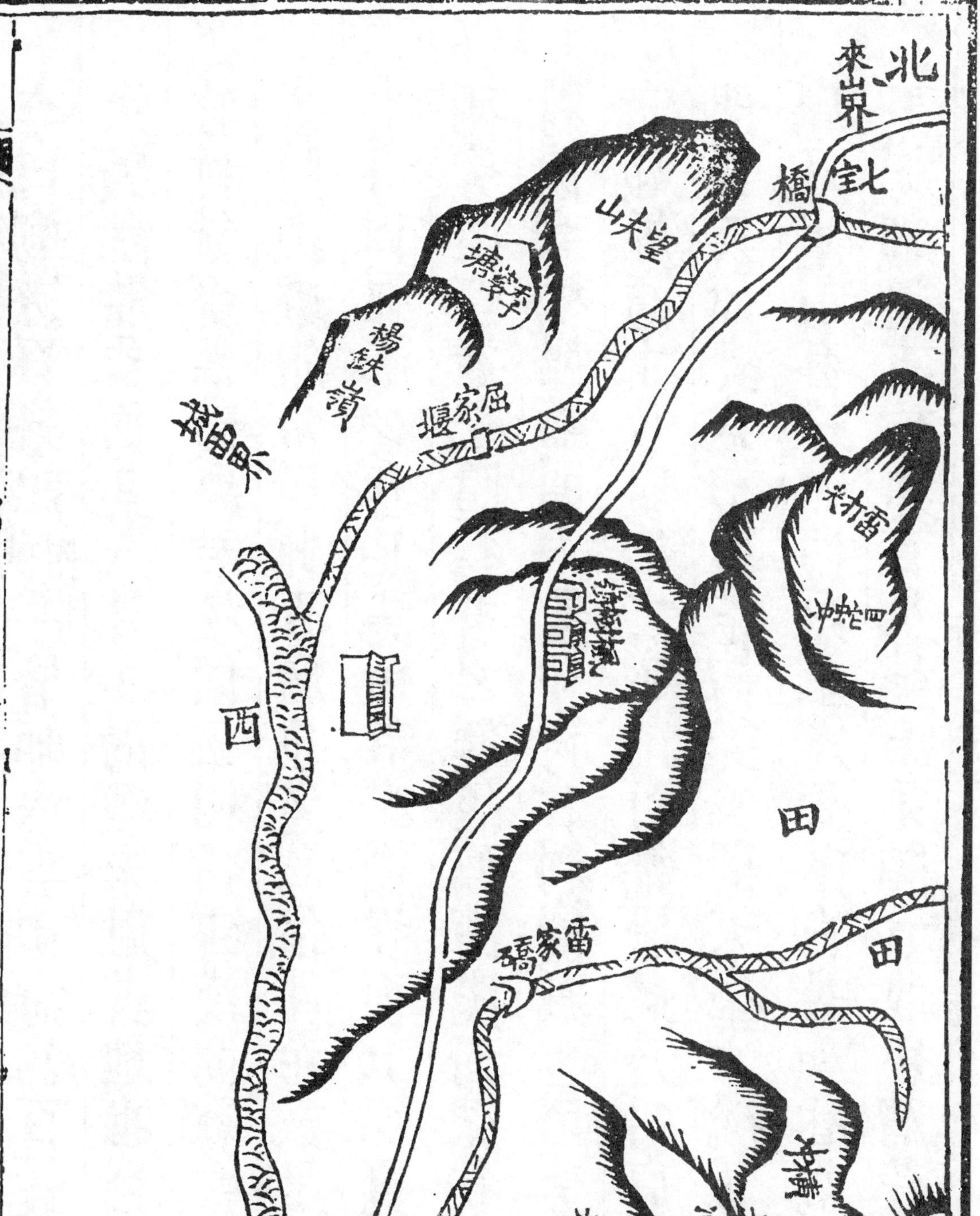

李白瑚遊百巖記附載浮屠師大雲和尚爲百巖開山祖
余毀齔時曾面其人目其偈頌未趾其地也癸丑冬偕
竹村誠齋徃訪吳君松園松園指霄漢間霧雲幬障奇
峯隱現處謂余曰此百巖也遂欣偕徃走數里抵山麓
有寺曰羅峯少息足焉由寺左循磴而上徑寛可尺餘
兩旁陗壁邃壑隨行者之邇遠爲深淺而深谷中竹樹
翳閉有塔巋然則大雲和尚舍利寶藏也塔旁有石起
立如屏高十尺廣倍之平削可鐫過此乃得庵趺坐山
門望天如甕口左覆釜高聳爲問天臺右鋭錐插空爲
摩月峯前有谿如門戶嵐霧蒼茫白晝如昏爲烟鎖谿
下視淵壑古樹如百尺樓上凭欄看池中蒲荇芹藻等

物庵後危石千仞俯瞰如龕覆屋上垂垂如將墜者巖半有洞望之深黑則雲公卓錫時結趺處也少頃僧延入茶視方丈及故禪床杖拂環堵外泉聲四達如潮引流注釜誠齋松園援杵叩鐘噌吰既歡而谷應良久不散洵異境也時日浸暆擬返既戀戀不忍捨去又回思登陟時情況慮難爲下迨至山頂賀子具酒饌以待心暢神發大浮十數白遂乘興掉臂聯吟近數十首竟抵山麓此遊可稱大快昔香山柳州諸公盛稱匡廬鈷鉧愚溪之勝而不獲覩此昌黎登華山不得下至作書與家人永訣時又無以酣飲聯吟之策授之者不均足大憾哉是夕與諸君刻燭分賦以寵山靈而以記屬余故

述之

蔡　瀾港口鋪詩附夜雨長安路三年兩度過關人愁

尚茂憂國鬢先皤故舊咨詢遍寒暄感慨多六峯亭自

好奈我别愁何、

釋宏濟百巖山居詩附白石以前住清泉之右居呼雲

環竹榻引水遶茆廬古澗流新月小窗吞太虛應知藪

澤樂盡是更無餘、

南鄉洪石團距城六十里　羊樓洞產茶有松峯有分水畈
有石人泉通志洞距縣六十里東有石人泉　石琳山有寺唐時建在蓮花洞
下因名府志西有蓮花洞洞下有蓮花寺按舊志明萬歷間邑人魏說重修鐵爐坪有大福山
有小源寺係岳州員通寺分建港口驛有萬年菴蕭其昌題額寺有蔣檀佛明
崇禎三年知縣林增志建雍正五年重修有瑞麥亭見災異有萬年橋故望湘一曰
通志新溪河源按舊志嘉鳳瑞鸞
瑞鸞二橋崇禎二年知縣林增志修　茅家港有橋邑人賀貴修

蒲圻縣志卷四

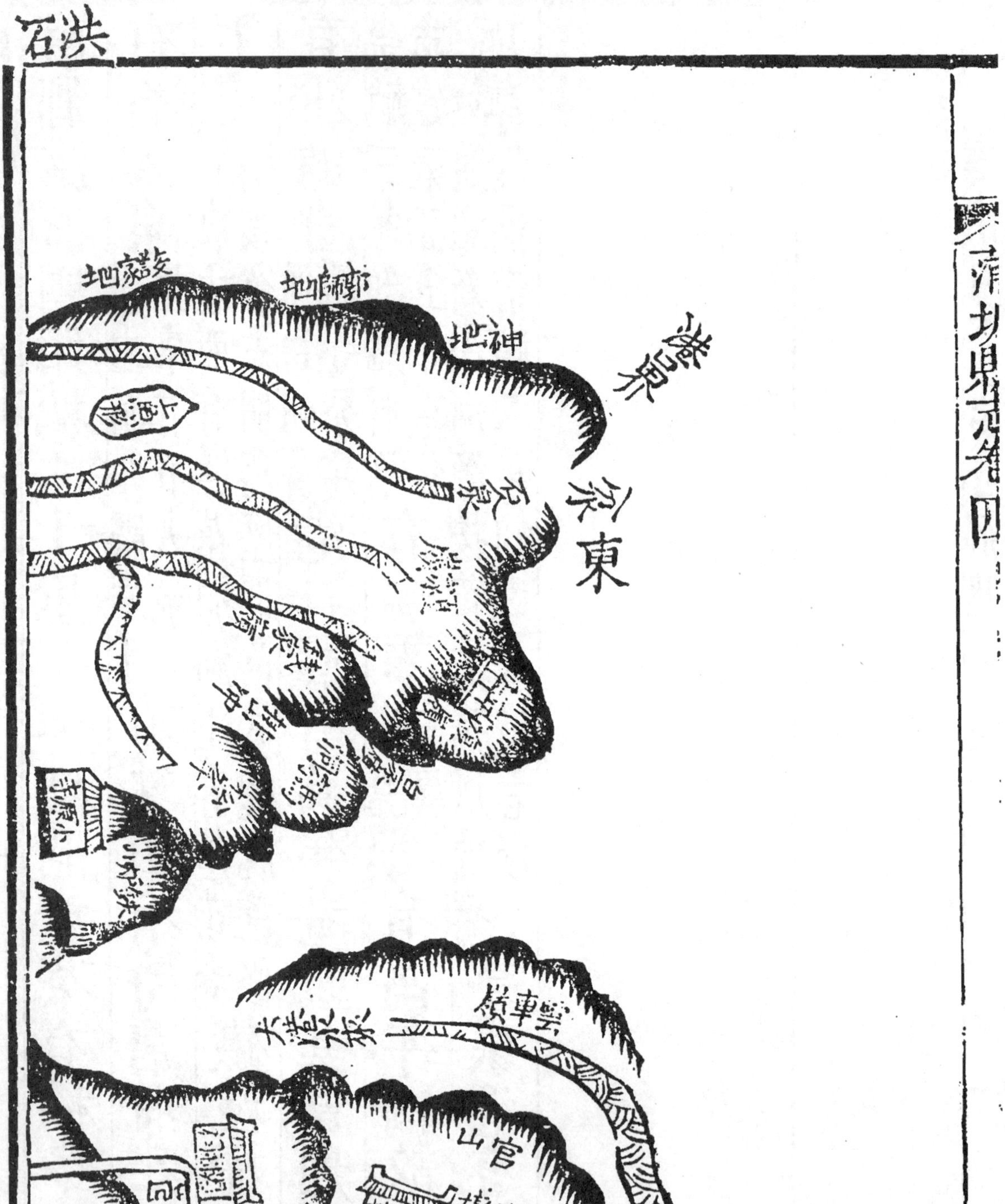

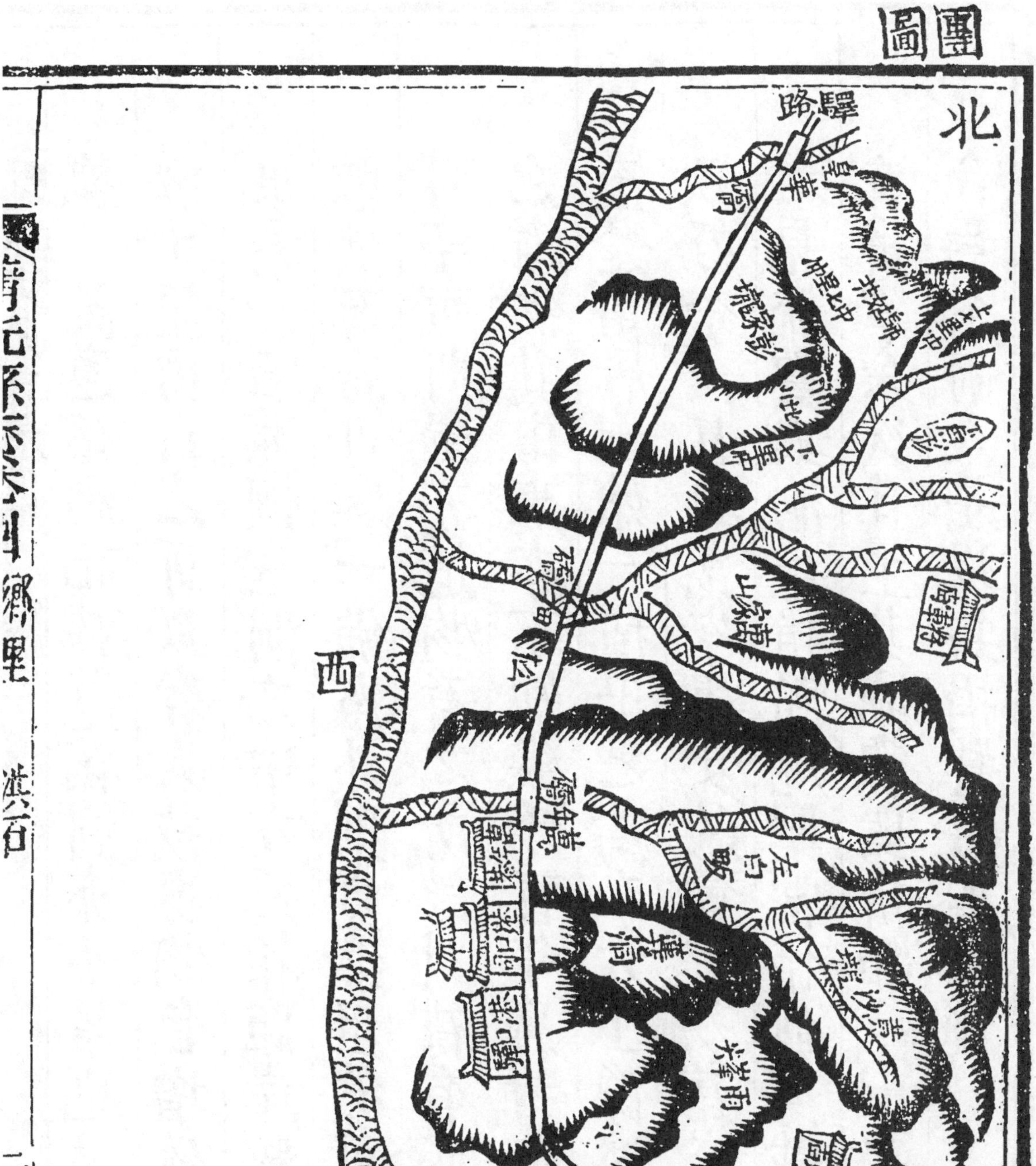
圖
北
西
南
驛路
萬年橋
左甸畈
蓮花洞
九里畈

魏　說蓮花洞記附載

蓮花洞亦小景也然自港口上下數十里內山之可以容人裁剪物色增飾成好者則惟此焉一石蓮倒垂洞之中左右相距崖數武內則又加數武而廣可容一佛座外則寬然坦然可香案可拜臺可亭可門疑亦造物者之所設以待有心之人之物色之者然其由來亦不知幾千百年蘿封草沒面目不見至楚南居士始一拈出之爲奉大士像然亦草昧未竟厥好余一日與崑岑楊丈約會于茲崑岑以先一日至一見流賞與洞生指點規槼當作何剪裁作何增飾不啻指掌余次日至其流賞與指點一一與崑岑不言而合焉余兩人是以共捐貲再加葺飾

鄒應錫石人泉記附識自羊樓洞遂上連山四合如仰盂山之北絶頂一石如奇飛舞欲來山之南一石據其腰如墩堠軍士延頸四顧此二石可望不能躋也名石人者卓可三十尺突起平野雖有根已斷若不相屬上復一石倚其肩土人謂有致之者語甚奇側視如羽衣道士長襟曳地旁一石薜羅容覆從石人側横視之又如將軍臨鞍顧盼又五十步始得泉周環可數武索水源不得詳視皆瀉地出如沸鼎泥沙覆於其上頗混濁坐久偶如鏡者僅移瞬耳琴管聲皆從十步外流水中聞之從泉上復觀石人又如金仙氏前法立者以是爲石人泉云

魏　說港口雙橋記附識邑大夫可任林公以南宮大魁出宰吾邑其文章政事古之循良其慈悲利衆今之菩提種種懿美他日當有別紀惟兹二橋距邑六十里而遥環萬山之中開一線之路其上則滇黔粤蜀有事于二京各省凡從岳陽出者則以蒲之港口爲武昌之戶而入下則二京以至秦晉齊梁江浙閩廣有事黔蜀凡從武昌入者則以蒲之港口爲武昌之戶而出而此港澗水衝咽飃爲二渠秋冬爲觴濫之淵而春夏水漲有項羽破章邯之勢是二橋之作不可不岌岌者乃二橋之圮將近百年夫百年之中豈無動念者而何竟無成功耶廼公大慧力人大慈悲人甫行部至此遂油油動念此一念之動決如機發堅如金剛此一念之動平地九仞人天共說問諸耆老耆老共此油油也問諸士衆士衆共此油油也金不募四方農不妨時務四月肇端十月告成

張開東紙棚記附邑南山之東有地曰紙棚左有洞右有泉其居人曰鄭氏凡四十餘戶除數耕者外悉以造紙爲業其法取稻藁漬而舂之暴於日而以練水篩其穢惡復漬於水乃去其筋絡而存液采構樓漿和而滙於石窠延江南工人挑竹篾如絲爲簾如其紙之式置於木匡以手納石窠水中水之精浮結於簾上者皆成紙胎覆於板叠而累之如其數乃榨去其水而揭之以

分布於焙既燥則又叠而累之亦各如其數其棚在宅之外泉之下或覆以瓦或以茅夾澗而處凡造紙之具悉庀焉時以竹筧乘泉而瀉於石窠不用則去之朝夕治棚下者約百餘人每歲值可獲五六千金凡此數十戶一切食用皆取給於此夫吾蒲之托業以遊於外者重趼走千百里别父母妻孥絫年不一見而取本地之息者或掘山以煤或析木爲薪或裂石爲砌爲坊爲柱礎及鑠而爲灰又多戕賊其本生之質而耗其氣孰若兹泉出之不窮用之不竭因山川自然之性而順人物曲成之材且免於跋涉險阻之勞使家人翕然聚首無復有流離悲惘之意則紙棚之爲利也豈其微哉雖然

蒲故有名紙見於傳記余不及見久矣今乃爲此縷粗而色闇者豈嘗非其地歟抑其法故不傳歟否則用是物而知者希歟是可慨也已余過其處始得見其人備述其事童子復導余至洞口深入數丈其下皆水有魚浮沉不可測蓋與泉通或曰其中有龍然居人墻屋皆偪臨卒不爲害去年有龍從山脊出問其名皆未有余乃標其峒曰涵濤泉曰漱縠并敘而爲之記

廖　漢羊樓洞詩附萬石如羣羊山光落天宇我來溪上月蘿陰滿巖樹　誰知龍角原更有羊樓洞溪水抱峯石日夕嵐光動

廖岐南詩附春洞倚雲開花溪入自來溪流繞巖壑何必賦天台

廖道南詩附春洞鬱岧嶢山房鎖寂寥古松盤白石叢竹上青霄嵐氣長籠檻溪流半沒橋靜憐霞外侶側望斗南杓　萬嶂入羊樓雙溪繞鳳丘天開珠洞曉月旁石潭秋翠入梧桐秀香來蕙若幽登臨一長嘯月夕紫煙浮

胡堯元九日登蓮花峯詩附嘉會羣英在躋攀上翠巒衝風吹帽急拂石坐雲安碧樹煙中小黃花洞口寒塵襟聊一放大地識吾懽

王　圻蓮花洞詩附巉峭古洞中幻出秋江玉花開不計年雲氣光如旭瓣瓣如可摘愛之不忍觸昨夜月明時蓮子滿山谷

劉觀海遊蓮花洞詩附遺典探幽勝拔崖踏草萊雲封仙峒古石幻寶蓮開斷碣悲陳跡中有魏楊二公石刻荒龕問劫灰蛟龍藏窟底蜃氣儼樓臺

蔡　潮港口驛詩附洞庭倚棹候南風憶得蕁川在眼中草草三年江上別懸懸千里夢魂同新梅點水冬將盡羸馬衝泥雪正融無奈長亭寒日短暮雲山寺起疎鐘

吳士玉萬年菴詩并序附法堂有歇心處三字董宗伯視學湖南所題近爲無知者毀去姓氏余囑蒲圻令張君修整之　橋外雙溪合奔流觸石喧荒菴喜夜寂高

枕聽濤翻洗鉢持清課看碑識舊恩思翁題額在長與鎮山門

錢陳羣詩附古寺依山徑帷聞鳥雀喧苔紋雨後長貝葉風前翻覽勝回觀俗題詩爲紀恩竹床聊引睡清夢到修門

劉　墉詩附蘭若入眈寂軒車避客喧淨緣來一慧塵夢尚飛翻洗鉢龍依法棲詹鴿識恩勤師勤講誦莫倚屬宗門

邱今芳萬年橋詩附紺宇平開擁象王雙涵冰玉水生光虎溪清繞達官道鯨背高臨選佛場憶昔拈來蘆是筏只今鞭得石爲梁駐聽鐘磬晴烟外幾度聲聲送夕

西鄉白蒓圖距城十里　茅山有黄峯在青峯右上有雲洞通志在縣西十里諸官田有青園書屋張開東築朱珪序有觀音石張開東記有白墅橋橋爲張鸞鳳築港入風潭注河　有公安山公安泉出總志凌巖一曰鳳凰山有朝冠石通志西麓骨立嶄削中有平地數十畝旁皆峯巒拱秀最爲幽勝有白龍池朝冠石普陀岩諸景上有白龍寺明楚端王鑄金像大士於此府志宋廖正一明許瑜讀書於此天啟四年魏詔修舊志鐵山有白水畈有如是菴府志蒓塘故產蒓上有是蒓菴　大沙洲有大士閣府志西門外二里有大六金像崇禎中邑人鄧上亮造康熙六十年重修舊志高嶺山有琊圖祠故吳王廟廖道南更名有玉虹橋通志高嶺山相近有王家山其陰猪首山和尚嶺馬鞍山通志雙峯壁立西控河流山上有峨石下有濺潭知縣勞光泰題有石塔有觀瀾閣有上展亭有下展亭道光十六年知縣勞光泰建有記刻石有社倉穀二百八十六石

白蒓

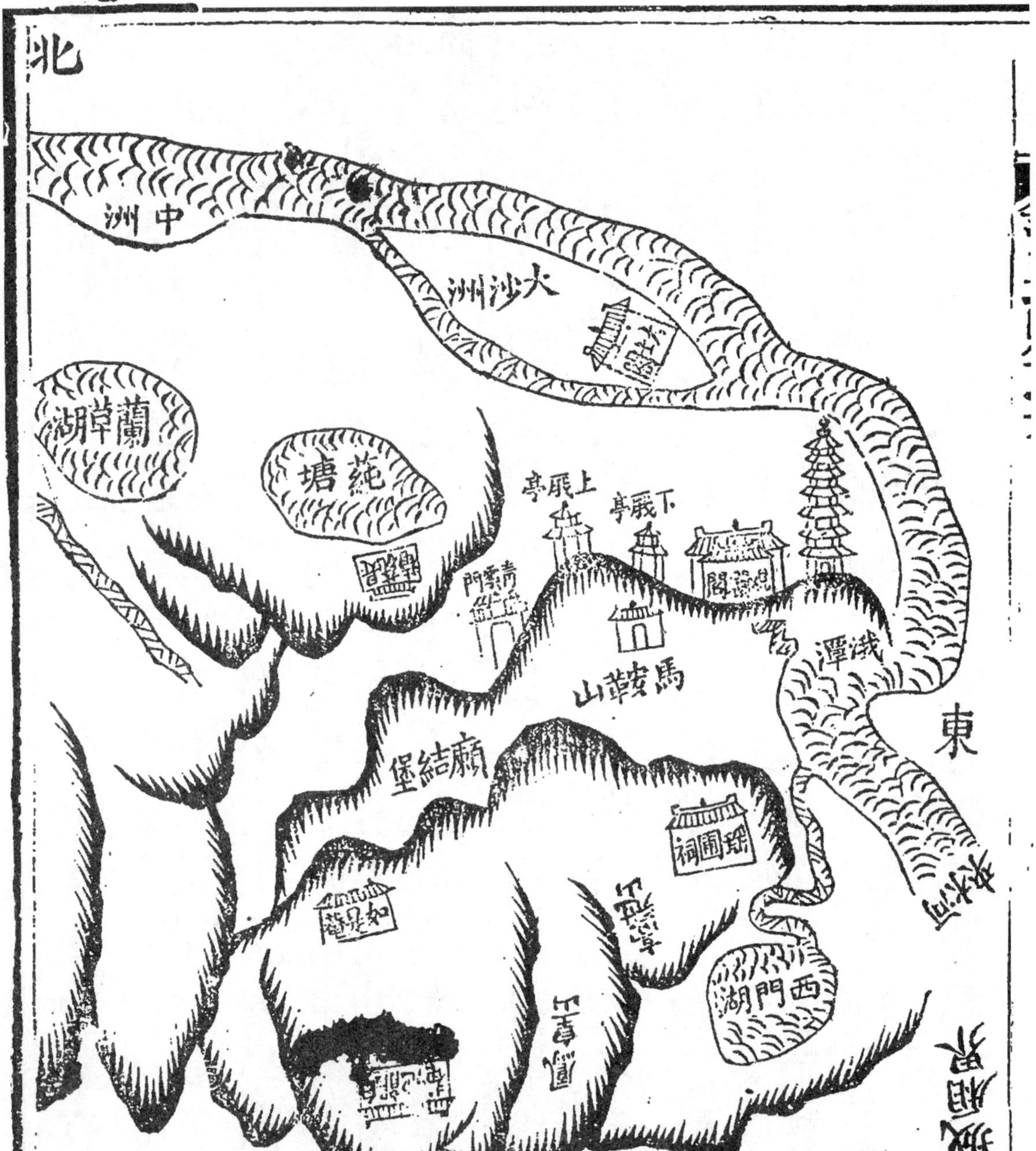

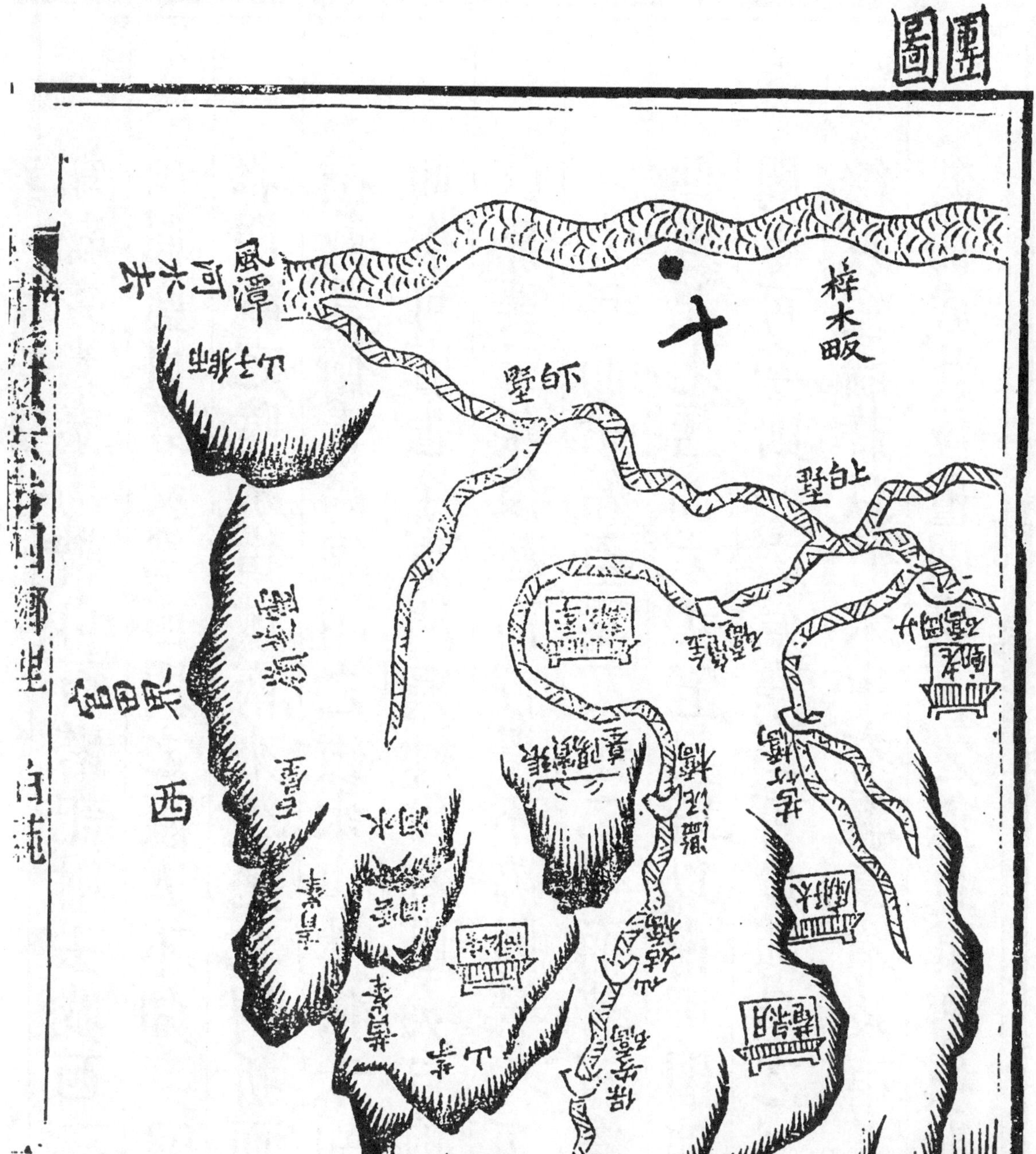
團圖
梓木畈
下白壁
上白壁
風潭河水去
西

知縣勞光泰馬鞍山石塔記附去城西二里有馬鞍山由鳳凰山劈支爲西門之蔽人不知其可屋也而自城北門觀之陸水由城南來繞過北門折而西出馬鞍山横截其衝青烏家謂之鎖水山然猶未知其可亭可閣而復可塔也今東門靈應山有塔矣自前明建之中屢改嘉慶三年復建而位置不協則景物不妍蓋又越三十六年而余始至焉又越二年而著石塔於馬鞍山之凹塔凡七層高六丈五尺塔以南可閣則閣之爲觀瀾閣一可亭則亭之爲亭二可屋則屋之爲書屋三既又繚以短墻蒔以竹木中有露臺有庋有几皆因山石自然而成其位置則畫人之態也其增損則詩人之眼也

而樂捐輸効奔走則又邑人之深契於余而能相與以成也凡費六千緡有奇貢生陳杏昌武生謝上恩等職勸捐貢生游步雲陳光聯司出納監生陳脩榮武生謝得魁辦物料而謝上恩陳脩榮仍同武生陳逢清監生王明福視工焉是爲記

朱　珪青園書屋序附蒲圻白蒓張君讀書茅山之幽行高而文深頡頏乎古人而兩忘萬物行隨雲氣褮然見其山川乃躋武當蹴祝融闚太少之室懸縆束腰西攀太華之尖北陟五台恒山東睎日觀江淮河海若鈎帶乎厥趾盍有年矣霅然嗒然曰噫是其瑰裔奇蕩不越吾青園之樊將幡然休乎故山朱石君聞之曰君之

游約矣至矣盍仲舒三年不窺園而子長足跡遍天下鄒衍大九州而化人觀一芥自其外者游之將萬漏而一掛也自其內者游之則雲夢不足蔕也今茲屋也雲峒覆其上蚴然而白虹翔水洞環其下漻然而玉乳琤青黃之峯屹如雙闕千屏萬几攢環而駢列亘百餘里君率鄉族之秀嶷者朝哦夕肄何跂乎草元之廬而逼德之里也雖然君攬江山之逸氣博涉數千卷爲文章翹乎一世而不一當於有司乃放乎汗漫之游而返乎泬漻之居方今羅羣雅搜逸書老師宿生蒲輪速車君雖逃空虛安得常羊乎蒓川而以青園老也乃作招隱之詩其詞曰青園之東兮連山硱磳君讀書兮曒初升

春鳥鳴兮山丁丁山中人兮誰爲朋青園之西兮洞庭渼渼秋風滔天兮擊桂櫂君讀書兮秋月照山中人兮樂窈窕青園之陽兮喬松插天盛夏孔株兮葩林爛爛君讀書兮搴芳蘭山中人兮癯而仙青園之陰兮般虎窟江漢滔滔兮白日汩君讀書兮映山雪山中人兮粲華髮青園之上兮雲濛濛洞穌巘兮鼻空君讀書兮穿雲襱山中人兮心冲融青園之下兮水活活洞繚繞兮鳴環玦君讀書兮枕且啜山中人兮忘飢渴

魏　詔重修凌巖山白龍寺記附藏郭外三里以西爲凌巖山大士菴又曰白龍寺踞鳳凰山之左腋四向圍繞如帶石磴千盤而上忽入林谷間廣袤已數頃菴設舊

矣起自唐宋盛於國初泉源在左靜涵渟注初不知其爲異也成化九年歲大旱邑侯葛偶叩泉以禱經宿水湧泉出翌日陰雲四合忽覩白龍從泉出昇天霖雨連日嗣後邑人禱之輒應遂以白龍名泉并以名寺志異也先是大士像歲久弗飭僧思改塑昕夕頂叩早過檀越一日遊郢中不意已發楚端王夢王徵僧至惟夢是符立捐貲命冶范金爲像越三百里遣璫使舁至供奉至今傳有介旨云舊祠有漢壽亭侯名勝之地亦久爲靈異時萬歷四十七年歲己未適遭灰刼可憐焦土雖林壑異勢怪石幽泉映發清遠而茅屋數椽神容剥落不堪荒蕪也越六載爲天啟四年甲子余自江右歸與

邑大夫吳可先言之吳君即起爲余言先是辛酉祈雨有蘉事已念感鳩庀因余言益摯遂捐俸若干余亦搜橐出俸餘若干并邑人士鄉先生共捐貲若干余董其事朞年而告成殿宇三區垣墻四固佛座最上大士宅中闢聖臨前丹鏤飭其門楹僧寮環其左右噫嘻亦數百年來偉觀哉

張開東觀音石記附青黃峯之陰爲牛安山其山皆石甚峻傑其南有石屹然狀類觀音故稱觀音石余昔望之而作賦者也顧遠視茀識其槩今夏四月過之訪於野人曰此石佛明世供謁最盛其後風雨暴怒雷擊碎其首久矣及循谿徑攀援以登飛崖壁立薄入眉睫童子顧之有難色輒欲返頃聞上有人聲趨而往則松間數婦人采草采葉笑曰君何爲至此遂告之故且問之彼仰而指曰此石是也手捋凉樹杪以解渴余乃立而熟睇其形全具無虧損下博上末銳如削層髻似戴蓮花巾頸後髮如小束面西南向閭閻欲作笑語胸前白溜如帶高聳數十丈莫可狎玩余惟觀音書冊無考偶見於雜說俳優不可爲據唐吳道子所畫滇南石刻神采如生吾邑鄧君守馬湖得黃金萬觔鑄其像舟載出三峽立於大沙洲寺士女祀香帛迄二百年又南鄉蓮花峒石乳滴成蓮花花中有石觀音人爭題咏他若普陀崖在南海大洋好事走萬餘里往返經年不辭勞遠

非爲是耶兹像寂寂老於荒榛無一問者昔之供謁者既絶跡以去野人日在肘腋惝怳不得其眞而遠方游覽之士又畏險阻不至蓋其所遭之地時然也或曰當秋空木落樵夫猶拜祝之悲夫

張開東黃茅山賦附維彼黃峯之巘隩兮匪楮毫之可傳抒胸臆以奇構兮妙體勢之自然觽盤紆以蜿蜒兮氣蓊蘢而上天羅列岫於在宥兮未可郤乎崖巔肇祝融之蘊苞兮䆫湖亘以崪嵂擁層積而陘絶兮藐堂紀之特出砠磈磥以逼迮兮綴陬互以璇室薈芊芊而朝隮兮靄曛曛以夕入雲澹澹而空明兮影隆隆而鬱巏元理膠膈乎重基兮瑰瑋滋而孕生金銀醞以渥飾兮賁若太阿之夜明濡天池之玉液兮仙掌直撐乎太清恣元瞑而妖異兮駕虹霓其乘輿奥窔偃蹇而中虛兮緘寶籙與丹書浮囂沉沉頽不得汁兮乃王喬之所居其陽多山其陰多水環壑經邸摩盪千里北枕大崖南屏金紫排以龍岑扶以亭止幽蘭望鶴雪峰連子雲臺白鹿芙蓉華鮮金桃溶溶爰有二泉鳳凰偏髻蒲首廸邅洪山王子直走西川莫不埀面俯首危如遁雉降如伏虎投彩獻珍一空萬有背負牛戟斜迤豐潭儼節赫其無儔巉石脊之稜稜或似黿鼉或類獸禽幽幽冥冥鬼𩴾神肅若紫塞環朔邊色愁苦又若萬馬千軍啣枚不語左脅石屋實維李公右廻玉枕兩洞拱龓重樓疊

闇莫殫其終石縫涷乳滴爲白雲鐘磬花卉靡不具陳
若夫沅湘洶湧以入江兮大江如練而北飛潛泂瀁以
俱逝兮夕陽時聽乎寒磯覽山溪其如遂兮沙粼粼以
淸碧海船折以帶絡兮若北溟之抱碣石輕舫循岸而
容與兮旋羅蕁蒲之光澤值春陰之雺滂兮增巃嵸衍
而瀰漭檻泉沸若星宿兮沫潼潼以湍瀨濞濊濊而齊
赴兮漈百谷之交會汩汩滔滔伏行山底溦膺濯胃蠡
出廻龍之外若夫被晴嵐浥沆瀣嘉植羅生糾枝聯蔕
歷歷兮崖間迎人多態唐棣麗葩華連英翹翹荆楚玉
竹黃精丹楓駁梓赤檖蓉梧堇荼薇蕨茅如汞膚谷蘭
春秀嶺菊秋揚散綺披靡戎戎煌煌不可勝采但聞藥

香若其虎豹嘯風豺兕戲羣貉眠狠跋麋鹿紅麕香貍
九尾白狐千齡獵人求之不得托穴隙以長生華蟲朝
雊子規夜鳴黃鸝睍睆載好其音鷹鸇鵰鶚啄木震林
離鸞別鶴集止將翔鶺鴒喧噪乍陰乍陽雄雌相失獨
呼達旦靜夜啾啾使人腸斷積曛日久雲蔚高陵迷離
中原渾不見人靈隆摶樹蛟乃出騰昏墊幽隧時生魖
魈牧犢先歸草木淸翠虹消新霽藹媚嬋娟淸晨視之
美女俏眉朝旭未及照宿霧猶聚巒海涇風冷中有神
仙遠乎俄景之將匿兮試披襟以獨立嗟江浦之浩浩
兮西風吹予何習習朱霞爛天兮蓊暮雲空江波赤兮
駭魚龍蜂揚揚而不息兮鬓蕭蕭而爲蓬日以下兮山

以高悄所見兮惟飛鴻發飈馳於肩睫兮倏去來以絶
踪寸心知不可奈兮御元化之無窮歸廣莫兮追遙道
肝河湄兮傷靡草悼游子之不歸歎玉門以將老覇轢
西戎王宅汾鎬盛年未逢壯首皆皓英雄賢聖荒榮蔓
繞無故念之自生煩惱軒轅玉女隱耀雲間仙侶遨遊
神依往還摘蟠桃之獻梓兮奉琅玕以沃顏靑鳥信以
報召兮答予鑿以不閒須臾之頃流光濛汜四野人語
淸音入耳虛谷生聲湫兮如雨不見其底織柯擢吟若
行若止萬籟齊作石嗔泉咽嫠婦亡人灑淚泣血嬰兒
求毋呼號弗及送客離亭主人辭揖踟躕郎隅旁行太
息太息未已乃歌三終歌曰黃茅之巓帝予游兮婉如

淸揚不可求兮零露溥溥悲日暝兮采彼蕙蘭懷之永
兮再歌曰造化爲工山澤修容風雲魚鳥離合相攻至
人遊蕃撓挑無極張虛葆光蕩滌昏塞飲露餐霞神采
渙發被服六合與天不沒用智不斲哀樂亡形朐貯八
荒瑩若列星浮雲卷舒宿太乙庭靜攝靈樞以培天根
物化長寧歌既闋仰天望推死生窺色相安性命志倏
忽索尋大道超凡軼塵自古修德流風萬載以俟來人
吳　童蕘塘詩附陂塘煙雨淨千頃人虛無飛鳥落明
鏡遊人在畫圖紅疎蓮暫放翠密荇全鋪今日陪陶謝
高陽一酒徒
廖道南白龍寺詩附槩昔藏書地于今三十年燕巖棲

竹日龍洞貯蘿煙洗硯朝臨石焚香夜對禪問奇誰載
酒吾欲草吾元
熱
說詩附傳觴石室迥選地白雲幽酒爲聽鶯醉人
因看竹罥林嵐籠笑語天籟答歌喉與洽淹歸騎山山
夕照浮

謝鵬舉詩附㓜別禪林老再登躋攀無力怯嶒崚牆思
舊寓傷陳迹細指荒丘問故僧雨過園林聲淅瀝秋生
巖壑氣嚴凝紅塵奔走成何事欲學參禪愧未能

魏樸如詩附十里招提結伴遊紫萸黃菊坐高秋池涵
水石龍湫靜山挾雲霞燕洞幽眞梵暫依雙樹聽賞心
多爲一尊留與闌遲引巾車出明月千峯滿上頭

王鼎彦詩附晴煙生片石春色照清溪路入蘿陰合峯懸竹影齊看雲隨鶴去坐樹聽鶯啼巖際開松院山僧龍共棲

李光炳同邑侯江公式繩遊大沙洲詩附郭尋幽勝晴沙襯馬蹄年光新物候春色點寒溪平野隨洲闊輕雲帶閣齊君侯頻載酒笑語動芳畦

西鄉官田團距城二十五里　麟趾嶺有風潭通志嶺右爲牛戮石爲官田有海船頭石詳黃龍　獅子山有包公堂有冷水港有橋有繫龍埠　黃峯有青山菴有牛戰石有龍塘角　五經山有五經堂有謝長慶築堂記　有南海塘有法澍菴有東海塘　神明山有獨石壠有一石立於壠中故名　有石馬壠　鳳山嘴有凉亭有洞安橋有李公橋　三官湖有堤堤北爲殷家湖堤南爲楊家堨西爲黃泥湖　有港有三星橋有七星橋出大陂口入車埠河　龜坑港有新橋有老橋　鼓笛潭潭上有石似鼓敖一讚有記　有菴明馬登鑑建後九案重修　高麓山有伯公廟　有渡船一在繫龍埠一在鼓笛潭

官田

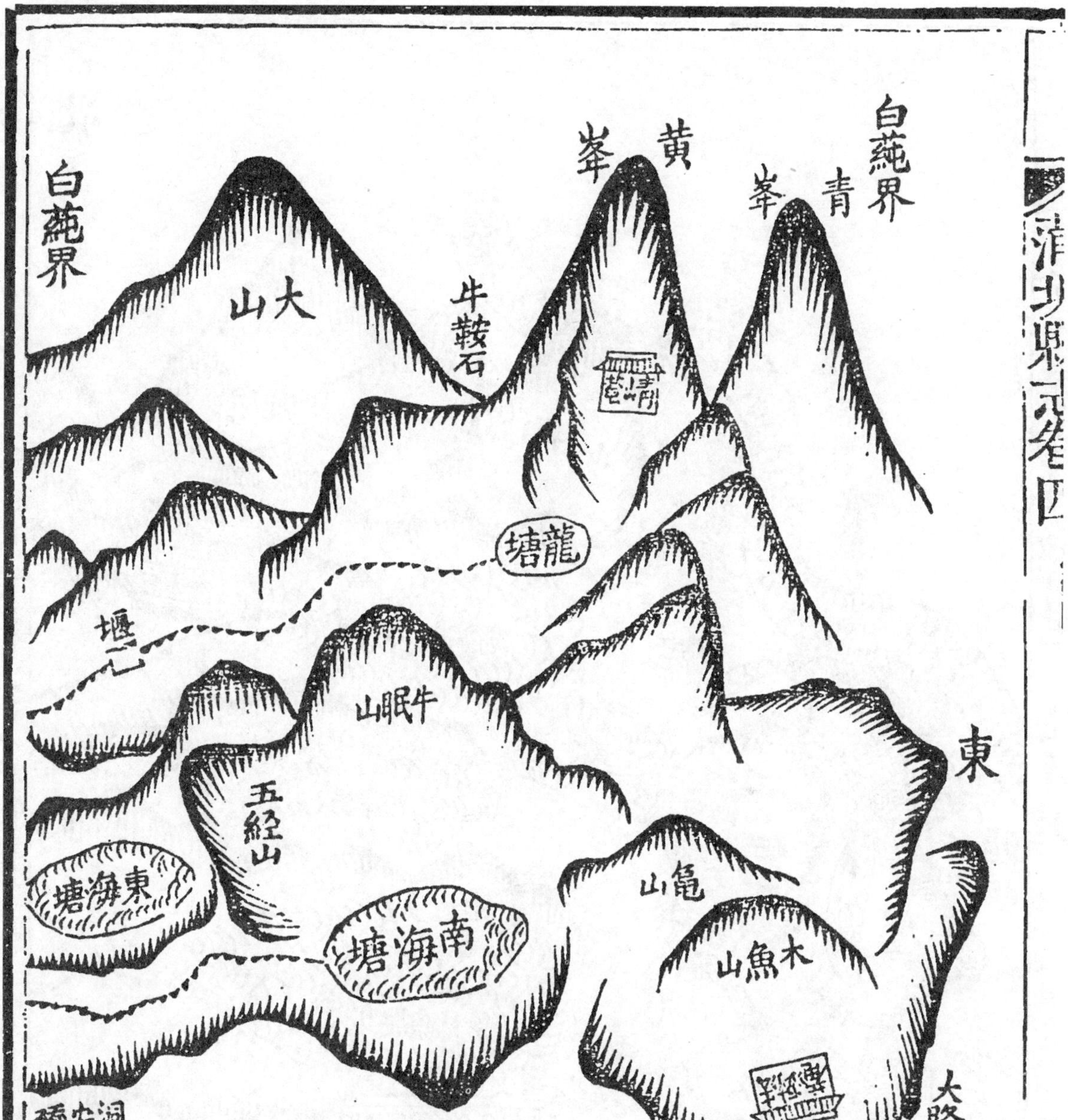

潛山縣志卷四

專圖

北
河水
黄龍
獅子山
麟趾嶺
包公堂
繫龍埠
老礄
新礄
流霞湖
馬家陂
西
網公塘
三星橋
七星橋
殷家湖
堤
蒸霞坪
楊家垧
李公礄
車埠界
鴨兒湖
南

謝長慶五經山記附窮經將以致用也詎曰博取科第哉顧自專經取士而窮經爲登進之階登進即以顯窮經之用家司馬公明正德間以詩經中嗣是昆季祖孫相繼登第者凡七人惟余不肖踵伯兄列明經抱先人殘編構塾斯山陽友教子弟從遊者各授一經已而猶子登啟暨生徒王祚垣馬之鵬輩以詩以易遞登賢書僉嘆經術果不悞人而爲之顏厥堂曰五經堂命厥山曰五經山是山也面伯公坪腋對眠山襟二海南海塘東海塘帶三湖流霞三官鴨兒麟鳳龜龍效其靈麟趾嶺鳳頸龜山龍眠山虎豹牛馬壯其威虎山豹兒嶺牛眠山天馬山俯挹流霞湖蒸霞坪之瑞郁承青峯黄峯之雄左列法澍庵之森森大木右聽鼓笛

庵之泠泠清音星辰焜燿乎二橋神明山顯赫乎西案山扶輿之清淑環集淵嶽之靈秀特鍾從茲人文蔚起登斯堂者竊斯經得毋流連乎斯山

敖一璜鼓笛潭記附蕁川自洪溪而下滙成二十四潭西流百餘里至六溪口始出大江余嘗從石魚潭一路看其波折黃龍接壤處有風潭突起雙峯如日月懸於天半五里至鼓笛潭孤峯峭立與河北龜山遙作拱揖之勢斷岸石磯插出波心而水撞石竅錚錚乎如湘妃鼓瑟淅瀝斑竹之聲浩浩乎如塞上鳴笳風音悲凉聍有揚鬐大魚曝腮石上以游以泳閒聽好音乃知昔人以鼓笛名潭爲不虛且岸南建一佛寺高倨峯嶺青松

蟠刻掩映白波若天寒雪飛而層崖深護暖氣生焉及當盛暑又覺凉氣駸駸入袖山間四時潭蓊萬頃造物之貽人者遠矣有詹坪高士馬孟弼隱居潭上三十年前余小艇過此聞石窟中有高吟之曲恍與鼓笛潭聲相間而作遂泊舟見先生披鶴氅持釣竿繫紙筆於釣竿之下藉魚袋爲詩囊余同坐石臺酬談竟日薄暮邀至家烹鮮魚出新詩一卷名鼓笛漁歌自是先生願訂交吾亦樂得滄江釣客半綸持贈義諾千金先生有王艮高風而吾非陽明之學顧何以僭於大道也今再過此山是舊壑水是舊音釣客獨不見於山重水複之間悲夫吾思潭稱鼓笛非真鼓笛聲也天下惟真可久而虛聲不足傳然鼓笛器也有器必有毀敗則真鼓笛反不足傳而似鼓笛者足傳矣似鼓笛之聲而不必藉鼓笛之器是山水清音出乎自然也釣客以性情實之而又借山水之音以實而虛之人知實者爲實而不知虛者之更實矣此之謂詩卷長留天地間

張開東二月登青黄二峯因遊青山菴詩附雨雪連三月晴光見二峯緣溪聊曳杖隔嶺有鳴鐘巖蕨含烟嫩林花覆酒濃老僧無個事日夕倚高松

張開東過老益堂贈謝十丈璜溪詩附老益千齡合霜枝藹苑芳高談春草夢猶憶五經堂老益在五經堂左羣季文章伯朋從詩酒狂不登先達壁誰識澤流長

西鄉蕭橋圖距城二十五里　獨山有横岡畈有蕭橋合泠水畈堰出白馬橋有廟有陳家湖有瓦窰港通志又府志獨山孤峯特秀

香山在偏髻山東有寺明嘉靖中建舊志邑人馬綀建有香爐古蹟

蕭橋

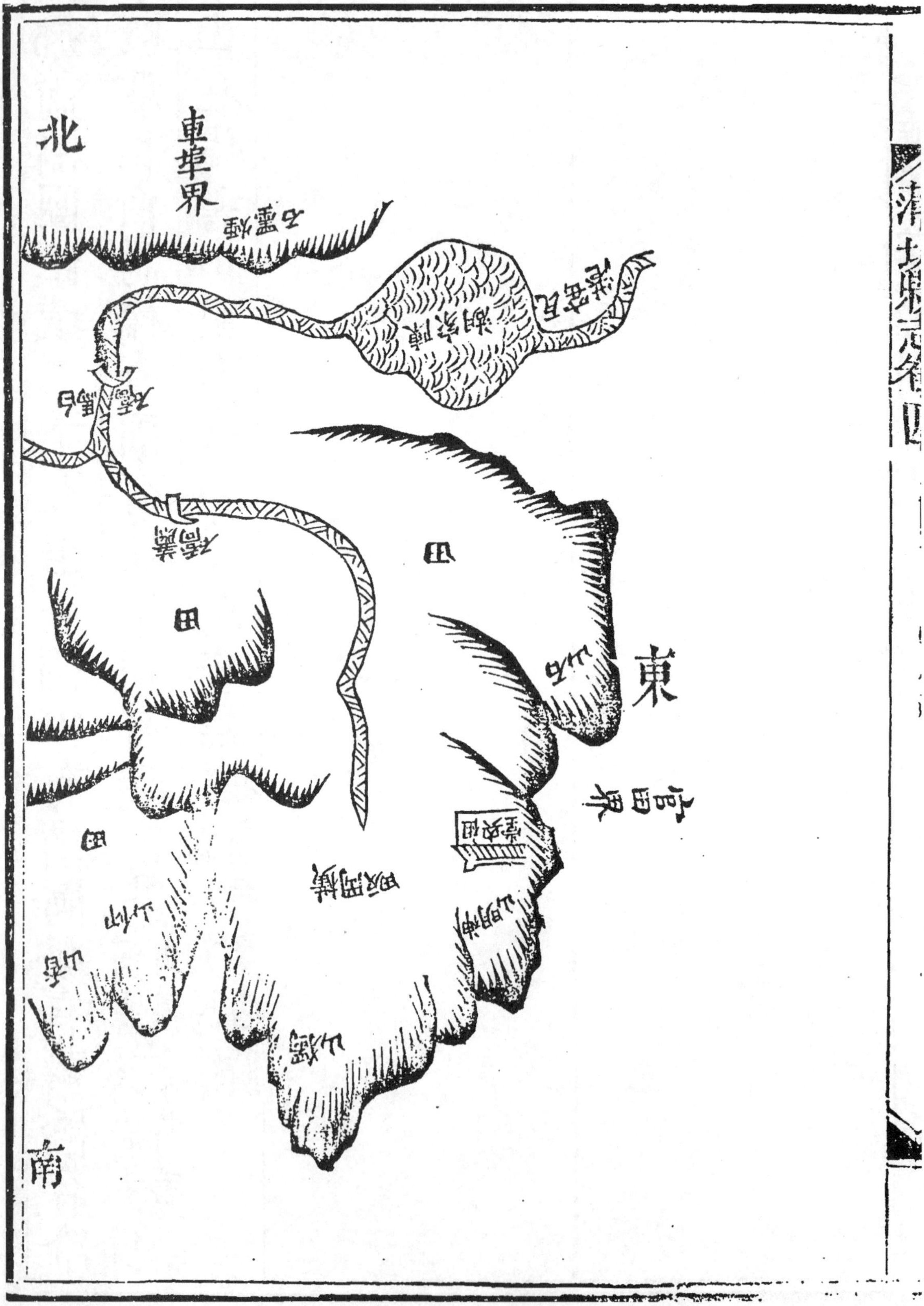

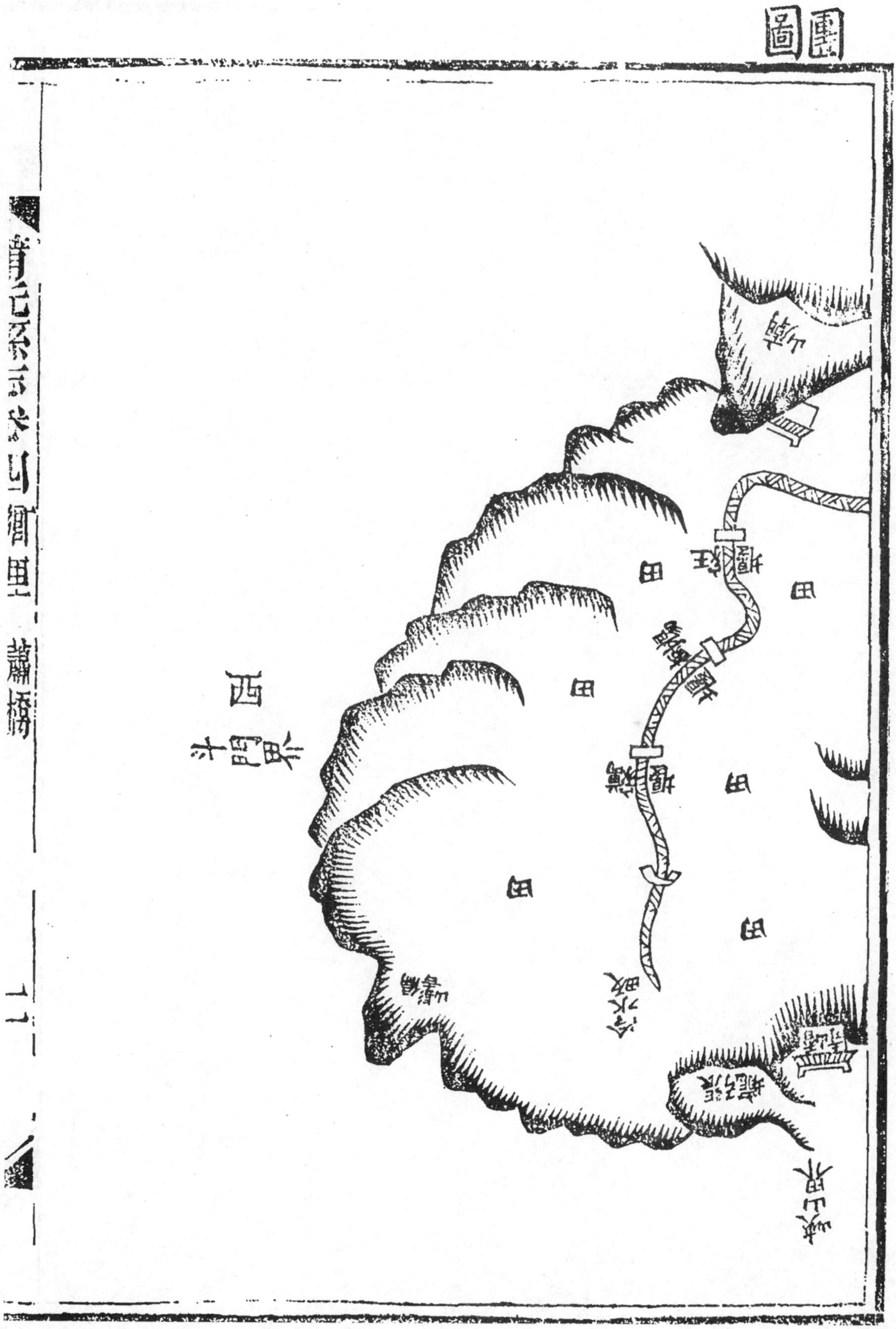
西
田
嵊山界

西鄉斗門團距城二十五里　感山有勝水寺明宏治中建邑御史黃玹建爲士人所侵裔孫黃圖昇復之舊志觀音寺在黃茅山右有永鎮菴一曰黃泥洞明宏治中建寺近黃泥洞其菴失剣始康熙三十年重修有心山社明季潘之禎周長民等三十八人講學於此歿仍祀於社有雲墅橋經斗門陂出羅田橋明宋時魁建芙蓉山有長泉寺有大羅湖廣輿記山距縣四十里峯巒秀麗如花通志大羅湖由石頭口入治偏髻山有白衣閣有玉蕭山通志其下有斗門陂閣邑人熊大來等建盧山有廟在小羅湖上　恩壽橋合二湖水入河

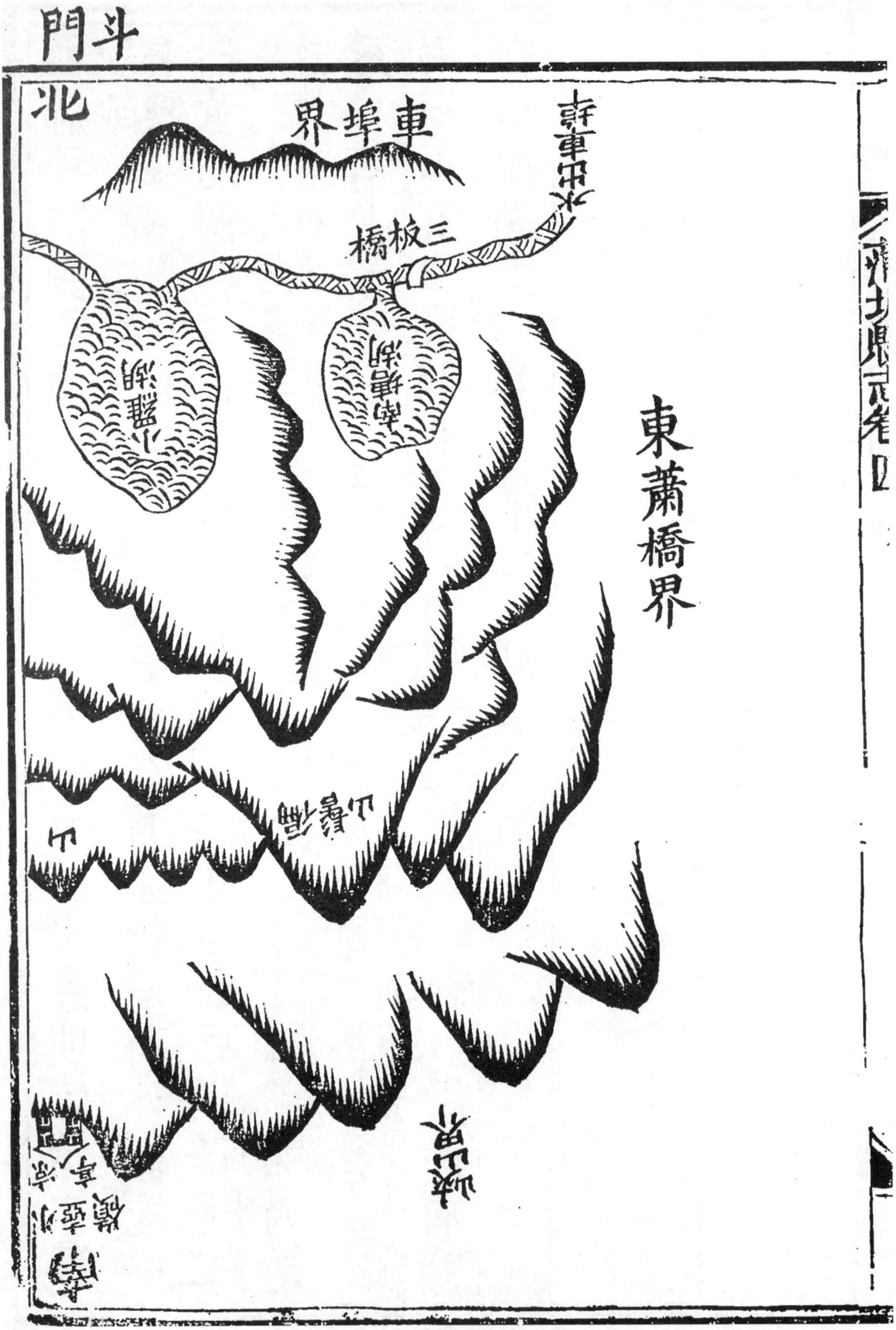
斗門
北
東埠界
三板橋
小羅湖
南塘湖
東蕭橋界

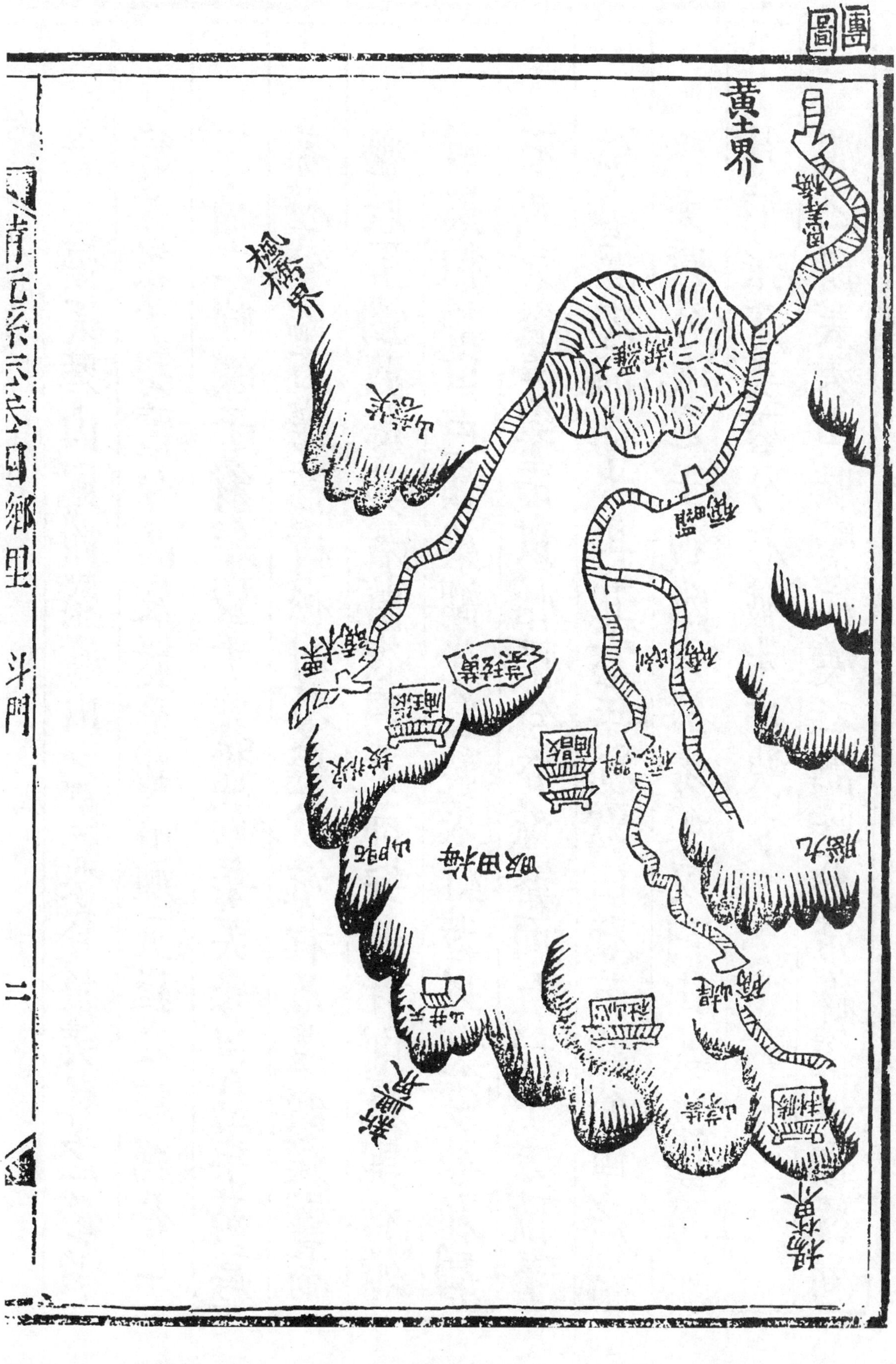
黄土界
楓橋界

廖

漢芙蓉山賦附繫盧山之靈秀兮負芙蓉之修名聳嵯峩于碧霄兮高岌嶪乎紫清祖五嶽之峻絕兮宗三島之峥嶸予翁結廬于其麓兮集芙蓉以爲宇葯房蓀壁兮臨石巖桂檝松舟兮繞沙渚若乃蓮錢簇壁荷盤映玉爛葳蕤其若蘭森羽蓋而穿竹時則夏雲初斂晚風微靜山色類染湖光逾鏡采紅芳以製裳兮和碧石以充餐弄翠霞以怡情兮吞珠露而駐顏予方歌予翁暮景之詩而冉冉其忘年也歌曰登芙蓉兮山之端采芙蓉兮水之干彼幽人兮考槃又曰山雲漠漠兮水月涼采采芙蓉兮在彼水中央

潛之秖芙蓉山賦繫江漢之涵陸兮帶繚繞以繽紛列

嵐嵂於𡼖右兮有鳳翥之崢嶸臨𣌭森而于霄兮旒垂德之羣英爰繇爰止乃萃乃蒸其東則有汪洋巨公其南則有石門文學其西則有王官大夫其北則有河濱長者其中央則峙菡主人有茟倏在焉屬四郊之光融有平湖之萬頃羅四甫而咸賓羌縱橫而辨論於是汪洋巨公襲粹𧞥之艷服曳霧　之雕裳提英茂之劇談肆玉屑之溝洋磅礴而進曰吁嘻芙蓉並天地始夫何歷年億億徂秋秭秭遺跡蕩然勝事靡紀譬之沙鷗㖡喋於丹藻蜉蝣馳騁乎淪碧前人之不聞恐視今之猶昔吾與物理之有盡乘韶光之青葱借羽士而攬秀携緇流而淩空探茲山之谽谺訪太古之瑶桐登磐石而

遐眺氣魂魂而熊熊則有嬌鳥樂乎新晴艷葩灼乎幽徑來芳風於瓊圃徹高韻於遥聽若且以爲奚適也維時石門文學端然危坐高𫋂崔巍長佩陸離正容而言曰若子所云襲典午之陋風好莊曇之坐遁者也曾不褰不染乎陽平之室不滓乎垝崒之堂夫空空之論可以醒役役之酲而不足以啟昭昭之嗜非非之樂可以藥硜硜之痼而不足以奪蕩蕩之腴子獨不見夫芙蓉之隈曲兮有森卉之郁郁文豹藏而雕虎伏兮走狐豚之喙哭夫人久而不泯也懷宏編兮歷陸振人倫而不頹也備古儀兮經曲苟隻文而遺矚也等頑顏於湖目

是故雕宮可謝而文囿不泯霸圖可荒而觚稜炳煜莊將擴其支瀾兼其餘縷折茂先之英舌緘彥升之博口著汗牛之異藻鐫芳姓於岣嶁然後退而緘其書於茲山之石庶幾做天壤而爲府也而不知王官大夫則胡盧而莫之止也其天軒軒其徒更更金佩瞿日長劍倚天振振而論侃侃而前曰予月謦欬於芙蓉之下而未知芙蓉之所訾也予聞之乎山無取乎大而無偶人無取乎介而無徒相彼芙蓉左右前後巋巋巖巖罔非陵阜絡繹連蜷陪側相導出旅邱而獨尊友旅邱而旁紹時出雲而膚合徧霖雨而滂浩匪孤特之獨稱合羣岡而受號山既若茲人亦宜然澤不周物徒營乎蟭螟之

窩功不在民曰葆乎參臑之眞且夫吾身之大以同感爲顱以同動爲趾以同資爲毛以同嗜爲裡參爾大爾呼吸登高靈而偕美子徒蠹於敝編之矻矻縱咸脈望而無所取也時則河濱長者捧腹而嬉媥爾而笑曰甚矣其大而失居也夫善發者不發持之審而發者達善動者不動靜之極而動不窮吾觀夫芙蓉一寸之石可興萬里之雲一尺之谷可暢九垓之薰蘊明珠於羅之淵氣賁津𨽻藏寶玉於山之腋精變白日且夫木必有根山必有趾根惡其挺暴趾惡其躁起芙蓉所以久而未顯積而日章者以其庚庚然實也天非實則欹地非實則蹶一粟非實則一粟爲粃一瞬非實則一瞬爲鬼

吾與子亦各反於實而巳矣四子各建若說莫適是也咸以質諸崎崮主人主人乃胥四甫携酒而周覽焉相與眺於山之東玉笋臨風遨遊其南如月之恒行吟其西二驥騰飛顧瞻而北鵠警而華蹈乎其巔氣聯其踉歌乎其麓聲應乎谷以爲山乎而環山皆水以爲水乎而環水皆山乃慨然嘆曰芙蓉者水芝也當其爲菡斯函而菡菡函而薏薏轉爲蓉應候而成洞淵而出夫巨公達矣達者芽也文學博矣博者華也大夫大矣大者蕸也長者實矣實哉實哉蕸而華華而芽也且夫牽吾一髮而靈臺爲之忡忡擊山之卷石亦連崑崙之氣而匌匌據方而壹者喪所本而不遁也於是援琴而歌曰

石爲蘂兮叢爲房巒爲蘂兮嵐爲香履無徑而不坦兮合衆妙之可王時穠穠而耘耨兮亦稼曷而借章可以藏五嶽之大於吾髮之一芒可以噓牛煦之氣溥萬彙而爲藥時乎時乎靡所于方歌闋四甫塔然相覷維是松濤盈壑竹陰滿庭陶然四顧廓兮吾垠

馬士麟心山賦附嗟心學之支離登孤峯而徘徊撫遺編以太息洵先軌之可懷念前盟之猶在何舊館之摧頹尚同好而共矢覺山林之遂開闕逢敦牂之年彔毛困敦之月爰取材而鳩工斯堂新而搆兀忽棟宇之重光賴聲氣之應求驅予車於蘭畹馳予驥於芝邱諒行藏之共有非佻達之同流取規勸之懿範訂知巳於千秋喜黃茅之翠碧卽白鹿之烟嵐擁菉竹之芳芬如武夷之溪潭洞庭供其攬擲衡岳獻其巒岡想風泉之飛沫悅雲壑之高凉玉霄對之欲語芙蓉挹之凝眸藿粥何殊長白捐塵不藏羅浮羣峯拱而加舞刻嶂峙而愈幽白雲飛兮繚桷赤霞覊矣穿櫺時笙簧乎墳典抱冰雪於遺經春風灤兮滿座秋月皎而長吟東躬防表之則歌肄南雅之音如登山而觀海若涉華而攀嵩芨昆岡而采玉何追琢之唯工躋蓬瀛以眺望焉邱阜之可同携求聲之好友誦伐木之瑤章命相思之遠駕咸入室而升堂唯敬義以交修至明誠之相將與斯山兮嵩古盟此心兮無忘

廖　俊芙蓉峯詩附我愛芙蓉好青山飛白雲湖光浮鶴夢樹色落鷗羣翠竹娟娟靜丹荷的的芬石梁坐終日誰復共論文　我愛芙蓉好春深花木芳鳧鷺翔水檻麋鹿卧山房稚子垂綸釣村翁覔酒嘗興來幽意愜時復躡雲岡　我愛芙蓉好秋山照水心石門蘿月靜沙圃菊煙深洞有眞仙籙泉如太古琴盪舟歸去也乘興度遙林　我愛芙蓉好何如暮景清煙蘘媚幽獨天鑒湛虛明藻密眠沙鳥林虛囀谷鶯向來登眺處蒲樹碧雲生

廖道南羅湖詩附芙蓉山外大羅湖湖裏風煙與不孤月明蕩槳采蓮實流水香花泛白鳧

西鄉車埠圍距城三十里　有鎮故脩車埠明知縣周洪謨沿河置脩車驛阜因名　廖氏碼頭在雞冠山前左有五顯廟明嘉靖中廖道南修碼頭濟渡康熙間廖恒久重修後廖庸書玉樽秉國等補修明知縣林增志建廟嘉慶戊寅重修　有天符廟郎祖師殿萬歷中建嘉慶十八年重修　有心菴　古申明亭　有三板橋宋元祐中建菴嘉慶十八年重修斗門車埠以三板橋爲界　鴨兒湖有堤有果老石湖上煙壘石相傳張果老煉丹於此　萬壽橋故車埠橋明崇禎四年更名　有丁王廟明萬歷三十八年知縣汪有功肇創橋乾隆甲子年建廟　有郭公寨在匃任南相傳郭璞駐此　丹塘畈有仵瑜墓　磐石湖有堤二賢所築有祠詳溝洫志　小沙洲在皂潭東上有金粟菴康熙中建嘉慶壬戌年敖復亨倡修有文昌閣　有雞鳴港產白蓮南有先生隴港產白蓮佳菱採者最早故名隴相傳明宋濂魏觀游蒲濂處此因名先生　有社倉道光十六年實存穀三十六石河南北分額隨保正輪流經管　有社倉穀二十七石

車埠

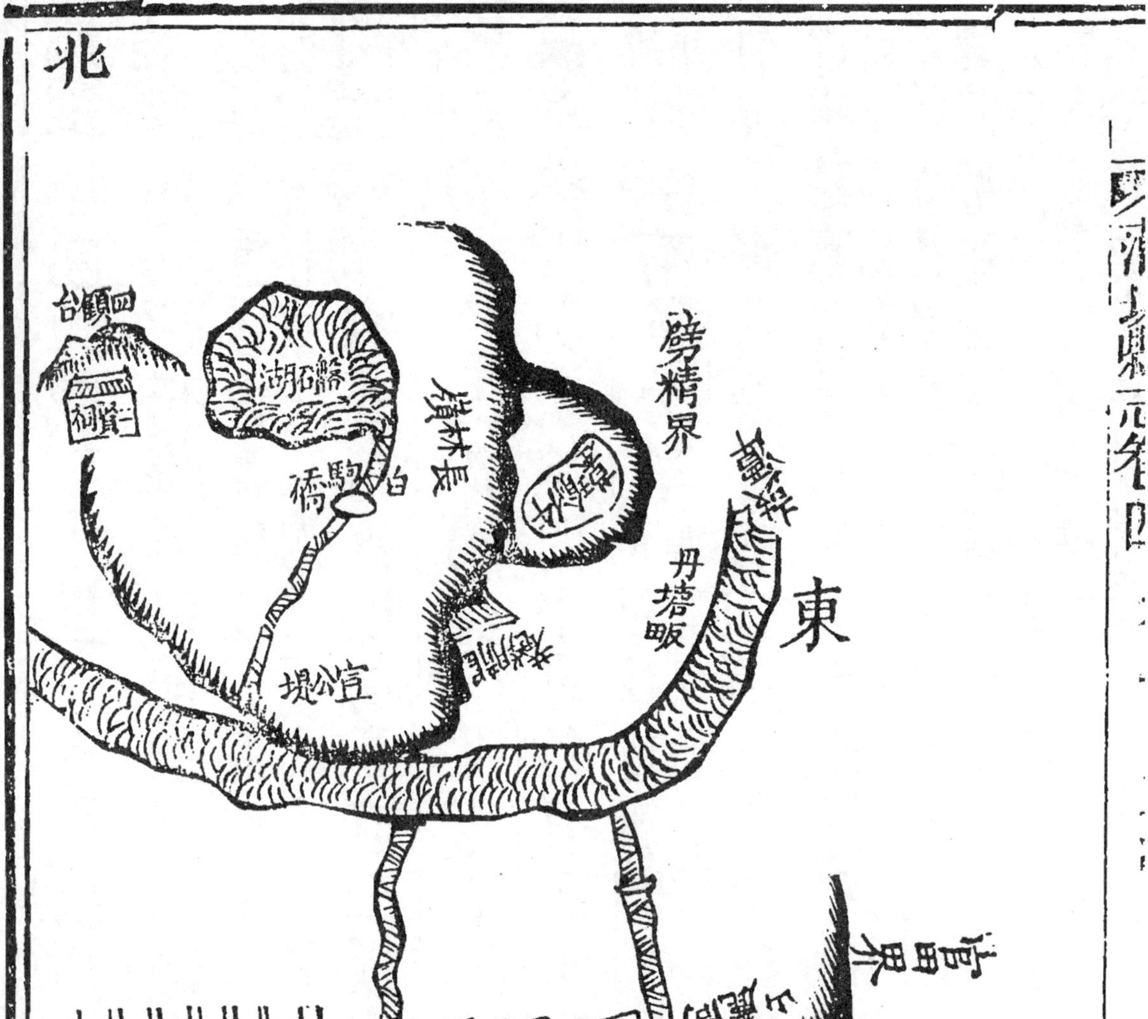

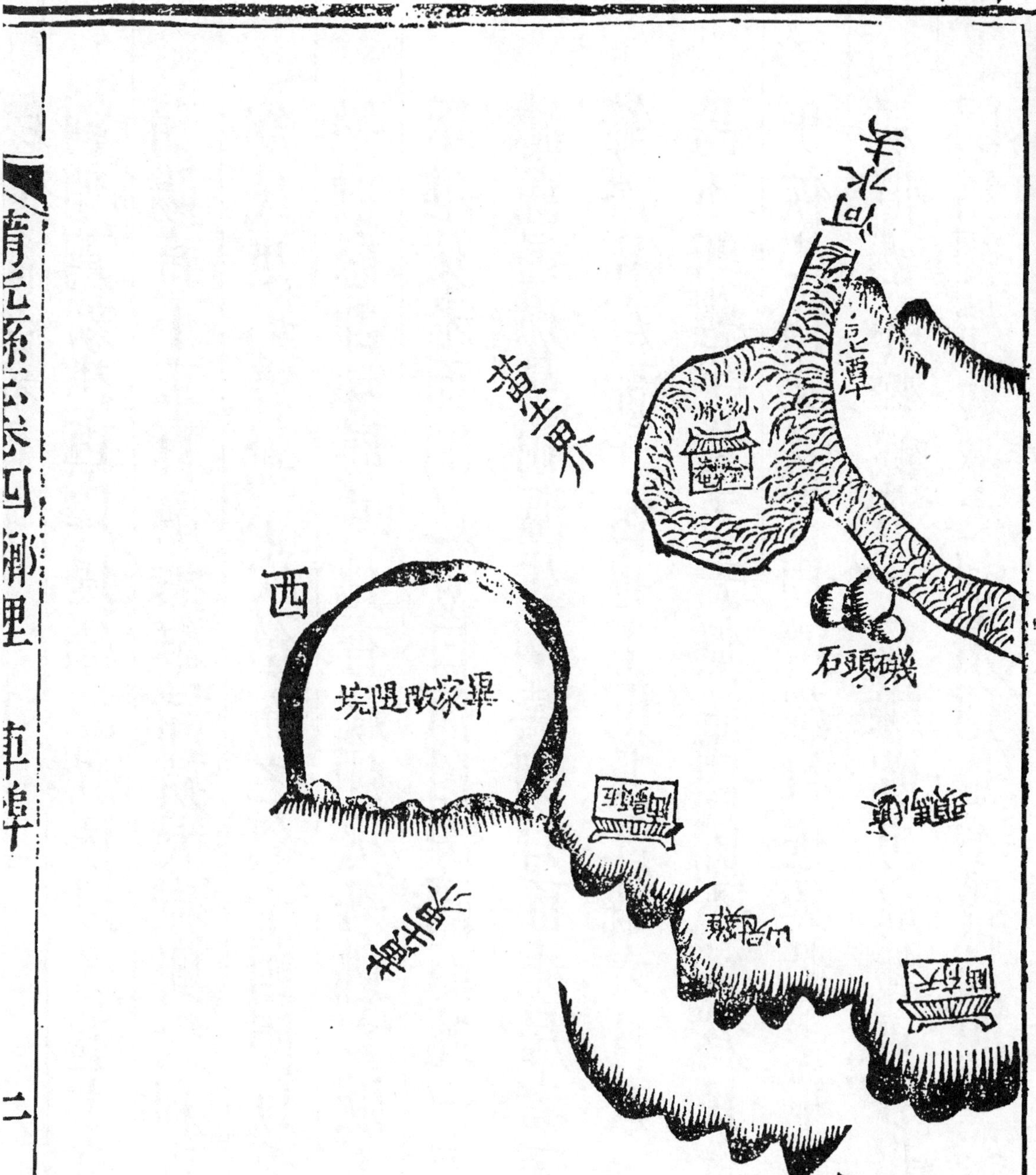
河水來
高潭
黄土界
西
畢家畈阻垸

劉朝薦新建車埠堤橋記附載侯以名進士自黄安調繁
蒲陽甫下車百廢悉舉諸辦大獄興大利革大弊凡可
爲民吏始者無不次第布之忽十四圍以水災告侯惻
然動念即身履其地查視煙火若逃亡狀不啻數百家
亟進父老而問之僉曰蒲固澤國而此一方尤甚上則
濬源通城暴雨漲生洶濤淜湃而來居者不及辟鷄犬
籬落壹爲龍子宫也下則長江繇六口入一望浩淼牛
馬不辨經半歲不去無論國儲不能爲民策民生其魚
乎侯心憐父老言周遭巡行延袤數十里盡斥鹵不可
耕慨然捐俸錢若干移牒院司府報可各捐金助之侯
躬爲經畫區數方瀾亦稍是不費民間一錢一粟不借

一夫稻秬取給官家而又恐衆志之不一也率僚屬而矢之所不竭心以利民者有如日選堤長者督其事身五日一課省減騶從別勤惰每計圳上給以工價不少遲也纔四月役竣侯更慮衆流孔道內壅可虞中搆一石梁梁下樹石門外漲則閘焉內蓄則闢焉居者行者耦俱無患侯心力隄防亦周容懷永圖矣

敳一鷄冠山記附車埠山名鷄冠爲鳳凰謙也縣治鳳凰山居蒲邑羣山之祖歷角弓翩髻諸峯盤旋二十里至車埠山一大聚河自上隽而下有二十四潭瀠洄九十里至車埠水一大聚居民自縣城煙火萬家過黃龍至車埠結立雄鎮人又一大聚而山當市首揷起於

清潭萬丈之表東望縣塔西望長江北望嘉沔南望羅湖四圍皆培嶁惟此峯特立河岸上蒲雲罨其土盡帶朱色舊名赤鳳山鎮上先達疑與縣治鳳凰相埒遂改名鷄冠山夫天下山川命名有何大義而先達恂恂若此蓋以人之敢於凌上多因名物嘈雜今蒲城接鳳凰之麓故稱鳳凰驛若復以赤鳳名山則上下相抗非所以端大體也名分一正由鄉而縣縣而府府而省一路亘戴　皇都則以山川之靈而明天澤之義俎豆衣冠事無粉飾鄉野頌禱人無譸張古君子居約之道爲足風矣余聞里中紅兼山先生親受業於陸稼書之門先生歸里講學鷄冠山下一鎮名士盡受甄陶而人才鼓舞之盛每當考期闔鎮七八十人同日開舡諸前輩冠帶送至河上拜別殷勤雖市中小兒亦羨讀書樂境今談鄉風而故老無復存者益其盛事爲已古矣曩建斯鎮逐末者少後來商舶四集居人改業縱有戴儒冠稱藝林者歌臺酒肆輙發高聲敢於薄前型而議先正君子懼焉嗚呼前人事事守約郎山名不敢僭擬一時文教駸駸日盛後人自矜才華濡風俗以爲厲階名實成敗之判不可斷其所終乎易曰地山謙又曰卑而不可踰此峯雖高而下臨於河上非謙以居卑之象乎惟前人能以山謙而山象亦以謙著矣吾望後之君子思舊德而挽頽風方無愧於故里名山也

王應斗車埠詩附昨夜江頭臥僧閣三更彭彭鼓聲作道是龍船開首時兒童拍手爭歡樂端陽猶隔兩旬餘技癢先期難束縛屈平忠憤本難平所幸千秋不寂莫究竟繁華踵陋風翻因弔古成消削朝來歸艇放中流兩岸桔槹聲繹絡商羊不舞田疇空又見追租人叫索憂長樂短實堪吁那有餘功競喧躍家園習俗總相若惟正不供供浮濫紀事傷心淚橫落

西鄉白駒團距城三十五里　四顧臺有磐石湖通志由嘉魚石頭口入江府志在北岸入江　車埠畈有白駒橋　接里湖在阜潭西通志相近有錦湖眞湖渉陽湖螺螄港湖俱由蒲圻湖北岸入江　觀山灣前有椰山有湖其山循江壓河而來形如旋月塘山在西北施舊志　界石有潭蒲圻嘉魚分界於此通志蒲圻湖及諸湖之水咸滙於此有石屹立水中

白駒

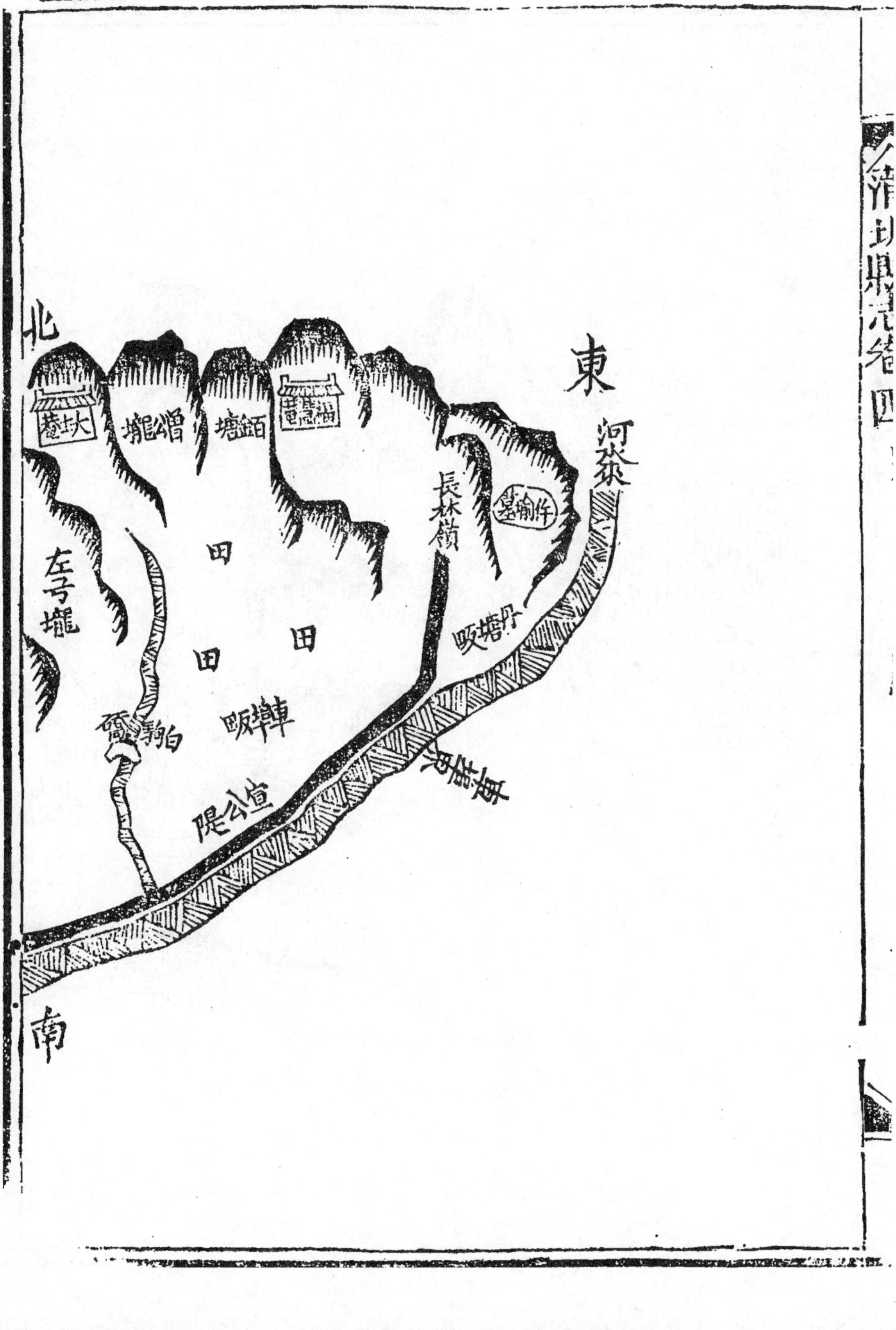

圖

廖道南柳山湖詩附柳山湖接上下里日入遶林暮山紫湖上人家住鏡臺茅屋參差煙水裏

廖道南眞湖詩附湖到江邊出六溪溪中水漲碧天齊公無渡河煙浪闊不如歸伴山雲栖

西鄉黄土園距城四十里　阜潭有中洲有黄土潭阜潭水族窟宅漁舟畢集見舊志大湖在黄土境中梅湖在北　荷葉塘有廟　有畢家畈　有恩壽橋合楓橋斗門水入河西有平樂山有潭

黄土

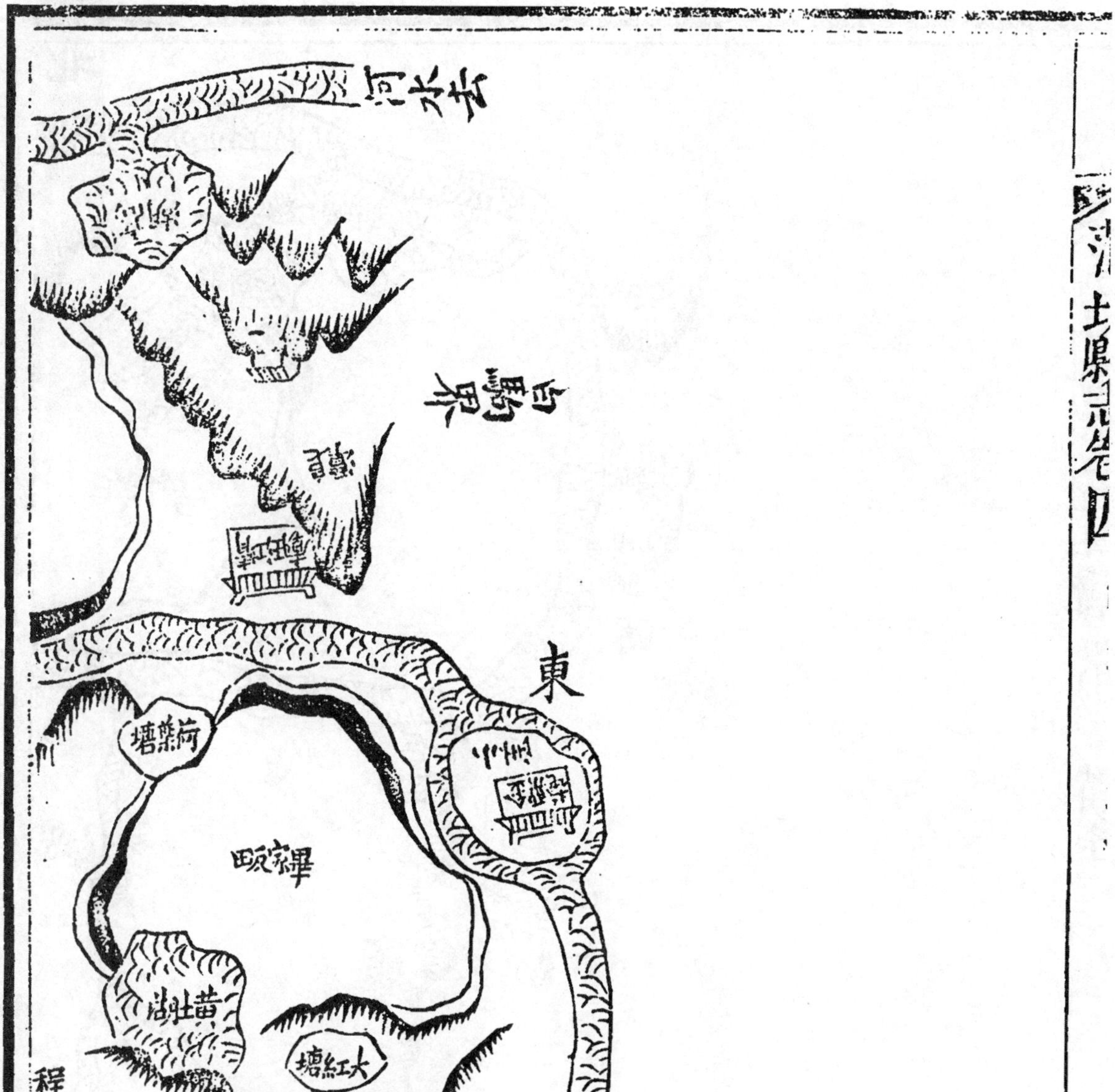

圖

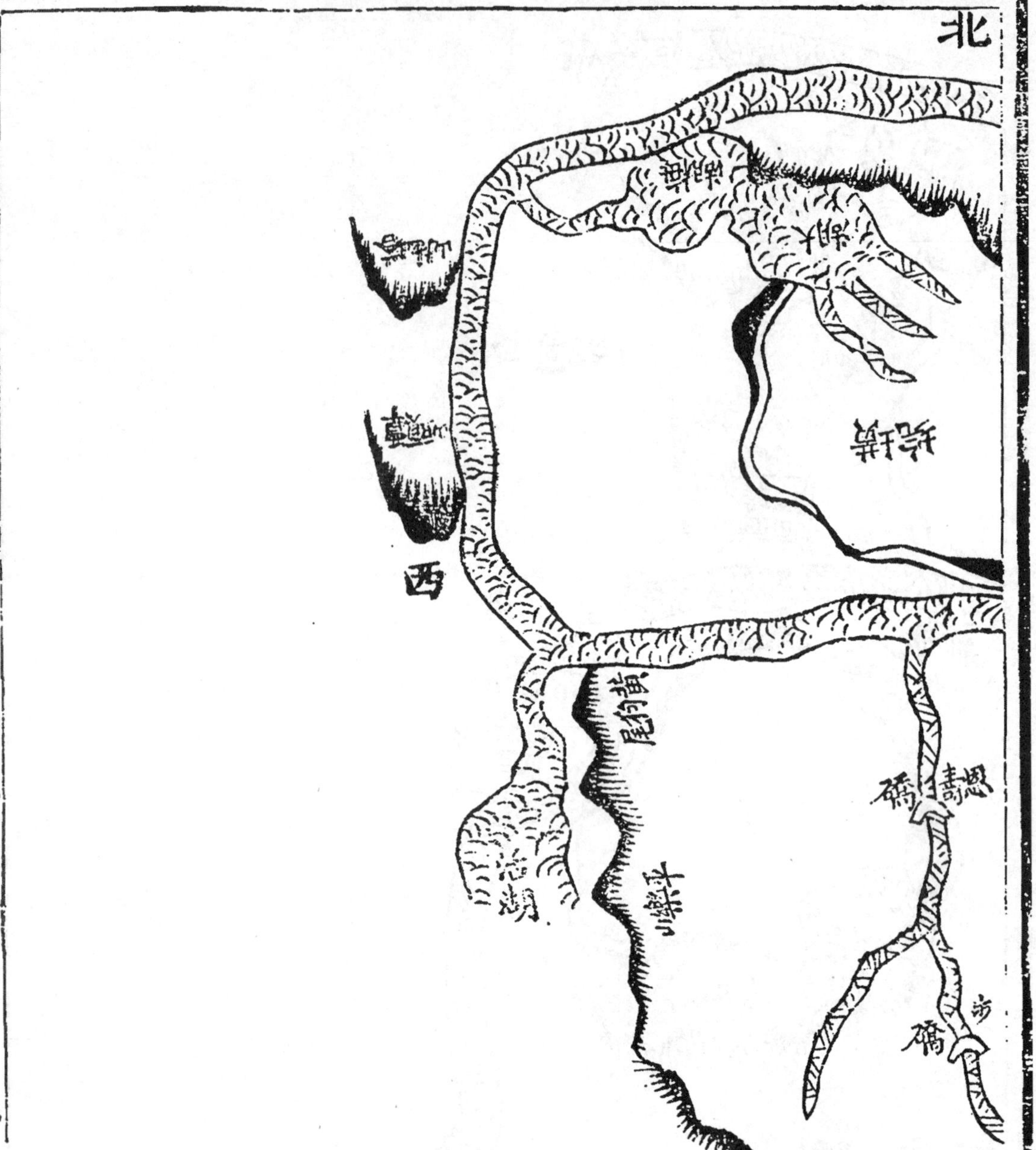

廖道南梅湖詩附梅子梅子落如𪓐千樹萬樹飛幽花
花隨流水去不返獨有仙宫栖紫霞

西鄉楓橋團距城四十里　大山峒有靈濟觀右有兕兒尾山有湖　仵解山仵瑜所居活湖在左有范包山六乂港合楓橋水滙於此有王子山迺志范包山在縣西北盤石湖西西北臨黄岡西臨大羅湖南臨黄盦湖其東南相連者曰月塘山九龍山有寺有司鼓山九隴水所出俗謂九龍口　大名山有王家畈有栗木橋　有社倉穀一百四十九石

楓橋

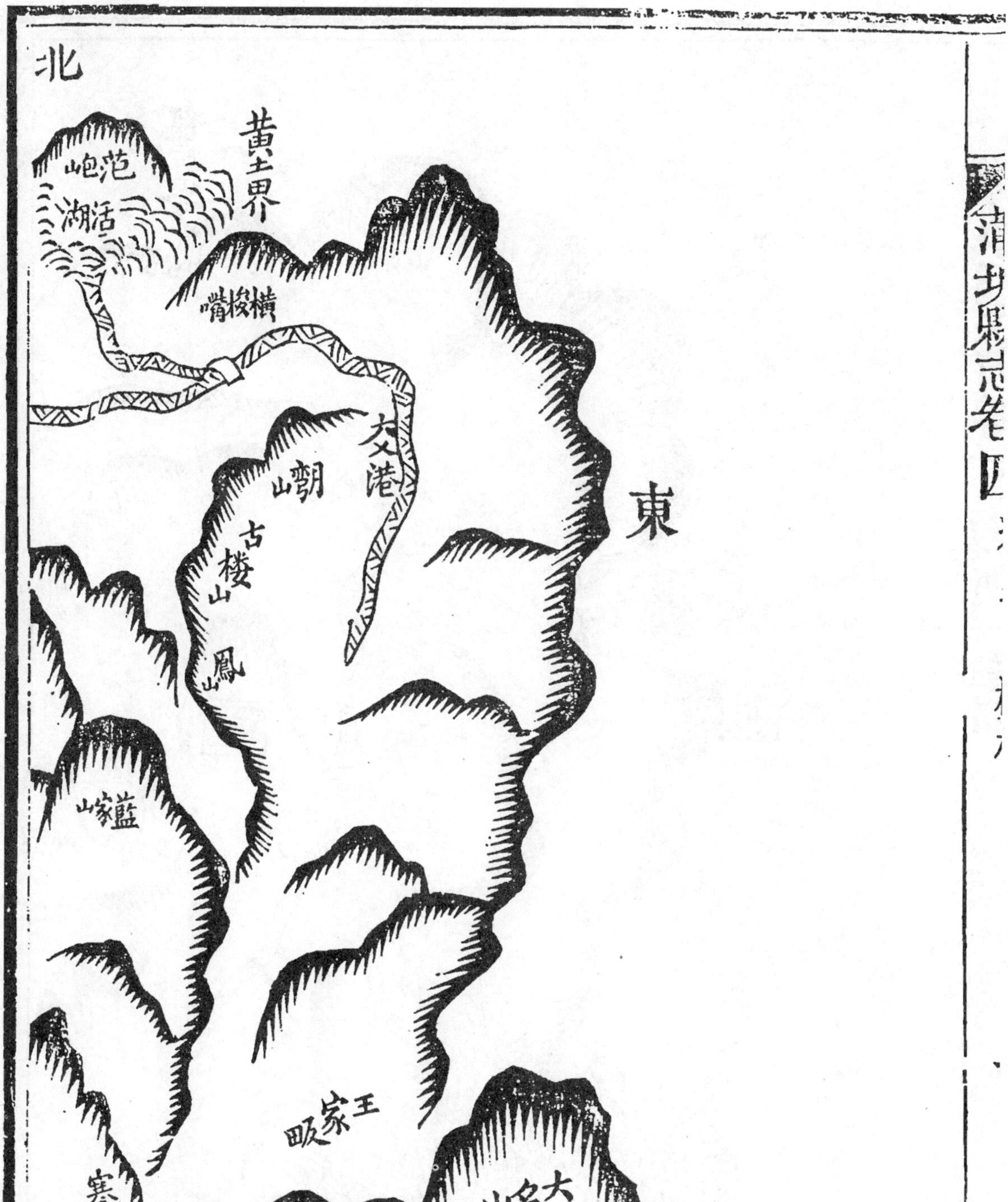

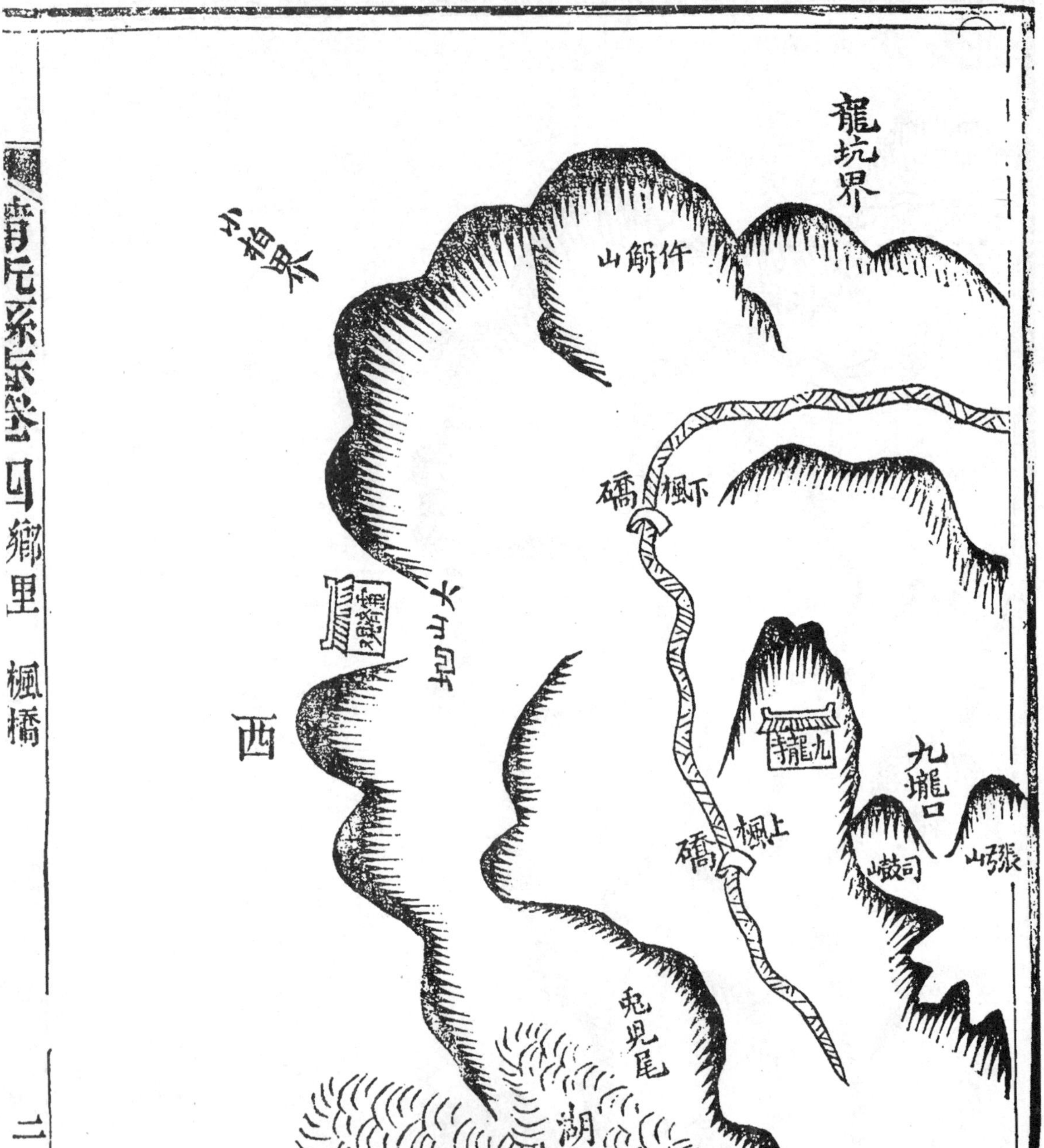
龍坑界
仵餅山
下楓橋
大山坳
西
九龍寺
九壠口
司鼓山
上楓橋
兎兒尾
湖
滄湖
長松嶺

西鄉龍坑團距城五十里　活湖口有老虎坡有蓮池菴龍坑湖有馬鞍山有潭通志在縣西五十里潭見舊志伯公山有廟有三义港　有龍坑橋乾隆丁酉年吳安國倡修

龍坑

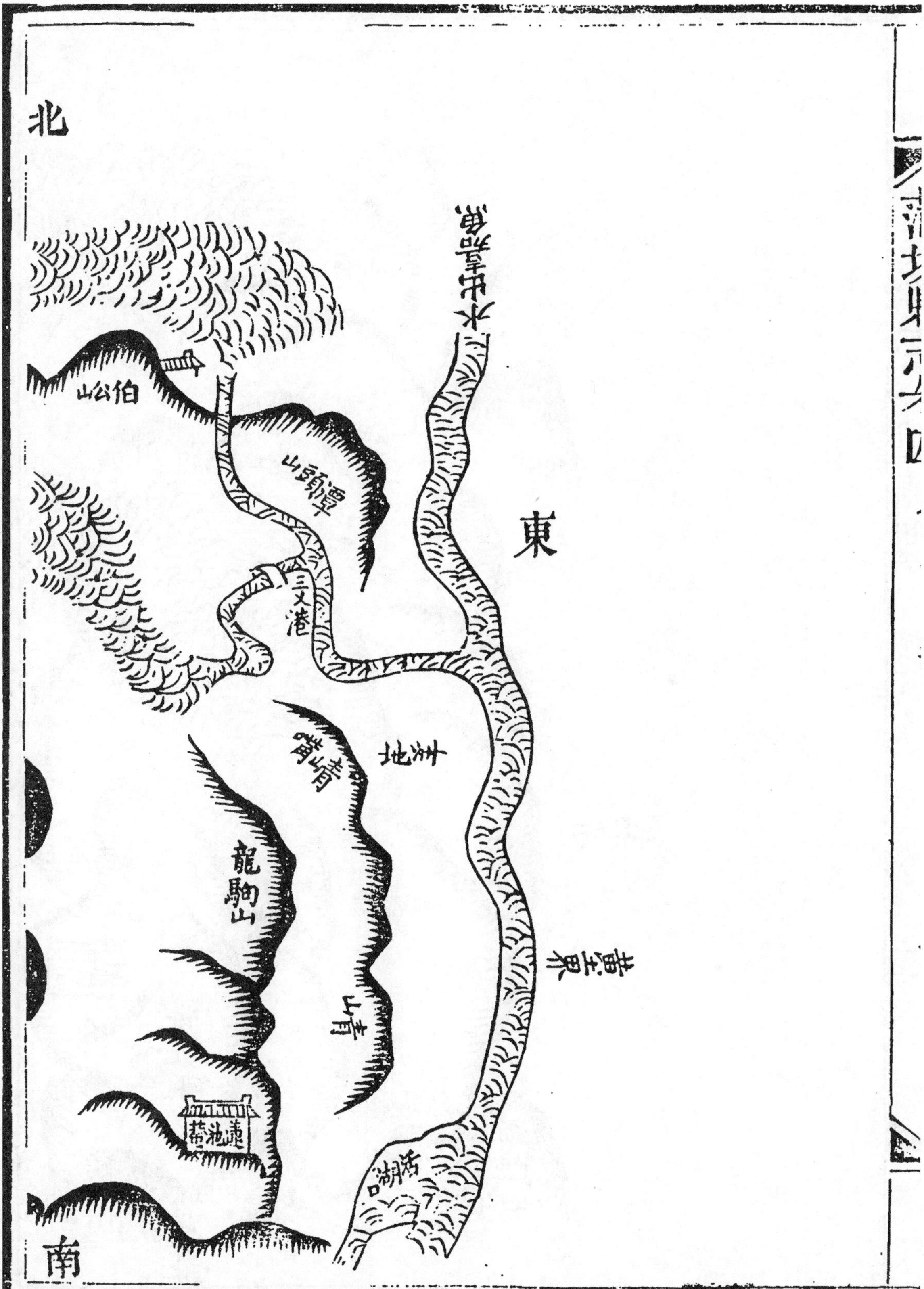

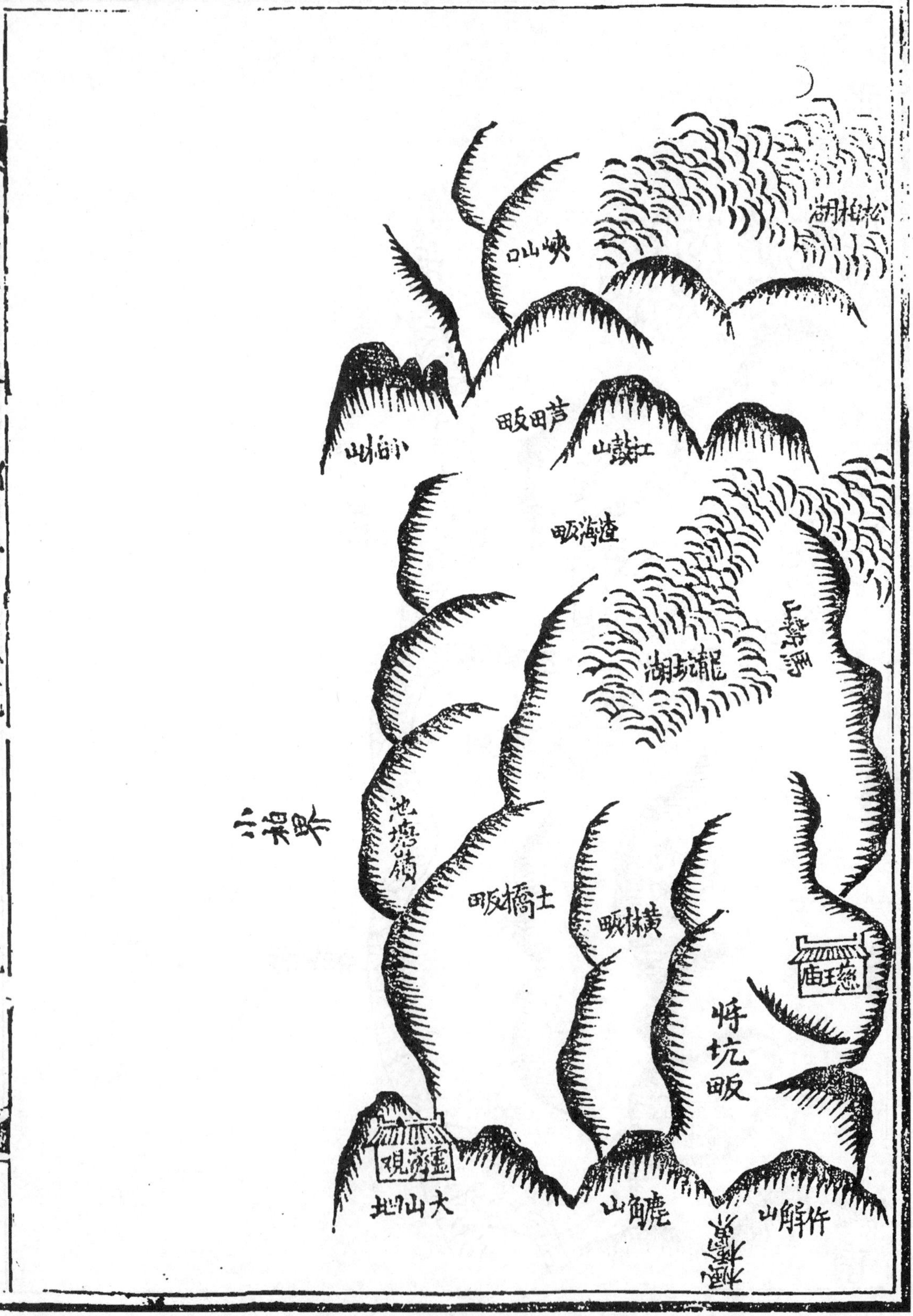
松柏湖
峽山口
蘆田畈
小柏山
紅鼓山
渣海畈
龍坑湖
池塘嶺
土橋畈
黃林畈
總王廟
將坑畈
蓬萊觀
大山地
鹿角山
仵解山

廖道南活湖詩附活湖活水源頭來天上銀河八月開
牛斗靈槎窮絕域玉樓金殿鎖蓬萊

西鄉小柏園距城六十里　小柏山有雞冠石在松柏澗中

窰嘴普濟菴故建小柏頂康熙五年徙於此　花園坡右

有王字隴

小柏

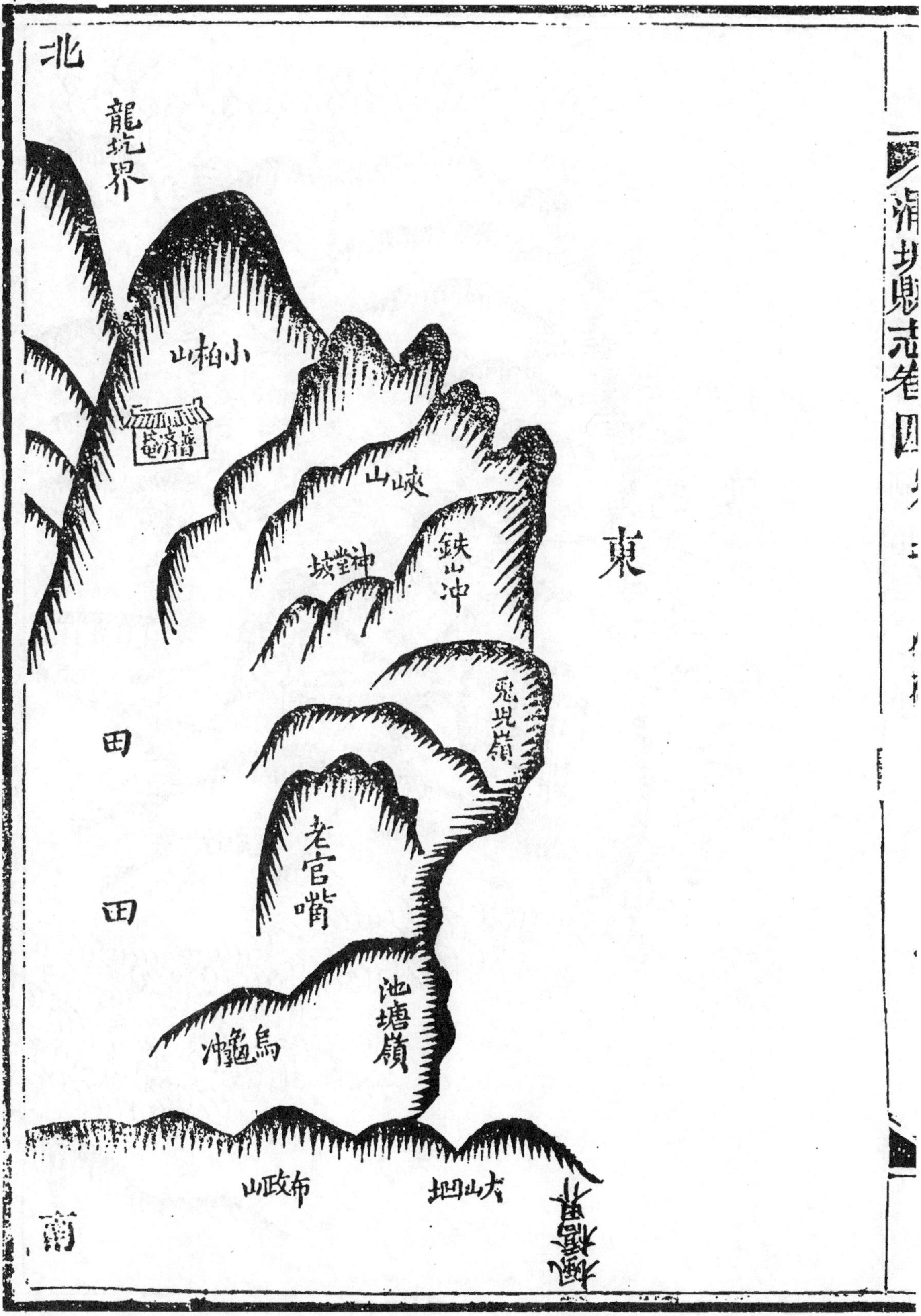

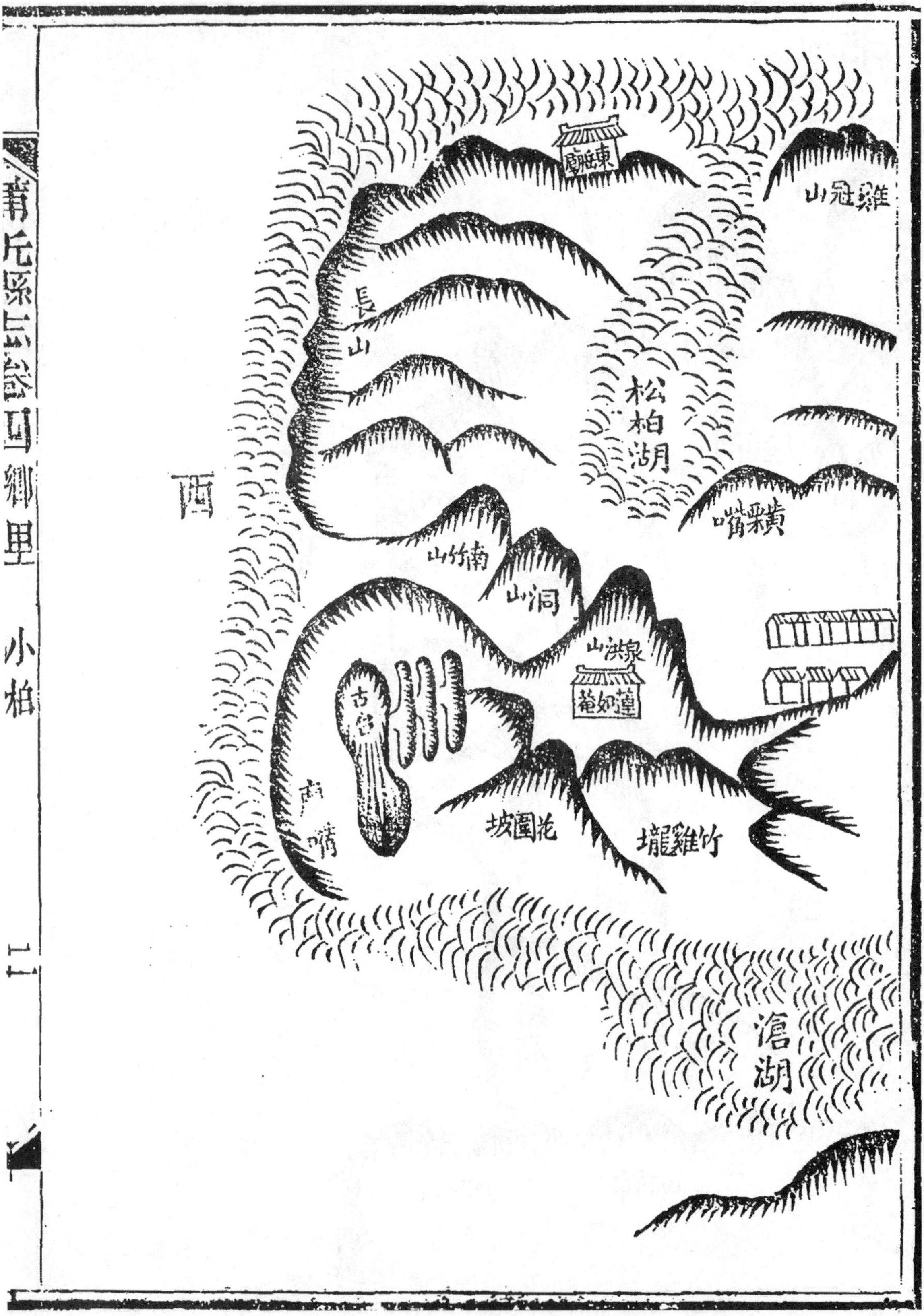
東嶽廟
雞冠山
長山
松柏湖
黃栗嘴
南竹山
洞山
泉洪山
蓮如菴
古台
南嘴
花園坡
竹雞壠
滄湖
西

西鄉洪山團距城六十里

瑞雲山有大濟寺通志距縣四十五里其陰爲東港爲樓下畈有秦國夫人墓近馬蹄湖按夫人張氏宋雍王李道妻以椒房封賜葬此有諭祭文楊時譔墓銘有七世同居義門明成化間爲李圯建秦國夫人曾孫李德潤居蒲守墓至圯凡七世百餘口同居合食知縣葛鳳儀申請獅子山一曰城頭嘴壁立河岸勢若崩雲舊志洪山有寺宋淳熙間建通志平畈特起形若騰獅舊志一曰天馬山寺明萬歷間邑人何思登修有蕭畈橋水經老屋橋出新橋入東港湖老屋橋道光乙未宋姓修騎龍山有廻龍寺東有東港橋滙鹿軸橋水寺剏始無考道光乙酉年朱姓重修作家坡有永綏庵　冷家湖有永壽菴永興菴在睦里畈張姓修黃盖湖三國吳所賜黃蓋者明洪武復賜汪清有滄湖本通志詳溝倫志　有社倉穀一百二十三石

洪山

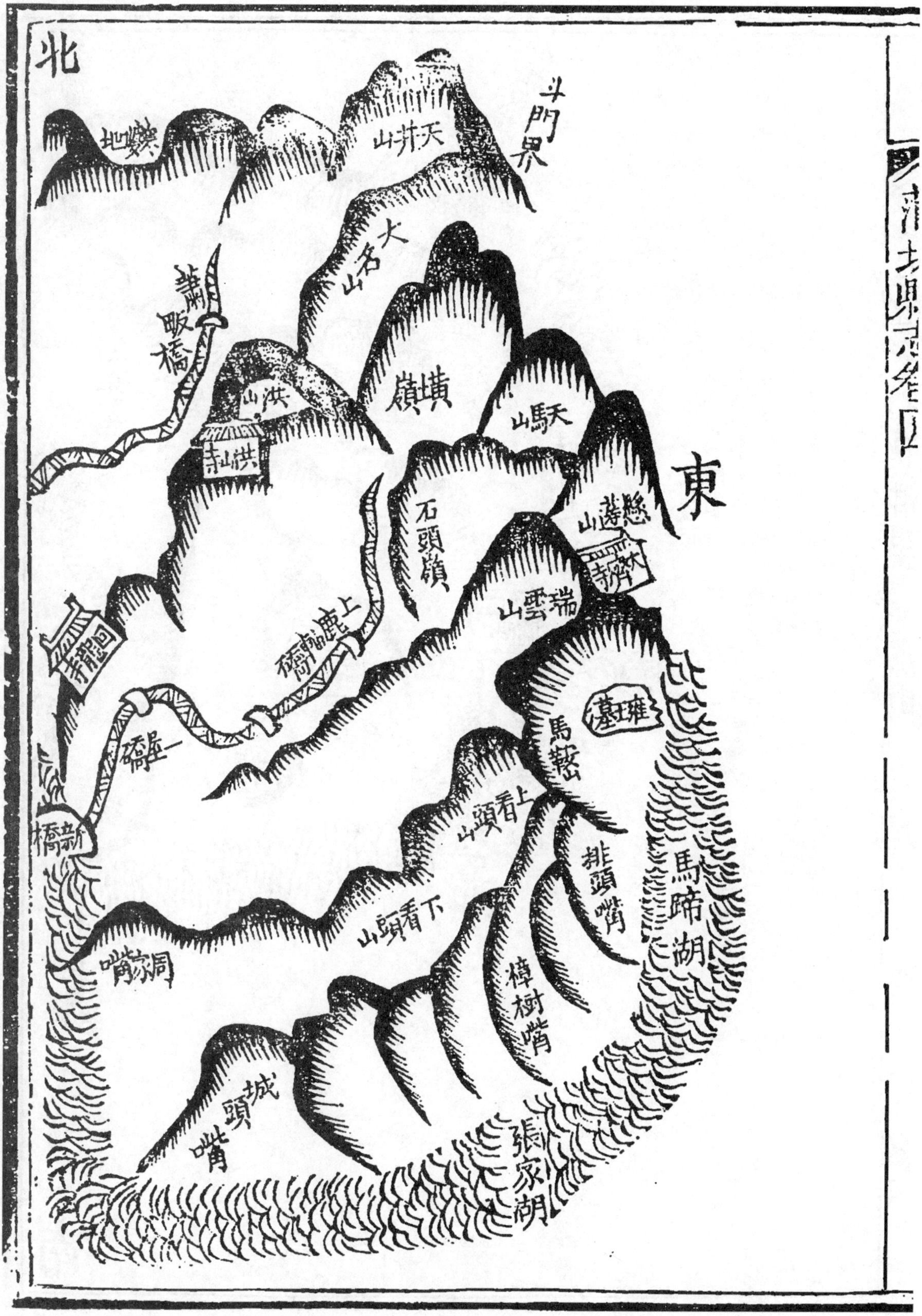
北
東
天井山
斗門界
大名山
橫嶺
天馬山
洪山
洪山寺
石頭嶺
瑞雲山
新橋
馬鞍
上看頭山
排頭嘴
馬蹄湖
下看頭山
周家嘴
樟樹嘴
城頭嘴
張家湖

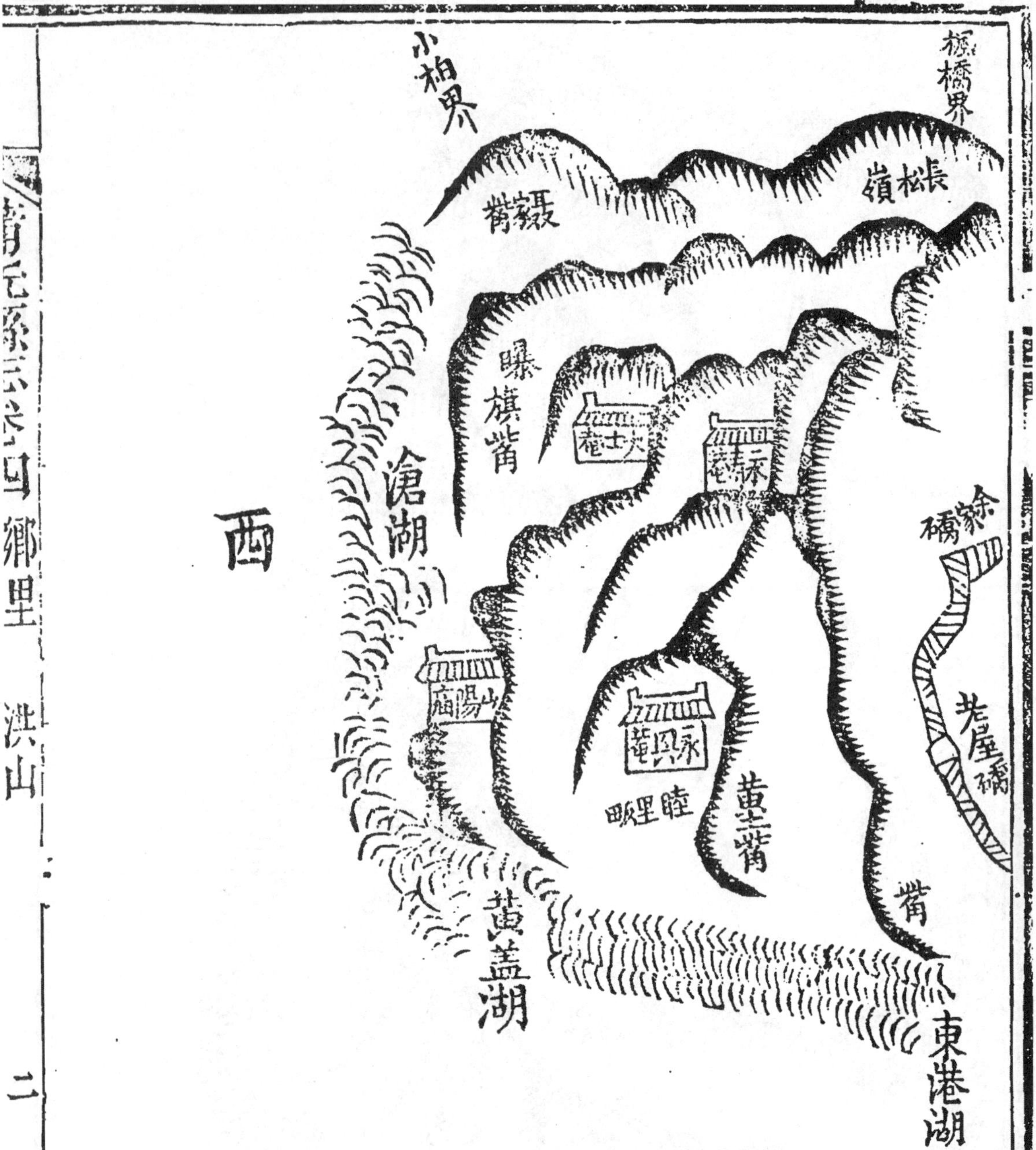
楓橋界
小柏界
長松嶺
聶家嶺
縣旗嶺
大士庵
滄湖
山陽廟
永興庵
睦里畈
黃土嶺
余家橋
老屋橋
嶺
黃蓋湖
東港湖
西
南

秦國夫人諭祭文附秦國夫人張氏朕太上皇后李氏母也內則素嫻女貞以著篤生國姒母儀懋振乎中宮濬發坤維婦順明昭於壼掖追惟懿範實深悼感卜兆荆湖北路瑞雲實鍾吉祥爰命靈輀南征血食終天衍慶尚亨

楊時撰秦國夫人墓銘附賢矣夫人蹈道秉禮約而能裕豐不及侈肅雝貞靜梱政維宜閨門交儆如朋如賓臨下毋虐事上毋陵兢兢沖抑維洗維升夫子則賢德義用增嘉祥蓋勃誕生賢媛維茲賢媛母儀人寰教子義方是切是檟學以追琢蔚稱瓌玖欽咨令名是爲不朽

胡堯元黃葢湖詩附澇水西北流凍雲寒不收萬里悲
橫客市見憶太邱暮煙澹草木孤鶴自鳴秋覆手成今
古是非空去留君不見要離一杯土斜風細雨迷松楸
又不見杜鵑三月冷亂落遊絲原野頭
鄒應錫泛洪山張家湖詩附白雲飛逐遊人心小艇衝
瀾一帶襟蓮露穿珠花在鏡瀑流吞石響成琴頷巖影
上舟如躋峽浪光中天不沉莫羨東南僈道里竹煙波
月古皇京

北鄉清樂團距城十里　東接上寺西接縣河南接南勲北接嘉魚　茗山產茗有菴宋陳求道死節於此（道志在縣北十里產茗嘉蒲通衢）　洪水舖在楓樹嶺左有橋　香石山一曰轎子山有香爐石有寺故丹邱古剎（舊志山有石鼎峙似香爐故名香石其側有石如乘又名轎子山明初寺名丹邱古剎嘉靖中邑人侍郎謝存儒重修）　白嶺有菴霞落港在南有余家橋

白楊山產白楊（總志）有青石橋販水所出　營內在河岸有月塔菴（知縣林增志建邑人教諭羅冕同修）天妃廟故虞帝廟（見祠祭志）有涼亭（謝立勲兄弟修）　龍翔山在東或曰小斛川有六友山房有窪罇石（道志在縣北里許上有窪罇石石方平五六尺中一口如幾可注酒上刻熙寧癸丑上巳等字）周盡嶺北有濵遵菴（謝永璜建）　鄉子灣有樂兒橋　有社倉穀三十石

清

團圖

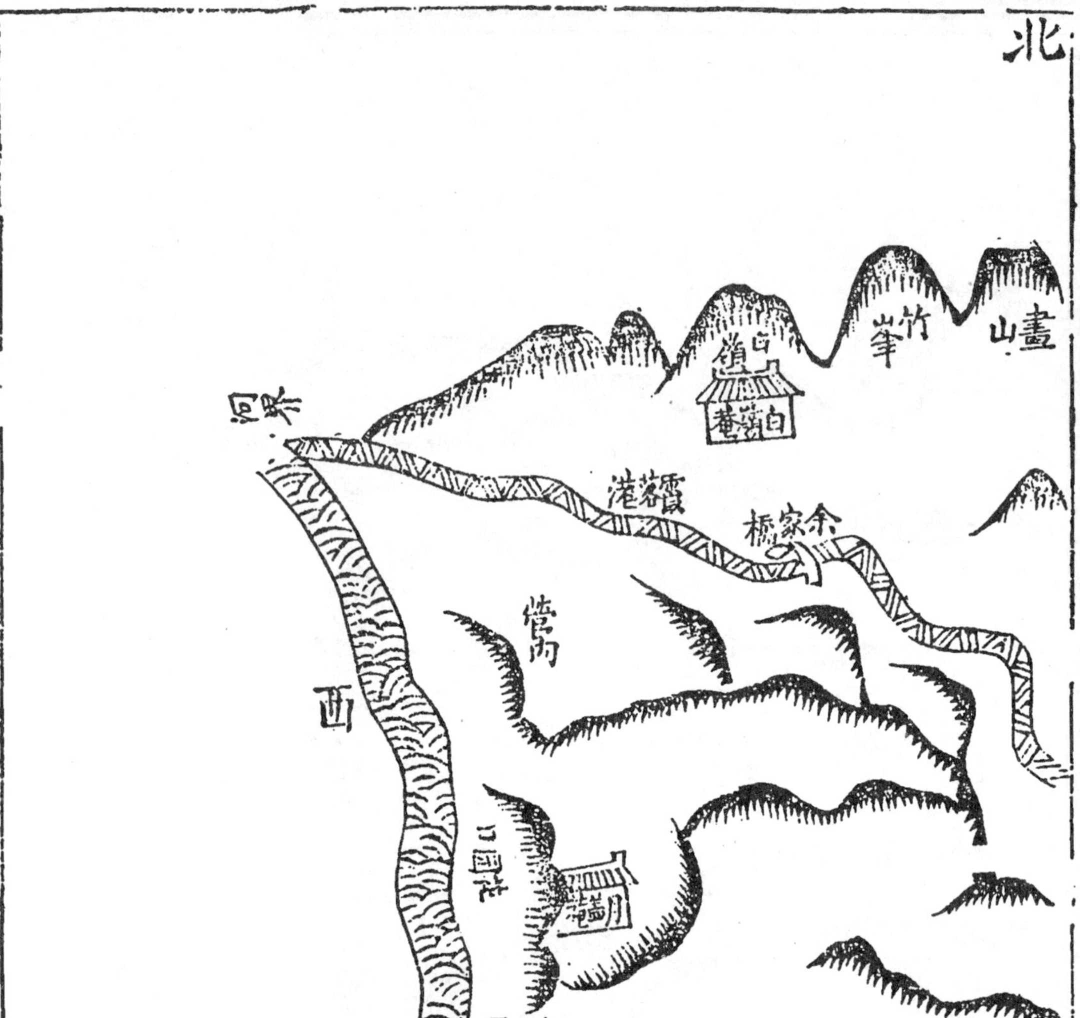

蒲圻縣志卷四鄉里 清樂 二

魏珩如六友山房記附壬子之春予方強仕一豎侵尋以病予告四壁徒立無以自娛于是鎖黃金之帶典朝回之衣稍營菟裘得城北之山房焉未敢希蹤巢由不免支公之誚自號買山隱者山名龍翔負邑之陽河流中界斷隔塵囂振衣流覽令人有開襟坐霄漢意集其勝槩凡厥有五環蒲皆山東南諸岫最爲奇秀排闥當門送青滴翠晴搖雨歇桃花金紫時現諸天芙蓉色相此山之勝也河水洋洋繞階如練支流左帶宛轉逶迤可方可舟可竿可綸富春漁臺渭津釣磯兼而有之此水之勝也山多白雲宋元祐好事者勒其石曰白雲臺坐觀雲起或爲冠纓或爲車蓋或爲繒帛或爲魚鱗鄉

芬靉靆霏微不堪持贈而可怡悅此雲之勝也石號窪罇其色蒼黝圓凹其内而方稜其外酷似三代秦漢間法物别有峭壁懸巖古文奇字苔蘚剝蝕不可辨識此石之勝也彌山皆竹蒨葱如簀和煙韻雨舞雪迴風如對湘川如棲嶰谷翛然蔭永和之觴瀟然解子猷之俗此竹之勝也隱者一朝而有之躍喜而狂曰之五者吾山房勝友也使予不以病免方將抗塵容走俗狀簿書相仍俯仰如韋能有一于此乎且山也水也雲也石也竹也于福爲清于景爲仙于幽人爲邁軸于夢寢若安禪苑造物所秘惜視鐘鼎珪組若糠粃塵垢而不敢望焉今予擲一官而易五友于臣後矣造物者豈私予哉

予乃搆招隱之堂領略山水亭白雲之臺掃窪罇之石營篠閣于萬个之中覈元元談空空從事于軍持團焦之業將挾五友以傲一世不覺其趾之高而心之遠也呼童命酌倚醉狂歌酕醄隱几天地若失有兩丈夫者碧衣偉榦欵予扉而詰曰噫嘻何子之不廣也爨下懷音朝陽棲鳳凝午陰而銷夏逆商音而知秋吾何慙于山房何負于吾子乃棄予如遺也且惠子之噱也是耶非耶抑子之未聞道也隱者戚然寤蘧然覺曰是庭中雙梧桐之謁夢于予也子如不言吾幾失子矣青山綠水白雲怪石翠竹碧梧五友可六也盍識之作六友山房記

北鄉黃龍團距城十五里　望山或曰望高山通志距縣北六里與縣相望故名　黃龍橋東有竹峯產竹　有鎮在黃龍山下　有潭石磯在中上有石來寺通志黃龍潭在縣陸水中岸有黃龍大鎮旁有磯按舊志有寺順治二年建

坡山有金雲菴見舊志　有社倉穀二十三石

黃龍

北
南
東
香石山
燕窩
鄭家嶺
項家壩
黃九壟
白嶺
九角山
畫山
毛家嘴
陳家嘴
舒家壟
楊林畈
竹峰
虎山
望山
望山廟
桐子山
黃龍礄
長冲港
朝天畈

輿圖

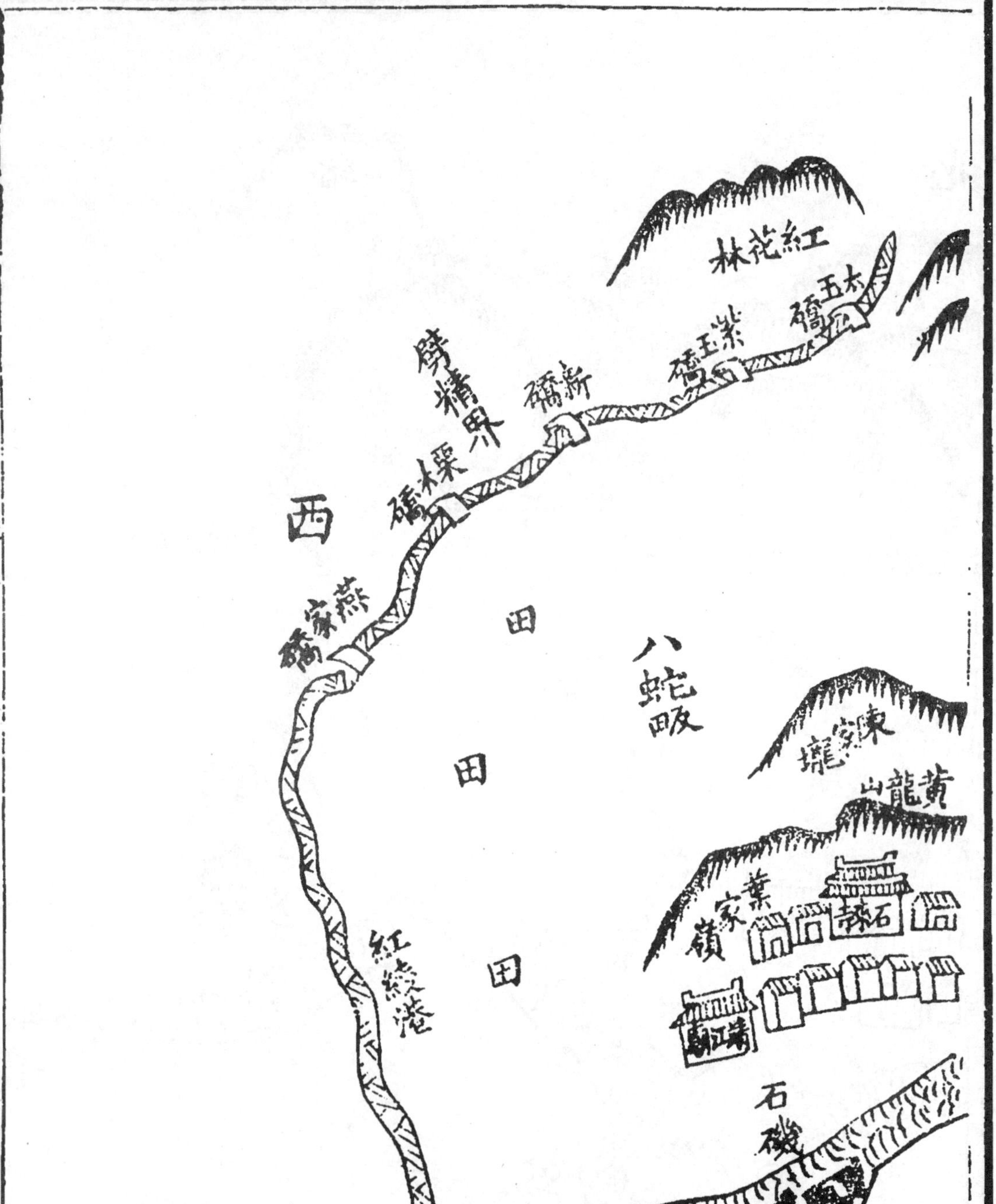

謝光璜石來寺交附吾鄉有香石寺地幽而僧貧黃龍
有常清觀境雜而供賍貧不厭賍雜不慕幽固常人之
情而出世者亦往往不得已而蹟于是焉此山僧湛若
之所以由香石而常清也初僧之去也吾鄉諸檀越難
之余曰奚難乎佛猶水也僧猶萍也檀越猶津梁也無
之非水無之非佛也無水無萍無佛無僧也無處無津
梁無處無檀越也必欲滙水而勿東繫萍而勿泛一一
津梁而勿更有是理哉越數年僧以識謹著一方之人
爭信之病其朱碧凋殘罘罳狼狽又不宜以刹而冒觀
也議鼎而新之且易額焉顏曰石來寺著其本也因思
太空本一物耳忽焉而有佛忽焉而有道忽焉而有羽

衣忽焉而有頭陀忽焉而謂之元都忽焉而謂之浮屠分立名號各相元黄皆千聖萬祖所不能齊之教而尋一旦渾道而爲釋易羽衣而頭陀易元都而浮屠使雪山樁下顛倒于寸毫片楮之間不亦妄乎曰緣也僧之偶然而香石偶然而常淸緣也觀之偶然而常淸偶然而石來緣也凡僧之所以期檀越與檀越之所以引僧者總不外乎緣也持此說以告同志會見慳貪悉滅色相俱空不朞月而改觀而予亦藉手以雪筆舌之業矣

鄒應錫海船洞記附從邑西行連山虎豹走百仞千仞高低倏忽皆帶巖石雜小竹叢蘿以去可十里山忽反噬然疾來河岸作渴蛟吸川狀河水到此忽渟瀦遠視

山巒如舟土人名海船山山側塊石如堆阜背山臨河老僧從竹蔭石苔中得一罅側足下周十圍地亂石倒臨若垂戟橫出者稍平祀旃檀僊尺許趺坐其上偃僂入又得一罅僅一席地老僧恰以蒲團據之余舟泊山下攀巖而上偕遊人各書日月姓名去

黎公弁黃龍潭詩附深潭碧無底下有神龍臥鱗甲動鯨波冷徹黃金鎖喘息水上吟韶濩聲相和回首碧潭邊香霧隨風過

北鄉劈精圖距城二十里　釘鋼山有新昇菴有亭塘府志紅花林有太玉橋有港經紅綾橋入河有紅綾灘　龜坑塘經郎當湖出栗柴港有灘舊志楊家山有李朱港水出大雅湖故屬嘉魚

劈精

團圖

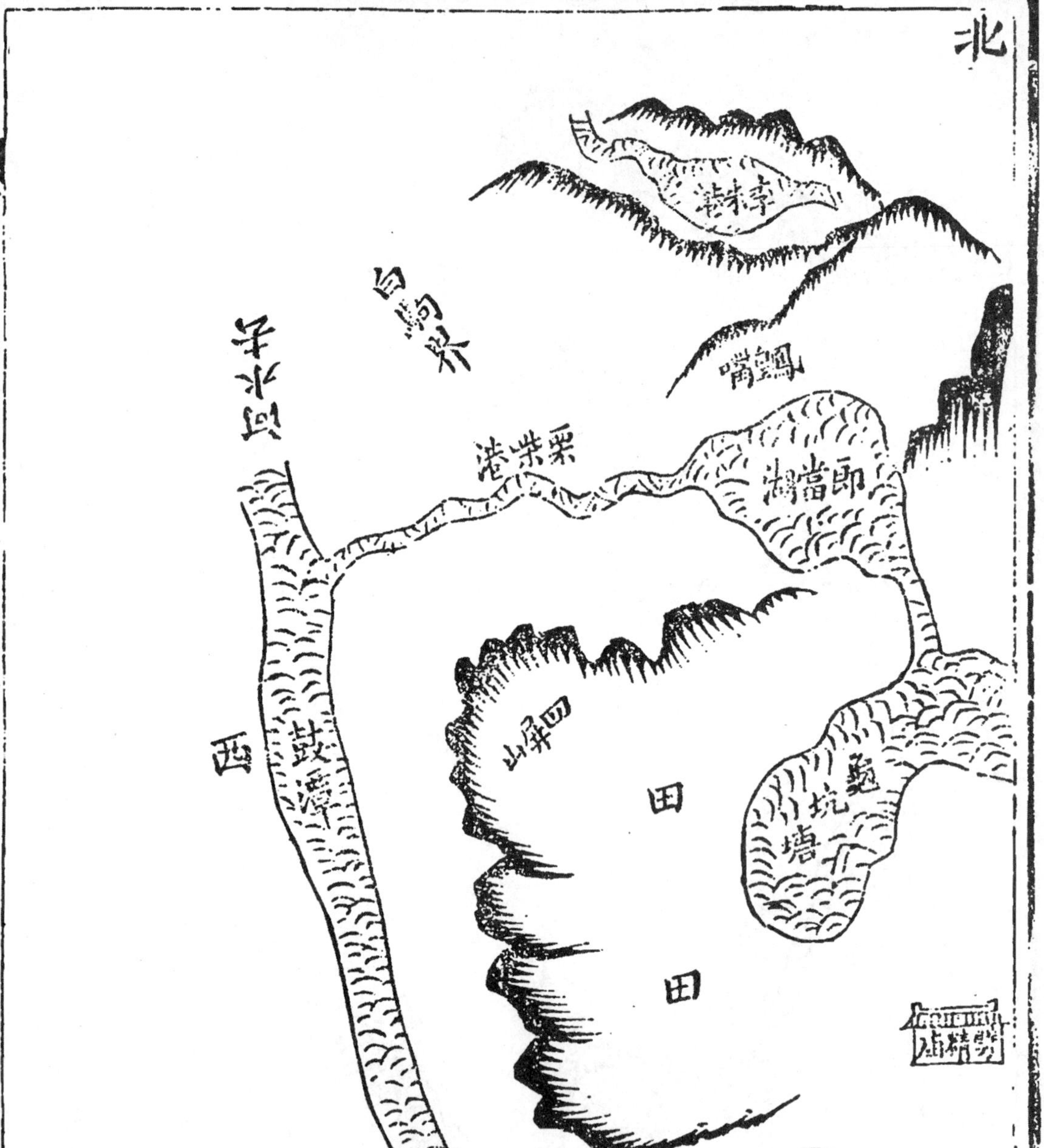

馬 練栗柴港橋記附載邑之西北二十里有港曰栗柴其流顛委薄擊其涯旁廣而中深涉者皆危之舊莫有能爲之利者吾同年游公文瑞思以平易危圖之鄉人僉謂水急岸虛不可橋公意怏怏旣遽遽然興曰必苟利物何沮乎夫岷水之險智者能濟繩橋之詠信也獨難于其細乎遂借居鄰行觀于其畔進折數十步得其可橋之勝流緩而岸實盡造物者之設是以需乎人也用是相與營治之庀厥材累厥石鳩厥工計其費需金錢二十萬匝一歲而橋告成

北鄉方橋團距城三十里　黃岐山有菴下有琵琶洞以洞門形似名　有桃花菴在東山徑省捷徑施茶利濟之所　有青雲菴在洞中通志洞在山腰中架樓閣可登眺按洞如鄉張頭崇禎間建菴其中　野雞坪有白衣菴在石關上　有善慶寺在畢河　觀音寺明嘉靖中僧虛利建萬歷十八年僧性覺重修順治十七年僧海濟募修　穿巖洞有寺通志作穿山洞洞橫山腹高數十丈石室朗然前後見日月按洞在丁卯山之西有前後二門前門有小渠清澈如鏡中石壁高十餘丈上透天光石筍倒垂形狀怪異左有小洞可俯而入右有浮石面平而中空拄之其聲大而閎良久乃已巖之半腹各藏小洞後門高濶倍於前門村聚環列居人往來取徑洞中因呼曰穿巖洞旁建一寺亦以洞而名焉　白米塘在左有菱湖舊志有桃林廟　有障山總志在縣西十里嘉魚界形如屏障

方橋

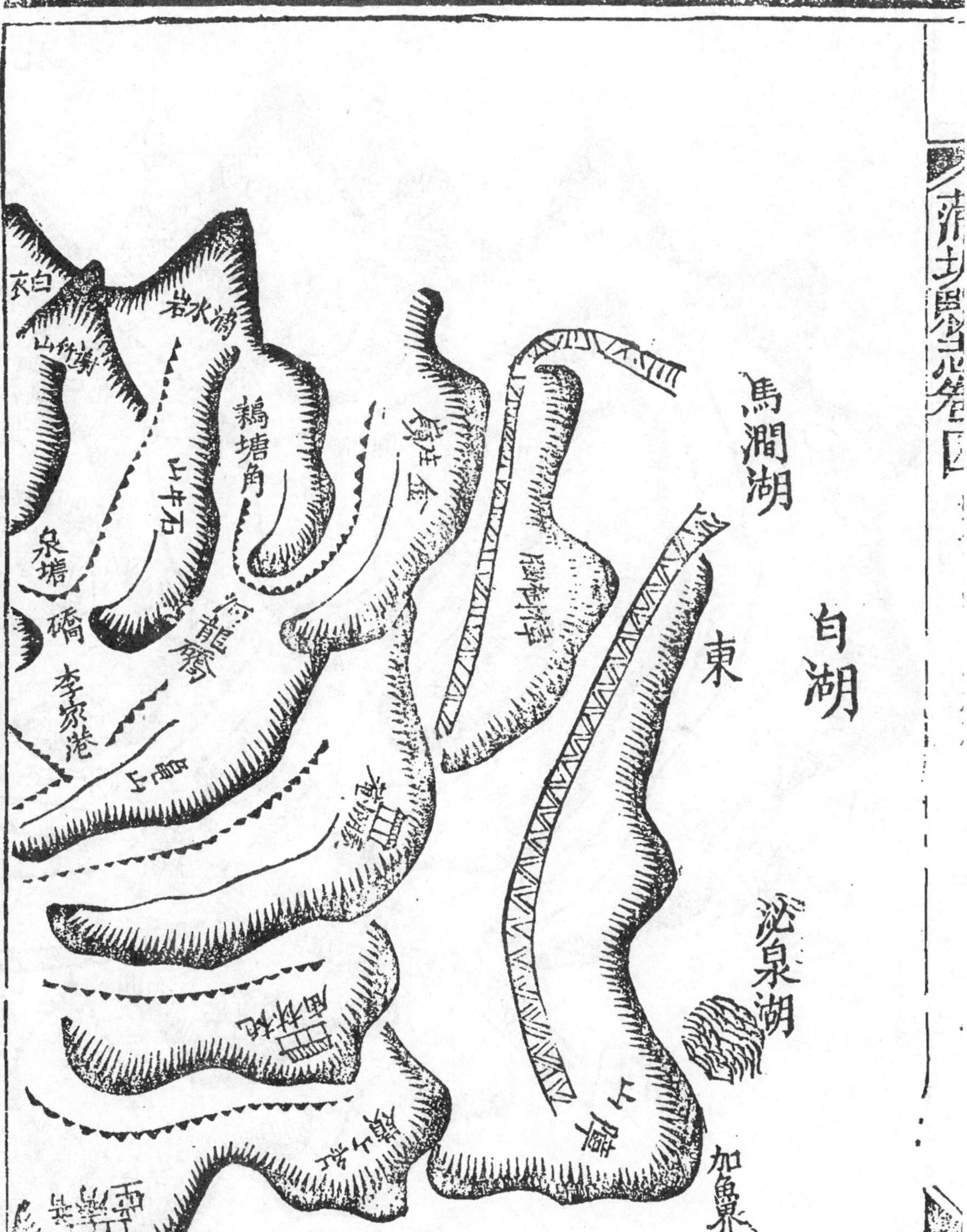

里圖

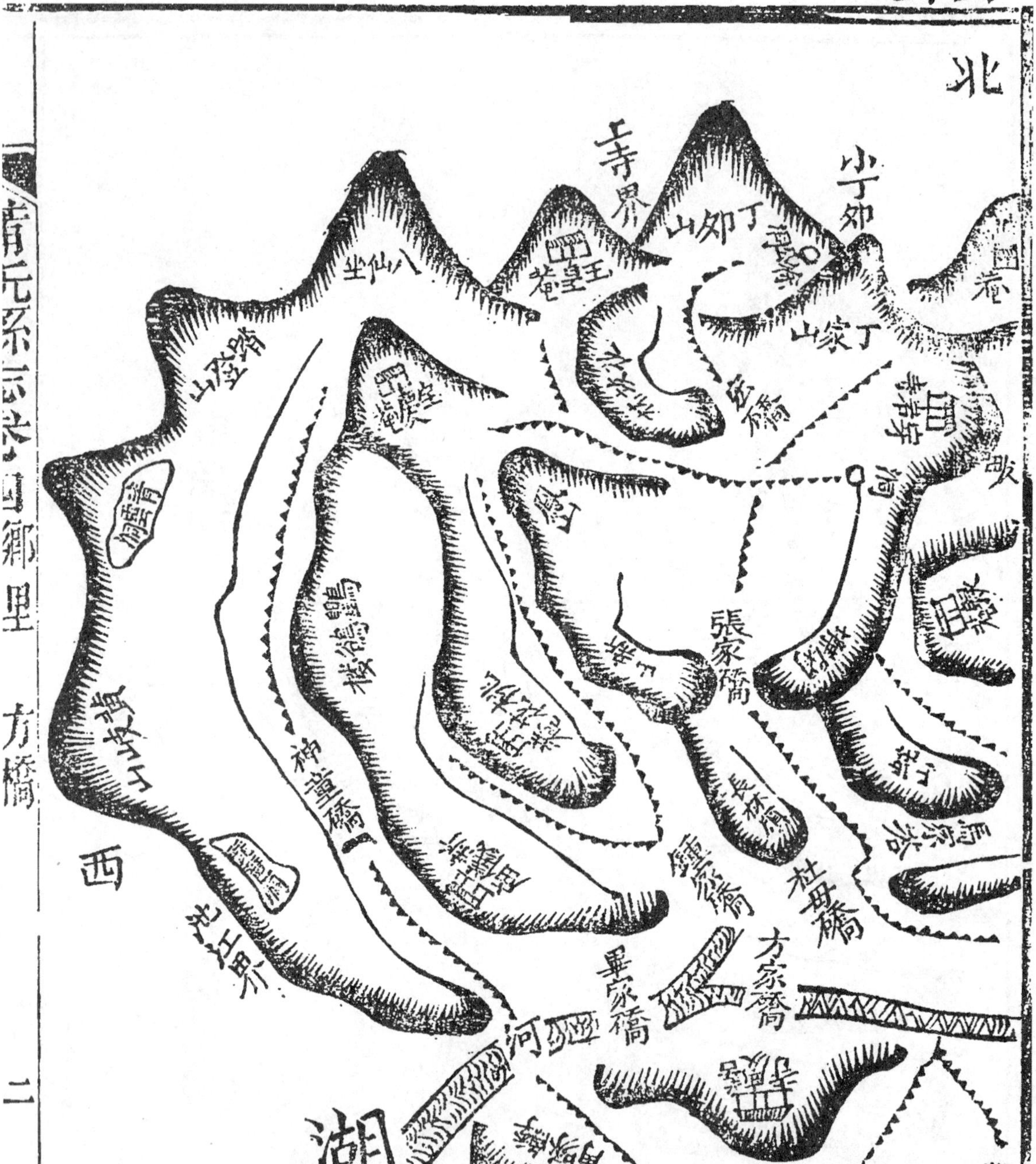

北鄉上寺團距城二十里　丁卯山有玉皇菴產天冬麥冬
有侯王廟有石馬洞通志石馬山懸巖一石闕出如馬舊志洞中有石如馬　磨盤山有
白板寺明嘉靖中僧慧鏡募建　羅縣畈有經堂寺故石惠在紫芝山璉
竹雨壇畈故雨壇菴或曰洪石鄉　和尚橋小泉港水所出
經傅家港到中隴橋故上巳鄉有官林寺　唐山在五里界
北有寺名少龍興　又有龍興寺在鳳隱山明永樂中僧英法正募建
碁山有寒婆嶺古有亭知縣王雲翔建　慧林山一曰擂鼓尖有寺通志
在縣二十五里前有池曰馬王塘有溪曰馬家坡撥
舊志唐建慧林寺有樵人從巖間拾得長劍隨成灰　有社倉
穀一百九十二石八斗

上寺

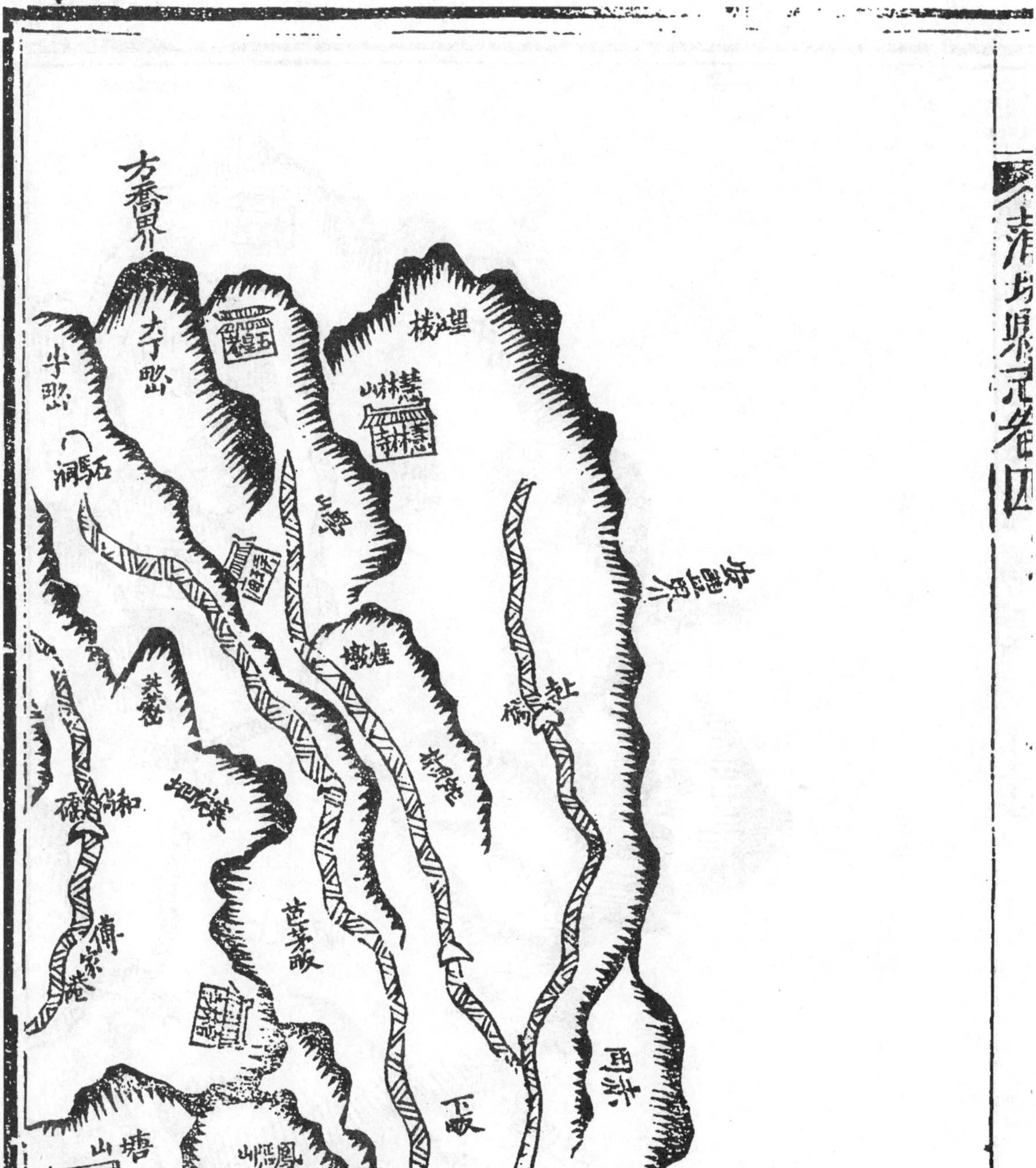

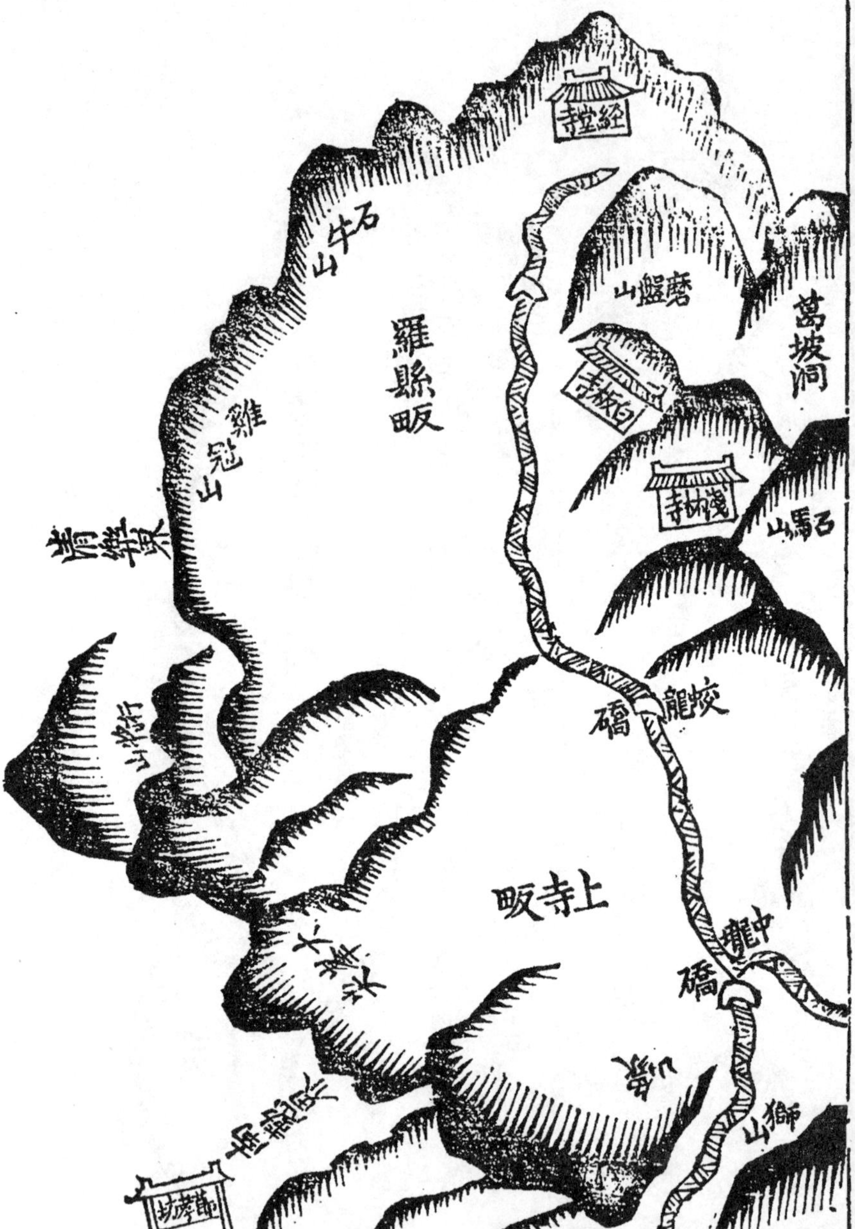
經堂寺
石牛山
磨盤山
葛坡洞
羅縣畈
白板寺
雞冠山
石馬山
蛟龍礄
上寺畈
獅山
下龍礄
節孝坊
驛路

胡堯元龍興寺附萬仞青山半帶雲傳燈靈鷲幾空羣

丹書夜破蒲團夢白足天西疑是君

北鄉安豐圍距城三十里　有興西山東有西泉山產竹或曰竹山總志有洞有潭名勝志俗謂有石傘石甕通志有竹山寺故竹溪堂一統志竹溪書院宋建蘇軾書額詳古蹟按舊志寺爲普菴祖師卓錫於此它嶺有棗陽坪　大龍山有南泉寺明宏治中建上有觀音閣江家堂在東　有寂洞有洪口橋合赤岡水會高橋經銅橋逕揭家橋出三眼橋　天池菴在茂樹山西　有西林寺在縣北龍蟠山舊志有月山產虎刺　有石壁山有港經廓下橋出張王廟東　有社倉穀三百石

馬鞍山
塔山
東
南

蒲圻縣志圖　鄉里　安豐　二

敖一瓚竹山洞記附蒲山北界自洪口一斷對面有峯
高峙名竹山其洞口泉水清香怡人春夏水盛時大尾
江魚出自洞中有石竅水漿結成橋門又有山腰一路
破縫使天光漏入以照遊人入洞之路天工奇闢千百
載徒委諸蔓草荒烟蕪東坡自武昌西山泝流到此入
洞僅數武題游泉泝月四字而返東坡放情山水托悲
憤於遺遥行雲過轍至今無可憑弔矣是歲中和之月
復亭與山僧攀層崖升絕頂衡南湘北蒼茫在指顧間
近俛山石如兒如虬如燕如鳳如仙掌如棊盤如城郭
如樓臺百態牢籠令人不敢褻視洞水蜿蜒而下過安
豐郭潭諸地匯澤入江去路俱分曉矣復亭更由洞門

眺其大源十數里至樾樾樹山有雲水滙焉竹山爲前洞樾樹山爲後洞前洞去路泉水可以注江後洞來路江水可以注泉浩渺山河天以一綫開竅蒲陽百里其有四海噓吸之感乎江自岷觴而下至金山海門勢一小東自海門到尾閭勢一大東延且千萬里只見去而不見來逝者如斯徒深浩嘆廼竹山小户會通天地大觀來而往往而來造物有何盡藏是又蘇子之所未探也

嘉慶丁卯書於西泉禪堂

黎公舟竹山洞詩附竹洞石門開虹出霞光燦琅玕露未乾蘚蔓蒸紅汗仙翁坐紫苔屏帳如春煖羣鳥忽飛來影行機錦斷

北鄉坪下圖距城五十里 石壁山有蟠龍觀 三峯山產

北門洞左有華嚴寺 有香爐山

坪下

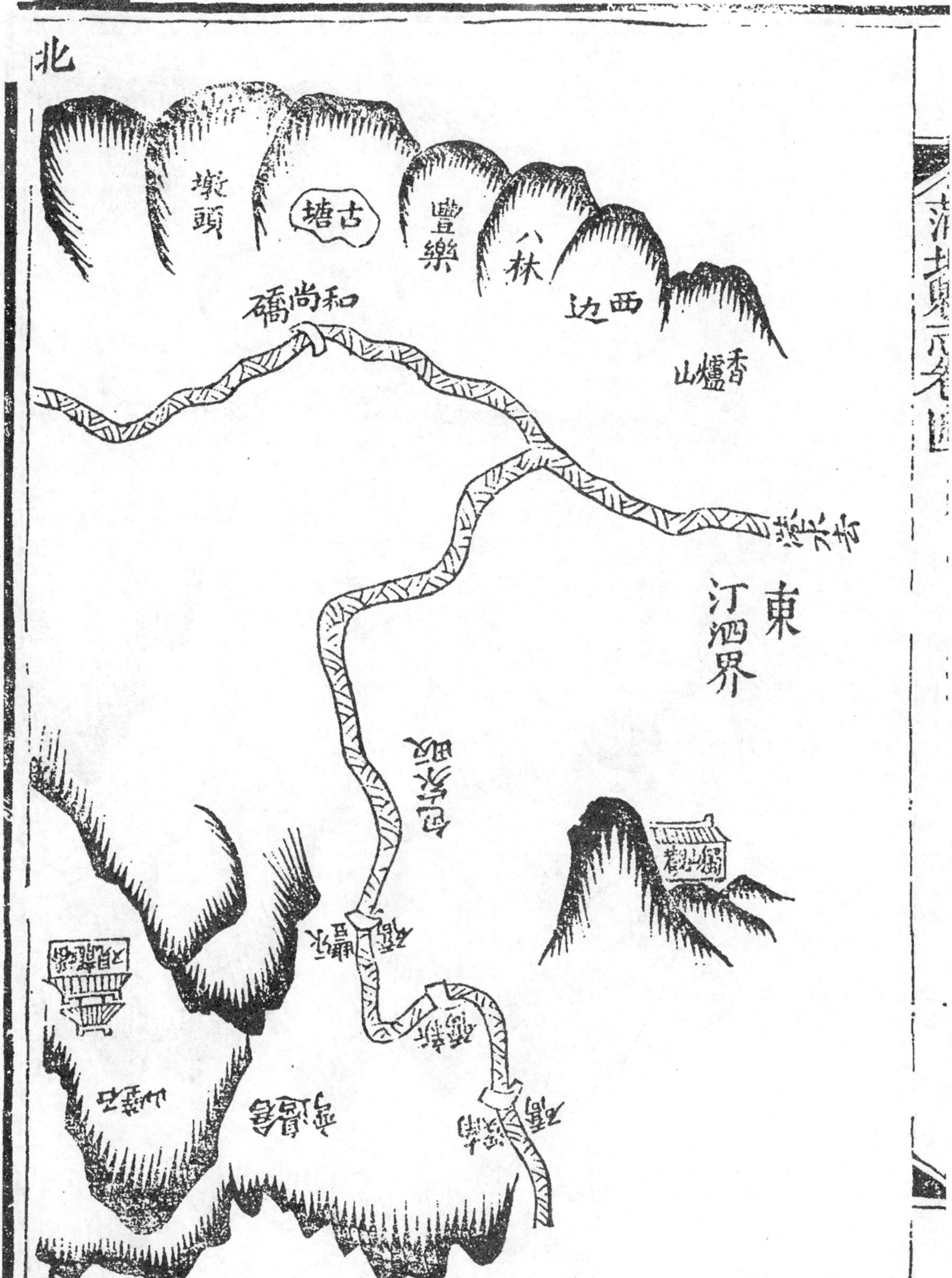

團圖

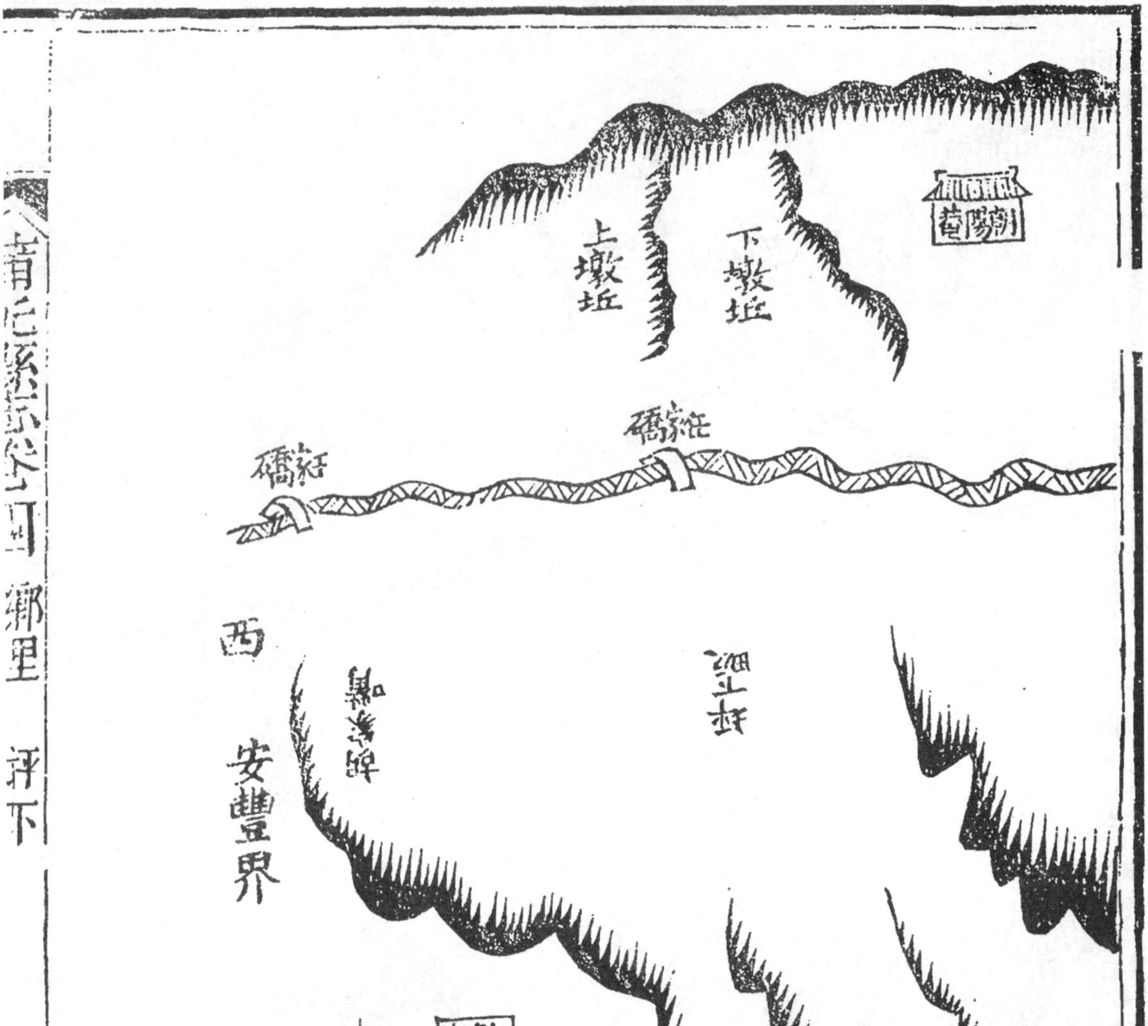

北鄉池江團距城八十里　有黄岐山　明水洞在左有畢家河有橋經大橋入西艮湖通志山左有明水洞其陰爲石口爲畢家河其下爲西江嘉慶間邑人章萬椿章太初修大橋修堤道光八年章應璜復捐貲修橋福緣山有善慶寺明嘉靖中魏翼如建西江畈有方山菴　黄覇山有祠　有打鹿嶺東北有伏虎山張仁蘓墓神山在西艮湖上通志蜿蜒如蛇盤踞湖上上有張雎陽廟一曰神山寺神山泉出名勝志泉發源神山湖水環繞泉湧湖中其深莫測雩應前有龜山磚頭有使君嘴　有卧虹橋在山壇湖道光十年邑人章應韓修有堤　有江施橋在小獅畈　來山有淨室菴僧慈容建　有社倉穀六十石

池江

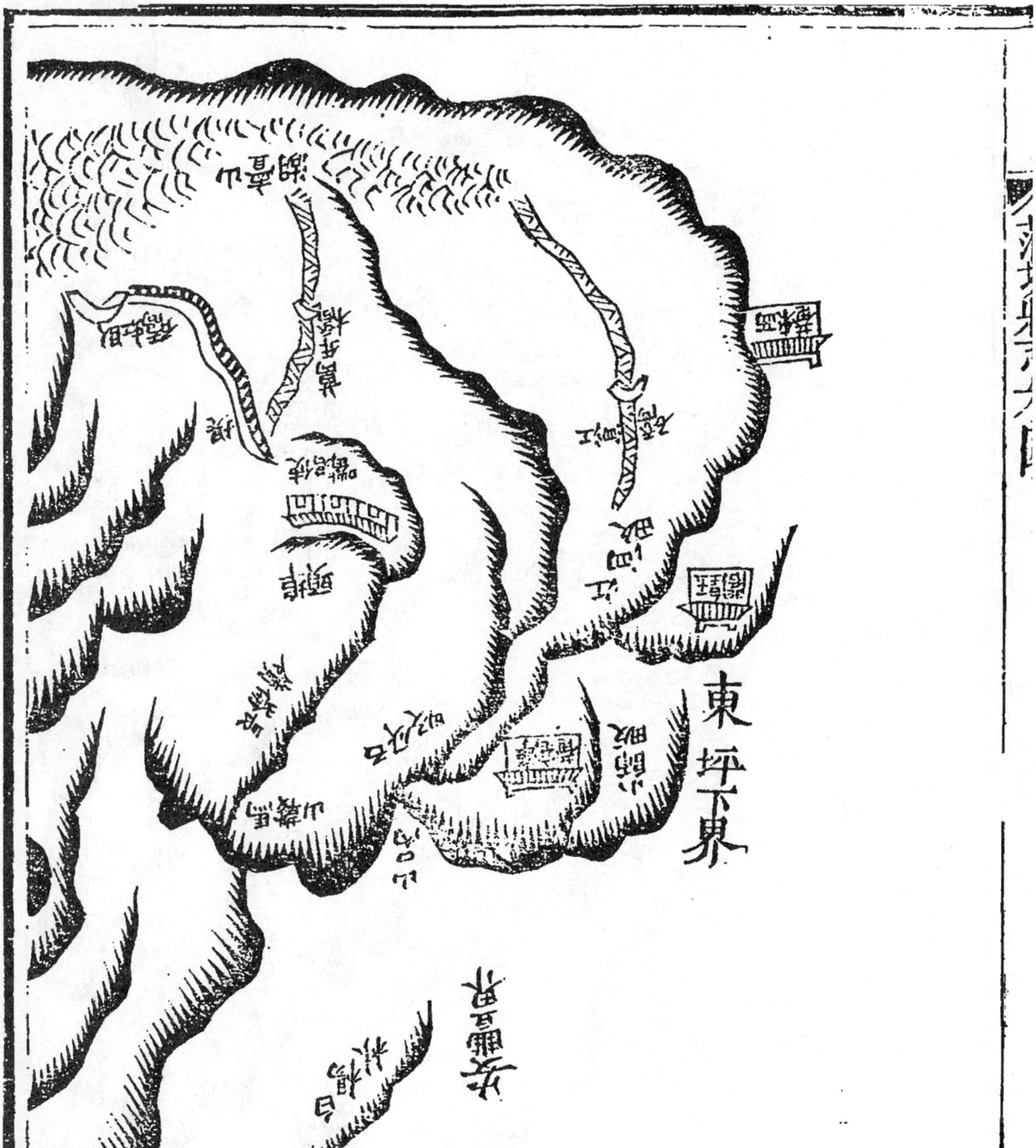

圖

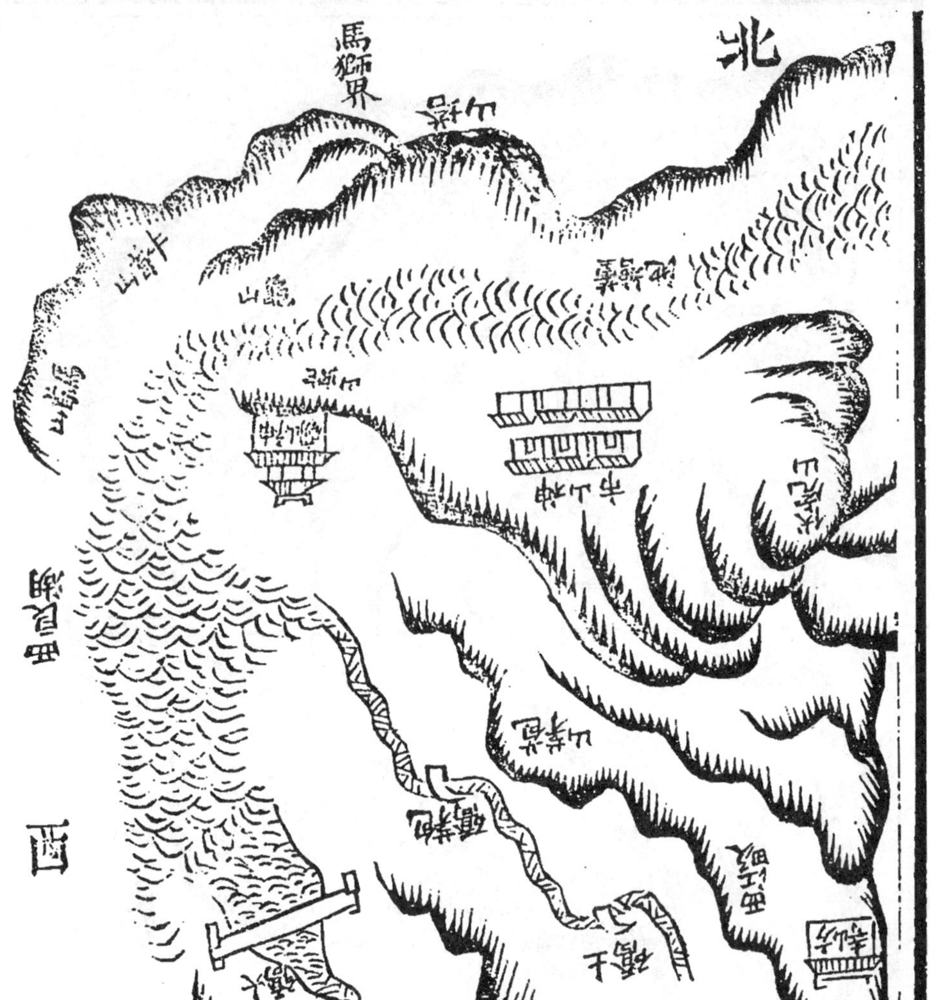

李德庸西艮湖詩附盪舟歸去月黃昏湖上人家半掩門澳笛一聲何處起吟邊稍得暗香魂

廖　俊詩附南邦遺跡在西艮嵬雁依然蒲石梁我向浮臺洲上立不勝惆悵對斜陽　萬頃湖心烏石泉神龍六嶠紫雲連孫權不解遵王制呂岱何緣德政傳碧石沙明白鷺羣春風花木滿幽芬萬年世代隨流水有客悲歌起暮雲　縣以湖名尙有蒲飛飛雙鶴水雲孤野人不識興亡恨長向江頭問赤烏

王鼎彥夜過西艮湖詩附闌干星斗映虛無獨舸徵范一水紆汀艸暝煙低拂岸蘆花新月淨臨湖海天鐘斷懷人遠秋夜衣寒旅客孤尙憶夔江上別平明扶醉娜陰儺

北鄉馬獅團距城九十里　觀口山有鴨掌磯在西北　觀山或曰道觀山故道院通志　曹溪菴西有如來閣有牛頭山總志以形名與馬首山對峙西艮湖長嶺有西竺菴在馬獅湖西南有彭家畈伏虎山有唐平原將軍墓將軍姓單名國艮隨唐許遠守江淮城潰殉難家人得其屍於江中歸葬

馬獅

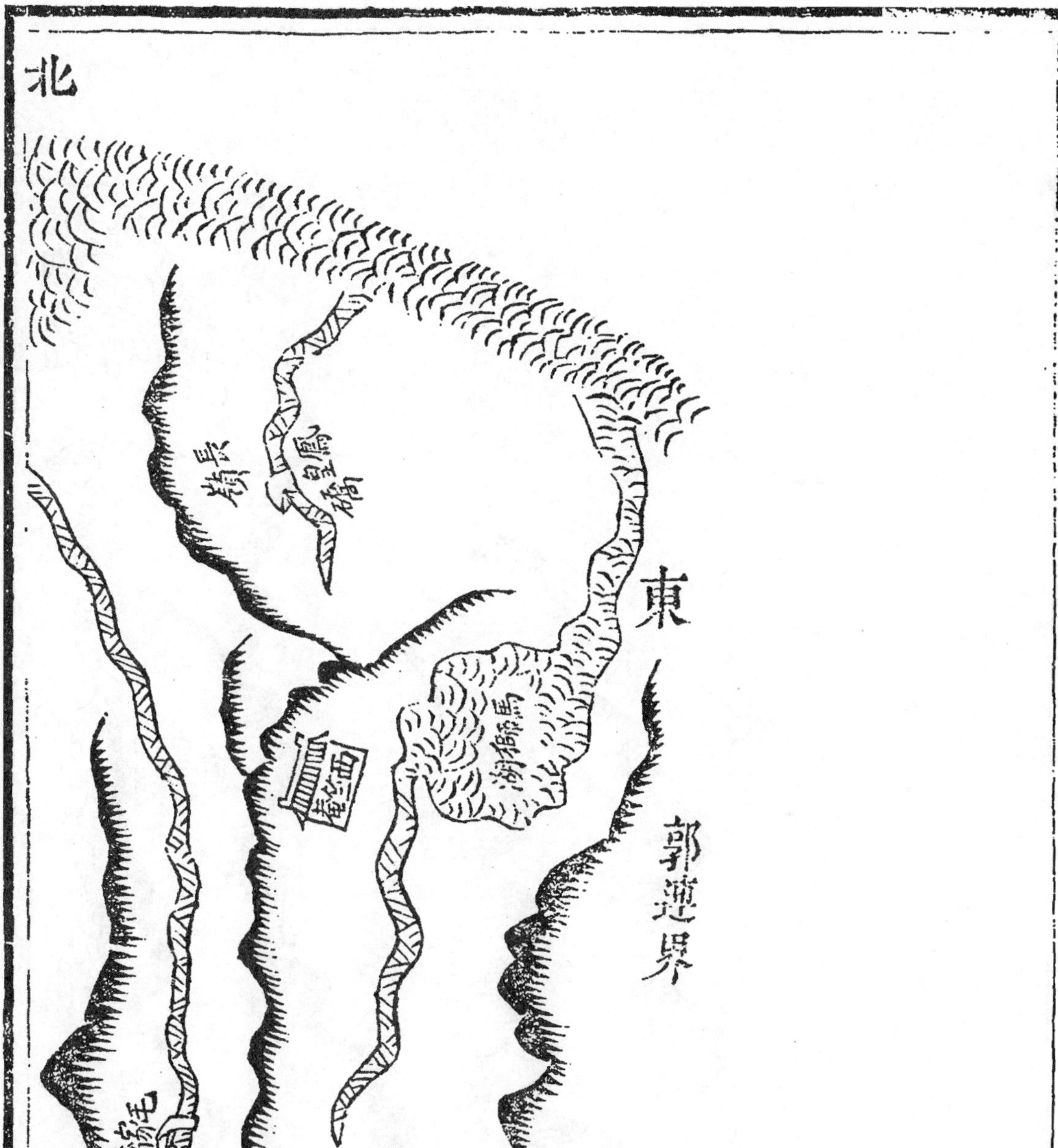

團圖

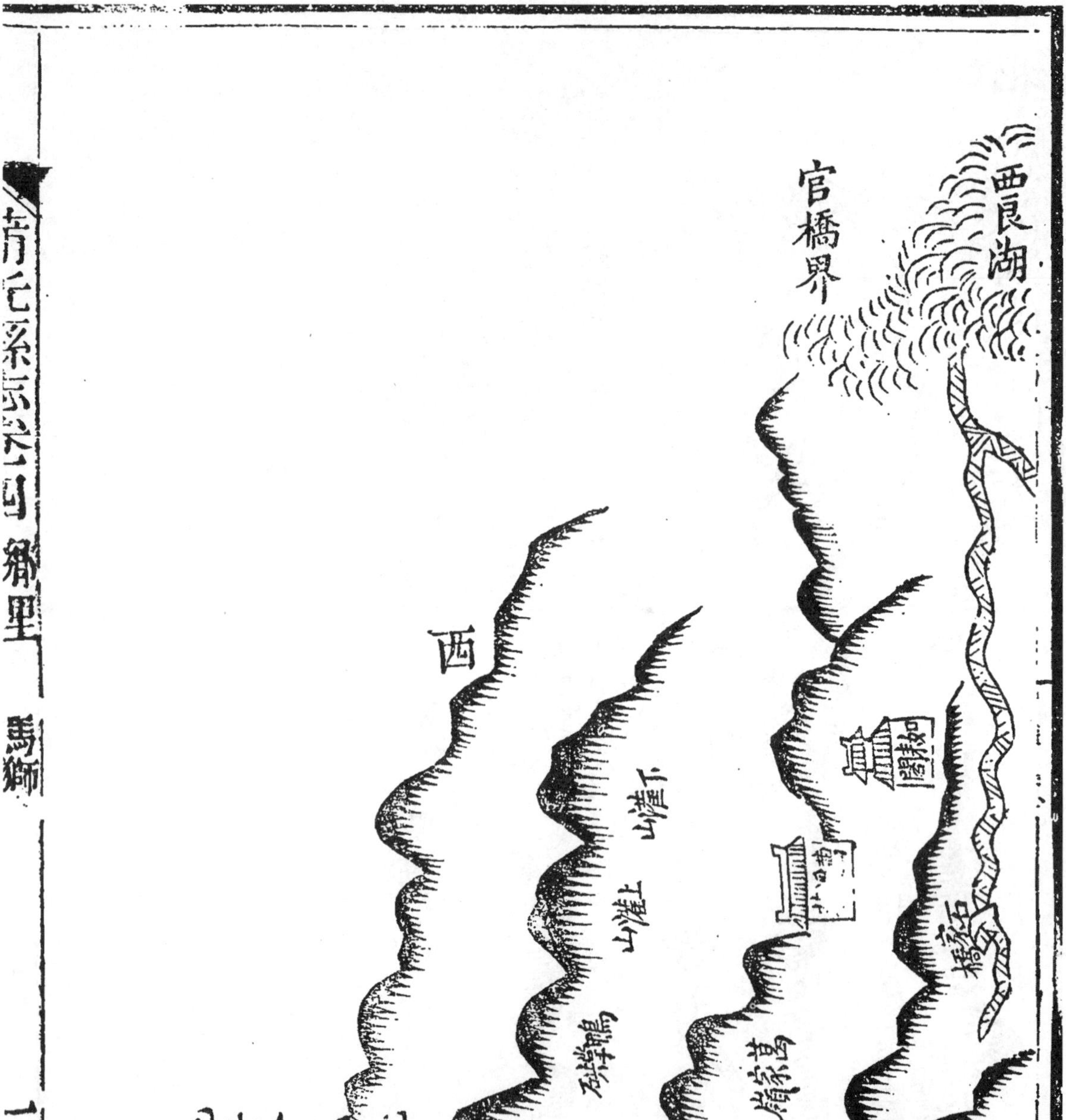

北鄉郭連園距城七十里　渡頭嘴有岳臺寺有南海畈

御屏山有郭家潭上有皮鞋山黄子澄墓在此聚信菴在柏林畈中

有蓮塘菴有橋經鐘鳴橋出田家橋有鴨兒塘有上寶寺

平頂山在西北

社倉穀一百六十石

郭連

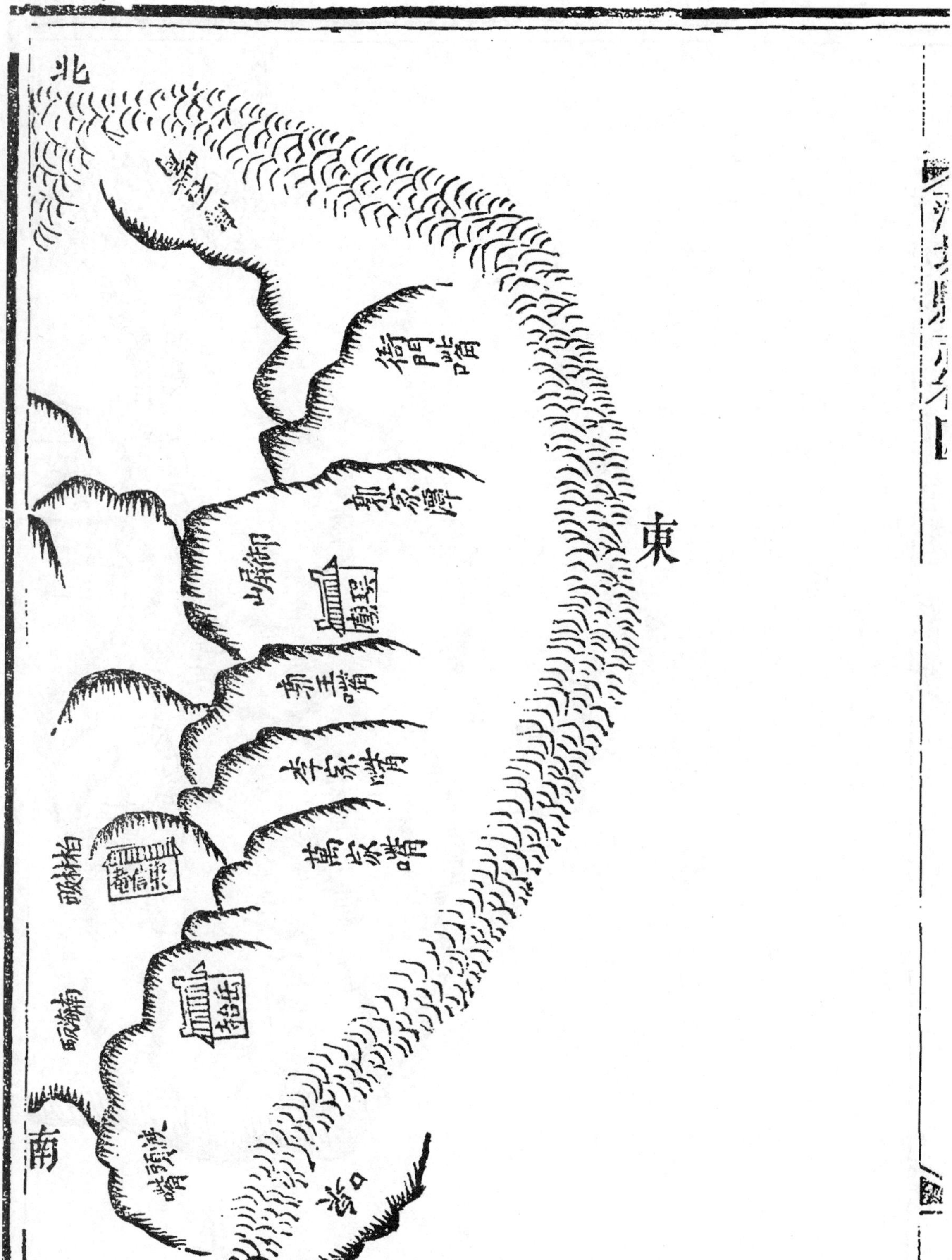

圖

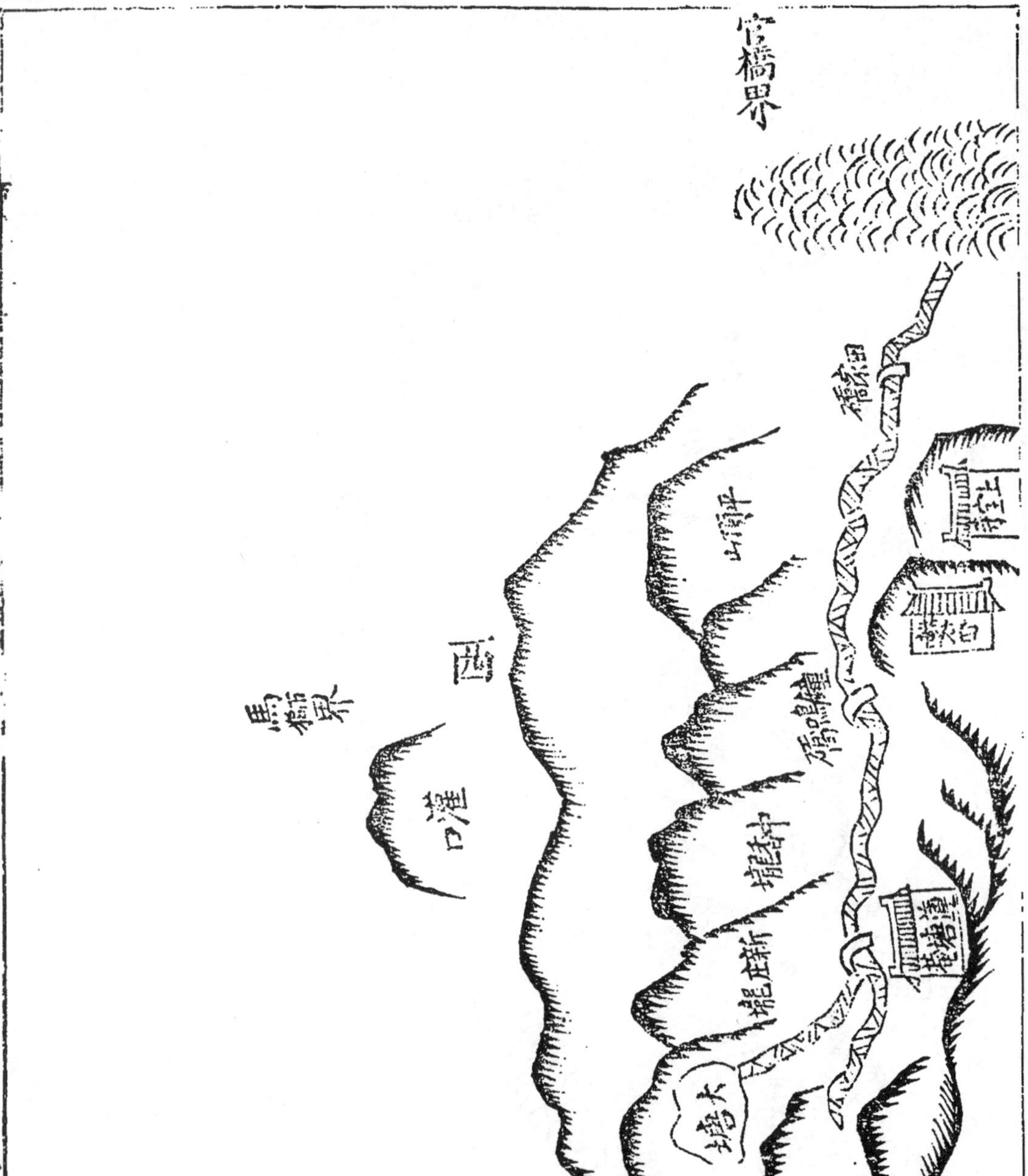

蒲圻縣志卷之一 鄉里 郭連 二

北鄉官橋團距城七十里　西艮湖故蒲圻湖一統志以湖多生蒲草因名按湖發源咸寧崚水流及白泉梓潭諸溪滙西江山門石口大橋丁家溱郭家潭諸水合流於湖中有浮臺洲烏石泉其南岸爲衙門嘴郎縣舊治又逕流曰大灣老阬騰徑坂東港池瓦劉獬倪家灣羅德灣　東有鳳凰橋　烏石嘴在衙門嘴左又有小烏石在大灣南烏石泉出　西有鷺鶿山　有馬首山與牛首山相對　有海潮菴　有徐家橋　東港池有官橋有寺　有關聖廟　西艮嘴有石徑港湖水所出經大港進寶嘴入江　有淨居里屬嘉魚

官橋

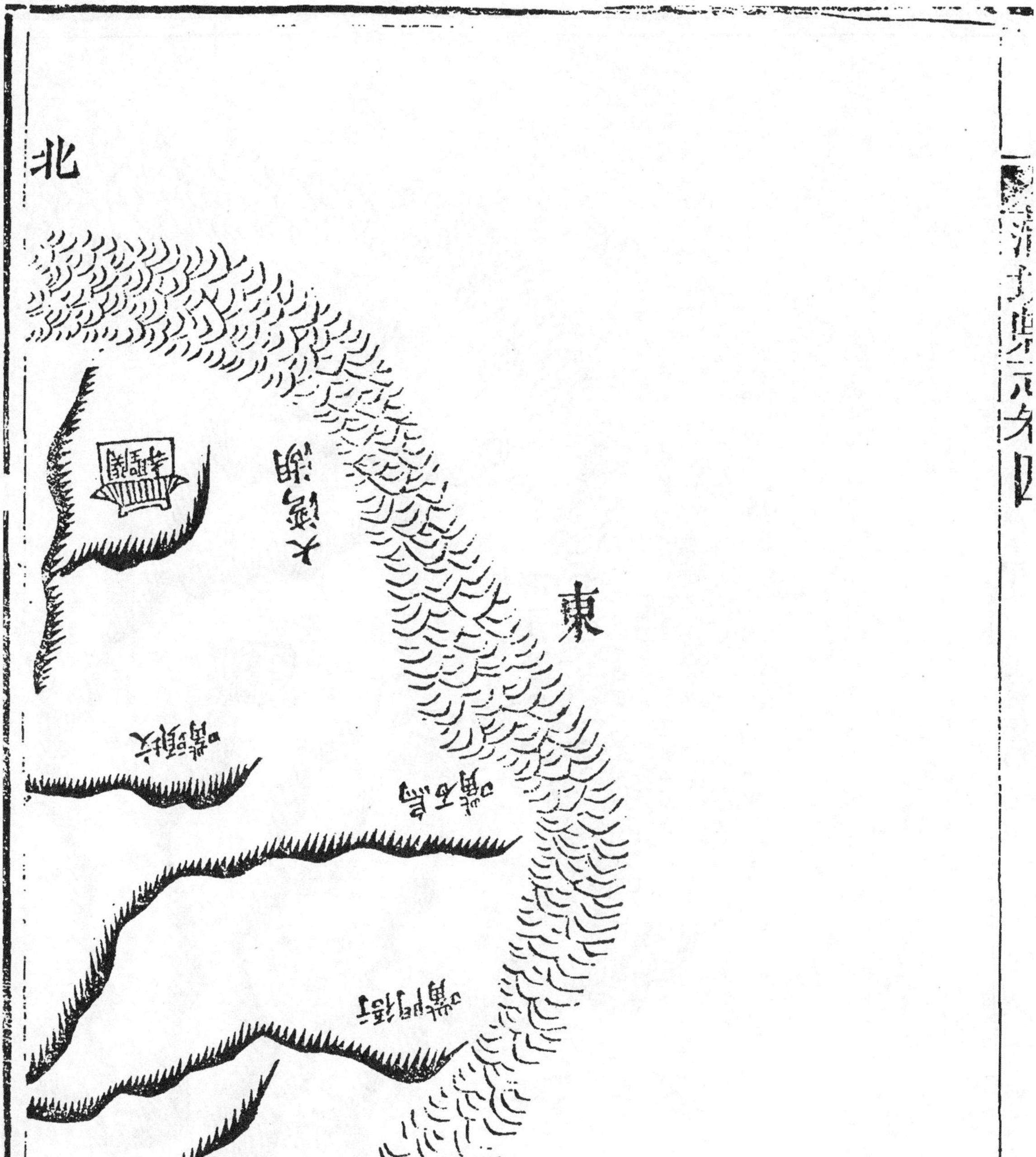

團圖

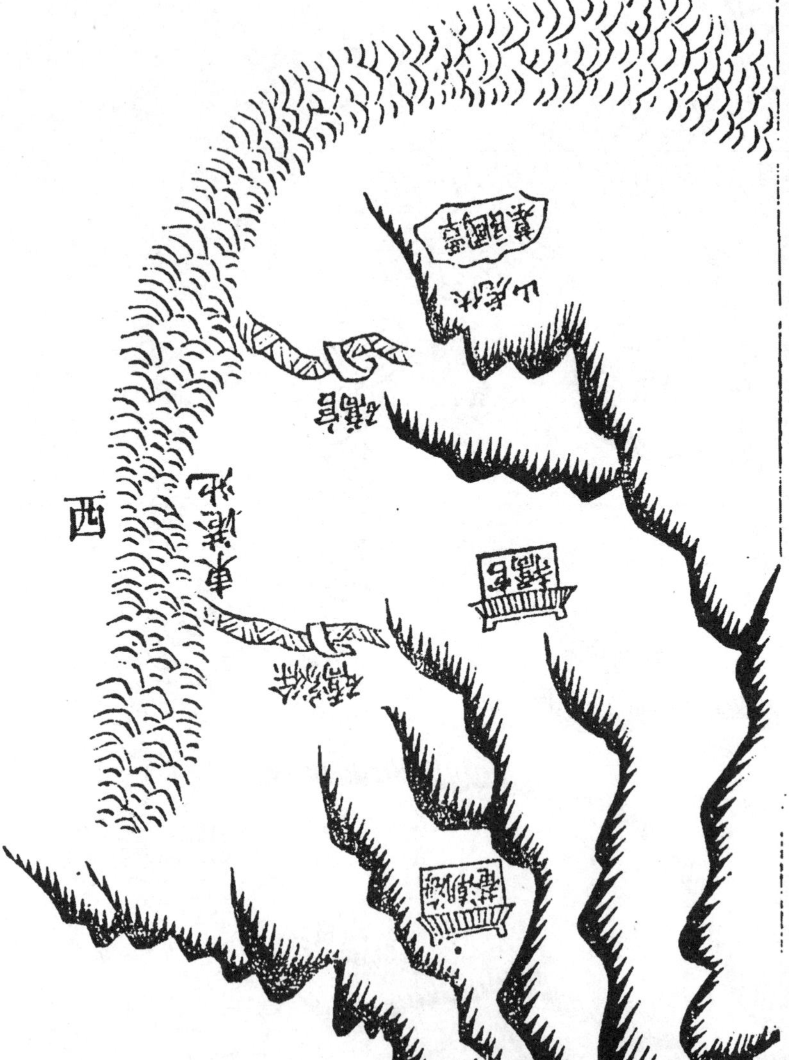

蒲圻縣志卷四 鄉里 官橋

二

蒲圻縣志

溝洫

蒲地環川錯湖陸水逕其中出陸口羊樓港水逕其南由新溪滙黄蓋湖汀泗水逕其北滙西艮湖出金口均入江而縣內諸山並多石出泉涓涓滙爲堰瀦以溉田濱江諸田又有長隄以爲捍衛

朝廷屢發

帑金使有司修築之

恩卹有加矣此蓋溝洫之利禹功在焉志溝洫

蒲圻河發源江西寗州修水合本府通城雋水北流至崇陽縣會桃溪水折東而西過荆港經治南繞東北復西北至六溪口方出大江 湖廣總志

江之右岸得蒲磯口即陸口也水出下雋縣西三山溪其水東逕陸城北又東逕下雋縣南故長沙舊縣王莽之閏雋也宋元嘉十六年割隸巴陵郡陸水又屈而西北流逕其縣北北對金城吳將陸渙所屯也陸水又入蒲圻縣北逕吕蒙城西昔孫權征長沙零桂所鎮也陸水又逕蒲磯山北入大江謂之刀環口 水經注

按蒲磯本在陸口之南與烏林密邇蓋即今人所指爲赤壁者 一統志

陸水在通城縣北自巴陵歷通城崇陽二縣境北過蒲圻縣入江即陸口也吳呂岱嘗屯兵於此 明一統志

按明一統志以陸水出岳州巴陵縣考之輿圖非是 一統志

陸水一名雋水源出通城縣上雋鄉東北流遶城西經縣北合秀水又東北逕栢橋入崇陽縣界名崇陽河至縣西南會桃溪又遶城東會大東港逕壺頭及崇陽洪入蒲圻縣界名蒲圻河自縣東南洪下灘西北流至縣城東南會荆港繞城東過浮橋又西北流入嘉魚縣界至縣西南七十里陸溪口入江 湖北通志

新溪河在縣西南四十里古名大嶓水今名新店河亦稱新店湖 湖北通志 蒲圻縣大嶓水西北流入江 元和志

發源港口望湘橋及龍橋諸泉 舊邑志

江之右岸有雍口亦謂之港口東北流爲長洋港 水經注

縣西四十里發源臨湘西入縣界經新店市入嘉魚之黄岡湖至石頭口入大江 湖廣總志 黄岡湖一名黄蓋湖相傳孫權論赤壁戰功以此湖賜黄蓋今名 岳州府志

丁泗橋湖在縣西四十里源出縣西南楊泉西北流入西艮湖 湖北通志 蒲圻湖即西梁湖以湖多生蒲草吳置蒲圻縣於側 湖廣總志

蒲圻洲亦曰擎洲又曰南洲洲頭即蒲圻縣治也晉太康元年置洲上有白面洲洲南又有澋口水出豫章艾縣東入蒲圻縣至沙陽西北魚嶽山入江 水經注

汀泗河瀦於西畈湖又有桃花港賀勝橋河瀦於黃塘湖與西畈湖水俱瀦於江夏之斧頭湖出金口入江 武昌府志

神山泉發源神山湖水環繞泉湧湖中其源莫測 名勝志

荆港發源荆泉洞有泉六合流數里入於鏡潭 名勝志

附知縣勞光泰荆泉洞記郭之南十餘里有荆泉焉去荆泉二里許有洞曰元素洞亦曰荆泉洞而洞最奇中有三關口懸半山之上遊洞者持炬攀崖而下丈餘漸坦平左右兩崖相對削立中開一竇可容十餘人入則石田數畦瀠水微漾所謂龍田者是土人恒以田水消長占歲豐歉此第一關也二關坦平如

前堆石纍纍如萬里孤郎所謂龍墳者似之由是前進爲第三關虛敞可容千人上有石筍數十倒垂若無根欲動其瘦者如玉筋欲折皆脆輭可食如嚼冰惟不能持久久復堅硬爲石有龍牀四柱從頂直下列置牀檻一切怪石森羅莫可名狀有似龍者有似鼓者有似草似花似魚似鳥者任人意擬之皆肖三關已透黃泥纔在焉河流逕其下昔有裹糧窮探者行七晝夜自崇陽縣葛坪出通志載之是也至若荆泉乃在山麓出泉之口聚水成池方可數十武上鐫有洞對二大字池外奔流激石潺鳴屢折屢激聲達六七里不斷可溉田數千畝昔有崇陽巫人躍入池

不出後禱雨輒應法先齋醮用紙船載表置之泉口口吞船隨有洪波躍起名曰發水汲歸卽雨否則船復吐出雨不能得亦大奇也

桃花泉南山下泉小而深合荆泉 湖北總志

掘泉在縣北三十里占畬園禱雨輒應 舊志

湯泉在縣南五里冬夏常沸 一統志 湯泉在龍頭山可以愈疾 寰宇記

蓴塘在縣西舊產蒓 舊通志

黃沙塘在縣西南

其餘陂池塘堰湖附見各鄉里圖說

隄防

新隄在嘉魚縣北地勢卑下承上流若建瓴不數年溢爲瀦澤春水泛漲與蒲圻咸寧江夏三邑均罹其患宋政和間知縣䓪均集四邑之民築之至乾道初知縣陳景去舊隄三百步因兩山距楊家潭上橫亘爲隄是名新隄 成公隄元皇慶元年知縣成宣築上自馬鞍山下至三角鋪捍護四邑明初水決屢築屢圮萬歷知縣楊光宇勸議江夏咸寧嘉魚蒲圻四邑協築每年各縣於均徭內編銀募夫詳允自萬歷二年始 天下郡國利病書

長隄在嘉魚縣北蒲邑向祇協築銀二十兩至康熙四年始分段承修蒲邑分修隄編列居然江上一長

城七字號長二千四百五十丈邑於均徭內歲徵錢三千緡有奇乾隆間知縣王雲翔減爲一千九百緡再減爲一千二百緡嘉慶元年邑人張兆安等稟捐銀壹萬兩解繳道庫生息自是民間永不派徵道光九年長城兩字號隄潰十年知縣王達修復潰十一年知縣丁周退挽月隄一千二百丈旋潰十二年武黃同知張書年領帑修隨潰十三年張書年塟修復潰十四年知縣勞光泰挽築全隄長三千七百二十三丈有記

附知縣張圻隆長隄記按嘉魚長隄自馬鞍山與赤磯山相望延袤可一百二十里大約嘉魚江夏地方

邊江既受水害當任隄事咸寧蒲圻負山而處介在唇齒但有協濟萬歷三十九年與工築隄四縣互相推諉吾蒲尤控訴不休奉本府馬詳請動支府折銀三千三百五十二兩四錢一分徑發嘉魚縣承修嘉魚知縣葛中選以江嘉咸蒲四縣界連當分任經管隨委官勘明以各縣田畝受益多寡定立隄段於四十三年工竣隨經嘉魚知縣葛申請爲丈洲得洲議助隄工以圖永賴事奉批自賴子還子二洲之間單丈隱匿新洲定畝陞科共稞銀三十兩一錢將此洲名爲隄洲此稞貯爲隄費又江咸蒲三縣正賦內各有協編嘉魚修隄銀兩蒲實計協編二十兩聽嘉魚關取自是數十餘年未聞有分隄修築之事康熙四年御史顧如華題爲水災歲警等事奉上檄修隄嘉魚扯蒲分修惟蒲田在隄內者池江馬鄉二團止占田三四里以三四里在隄內之田驅三十里不在隄內之民而困頓之是利一而割百也且水勢澎湃衝嚙無常自必近江之民能伺其隙而爲之防蒲距隄百里而遙所謂鞭長不及馬腹故協編之法爲至悉且周也今以蒲車馬衝繁罷疲之民力舍田疇桑稻事越境踰邑露宿風餐經年累月而爲他邑頂甕甚可哀憫則復協編專責成能無望痌瘝斯民者既厭心歟 舊志

附知縣勞光泰築隄記道光甲午春二月四日予到職蒲圻又十日築隄隄長三千六百丈盡圯錢糧無出覽之殊驚然予既職之義弗能苟遂審地勢於陽林湖退挽月隄七百三十丈既施工旋奉上司以此段委員築之此段外予築未幾皆竣工又未幾而此段決然決處地原低險已連決六年土人見慣弗爲怪予則惴之急於決口兩頭堵築石壩三道使口門屹立進水無多亦頹敗中一整頓法也迨霜降水落積淤隆然心又悅之亟集夫爲外挽小月隄一百九十丈夫工日二千取淨淤築兩月隄成僅四尺費已不貲鞭之不起激之不行皆以爲難築而夫工亦漸

散去無何爲立算口法選丁壯者日給口米三升又兼行跑筐法能滿擔者立賞羨錢一文由是各各爭先滿筐滿跑夫日益隄日高而全隄乃漸次築竣凡小月隄比舊月隄加高三之一厚倍之凡舊月隄至老隄角皆加高三尺培厚二十尺𥓓則鐵鑄之欲其重也脚則樁夾之致其堅也隄外築九壩者遮遏溜也隄身壩身多甃以磚石者禦波濤也隄內楊林湖東浚溝八百六十丈廣八尺深六尺者使湖水疏消不撼隄脚而湖地亦涸出可耕也是役也前後借帑銀一萬五千二百兩不敷用予獨捐銀一萬二千兩有奇非予之能捐而予之不能不捐也蓋土塘積淤

人不能立架橋築路如是者糜千緡嫩淤似漿水多於土累十得三如是者糜幾千緡而又申之賞給日散錢二十萬如是者又糜幾千緡然非積淤則地盡沙將何築之故糜資予所樂也又況隄者蒲圻之隄而郎予之隄也則挽月加培釘樁築壩甃石浚溝各工皆非得已也若夫炎風冷雨嘗之兩年此則味外有味予嘗祕之不以告人也是爲記

附知縣勞光泰築隄祭文嗚呼噫嘻隄之潰決五年於斯天心仁愛豈亦有詞雖則有詞神其鑒茲方先春之來築亦有望於防維無何洞庭水發立見傾危憶五月之壬辰日日將落而未落時江中有物非熊非羆一聲霹靂十色離奇旣起復沒水波無澌越日甲午西風暴吹黑氣一條來觸隄基隄竟殆而嗚呼噫嘻物先自腐也而後蟲生之隄自不固耳於此物乎何疑今復補築敬告神知爲言此物遠處遷移如或不移神其鑒茲知縣七品官耳乃

天子之有司將爲請於

天帝將爲告於

地祇斬以旌陽之劍擊以佛郎之機至此乃移移之已遲嗚呼噫嘻敬告神知築隄不固神罰我私築固復潰着生何依惟有感於此物故與神乎是期嗚呼噫嘻神其鑒茲

宣公隄在蒲圻縣西北盤石湖旁明萬歷四十六年知縣宜大勳築康熙五十七年王遴秀重修

沙子嶺路隄在縣河北明知縣林增志修道光十六年謝立勳重修河岸亭上雲慮同修

黄土隄在縣西四十里

鴨兒湖堤在縣西車埠

畢家畈堤在縣西黄土園

葛家堤在縣西新店

任家垸隄在縣西南四十五里

蒲圻河至陸溪口出大江邑西北近水西長黄土皂潭等處最卑下尤易浸沒春夏之交自崇通而下積水泛溢動輒經旬爲山水害自沔漢而上川江漲入由北而

東爲江水害乃承天隄防又以蘊水爲害也天下郡國利病書

蒲圻縣志

賦役

漢蕭何入關收秦圖籍田畝丁口之數於是可稽而以田出賦以丁出役傳及唐宋大率相仍王安石議上僱役法益變更之始也明龐尚鵬巡按浙江奏行一條鞭法民便之然行不甚廣又其後悉編戶口賦以丁加歛仍苛也我

朝廣其法去其苛康熙五十二年

諭旨戶口滋生永不加賦雍正七年武隕八府歸州一州丁銀隨糧攤派均匀

思何渥歟蒲人習苦勤於耕田戶口亦日益將拜舞以

登之志賦役 軍田雜税蠲賑附

明洪武中戶五千二百四十口三萬五千八百九十七永樂中戶四千九百七十二口四萬四百四十九宣德中戶四千九百四十口四萬八百一十七成化中戶四千八百八十九口三萬六千四百一十五宏治中戶五千五十九口七萬一千八百九十四正德中戶五千一百五十口七萬一千八百九十五嘉靖初戶五千三百六十五口七萬一千九百一十隆慶中戶五千七百口七萬三千三百一十一萬歷中戶五千七百口七萬三千三百一十一天啟中戶五千七百口七萬三千三百一十一崇禎中戶八千九百七十口七萬五千一百九

十九
皇朝順治四年編審人丁凡年老殘疾并逃亡故絶者悉行
豁免
順治五年編審責成州縣印官察照舊例造冊年六十
以上開除十六以上添註
順治十七年覆准直省每歲底各將丁徭賦籍彙報總
數覈戸口消長以定州縣考成
康熙三十一年直省編審人丁俱造花名徵銀科則細
冊送部
康熙五十二年
恩詔據康熙五十年丁冊爲常額續生人丁永不加賦

康熙五十五年
恩詔以新增人丁補足舊缺額數如有多人之丁歸入滋生冊
內造報
蒲圻原額人丁二萬一千一百八十丁每丁每年除優免外科則不等衆原額并加增每丁該銀一錢九分四厘五毫五絲七忽五微四塵三纖八渺該銀四千一百
二十兩七錢二分八厘七毫七絲七忽八微一塵七纖
七渺內
原開除康熙四年奉文豁免運夫人丁一百三丁豁除丁
銀二十兩三分九厘四毫零
康熙十一年增人丁一百三丁四十五年增二丁五十
年增二丁丁銀俱照丁派增

以上額內額外人丁共二萬一千一百八十四丁
共徵丁銀四千一百二十一兩五錢七厘七忽九微九
塵二纖九渺遵奉
恩詔以康熙五十年丁冊爲常額雍正六年彙同不在額徵丁
銀以內之優免丁銀一百一十五兩六分八厘零於詳
請丁隨糧派案內自雍正七年爲始歸入闔省錢糧均
攤帶徵每糧一兩派徵丁銀一錢二分九厘六毫四絲九忽零以該縣實徵糧銀扣算共該徵
銀二千七百八十六兩二錢七分四厘二毫零計減原徵丁銀一千四百五十兩三錢八毫零
自康熙五十五年至乾隆三十七年停止歷次編審滋
生人丁二千二百七十四丁欽奉

恩詔永不加賦
總督邁柱請丁隨糧派疏曰湖北一省有田之家田連
阡陌所輸丁銀無幾貧民糧僅升合所輸丁銀獨多蓋
緣地賣丁存而富豪多與胥役勾通改換裁派以致按
冊有丁追呼無業貧民偏受其累今據湖北武昌布政
使徐鼎詳稱湖北丁銀止天門一縣前經題請隨田起
丁民各稱便而武鄖八州歸州一州共計人丁四十五
萬三千四十三丁一斗零應徵丁銀一十二萬五千八
百六十四兩九錢八分八厘零自應查照山東江西等
省之例以通省丁銀攤入通省地銀之內一例輸將今
查雍正五年民賦冊內除應城縣膏稅沔陽州柴山官

地租共銀一千一百九兩九錢七分四厘零又除丁糧
外派之乾魚蔴鐵湖課線膠等項無庸攤派外合計通
省民賦更名條餉優免南糧驢脚米折歸併屯糧帶派
地租匠役班價麂皮京顏籽粒計料補徵歲貢及雍正
六年增墾並恩施縣民屯餉銀等項共銀九十七萬八
百八兩一錢七厘零以通省丁銀均勻攤入每錢糧一
兩合攤丁銀不過一錢二分九厘有零又有武昌襄陽
等十衛所共徵人丁一百四十三兩八錢以通省成熟
屯銀四萬八千七百二十八兩二錢一分零攤派每兩
該徵銀三厘所增無幾而課額實爲公平自雍正己酉
年爲始照通省攤勻地丁數目飭令各州縣衛所造冊

徵收至續報勸墾及自首隱墾歲報陞科應請暫緩攤
派再遇編審之期另將通省丁銀與通省舊額新陞之
糧均勻攤派等情臣查丁隨糧派均平徵收富者所增
無幾而貧者受益靡盡永無出入增減之弊實於
國賦民生大有裨益
雍正七年覆准各省丁銀均攤入地糧內徵收
一土田
原額田三千五百五十二頃八十九畝一分九厘內
上田八百三頃六十七畝六分六厘（每畝科秋粮米麥五升三合九勺九抄九撮九圭五粒九粟每石派銀八錢八分五厘三毫五絲五忽九微三塵八纖五渺每畝科桑稅絲六分四厘零秋粮內帶派）
中田一千一百五十一頃五十五畝八分六
厘（每畝科秋粮米麥四升六合每石派銀視上田每畝桑稅五分五厘秋粮內帶派）下田一千
一百二十頃八畝三分一厘（每畝科秋粮米麥三升五合四勺八抄六撮七圭一粒九粟每石派銀照前例每畝科桑稅絲四分六厘七毫零秋粮內帶派）
山鄉田二百一十頃四十八畝五分五厘（每畝科秋米麥二升每石派銀照前每畝桑稅絲三分七厘五絲零秋粮內帶派）水鄉田二百六十七頃八
畝八分一厘（每畝科秋粮米麥一升七合每石派銀照前每畝科桑稅絲二分五厘秋粮內派）
原額地二千一百二十二頃九十六畝六分七厘（每畝科秋粮米九合二勺六抄一撮每石派銀照前每畝科大麥五勺八抄七撮六圭五粒五粟小麥四勺四抄五撮三圭一粒九粟夏稅絲一分四厘八毫零桑絲一毫三絲八忽零俱秋粮內派徵）原額塘二百三十六
頃八十四畝八分九厘（每畝科秋粮米一升八合五勺二抄一撮零每石派銀照前每畝一合四勺七抄八撮五粟夏稅絲三分四毫五絲零桑絲七毫七絲零）

以上原額田地塘共五千八百九十二頃六十四畝七
分五厘
額載秋糧米一萬五千九百四十九石七斗六升一合
三勺
帶科大麥一百二十三石五斗一升八合五勺（每麥二石折米一石）折實麥六十一石七斗五升九合二勺五抄
帶科小麥一千五十四石五斗八升六合五勺米麥共
一萬七千六十六石一斗七合五抄（內有免粮麥一千七百四十七石每石派銀五錢五厘八毫零無免粮麥一萬五千三百一十九石一斗七合五抄每石派銀九錢一分七厘零有免無免）
額徵併加增共銀一萬四千九百八十二兩三錢九分

七厘零內原載有班匠四十一兩四錢乾隆年間删除班匠名色統歸地丁條編造報
稅桑二絲一千三百七十九觔一十二兩五錢八分秋粮內帶派
雍正十二年首墾民賦額外田地塘共一頃一十五畝
五分一厘六毫零
該米麥一石五斗二升一台七勺九抄零
該條銀一兩三錢九分六厘四毫零
九厘地畝餉每秋粮麥一石派銀二錢九分八厘零該銀五千九十兩二
錢一分八厘七毫四絲又雍正十二年額外首墾陞科
餉銀四錢五分三厘八毫零
以上人丁田地及額外首墾九厘餉優免丁並墾派丁
銀等項共銀二萬四千三百三十一兩三錢二分六厘
零內除豁免運夫丁銀二十兩三分九厘零除丁隨糧
派應減人丁銀一千四百五十兩三錢八毫零除優丁
銀一百一十五兩六分八厘零除乾隆二年墾帶丁銀
二錢四分五厘零查優免丁及墾帶丁銀後另款作收以符縣額總數
實徵銀二萬二千七百四十五兩六錢七分二厘零
起運
戶禮工光各部寺條餉共銀一萬五千一百四十兩九
錢四分三厘零內除奉撥
關帝三祭及支給奉復廩糧共銀八十三兩七錢四分六厘
又除驛站夫馬支應等項不敷動支正項銀一千四百

五兩六錢八分六厘零俱入撥存項下彙造外該額銀
一萬三千六百五十一兩五錢一分五毫零內除豁免
運夫丁銀一十一兩一錢八分五厘零又除閏省均攤
應減銀一千四百五十兩三錢八毫零
實徵銀一萬二千一百九十兩二分四厘零
存留
撥運供支官俸役食祭祀廩糧等項原額共銀四千七
百四十六兩二錢三分六厘零內
總督 撫院 學道 知府各處吏書操賞門子快手
青辦心紅紙張棹圍傘扇修宅家伙共銀一千三百四
十八兩八錢自順治九年起至康熙二十六年止各項全裁

知縣俸薪存銀四十五兩門子存銀十二兩皂隸存銀
九十六兩雍正六年奉文撥給仵作及學習仵作工食餘銀七十八兩仍給皂隸馬快存
工食銀四十八兩乾隆十六年改名捕役民壯存銀二百五十二
兩查此存留民壯於乾隆元年每名每年加修理器械銀一兩共銀四十二兩係在司庫前裁民壯工食款內支給不在該縣額徵之內乾隆二十七年港口驛丞改爲巡檢撥給民壯四名工食銀二十四兩加增銀四兩禁卒存銀四十八兩轎傘扇夫存銀四十二兩庫子
存銀二十四兩斗級存銀二十四兩
縣丞俸薪存銀四十兩門子存銀六兩皂隸存銀二十
四兩馬夫存銀六兩
典史俸銀三十一兩五錢二分門子存銀六兩皂隸存
銀二十四兩馬夫存銀六兩

巡檢羊樓司雍正五年裁其俸工銀兩改給粮道庫大使支領俸銀三十一兩五錢
皂隸存銀一十二兩
港口巡檢係乾隆二十七年以港口驛丞改設俸銀給支俸銀存三十一兩五
錢二分皂隸存銀十二兩
教諭訓導存俸銀三十一兩五錢二分齋夫存銀三十
六兩門子存銀二十一兩六錢膳夫存銀一十三兩三
錢三分零廪生支領
撥運
科舉存銀二十五兩三錢八分解費存銀一錢二分六
厘九毫時憲書銀九兩五錢五分一厘零解費銀四分
七厘零

均徭
協編各巡司弓兵徭編永充存銀五十九兩六錢五分
八厘奉文裁蒲舖兵工食訖內石頭口徭編六名永充七名土門界徭編六名羊樓永充三十五名
各鋪司兵徭編永充共銀四百四十七兩二錢九分三
厘內鳳山鋪徭編五名永充五名慈懃石子崗官塘三鋪各徭編五名永充二名下壠龍坑二舖各徭編五名永充一名蓼坪舖徭編五名永充四名洪不來由自石五洪磨家嵜港六舖各徭編五名永充三名以上徭編每名銀六兩帶閏銀一錢荆港鋪永充二名徭編一名每名銀五兩閏銀八分三厘三毫
羊樓司應役弓兵存銀三十兩五錢撥補舖兵工食
北河渡夫存銀八兩迎送皂隸共銀五十兩八錢三分
三厘四毫
祭祀雜欵
文廟二祭銀四十兩
啟聖祠二祭銀七兩
社稷壇二祭銀十兩
山川壇二祭銀十兩
名宦鄉賢二祭銀七兩
厲祭壇三祭共銀十一兩
香燭米存銀一兩五分
雎陽白石各一祭銀二兩
厲祭米折銀一兩二錢二分
以上各項祭祀均祭案內按欵增減餘銀五兩四分歸
入起運項下

鄉飲二次存銀六兩歲貢生盤纏花紅等銀十二兩對
讀生書手存銀二兩六錢六分六厘零刊錄梨板存銀
三錢八分三厘三毫五絲新舊會試舉人共銀二百八
十八兩三年一次每年該銀九十六兩存銀六十四兩餘銀三十二兩撥補舖兵
其長夫銀按年解交司庫派給縣倉內原派剩銀四錢一分零四粮議作孤
老銀十八兩布花銀三兩備用存銀六十三兩四錢撥給
舖兵工食
部寺解費銀十八兩一錢二分五厘四毫零
各欵共合原額總數內除順治九年至康熙二十七年
裁歸起運彙報銀二千七百二十二兩四錢五分四厘
六絲外

存留銀實額二千二十三兩七錢八分二厘一毫零謹遵
賦役全書著其存數其奉裁者從畧焉
添設廪糧四十八兩
武廟三祭銀三十五兩七錢四分六厘內除均祭案內餘銀五兩四分適合每年
奏銷冊總數
前銀內除故丁銀二兩六錢二分八厘零加入撥歸存
留項下補給縣學膳夫缺故丁銀一分七厘三毫零
實共徵銀二千九十九兩八錢七分六厘零
添撥各項
教官加品俸四十八兩四錢八分司庫丁銀內支給
添設港口巡檢民壯四名工食銀二十四兩又增器械銀四兩俱於本縣民
壯內撥給

先農壇祭銀五兩奉文將耤田存谷變價動用及司庫存公銀內湊給
常雩祭銀五兩司庫存公銀內動支
驛站
本縣驛站夫馬原編額徵銀四千五百二十五兩九錢
三分九厘八毫其各驛現設驛站夫馬支應等項開列
於後
原設排夫實存一百一十名共銀八百五十兩二錢乾隆四年奉文扣除小建遇閏加增
本縣合併鳳山驛脚馬實存馬五十四匹工料等銀一千
一百三十七兩二錢支應存銀一百五十兩

官塘驛實存馬五十四匹工料等銀一千一百三十七兩
二錢支應存銀一百八十一兩八錢一分八厘
港口驛新設摃夫六十名共該工食銀四百四十兩四
錢五分一厘零實存馬五十四匹工料等銀一千一百三
十七兩二錢支應存銀一百八十一兩八錢一分八厘
兵部項下
秋糧折色起運
江濟水夫二百六十二名每名銀四兩九分五厘共銀一千七十
二兩八錢九分每百兩京摃銀九錢該銀九兩六錢五分六厘一
毫
支本縣正項抵各處協濟銀一千四百五兩六錢八分

六厘零
二項連前原編額徵驛站銀七千一十四兩一錢七分
二厘零內除豁免故夫丁銀六兩九分二厘零
實徵銀七千八兩八分內有每年夫馬工食工料等項
應於本縣額編驛站銀內動用五千一百七十兩八錢
八分七厘零又驛站項下酌用買補馬價銀四百一十
四兩五錢四分八厘零編設紅舡水手工食銀二百三
十四兩七錢六分其裁減夫馬支應等銀一千一百一
十四兩六錢八分四厘係另欵觧交道庫支用並移司
充餉奉裁各項照賦役全書僅載總數餘從畧
隨漕

楞木松板銀十一兩六錢七分八厘八毫
運糧官軍行月二糧米七百七十石九斗六升每石折銀四錢
該銀三百八兩三錢八分四厘
江西運糧官軍行糧米四十六石六斗七升八合九勺
每石折銀五錢該銀二十三兩三錢三分九厘四毫五絲
三六耗蓆輕賫銀五百四十兩一錢四分四厘五毫每兩
餘推損銀一分該銀五兩四錢一厘四毫零
淺船銀六十七兩九錢二分
盤費銀三錢三分九厘六毫
部解運官盤纏銀六兩六錢
安家月糧銀四百八十三兩九錢二分七厘五毫
隨漕共銀一千四百四十七兩七錢三分五厘二毫九
絲五忽
雍正十二年額外首墾陞科銀一錢六厘一毫六絲二
忽二微五塵零
二共額徵並陞墾銀一千四百四十七兩八錢四分一
厘零內除豁免運夫丁銀一錢三分二厘八毫零
實徵銀一千四百四十七兩七錢八厘六毫零
兌軍本色正米每秋糧一石派米一斗七升一合八抄一撮七圭該正米二千
九百一十九石七斗每石耗米四斗該耗米一千一百六十七
石八斗八升
雍正十二年額外首墾陞科正耗米三斗六升四合四

勺九抄零
兌軍正色正四米四千八十七石五斗八升每秋糧一石派米一
斗七升一合八抄一撮七圭每正米一石耗米四斗
康熙十一年加贈貼二斗共贈貼米五百八十三石九
斗四升雍正十二年新墾米正四二耗共四斗一升六合五
勺六抄二撮七圭五粒六粟
南糧本色正耗米每秋糧一石派正米一斗九升六合五勺七抄六撮七圭每正米一石耗
米二斗五升共四千一百九十三石五斗雍正十二年新墾
米三斗七升三合九勺三抄七撮四圭四粒另正米一石里納舡
驛腳米一斗五升每石折銀一兩以二錢給解役餘八錢充餉共銀五百三兩二
錢又雍正年新墾折腳米銀四分四厘八毫零上共銀
五百三兩二錢六分四厘八毫零
加徵麂皮京損銀一兩七錢二分二厘七毫
湖淵雜課
北南乾魚正損銀二十兩九錢三分六厘零
熟鐵線膠正損銀一百二十九兩五錢三分八厘三毫
零遇閏加銀八兩三錢六分五厘七絲五忽
本府魚課鈔銀三十七兩四分五厘八絲內長河湖銀二十七兩四
分五毫遇閏加銀五兩九錢三分零真湖餘利十兩
活鹿狐皮正銀五兩六分三厘九毫五絲捕戶出辦
官地租銀二十三兩九錢四分奉裁入餉
優免充餉銀八百三十四兩五錢五厘一毫九絲優免丁銀

在內
乾隆二年墾帶丁銀二錢四分五厘
藉田租谷五石 每年除一石五斗完納條糧存租三石供祭祀
更名田地四十頃九十二畝共徵銀一百六十九兩八錢四分八厘

屯田

武昌左衛存縣冊載各軍屯糧九百五十四石三斗零征屯餉銀五百三十五兩八錢零又征屯帮銀三百一十八兩五錢零加津米三十九石九斗零征加津銀五十一兩九錢二分

按武左衛各軍屯糧每存軍糧一石例征司庫屯餉

銀五錢六分一厘五毫征道庫漕項屯帮銀五錢每絕米一石征司庫銀同前征道庫漕項屯帮銀三錢加津每糧一石征加津銀一兩三錢 以上均係兩庫錢糧無漕項米石

江南徐州衛屬坐落本縣軍戶丁口一千四百三十名每年額徵津貼贍運銀三百零四兩五錢六分五厘解本省藩庫 係赤軍無屯產

雜稅

牙稅銀八十五兩一錢
當稅銀三十五兩 每年開歇不一無定額 茶稅銀四十兩
田房正稅十五兩二錢一分 盈餘儘解 牛稅銀 儘徵儘解

蠲賑

明

嘉靖二十三年甲辰秋九月賑災 通志按舊志知縣李桂賑
天啟五年署縣曹應聘賑 舊志

國朝

順治九年壬辰夏五月大旱蠲免本年錢糧十之六 通志 按舊志知縣戴城名請蠲奉旨蠲免本年田租十分之四邑人張拱璧出谷千餘石設粥哺濟
十八年辛丑夏五月賑鄖有差 通志
康熙三年甲辰官兵剿西山賊李來亨等役民夫運米多有死者至是賊平蠲免亡丁錢糧 通志蠲免本年錢糧十之三 志稿

四年乙巳秋蠲賦賦穀如泥農民苦之蠲免本年田賦十之一 通志
九年庚戌知縣張圻隆捐俸賑救 舊志
十年辛亥蠲免康熙六年前地丁錢糧 湖北通志秋免本年錢糧十之三 志稿按舊志知縣張圻隆請蠲請賑上委通城知縣丁克揚勘災奉旨蠲免本年田租十分之三知縣張圻隆仍發廩捐俸賑之民以全活
二十五年丙寅蠲賦先於二十四年奉
詔蠲免湖北二十五年錢糧一半二十四年錢糧全行豁免 志稿按舊志免秋糧
二十七年戊辰奉
上諭豁免康熙十七年以前民欠漕項銀兩米麥有差 湖南通志

按舊志免地丁錢糧
二十九年庚午武昌等三十五州縣饑賑穀共八萬二百二十八石有奇又米九萬五千八百五十六石有奇舊通志按舊志是年發賑
五十一年壬辰蠲免地丁錢糧及歷年舊欠舊通志
雍正五年丁未奉
旨將本年錢糧全行豁免已經完納者准作雍正六年應完之項通志聖制
八年庚戌奉
旨蠲免額徵錢糧通志聖制
乾隆元年丙辰奉

上諭將未經攤減之丁銀全行豁免通志聖制
十年乙丑奉
上諭將乾隆丙寅年應徵錢糧遍行豁免一次通志聖制
三十一年丙戌奉
上諭全行豁免漕糧一次通志蠲卹
三十五年庚寅奉
上諭蠲免地丁錢糧一次通志蠲卹
四十二年丁酉奉
上諭蠲免地丁錢糧一次志稿
四十三年戊戌冬十月奉
上諭蠲免漕糧一次通志蠲卹
四十四年己亥於正賑畢加賑一月口糧通志蠲卹
五十年乙巳奉
旨特發帑金賑卹
五十九年甲寅奉
上諭蠲免六十年漕糧一次通志蠲卹
六十年乙卯奉
上諭蠲免嘉慶元年地丁錢糧一次通志
嘉慶元年丙辰奉
旨未經被賊被水各縣應於丁巳戊午蠲免一次
二年丁巳春正月奉
恩詔普免又蠲緩應徵錢糧

三年戊午春正月奉
恩詔普免
四年己未給修房屋銀
七年壬戌緩帶節年錢漕等項
八年癸亥春正月欽奉
恩詔蠲免民屯正耗錢糧一分又地丁錢糧全行豁免通志
嘉慶十二年欽奉
恩詔是年下忙錢糧漕南二米一併緩徵
嘉慶十六年欽奉
恩詔是年下忙錢糧漕南二米一併緩徵
嘉慶二十五年欽奉

恩詔是年漕南二米全徵下忙錢糧緩至道光元年秋後帶
徵
道光十一年辛卯欽奉
恩詔是年近水之官橋汀泗郭連池江坪下方橋馬獅黃龍
車埠楓橋龍坑小栢洪山官田新店劈精斗門臼駒黃
土一十九團下忙錢糧及漕南二米緩徵因節年水災
欽奉
恩詔所有十一年被水錢漕俱緩徵
道光十五年乙未欽奉
恩詔漕南二米分別輕重緩至十六年帶徵

蒲圻縣志

祠祭

史遷封禪書論次自古以來用事於鬼神者而
縣邑以下諸祀闕如味其義例蓋宜闕也厥後
諸史志目不同漸加詳焉
國朝會典禮部凡祭祀及僧道等事皆屬之祠祭
司而祭祀日期又先須發州縣遵而行之然則
祠祭之統繫廣矣蒲人質直而祭祀猶豺獺之
自然則有之矣今縣內所有載在祀典者以及
民間之所崇報並條志之以昔賢墳墓附若至
俎豆珪幣之詳獻酬之禮會典已著之不復述

志祠祭

先農壇在縣河北龍翔山道光十七年知縣勞光泰改遷城西馬鞍山
社稷壇在豐樂門外
風雲雷雨
山川
城隍神共一壇在南門外
文昌祠在朝陽書院內
關帝廟在北門內康熙十年知縣張圻隆捐俸率生員朱眞張文光張瑜光張璪光余開熙等建
城隍祠在仙遊坊明洪武元年知縣柯日新建成化七年知縣葛鳳儀修天啟四年知縣吳炳五年署縣曹應聘六年知縣尹洸邑人魏說重修崇禎三年知縣林增志加修康熙元年張覲光募修有碑雍正二年熊選等募修有碑鄭宗仁魏說有記載舊志

黎淳城隍廟記都御史繁昌吳公巡撫湖廣之明年
是爲成化七年東作甫興蒲圻稱旱公旬宣屬縣憂
形於色所至潛心默禱爲民懇祈一臨蒲境大雨霈
然三日乃止公猶不自以爲功諭其民曰甘澤有感
豈無神靈相佑乎父老曰茲土惟城隍廟神屢著靈
異公曰得之矣翌晨躬詣廟禱焉仰瞻屋廬穿漏日
光俯覿廊砌泛濫潰潦卽時出令圖鼎新知縣天津
葛侯鳳儀釋褐冑子來司民社事神治民権心尤謹
經營區畫方畧備周詎始是歲五月畢工十月建正
殿五楹高二丈五尺八寸廣三丈四尺深二丈三尺
後殿三楹高一丈五尺八寸廣二丈四尺深二丈外

豎大門周建廊廡四圍各築垣墉環植樹木美輪美
奐雄魁一方縣民封羊釃酒日來祈報足以昭明靈
延福慶矣太史氏乃爲之歌曰楚山儲秀兮蒲水流
祥神贊其陰兮人理其陽神人合德兮永福此方
王雲翔告城隍驅虎文吏治蒲之陽神理蒲之陰皆
蒲民所托以爲命者也一邑中有一不得所吏與神
將安賴焉翔不德涖蒲且二載實有苛政未能屏除
丁巳春盎以猛虎爲虐白晝食人翔齋戒告神神靈
赫濯多虎授首百姓感神庥乃餘兇未盡潛伏又起
嗚呼百姓皆翔與神之赤子也豈可容此孽獸縱威
逞暴狂吼怒搏弱肉強食骨委林莽血濺山谷家人
呼號之慘道路悲酸神與翔其忍聞此乎今翔率合
邑士民詣祠環籲於神神不鑒吏之誠亦宜哀民之
命未可竟漠然聽也夫吏以百里之寄仰承
聖天子威靈將糾此一邑之衆鼓其悲憤鬱結雄悍猛鷙之
氣亦足窮搜極獵焚山林洗窟穴盡殺此醜類以慰
死者魂以奠生者魄而必以告神者蓋以天地之大
無所不育狉獉獰猾之儔各有安處爾神誠能排闥
九閽請上帝命吏有罪誅吏民有罪亦誅吏神有罪
則易置虎有罪則殄滅其渠魁而陰遣其遺類決於
今日一舉也倘幸其災樂其禍長此孽虫爲居民難
吏不肖將別有所從事謹告

勞光泰霖雨頌并序歲乙未夏旱予禱雨他廟弗應
再禱雨弗大取水荆泉取水掘泉徒步往來足幾殆
膝跪欲穿睍視田間盡裂乃悵然曰皇天震怒使旱
至此惟城隍神與予同器共治神治其幽予治其明
皆與有責焉設壇廟中住宿虔禱時六月十五日也
至十八日壬寅之間夢寐中如有人告曰雨至矣起
視堂階盡濕雨已歇然油雲尚興至午初雨大集酉
正坑谷俱滿門外賀者踵至忽有人自劈精來報飛
蝗往視則見劈精白駒車埠官田蕭橋等處咸有
旱象捐俸錢令各設壇禱雨並捕蝗予住宿車埠壇
所晨起先禱於神隨詣各壇如是者五日得雨四蝗

盡滅由此言之神之惠愛斯民者蓋亦至矣予於是回署治事與神同休惟天作雨日仍一次至閏六月初三日乃止田苗復茁百姓道路相告皆以爲不期復見豐收之年無何復旱竟至歉收然已遠勝他縣本年應徵漕南米石既分別展緩百姓習知予之勤苦亦弗予怨且有以爲德者而神之勤苦則予盡知之蓋惟治明者可以知幽亦猶治幽者之必能知明也神屢効靈而雨澤尤不可没故作頌爲其詞曰

稼穡惟寶雨澤是滋果孰使之不扶而萎如草斯摧如茅斯拔日車炎炎既燒既割農夫聚嘆欲灌無泉老蛟潛遁蟄龍穩眠嗟乎誰者實官斯土行薄治乖

禍由汝買乃省其疚乃設其誠荆泉掘泉躬親往迎亦有霂霢霑潤其趾奈何久枯依然委靡乃誓於神與神約期我罪神篤神罪天知今我既來神亦宜往請罪於天甘霖可賞油油黑雲浩浩長風雹爲之擊雷爲之攻共挾雨師翻然下來吸噴怒濤如傾如瀉外來賀者塞路塡門中有叟曰蝗集其原昨日飛來尚可撲滅束裝就視靈壇四設神爲導引復得甘霖五日四下蝗不能禁自是以還日仍一雨蝗滅苗青歲稔可謝無何復旱不結其實亦有豐收非神之失神則勤矣皇天念斯我復何事聽神之爲惟我與神誼實相親用書神德垂頌千春

厲壇縣河北舊通志載在縣北使星坊萬歷中遷西門外崇禎四年知縣林增志修名漏澤園

虞帝廟在龍翔山西

水星廟在縣市北水門內

龍王廟在荆泉山

孫王廟在西門外

侯王廟在仙雲觀下祀吳鎭牧魯肅陸遜

葛仙祠在縣南二十里丫髻山祀晉葛洪

顏忠烈祠在縣白石山合祀顏眞卿杲卿允臧八月十五縣令致祭

張忠烈祠一在治東一在五嶽觀一在神山俱祀張巡

謝師啟張忠烈廟碑記蒲邑祀睢陽張公自祀顏平

原常山兩公始公威靈無處不著而特顯於蒲故蒲人士祀之亦最虔祠在邑治南五嶽觀之左規制迫狹余自諸生時已厭之萬歷己丑祠災余過其遺址低廻久之卜庚寅季春八日鳩工庀材重爲建廟至其時而余仲子自怡生越七月十七日置修建始末於其臟遵俗例也則曩爲公建廟者卽邑龔氏亦前庚寅七月十七日也異矣

王墩廟在大田畈祀三顏公明縣令曾栻死節處

天妃廟在河北龍翔山右祀臨水夫人

天符廟在北門內

宜公祠在盤石湖隄祀知縣宜大勳王遴秀

延壽寺在縣治疊秀山唐永正間建
黄廷堅延壽寺詩積雨靈香潤晚風紅藥翻盥手散
經帙烹茶洗睡昏野僧甚淳古養拙賁邱園風懷交
四境蓬藋底百椽山林卑壞歟可為知者言而我與
人樂因之名此軒孟夏煦萬物草木紛郊原隔牆見
牛羊定知春爭繁我初未覺爾宴坐嗽靈根諒知岑
寂地竟可安元元
大士閣在西門外二里大沙洲有丈六金像
李棄遊大士閣詩一閣深寒疎柳邊蓼紅沙白雨悠
然偶除榛莽成花逕漸納雲霞見佛天山月到門將
化水河魚聞磬欲銜煙且数清梵低聲唱莫破鄰村

野老眠
遵通志府志存其大者餘見舊志及鄉里圖考
名宦祠祀唐令鄭元璡丞李必聞宋令朱壽尉陳慶勉
元王縛侯玉明知縣柯日新黄廣錢昭吳俊周洪羅列
張瑜汪有功教諭朱鑑馬進階吳復清林民止訓導馬
敬縣丞汪顯
國朝祀
鄉賢祠祀宋賁師古任獻夫元何槐孫明魏觀李德肅
龔晟仵紳仵瑜張東周龔艮傅魏溶魏正初魏翼如魏
詔魏裳王艮讀王允茂王愷盧中胡堯元黄煜胡堯凱
謝存儒謝鵬舉何思登馬天錦魏說王台彥鄭之亮

忠孝祠祀李甲李為崧李方弼盧塗益
節孝祠祀古今十五人貞女一
純陽祠在金疊山
陶金銓純陽祠記附武郡有黄鶴樓長沙有岳陽樓
楚省巨觀也而皆設呂祖像於其上大都宇宙名區
勝蹟每為仙靈所駐邑城金疊山在唐為學宮在宋
為道院在明為鳳山書院山之麓有純陽祠僅存故
址陳竹軒先生以其距宗祠甚邇眷懷古蹟遺命其
少君少峯買地充拓倣舊重修并囑子弟讀書其中
亦香火緣也乃意未遂而先生逝矣少峯恪遵遺命
庀材拮据規模粗就予以小子淳瀛受業於門每造

其地饒有城市山林之趣談論竟日流連不欲去思
呂公以兩舉進士不第脫然塵表靈爽尚在人間近
經
欽頒春秋祀典依會典所載致祭眞武廟用果食祭品地
方士民自行供奉一體遵照蒲邑廟宇甚多而純陽
祠僅見異日告厥成功邑人士往來游詠以人之傑
相地之靈黄鶴岳陽易地皆然而山不在高不當與
楚省名勝同傳不朽乎

墳墓

紫竹墳在縣署內西邊漢御史中丞駱翰墓

宋陳求道墓在縣東二四都與陂舊志今石坑圍徐氏牆屋內道光十六年知縣勞光泰勘明豎界詳

宋周登仕墓在新店新溪書院後

會之封識周登仕公墓碑文附新溪周子登仕者宋進士官西安府尹事業文章彪炳矣其葬處世相傳陰婆山麓也日月遷流漸就崩毀予嘗目擊心傷謀所以修之者而力有未暇也歲春遊芝山偶經其地淒然復覩斯冢之頹然於荒煙蔓草中也公子孫其衰矣復徘徊久之越翼日偕予兄平甫歛金錢如干督

工修理尋勒碑以志夫碑之爲言悲也予不徒爲公悲且爲公賀也悲者何悲周子墓之爲荒土也賀者何賀荒土之爲周子墓也知之者固將過而生敬而採樵亦莫之病也死士之壟視生存者之華屋何如也

明魏觀墓在新溪燈窩山

明中極殿學士黃子燈墓在縣郭家潭之皮靴山

明汪洪墓在望夫山

明仵瑜墓在盤石湖上畈仵家山

仵瑜　諭祭文附維隆慶元年三月丁卯　皇帝遣翰林院編修汪鐔諭祭禮部主客清吏司主事贈奉議大夫光祿寺少卿仵瑜曰卿以剛毅之質通敏之才擢秀甲科拔仕禮曹屢進嘉言賢望素著士推喬嶽民仰福星在我先朝實深眷注既而議禮率衆抗言力犯雷霆之怒遂至杖下之斃忠精貫日直節擎天朕初嗣位深切傷悼已加卿佐之御用慰泉壤之痛然爵位虛贈表揚未盡葬祭特頒庸彰異數英靈如在尚其歆承

蒲圻縣志

名宦

本循吏而爲名宦葢一方之志不得與史同又所以別人物也蒲自設縣爲循吏者史屢著之矣我
朝澄敘官方作吏尤多廉幹而蒲之人既尸而祝之或口碑載之今並采掇事實志名宦

三國吳鎮牧

呂岱字定公廣陵海陵人嘉禾三年領潘璋士衆屯陸口徙蒲圻孫武昌爲兩部自武昌至蒲圻爲右部岱年已八十清身奉公所在可述子凱嗣爲副軍校尉監兵蒲圻吳志本傳

唐令長

鄭元璹鄭州滎陽人漢大司農當時之裔魏鴻臚少卿允伯元孫也唐武德初平蕭銑郡縣湖南元璹首爲蒲圻令時值西良水淤卸疏請改邑治於鳳山監地建署宇開學校闢土田定經制子楚材爲青州司馬後族皆入相者九人

宋令

朱　壽揚州天長人紹聖中爲蒲圻令拓學校興文教民俗歸厚官至少卿

簡世傑字伯俊江西靖安人隆興元年進士爲蒲圻令政本豈弟行之以信不設科條民不忍犯湖廣總志

汪　泳字若游徽州休寧人乾道五年進士歷湖口縣主簿淳熙十五年擢知蒲圻修學校能政上言王者仁政必自均力役始孝宗嘉納之遷大理寺丞出知泰湖處三州轉中奉大夫封休寧縣男子棐龔蔭總志作汪詠

薛儀老温州永嘉人端平三年授蒲圻令嚴明精敏作新學校先是紹興末有同族季宣者令武昌行保甲法便於民儀老悉倣而行之政通民和三年有成邑人張掖讚文紀之

元尹

王　斌至元三年爲蒲圻尹與丞簿協恭出治加意學政行鄉飲酒禮五年學宮成丞鄭仔讚文紀之

韓世輔河南人至正元年爲蒲圻尹以儒飾吏明恕清通凡編戶籍定差法惟公惟審於學宮建敬德堂邑人何天駿有文紀其事

譚天祐字壽夫茶陵人至正末由薦舉爲令臨民惠和檢身廉慎擢知湘鄉州

明知縣

柯日新平梁人洪武初知蒲圻時瘡痍未起日新勞來安集疆理土田置鄉建學民襁負而至湖北通志

丁士梅洪武初由翰林編修出知蒲圻立政卓然可觀邑人魏觀贈以詩通志

李居仁山東人洪武十年知蒲圻涖事剛決興學校徙壇壝以廉慎稱

黃　廣字業廣福建同安人洪武二十五年知蒲圻清儉沉潁外和內剛民就之如父毋時遭旱禱雨輒應士類多獎掖之永樂五年擢知德慶州

錢　昭字魯麟山東鄆城人洪武二十九年知蒲圻剛敏果斷不阿私好周知閭里利病興革悉中機宜六載以憂去

張　煜字孟晦古田人翰林學士以寧之子以寧出使安南子知蒲圻宋濂有序文

吳　俊字敏德四川安岳人永樂五年知蒲圻平恕廉潔不迂不苛未嘗峻拒於民民自勉教手植松於學宮之東民稱爲一坡松子存性以本邑籍舉湖廣鄉試

林和生晉江人永樂中知蒲圻縣勵己公廉臨民慈愛去之日行李蕭然 舊志未載照明一統志通志補入

高　鼎洪熙元年知蒲圻爲政簡重臨民寬慈處僚屬以禮時有鐵丞預修大典陞秩之邑協心贊政有哲傳簿宅憂之家厚致賻䞋王愷譔文紀之

杜　紳四川重慶人宣德三年任端慎清介不苟取與勞心撫字民德之卒於官

胡　中字遜德江西永新人初任丹陽教諭正統五年擢知蒲圻嚴而不迫和而有體每集諸生講學考課因

材授業多士用勸

葛鳳儀天津人成化七年知蒲圻爲政嚴明果斷民畏其威凡縣署學宮賓館神壇悉革而新之勤勞匪懈日不暇食 王有三

周　洪上海人成化十七年進士明年知蒲圻督農種粟麥樹桑麻驗其勤惰而賞罰之高田置筒車下隰築陂堰民賴饒洽鄉置社學學置田三十畝令生徒父毋合力耕種仍復其徭有奸法者大書木牌於其門雖權勢不避立義倉六所儲粟三萬餘石正德初大旱民猶被其餘澤 明一統志 後徵拜監察御史 舊志

羅　翊南海人宏治中知蒲圻寬仁慈惠政多循良葺學校慎令平訟獄吏民不忍欺聿徵爲監察御史 湖廣總志

徐　淮字百川廣西桂林人宏治九年進士初授溧水令十八年改知蒲圻爲人溫厚和易時徵派具有條理民賴以安擢通州

張　珮新淦人正德中知蒲圻縣規畫有法凡土田廣隘戶口多寡各集其數編糧稽田賦編丁均差徭編甲通供億編戶詰姦宄 湖北通志

李　邦字正卿四川巴縣人舉鄉貢初授江陵教諭正德十六年擢知蒲圻率由舊令張珮法事上以禮馭下以威民亦宜之擢知徐州 舊志

韓宗堯字仁卿廣東番禺人正德中由郴州學正知蒲

圻廉勤寬緩調安仁以直忤當道棄官去

范言浙江秀水人進士正德間任蒲圻令正直耿介不附權貴未久調去

方一桂字世芬福建莆田人嘉靖二年進士明年知蒲圻爲政簡肅振頹葺陋煥新文物朞年政成調宣城後拜監察御史

吳本固字道深河南商城人嘉靖八年進士明年知蒲圻政尚體要初至剏條上十二事一曰據丁糧以辨里甲二曰重委任以編徭役三曰省科派以節民財四曰捐不急以蘇民困五曰除積弊以均勞逸六曰禁公差以革騷擾七曰復社倉以便斂散八曰修橋梁以利濟

涉九曰立鄉長以息訟端十曰類錢糧以免貽累十一曰體民情以宜走遞十二曰處河泊以充課程上臺感嘉納之薦陞户部郎中

李　桂廣西全州人舉人嘉靖二十三年令蒲寬厚平恕加意撫循時連年大旱親詣各鄉勸借富民穀數千石民賴以生陞蘄州府判去任後邑父老有談及流涕者

高邦佐浙江烏城人由鄉舉嘉靖四十三年知蒲圻廉介不畏强禦公事多捐己俸不倩派里役催科以時不准私幇而解糧亦自不累之官不攜妻子惟僕從一二人陞知平度州

陳　履字德基廣東東莞人隆慶辛未進士令蒲平易近民重士醇厚篤實人稱長者調休寧去日哭聲載途立有去思碑

胡其高字汝升四川井研人辛未進士萬歷二年自蒲城調蒲圻邑治舊若曠野高始築城民獲安處今城名胡公城立有生祠在迎薰門内豎數碑以紀其德政

章嘉禎字元禮浙江德清人萬歷庚辰進士宰蒲以經術飾治與弟子員解經談文至日中方散毁邑淫祠邪俗一變時奉旨丈量公平自矢期爲蒲圖永利值父卒於途即日棄官去惜業不竟蒲民無不追思者後陞吏部主事官至通政使

高　舉字鵬程山東淄川人庚辰進士自完縣調補蒲圻性嚴明諳時務摘發奸伏各得其情徵拜監察御史官至浙江巡撫副都御史立有去思碑

吳宏濟字汝楫浙江秀水人萬歷丙戌進士任縣値戊子己丑旱饑撫循賑療不遺力訪積盜汪若海等置立斃作興學校立書院人文丕變士民誦之徵拜監察御史去有碑

葉文懋字汝功浙江龍游人以萬歷壬午舉人任武昌同知己酉冬攝篆清愼明潔政有聲親賢嗜善著有省身日錄去立有碑攝篆有碑自文懋始

倪斯蕙字禹同四川巴縣人萬歷壬辰進士丰度凝遠

才猷明達清而不刻嚴而不殘勤於課士精識鑒建立
社倉審里甲除衙蠹正風俗載所著治蒲政中七年蒲
無冤民公庭肅然內召聞者皆奔送流涕旋立碑建生
祠擢吏部主事官至戶部侍郎

王之傑字世望遂寧人萬歷戊戌進士任爲政嚴肅胥
吏凜然時給孤賑貧陞刑部主事有去思碑

汪有功字祖倩直隸歙縣人萬歷進士明毅峻潔甫到
職杖斃數盜境內以安丞貪戾屢諭不悛白按臺斥去
人稱快任滿拜南京監察御史去立碑

張光前字爾荷山西澤州人萬歷進士三十九年任持
躬端肅判事精明時糧册漫滅光前照田尋米照米尋

戶里役不敢欺奸闡揚幽隱獎拔士類任四年以艱去
邑人士立去思碑建生祠後補安肅擢吏部主事歷本
部郎中進大理寺少卿在吏部時以趙南星楊漣事抗
疏直諫明史有傳

顧其仁字湛一四川華陽人萬歷進士四十二年任俊
邁英發作興學校未幾以憂去後補東明縣擢給事中

宣大勳字蓋予雲南蒙化人萬歷進士由黃安調任吏
治明通邑西北盤石湖歲水溢傷禾大勳築堤亘十里
自是無水患名宣公堤任四年卒於官邑人於堤上立
像祠祀之

吳　炳字可先直隸宜興人萬歷己未進士四十八年
任氣度温和斷事明愼善造士得雋者多復鄉賢名宦
基址編審戶口登耗與張光前同稱撫按屢薦循良第
一去立有碑生祠陞刑部主事調工部陞福州府知府
官至江西提學

尹　洸字宇新直隸安肅人天啟進士初授祥符縣再
補任性眞率理訟無枉捐俸建魁星閣於學宫前甫再
朞調洛陽擢給事中

曹應聘字覺菴山東滕縣人天啟中以貢知咸寧甲子
冬署事峻肅勤敏屹然不羣人多畏服賑恤饑荒民甚
賴之後陞慶陽同知

林增志字可任浙江瑞安人崇禎戊辰會魁本年任甫

下車以振人文奠民命爲亟而又修學宫備祭器纂邑
志築堤梁治候館清刑獄賑饑療疾高壘治兵暇則課
士彙刻文珩甲乙集文風丕變五年以薦內召授翰林
院編修癸未分典會闈明年遭李自成之亂被執不屈
初去蒲士民立碑建祠

曾　栻字季子江西臨川人郎陳際泰序其兄弟合刻
稿所云其年最少才最高與泰好爲奇放者也由辟舉
考授崇禎十二年八月到職時寇氛交訌十六年春獻
賊破蘄黃栻訓練鄉兵得三千人簡武學生侯定國爲
率六月初一賊陷會城栻益爲城守賊以輕騎百人走
甬道偵蒲猝至河北栻揚兵沙嶺命侯定國發三矢擢

其前茅鄉勇奮出賊驚月餘不敢逼城七月十一日賊大集棫單騎追擊墜馬卒王墩廟鄉民奠珊瘞之廟側爲草絶以泯其迹（皐司洪有匾旌珊）訃其子啟視歛面如生士民哭奠蠟淚成堆乾隆四十一年

賜謚烈愍

國朝

劉　禪字廣益陝西中部人丁亥進士辛卯以按察司知事委攝篆承闒冗後知錢糧侵那爲國害里甲重耔爲民害鋭意釐剔七月間夙弊一清民風翕然

戴成名字泰宇遼東開原人由丁亥貢士辛卯任明年壬辰夏大旱步禱秋穫僅半民諒其心時方用兵檄催

餉米甚急或有勸封富民倉廩者峻拒之徧諭以抵銷正項民不擾而事集兵過境悉迎犒之境獲安決訟平馭下有法重士立義學聘宿儒爲之師薦最再三以疾卒旅櫬歸衣衾弓矢數具而已邑人爲立思去碑

任遡昉字聞城四川閬中人順治十五年進士辛丑任坦易有雅量時屢歲豐雖徵索相續調發時多民力可支呼應亦便利導之而已至遇大疑必矜全之居九年未嘗大辟一人內徵既行以疾卒於燕邸

張圻隆字禹服號蕢城河南西華人由辛丑進士任勤謹仁愛自己酉楚鄖兵叛西山夫役之後庚戌辛亥蝗蝻作沴民食草木暴骸遍野圻隆請蠲貸剏養濟院牽活甚衆邑人馬淑昌有記越年旱圻隆步禱雨如注歲大有在任尤多捐建凡城垣城樓齋廡南漕二倉河北浮橋及學宮武廟之屬次第修舉既又續修邑志他如培士風奬善類宣教化申條約士民久猶能言之

李　清字本仁山西安邑人下車時羽檄奔馳轉輸絡繹邑久疲清晝盡善有孳虎白晝噬人清患之禱城隍又爲伏虎祠祀元壇於北郭之龍翔山虎患遂絶清政不尚刑威務在誘化自譔訓俗歌並及時行孝文諄切誠摯邑人誦之每朔望讀法擇善人高置一座惡人則跪而聽民知勸懲旋陞同知去士民遮道送者如蟻

張　芭字雪岑江南桐城人康熙中以郡通判攝篆慎

決獄先是邑丁糧分課戶口籍於官者雖無田地丁不得削以故富者丁少糧多貧者有丁無糧民苦之芭爲立攤丁法民乃甦邑南密巖山有妖僧惑衆芭置之刑民遂定（改本傳）後攝武昌府事會裁兵夏逢龍以索餉鼓噪圍巡撫署芭正色叱之賊將加害父老數百人奔號懇救賊因之欲授以官芭罵而裂其劄賊犯荆州芭越獄出東抵鄖究錄狀上部請師剿賊會蘄州叛兵內訌芭與守備李稃計擒斬之㾏道士洪檄屬縣討賊賊不敢東下隨振武將軍瓦復黃州縶逆龍賊平擢工部員外郎（錄一統志）

佟寧年字靜公號千山遼東人康熙丁丑任父某總督

粤東靜公到職重士愛民修學築堤咸殫竭心力嘗立石塔靈應山上暇則與邑文人載酒賦詩以窮山川之勝性好書過處留題而政無廢

尙　璠以武昌令署篆嚴毅質直比年荒竊盜蜂起璠分別輕重懲治之賊熄數月風還淳樸

王遂秀字嵩靈福建武平人康熙五十七年任先是五十五年水漲齧城損壞五十餘丈遂秀捐俸金補修不以派民又修築宣公堤後卒於蒲民摹其像與宣公同祀嘗建書院於準提遺址邑人士亦設龕祀之

張朱霖號百城江南太倉人乙未進士覆試第一涖事明敏獄無鉅細悉於庭訊時給讞語士民帖服新城垣

浮梁神壇而雜費濫役悉革除之設東西義塾以造士明岐黃業遴能醫者調以藥餌給民療病居九年以毋艱去有去思碑

吳　珽字恭玉號梅谿福建將樂人癸卯進士丰姿端凝宅心寬厚創忠烈節孝祠遷社稷山川壇尤篤意學校教以禮樂舞蹈中程廢士民圜橋而觀者林立薦循良行取陞工部江西司主事

劉　翩孔陝西德州人乾隆元年攝篆月餘極意撫字減耗平刑民稱仁神去日士民皆祖道泣涕

王雲翔字尉菴江西新淦人雍正癸丑進士乾隆丙辰任甫下車訪包收濫派積蠹苛勒之弊令民輸銀自封投櫃輸粟自量盪奸宄責專捕役推收費給自官而淸書斗級團役架閣諸弊悉除先是邑徵堤費三千緡雲翔減爲一千九百緡又減爲一千二百緡而爲添築外月隄以護二年丁巳於治南創龍門書院是年有虎爲文逐之未幾耕者以農器獲虎田間明年復有虎逐知前虎入牧人家堵門斃之是年修邑志四年己未大旱親詣掘泉取水禱雨立應是年重修育嬰堂雲翔涖蒲八百廢具興後調江夏官至漢陽府同知去之日士民設長生位於書院以祀

安洛德字臨叔山東舉人乾隆癸未任折獄平允試士公明值書院廢弛外放生息銀兩幾耗散洛德爲核查

追出戎廳某官敝不謹隨參之任蒲十三載皮衣祗一襲去之日宦囊蕭然

何光晟字曙亭湖南湘潭舉人乾隆甲午任甫下車愛民重士德政舉然蒲俗多溺女光晟嚴其禁薄俗以除四十一年丁酉麥雙岐明年重建育嬰堂積乳資四十五年辛丑於治北創建書院追繳在外銀兩發典生息東脩膏火有加每課親臨書院講授

楊淸輪贛州陽湖人乾隆甲辰進士嘉慶戊午代理先是乾隆乙卯洋泉習教匪保正羅允輿等具報知縣靈川下之獄置不理淸輪涖任着巡役張榮往探被殺郎一面詳請召募鄉勇士民爲守城計官兵至預稟督兵

總憲扎營城外禁兵丁入城滋擾及夥同鄉間打撈軍中肅然石坑渡李七者匪人也乘隙肆擾清輪佯置不問教匪平返行數里許秘差幹役往擒之即其地廷門杖責示衆押收縣監陪斬教匪以警衆稱快時有藉匪僞造詐估者清輪去任一契不稅曰我不忍以一時之利生後日無窮訟端也蒲民德感再生祖餞時頌聲載道

鄭家屏字𦵸圃直隸灤州人嘉慶丁卯任政尚嚴肅吏畏民懷邑向無考棚童試凡案自行搬辦家屏介禮書分備士子德焉十五年庚午東城樓火捐廉重修又修縣署及延壽寺規模宏整後調黃岡士民思之

師儒

宋

李 洪嘉熙三年爲學正令尹汪泝肇剏學宫洪與直學宋侃陳圭學諭宋偲雷益明併謀協力捐帑更節浮費以成厥美

元

朱公明至正三年爲訓導令尹王斌載剏學宫公明與學正劉昭董奇發黃元善任其事工成行鄉飲酒禮邑人感化

明

唐 岳字孟申平江人僑寓蒲圻其學浩博爲文沖澹縱逸殊可誦說洪武六年舉明經任本學訓導惓惓訓廸士心翕然

馬 敬字文安其先山東人從兄宦遊寓蒲脫略世故邃心於學獨涵理性與之所寓發爲詩歌清逸秀拔洪武六年舉明經任本學訓導十八年請老於家祀名宦

艾 觀字用賓邑人洪武九年舉明經任本學訓導詳見儒林傳

任時用字行遠邑人洪武十三年任本學訓導性端愨開諭有方十八年覆舉明經授知歸善縣

柳潤民洪武十五年任教諭根究性理開設科條與文教薦士有識

李德庸洪武十八年辟爲本學訓導 詳見文苑傳
朱　鑑字用明福建泉州人舉鄉貢永樂十五年任教諭廸教有方學者信孚歲大旱率諸生躬禱大雨如注民賴之奏最拜監察御史累官至都御史
黃　純字粹中直隸全椒人永樂十五年舉鄉貢初任輝縣教諭改調蒲圻持己剛毅施教嚴明拜兵科給事中轉江西僉事提督學校
黎公弁字之冕江西臨川人舉明經正統九年授臨潁教諭再諭蒲圻累典文衡博物洽聞課諸生不少倦士習丕變所著尊川十六詠世傳誦之
蕭子楫江西泰和人舉明經正統十二年任訓導律身

清介誨人恭謹撰蕭堆賦以激勸來學多誦之奏最遷金華知縣政聲益播
胡　實江西南城人舉鄉貢正統十三年任教諭善誘掖士多悅從凡學舍頹圮卽捐俸修葺後遷陝西教授
曾　彛字時彥江西泰和人舉鄉貢景泰六年任訓導學優才贍釋疑辨惑諸生多所資益後遷贛榆教諭
鄭　肅徽州祁門人舉鄉貢宏治初任教諭天性穎悟學行純篤務汲引後進且周其空乏之士於今稱之
辛　懋四川內江人舉鄉貢正德六年任教諭爲人不事矯飾直見本眞時訓導某者剛愎肆侮順受不報有長者風其所奬拔多名士後陞鎭江府教授

馬進階四川內江人舉人嘉靖間任教諭性溫和無矯飾嚬笑不苟陞襄陽府同知
林民止福建莆田人鄉貢萬歷初任教諭歷落豪邁能詩善書諸生咸受啟廸居恒鼓琴繙書翛然有遠志登萬歷甲戌進士官至知府祀名宦
馬斯良建水人舉人萬歷中署蒲圻教諭爲人端方簡嘿課士先行誼務以聖賢垂訓士子至今誦之
李世薦麻城人由鄉貢署蒲諭氣節毅然諸生有枉抑事力爲白之不拘小節若無意禮法而大事不踰閑神氣豪舉消人鄙吝任滿擢國博後陞郡丞
蔡士用字汝賢邵陽人萬歷三十四年任縣諭禔身耿

介接人和易有禮取予不苟陞德安府授去日祖餞者林立爲豎碑於宮墻道右題曰泮水甘棠謝鵬舉撰記
邢懋才黃梅人萬歷間任訓導遇名流悉物色之所得資俸輒以散之諸士識黃圖昇於諸生中期以解額果如其言
周延申蘄水人萬歷中爲蒲訓巨族宿儒慷慨有義氣讀書課士不憚勤苦陞咎陽令
劉秉欽字寬伯廣濟人萬歷間以貢補蒲圻訓導冲襟素韻不以諸生貧富作青白眼遇博物者輒相與把臂尚論今古尋陞巴東教諭所著有隱弁齋古樂府三晉紀遊及尊川集行世

李不伐山東壽光人萬歷季以鄉貢署蒲諭性方介遇祭必夙戒蠲誠督諸生無少懈捐俸創學署居二年以憂去後遷推官

張存紳字叔行華容人有書癖見金石圖書古文奇字及稗官野史之屬靡不綜洽至六經子史則腹笥便便天啟初以貢補訓導郎苜蓿清苦日事較讐暇輒跨欵叚命一奚童背古錦囊自隨所收多異書著有雅俗稽言尋卒命以所著書梚籍木中士論悼之

黃衷赤字元初直隸宜興人舉人崇禎九年任蒲諭有雋才爲人坦易溫粹造士勤敏時知縣林增志銳意作育衷赤與之同心修飭學宮堂廡俎豆一新林令嘉之

有記侍父母者耋承歡不怠御史宋薦云衡文士子傾心孝行可表天日青壇中有此眞法物矣四年請假歸

舒中天字帝初黃岡人由天啟辛酉鄉薦崇禎丁丑諭蒲雅度冲襟奬掖士類無虛日尤以行誼相勸邑屬無不服其德範者辛巳陞國子監學正

國朝

教諭熊世謨字懷菴江陵人順治戊子鄉魁虛衷坦度諸生有執經請益者尤喜爲勸進其樂稱人善不欲聞人過有長者風己亥登進士銓廣西宜山令

程艮惺孝感人順治甲午舉人諭蒲丰度端凝禔躬清愼日稽古不屑屑外務其篇重有足風者甲辰登進士

李　徧荊門州人康熙初由歲薦任訓導修學校及一切圜垣門屏悉備又特修名宦鄉賢二祠以肅祀典諸不假他手省浮費課實功面給工值藝事以勸居恒課士解經與會風雅多所題詠有名流風味尋奉裁去士子棄詩頌之

李必泰字巖瞻廣濟縣舉人任訓導律身清介尤敦道義論文課士無虛日建廟葺廡百廢具舉勸減隨徵費除南關學宮供役咸賴之卒祀名宦

丞尉

唐

李必聞太宗子蜀王愔之後永徽中爲縣丞有惠澤擬諸召父湖北通志

鄭光系滎陽人開元中爲縣尉政績卓異湖北通志

宋

舒邦佐字平叔靖安人孝宗時授縣簿勤恪有聲從潭之善化處置輸納寄請公帑後調衡州司錄參軍有茶陵倪氏誣其長邦佐特治其橫湖廣總志舊志作江西清江人

趙　方字彥直衡山人淳熙八年進士授縣尉疑獄多所委決累官荆鄂尚書京湖制置大使端明殿學士正

議大夫封長沙縣男寓蒲圻開第於梅隱坊子四人董薿范葵

陳慶勉字志問徽州休寧人紹定五年進士淳祐八年調縣尉湖北漕使蕭逢辰以性資純恪學問老成擢第二十年一寒自若邑民歎服寓蒲圻四載後轉漕使通判武岡軍

元

鄧　仔至正十五年授丞學優嫻詞令時縣尹王斌修學宮咸仔譔文紀之

俣　玉字德潤濟陰人號梅軒至正十八年爲縣簿守已儉約撫民類多仁愛士民頌之後遷建昌經歷舊志

蒲圻縣志

人物一

列傳

人物者何志士著也蒲爲古縣山奇而水清於人物蓋斌斌矣前代史不絕書我

朝乾隆四十一年李甲特蒙

賜謚焜燿鄉閭矣舊志編目頗碎今於行全事雜者爲列傳而儒林文苑忠義卓行孝義武功隱逸仙釋各以類從至廖正一本德化人陳求道本咸寧人別爲流寓景焉以列女附志人物

宋

費思古天聖進士累官諫議大夫時范鎮知諫院以請

建皇儲罷師古抗疏留之不報遂歸楚紀湖北通志全

明

魏　觀字杞山元季隱居蒲山太祖下武昌聘授國子助教再遷浙江按察司僉事吳元年遷兩淮都轉運使入爲起居注奉命偕吳琳以幣帛求遺賢於四方洪武元年建大本堂命侍太子說書及授諸王經未幾又命偕文原吉詹同吳輔趙壽等分行天下訪求遺才所舉多擢用三年轉太常卿考訂諸祀典稱旨改侍讀學士尋遷祭酒明年坐考祀孔子禮不以時奏謫知龍南縣旋召爲禮部主事五年廷臣薦觀才出知蘇州府前守

陳寧苛刻人呼陳烙鐵觀盡改寧所爲以明教化正風俗爲治建黌舍聘周南老王行徐用誠與教授貢穎之定學儀王彝高啟張羽討經史耆民周壽誼楊茂林文友行鄉飲酒禮政化大行課績爲天下最明年擢四川行省參知政事未行以部民乞留命還任初張士誠以蘇州舊治爲宮遷府治於都水行司觀以其地湫隘還治舊基又濬錦帆涇興永利或譖觀興既滅之基帝使御史張度廉其事遂被誅帝亦尋悔命歸葬 明史本傳

太子諸王賻觀有加 明史葉本傳 所著譔見藝文志

王 愷字時舉兒時即抱巨人志肆力於學永樂甲申進士知江寧剸煩剖劇處之裕如命撫畿甸逋民旋棨

上問戶部錢穀出納面對不爽預修永樂大典遷左中允時漢庶人搆陷宮僚下獄愷誦讀不輟宣德初補廣西僉事時猺獞爲亂遣文武將臣同愷往撫士酋底平又捧檄綏勞貴州夷上賜遊後苑觀元宵燈愷疏陳六事特賜俞允征大藤峽襄翊有功至潯州建學宮參徵向化轉廣東左參議往撫欽廉叛寇事平刻石招遠山

湖廣總志 所著譔見藝文志祀鄉賢

龔 晟字德輝天順甲申進士初拜江西道御史巡直隸八府所至盜息民安按兩淮鹽舶奸買無所肆其欺時廣東寇猖獗敕晟代巡晟至疏請建制府於蒼梧以大臣總督軍務兼巡撫東西兵餉相應允行之又巡浙西斥舞文蠹俗弊振刷不遺餘力旋護軍陝西先是客兵所過殘破晟嚴申令旌旗變色市塗雞犬按堵如故成化十一年晟爲臺長首請建立東宮旋以疏論相臣李時時銜之竟量移貴州參議以歸塗次嘉魚周忻以疾卒於官晟賻葬之孫艮傳艮猷見卓行傳艮衡字起莘以歲貢補嚴州府訓導

艮傳字起巘嘉靖丙戌進士出使淮府王餽贐金不受主工部事濬徂徠泉源監南北諸閘漕運以濟歷浙江僉事金衢俗多不育女艮傳令其隣互察逐月計口有溺女者連罪風俗丕變州張啟元年十三繼母誣以內亂爲廉出其冤啟元感泣肖其像祀之與憲使萬雲鵬

副使徐階張岳俱以氣節相尚浙人稱爲四君子焉遷河南參議歲大祲人相食設粥全活甚衆陞山東副使卒於官 湖廣總志 子乾中乾瑞乾曜見隱逸傳孫棻號雲石嘉靖甲子舉人通經史能文章本字心渤萬歷丙子舉人官沔池知縣釐弊剔蠹吏畏民懷

黃 琁成化乙未進士授江西高安知縣爲政嚴峻豪宗屏跡拜監察御史堅持風紀不畏強禦時貴州征都勻苗敕琁紀功改土爲流改州爲衛厥功居多陞大理寺寺丞 明一統志 省志 子誠篤學耆吟推敲之際至墜塹不知 府志

仵 瑜紳之子舉正德庚午鄉試第一丁丑登進士授

禮部主事提督四夷館嘉靖初以議大禮忤旨廷杖卒隆慶改元詔存卹其家廕子一人爲國子生明一統志省志

瑜少有志操正德十二年釋褐即謝病去起補禮部主事復引疾歸世宗踐阼起故官疏陳勤聖學篤親親開言路敬大臣選諍臣去浮屠拯困窮重守令修武備儲人才十事已竟死杖下穆宗嗣位贈光祿少卿明史本傳

瑜內行純摯明史藁本傳 廖道南曰甲申春上召輔臣於平臺於暖閣諭以尊稱之典大學士楊廷和蔣冕毛紀力諫上不豫王事桂萼竊取席書張璁霍韜方獻夫諸議奏之上下其議在廷諸臣堅執以爲不可瑜時私語道南竊嘆以爲世道升降係茲舉也秋七月乙亥上

降手敕改稱孝宗敬皇帝爲皇伯考恭穆獻皇帝爲皇考昭聖皇太后爲皇伯母章聖皇太后爲聖母諸司俱奏以爲不可十月五日戊寅少宰何孟春率百官伏闕死爭大學士毛紀石瑤取帖伏於前上命司禮監宣諭下學士豐熙給事中翀御史俞翱郎中余寬黃待顯陶滋相世芳寺正毋德純於獄瑜伏地執道南手曰吾禮官也有死而已已而悉下百官於錦衣衛獄庚辰械至午門前杖三十死者十有六而瑜亦竟不起矣屬纊時睁目謂道南曰吾志已畢吾子勉之李贄曰當璁初用事時科道有言俱被慘禍其後勢成銓柄在已非其私人不置言路是以一時臺省皆爲不鳴之伏馬而捐軀死諫之士反在於翰林部寺諸臣也世宗新政若韋宜汰去而忤瑜之疏既下復寢豈當事者懼傷國體而不欲空署逐之耶抑猶有所避忌耶然讀瑜一疏若輩已當愧死矣所譔著見藝文志

謝存儒嘉靖丙戌進士累官兵部侍郎宦績所經勛譽卓卓可紀明一統志省志 存儒字懋玠嘉靖丙戌進士性醇樸幼通經術督學蔡潮讀其文奇之及爲行人奉策澧州王邸其覲金還給事中條陳急務上褒之會論許祭酒失職狀謫判邛州罰里中豪不少貸舉學勸農佗郡獄多屬鞫焉歷禮部郎中調其獻后梓宮如禮擢南昌府精職事以廉敏爲下僚先籍所部姦邪發則召其長

吏按問亡寃郡大治上計還巨雨如注時郡旱八存儒至雨人咸忻悅以方前守嘉魚李承勛云參政陝西檄諸郡墾田積貯邊餉不匱繕甲兵具卒乘修城堡邊聲大振民不告擾尋陟山東布政以年饑穀貴令民兼錢輸漕穀省漕費過半東土以安擢副都御史巡撫河南疏請折鈞州器價鈞人立石頌焉蠲葦祥符杞夫費以資軍食晉兵部侍郎卒湖廣總志

廖道南字鳴吾正德辛巳進士授翰林院編修歷右春坊太子中允至侍講學士舊志 嘉靖四年十月進泰神殿禮成感雪賦一篇圜邱載祀慶成九章上命付史館明史藁禮志 四年纂修明倫大典成舊志本傳 七年十

二月望白氣亘天起坤指乾陳四事一責任大臣以修
政務二延訪儒臣以資治道三愼擇守令以恤民隱四
選用將帥以固邊防兵部尚書李承勛左侍郎王廷相
等覆題照得中允廖道南奏稱四事無非安內攘外以
圖至治內稱歲遣大臣一員巡視各邊及遴選將才備
用閫外一節深爲有見合候命下通行八年二月覆充
會試同考官取中進士唐順之等三十名七月長庚氣
如匹布亘天陳言六事時桂蕚居冢宰阻格不行九年
五月覆奏爲申明祀典事大學士張孚敬揭帖參駁覆
奉聖諭所奏姚廣孝不宜配享太廟卿等其試加思之
禮部尚書李時覆題廖道南所奏可謂達於鬼神而明

於祭祀之禮楚紀嘉靖九年以廖道南言罷姚廣孝明
史禮志旋奏拆野佛滔象又改正慶成樂章五十九章
進和大報歌孚敬及鑾忌道南專擅時肆毀議上留中
不聽楚紀十年中允廖道南言孟春特享正太祖南面
位權爲九廟之制甚盛典也然各居一帷者一時之權
各立一廟者萬世之經明史藁禮制太宗以下宜各建
特廟於兩廡之地有都宮以統廟不必各爲門垣有夾
室以藏主不必更爲寢廟使列聖得各全其尊皇上躬
行禮於太祖之廟餘遣親臣代祭如古諸侯助祭之禮
帝悅命會議又世宗以禘祫義詢中允廖道南謂宋氏
爲顓頊裔請以太祖實錄爲據禘顓頊明史禮志十一

年八月進講大學衍義奸臣李林甫章觸忤孚敬次日
値日講孚敬云今日講官廖道南內引莽操懿溫正欲
中傷汪冢宰也鋐聞之變色而去十二年七月初三日
上臨講筵時顧鼎臣不到席春搆誣孚敬遂面奏道南
不行代講遽謫道南於徽州陰嗾汪鋐密伺而中之傷
以復前日莽操懿溫之怨十三年正月俯詢侍臣乃知
其故着取回復職十五年二月上聖主光圖陽翠嶺賦
上褒答云覽奏具見忠意賦送史館採錄十八年三月
恭譔聖主南巡江漢賦及景雲徵烈四頌欽奉聖旨覽
奏具見忠愛所進賦頌送史館楚紀二十六年卒於家
舊志

張東周字子用嘉靖丁未進士授刑部主事先是臺中
有許福獄歲餘不能決東周取積案窮四日夜勘得其
情全活甚衆世宗大悅書名屏左陞禮部主客司員外
郎提督四譯館上疏言崇正學七事而分宜以賄冊一
富藩東周力爭分宜銜之出簽滇憲兵備普安緬甸恬
息以積忤權璫謫潼州倅著勤力榜數條吏畏民安居
一年卒於官祀鄉賢子諧見卓行傳譔官湖州照磨譔
子于階萬歷甲午舉人以孝友著
饒若蒙敬承子字完白萬歷丙午舉人令清河縣特淮
陽洊饑飛蝗蔽野民多流竄若蒙緩賦寬徭多方賑貸
考最進陞戶部主事轉本部員外郎中忤權貴左遷長

蘆鹽大使旋陞仙游縣仙游瘠邑接邇莆田土田多被豪右侵占多逋賦若蒙力清覈不避權勢復獲其左遷紹興府經歷紹興守知其賢頻攝新昌餘姚蕭山三縣所至有聲陞六合令歸出俸餘建闔族亭堂置田八十畝供祭祀餘給貧族婚娶

熊兆祥字汝飛號渭水嘉靖壬子舉人令峩眉時經妖寇蔡亡貫亂後兆祥休養寬恤捐俸修葺學宮疏引龍門洞水作堰灌潤民田萬餘畝有屯田間雜民田軍官多以屯混徵積弊百年兆祥分別軍民區畫界限民免徵者三百石有奇又緩戢都蠻報最陞重慶府通判署府篆以羨金進者不受也旋以母老乞歸養孫崇萬歷

癸卯舉人

謝鵬舉字仲南少貧力學登嘉靖癸丑進士授戶部主事守臨江時廣寇張璉黨入清江鵬舉截江戰俘獲甚多寇退憲司欲盡戮其俘鵬舉跽請曰此皆良民爲賊驅者遂止擢廣東參政陞浙江按察使轉左布政先是監織造局者價不全給所私以萬計鵬舉盡畀之無所私甲戌入覲見通鑑陞副都御史倭寇內訌督兵往勦捷聞晉戶部侍郎蔭子入監尋陞右都御史與江陵不協投劾歸山居二十九年朝遣禮部主事袁宏道存問年九十二卒賜祭葬子承祚以蔭官通判舊志本傳神宗二年甲戌春正月召見朝覲廉能官於皇極門綱太祖時外官奏事輒召見賜食訪民間疾苦佐貳雜職有廉能愛民者常特遣行人賫勅獎賚宣順成宏朝亦間行之張居正以考察屆期倣舊典具儀以上帝乃召見布政使謝鵬舉等二十八人並賜銀幣資治通鑑綱目三編

何思登字一舉號滄南萬歷甲戌進士初授行人公直高潔册封諸藩不受餽遺已行取爲權人所持遷南京戶部主事、刑部郎中出守雲南以戢猺甸有功上賜金嘉勞嗣丁內艱補臨江守甫浹月獲巨奸劉亨四半載又丁外艱起補池州躬督耕桑祈雨有應池人立祠祀之慕拯作希包堂陞雲南按察司副使備兵曲靖土酋

咸戢未幾還里復起補廣西副使請告歸署臬劉庭芥閱篋藏見思登有遺俸特遣齎送人以此益多其清介祀鄉賢長子夢周歲貢訓零陵永人士爲繪春風化日圖次子夢相有文名季夢星萬歷戊子舉人

鄧士亮字寅侯廷珮子萬歷辛卯舉人甲辰明通進士兩任州學正擢肇慶府推官考最入爲宗人府經歷陞南戶部員外榷楊州關稅羨金萬餘兩悉輸內帑陞郎中出知四川馬湖府今雷波廳苗寇犯順士亮會同守備王從周迎戰斬苗首咸夜月池等四十餘衆悉平時上司出價取銅萬觔既而不用追價士亮曰昔以價徵銅今以銅徵價兩厲吾民何能堪此乃捐俸解補旋陞上川

南道卒於官 府志所著譔載藝文志

王台彥字明珍萬歷癸卯舉人銓四川達州知州州有白蓮匪聚萬人將攻城台彥以計擒其魁數十人變之餘黨遂散以父喪歸服闋授河南信陽州時楊漣以抗疏論權璫斃獄中舁骸歸道經信陽與漣友者畏璫弗視彥獨慨然曰楊公直臣矧同年友也倘吾以楊公故獲戾猶榮甚撫棺哭且厚恤之遷貴州思南府同知再遷銅仁太守銅仁地多苗叛服靡常台彥開誠撫綏苗以靖擢畢節道副使時苗酋爭界相亂朝廷遣使往勘者二三輩輒不返及就官黔督朱燮元知台彥賢命之往於是攜二僕從十餘騎進渡六廣河直搗水西大方

檄召酋匪弗見復遣別酋召之酋使驍帥率數千衆來迎拜跪間猶摩娑刀環以示不下夜彥就寢有酋秘載金珠種種以獻台彥笑曰使吾可威刼豈肯入爾界使吾可貨誘豈能平爾界界不平爭且不息汝曹首領莫保矣酋退語曰是公廉哉且其言誠未可負遂獻印歸命彥於是案圖立表定界而還事聞賜白金寶鈔授廣西蒼梧參政逾年乞休章三上乃可順治丁亥二月卒祀鄉賢

國朝

朱長春字栢山事母以孝聞從軍征吳逆爲把總平岳州有功從提督萬入福建克復南日直抵廈門授都督僉事管西安遊擊事立義學教軍民子弟獲大盜金維正等累官雲南副總兵誅叛苗陸尙賢餘悉宥之廣南平卒官 湖北通志 子如璟任山西雁門關守備改授浙江昌國營守備

馬之鵬字文淵康熙乙丑進士知博白縣有失子者控縣訪之不得之鵬清保甲見一人有異詢之獲所殺屍於水中遂置之法一縣稱神又擒積盜王叔元害以除改知元謀縣盜魁李玉林入貲爲撫院吏之鵬捕治之歷官給事中條奏會審遲延潮鹽加派會試中額三事俱施行 湖北通志 其一略曰康熙五十年十二月二十日爲拿獲包攬等事審理俱未詳晰九卿詹事科道會

同再審經今九十餘日會議三十餘次尙未題結此遲延之爲弊也且凡集衆會議無論官之大小皆使得伸其所見以裁酌事理之中原非欲其雷同附會也即或衆說紛紜未必皆合亦應虛公折辨以歸畫一乃九卿等概置不議若非牽制原案憚於改正即是意存瞻顧互相推諉此又遲延之所由來而臣之所不能爲會議諸臣寬者也其二略曰三月十五日據江西贛州府贛縣知縣楊玠投遞揭帖內稱原任廣東鹽道張天寬潮州運同李續祖虧空帑金經兩廣總督趙請以張李未運鹽勒變價抵補部議酌於惠潮汀贛四府屬新七舊三分年帶銷經鹽法道票行贛縣帶銷歲有定額忽遭

潮州知府薛載德巧立通融名色重加疊派經四五倍借帑覊販以充私橐督臣趙宏爕何無覺察有負委任封疆察吏安民之意其三略曰舊制會試中額只分南北中字號致中式人數多寡懸絶康熙三十年臺臣王承祐條陳禮闈中額久偏一疏於南北中各分左右按卷多寡均勻派中誠不易之良法也至十八年內憲臣梅鋗條奏復酌成規一疏鋗江南人也但知爲江南耳但知分左右以安撫所屬偶有脫科之府耳不知左右既廢癸未科廣東全省祇中一人也查今科會試江南約四百四十卷中式四十三人是十卷而中一卷也浙江約四百二十卷中試二十八是二十餘卷而中一卷

也江西約三百六十卷中式四人是九十卷始中一卷也湖廣約三百七十餘卷中式六人福建約三百七十卷中式六人是六十餘卷始中一卷也四川約一百七十餘卷中式二人是八十餘卷始中一卷也乃至廣東約二百七十卷止中式一人是又雲貴廣西之不若矣合五省中式不及江南一隅之半縱中額少有參差當不至相懸如此之極也今科場條例犁然具備臣愚何知敢復少參末議以滋紛更但分左分右之舊例不復則偏枯偏榮之積弊難除伏請

睿裁親加釐定

聖謨高遠超出羣臣之上勒爲不刊之典則率土同慶千載

流光矣都諫奏稿後掌錢法力清夙弊死之日家無積儲湖北通志鵬曾孫庠生崇陛以孝聞

程材傳字晉懷雍正癸卯進士知獻縣歲饑賑務妥協又嘗擒大盜李二趙二等境內盜風如掃擢知天津州尋轉秦州窮民依如慈母爲河間志秦州志並有傳

張開東字賓暘歲貢生官蘄水訓導少有雋才嗜佳山水每乘夔輪車徧覽名勝車中大書一幟曰五嶽游人見者異之與弟開楙伯翹李標蓼灘等有四傑之目湖北通志東才望藉甚與朱相國珪畢中丞沅諸鉅公友善爲文不尙虛辭務濟實用入秦劄呈畢中丞請表護諸陵定爲八則一重建祭殿二徧祀諸陵三參定碑式

四廣築園垣五親丈山田六封植樹表七象衛存留八封內有禁又訪姬姓後壽橫渠裔請中丞畢奏於

朝俱襲五經博士又札朱相國立碑青冢并三皇墓碑轍跡所經於古帝王聖賢故蹟歷歷表揚又家居作救荒急論其畧曰歲戊戌大旱早晚稻皆槁死迄閏六月溪水涸不通船禾麥俱無間有糴者米升凡二十五錢麥十錢錢不可得得錢又無可糴富有田者無租而出錢糴米及麥豌豆以佐其食有請貸者則指其實以謝其人無復語鄰里借升米者率格格不能出諸口人情洶洶如不終日白蕁病在床榻聞而流涕已乃發笑曰其然耶其竟然耶夫天降凶荒此窮人生死之關而富人

思怨之會也此天之所以嘉賚富人俾富人樂得爲富人且長保此富者在此時也名與利天下之所欣慕而爭也富人之錢穀豐年易爲利凶年易爲名得利者無名得名者未嘗無利不可以不思也或問其故曰有因人出費之法有分鄉均給之法何也蒲故無大富人大約自萬金至數千金而止萬金者不數見若數千金至數百金一圖之中或數十家少至十數家不等何地蔑有若任人稱貸則富者立竭貧者擁門徒以招怨吾知其難今萬金之家計自捐銀二百兩五千金之家計自捐百兩千金之家計自捐二十兩推之數百金者皆準此分爲兩度一濟目前一濟年末如萬金者目前所捐之百金先自其宗族始其有備者可無慮其急需者量其親疏遠近而給之多至三兩少至一兩及數錢不等一兩以上者或書劵或不書劵其鄉里之與我親附者量其厚薄緩急及人口多寡老少而給之自一兩至數錢不等各書借劵如此則居者無餓莩之虞行者有饑糧之具而氣機生動矣又留百金以待歲暮之窮且病者而籌畫漸次周密矣推之數千金以下數百金以上者皆準此又或一族一村共有數人兩其人則倍其數減其數必增其人合而有助受困之家獲益良多至於簞食壺漿可以澤物一錢粒米亦能活人此皆所謂因人出費者也此鄉如是彼鄉亦如是彼此不相假亦彼

此不相誘則分鄉均給之道行焉推之一縣一州皆然天下其無飢民乎 截錄 東因質衣倡賑鄉人從之所著譔見藝文志

蒲圻縣志

人物二

儒林

宋

任獻夫字安世政和進士溫厚爾雅歷荆門刑曹有異績湖北通志康熙甲子志爲文冲澹平易理致精密及娶南嘉李宗義女終其身夫婦相敬如賓湖廣總志祀鄉賢

元

黄　溥字彥博至元元年中鄉試授慶元路鄮山書院山長爲人敦樸學知務本言動不苟士子則之

宋　愿字文齋生而穎敏力學不倦崇尚經術至忘寢

食皇慶中授濂溪書院山長轉澧州學正湖北通志

明

艾　觀洪武初明經任本學訓導以身立教士知取則十八年辭秩家居與物無競湖廣總志

王允茂字才英居縣東積慶坊嗜學通經以道義自處險易一致與兄志學相友愛弟子從授詩經學甚衆號爲楚沐先生舊志洪武十八年舉明經授泰寧令釐華弊政民情翕然太祖錫之丹符以旌厥績卒於官湖廣總志解縉曰世多以經學專門不達於政若王泰寧非以經學致用歟而又以傳其子與弟子視漢西都諸賢何媿焉祀鄉賢子愷見列傳

廖　清字源潔弱植清苦躬耕力學正統十二年舉於鄉授武義教諭慨然思紹金華正學手錄金仁山許白雲及宋景濂諸集誦讀研究體驗身心朝夕不怠晚年所得益深子傳佐皆登第府志

胡堯凱字廷和博綜典墳崇尚經術正德癸酉鄉舉高尚其志竟不復出專究心於理學游南嘉李承箕大崖之門學者稱之蓋淵源於陳白沙云府志祀鄉賢

任遇隆號衡雲隆慶中兩中副榜性孝友究心理學爲經師翰林院魏珩如大參王台彥憲副鄧士亮司理徐鳴玉等皆出門下授長沙府司訓陞臨武諭以詩上太守云苜蓿羞年儉石魚喫歲豐太守問之曰昨泛湘江

見二石魚一銜萱草一銜蓮苔知歲豐矣後果驗陞四川重慶府酉陽司教授致仕歸孫崇見卓行傳

王艮謨字克訏嘉靖甲子舉人授元城教諭教士先行後文以憂去起補貴池遷蓬溪縣令始建社倉二十餘所民賴之稍遷貞定府判歸蓬人立祠祀焉生平好義置義田顔其莊曰景范府志所著譔見藝文志祀鄉賢子學孔有學行孫台彥見列傳鼎彥見文苑傳

馬　介字于石性嗜古負博綜譽萬歷八年歲薦授蘄州訓申教作士善譚名理擢武寧令緩征徭捐罰鍰施粥濟饑與民不擾以疎上官解任歸子天錫見卓行傳天銘有至行

周　淳字完初篤學嗜古萬歷戊子舉人授九江推官以疏論本郡守相詛訐謫山東運判攝濟河縣事遷恩縣令兩遇荒祲竭力獨賑移知武城甫兩月疏濬河渠舟楫通利遷兗州府郡丞攝大名府事平白蓮教匪晉秩思恩府謝病歸所著譔見藝文志

王進臣字東洪博極羣籍尤精易理以歲貢授桃源縣訓力行勸士轉石門諭致歸方正自持家規嚴肅子弟不衣冠不敢見所著譔藝文志

國朝

宋　修字客山乾隆壬子拔貢究心理學崇尚實行世業儒修生七日失恃二十一喪偶不續娶居父喪糜粥

三年講學龍門書院造就多人乾隆甲寅諭羅田申教作士致歸一年自言後十三日子時卒至期沐浴坐逝所著譔見藝文志授徒賀自華字志堂敦品立行恪遵師訓留心易學於傳註多發明所著譔見藝文志

蒲圻縣志

人物三

文苑

元

王廷揚至治鄉貢江存禮泰定鄉貢並舉博學宏詞元時膺此選者湖廣省惟二人據湖廣總志所著譔見藝文志

何槐孫字德符幼穎敏日記數千言泰定進士授江西宜黃縣尹再任德安雲夢遷慶元路總管府推官俱有政聲有碑碣諸文行世湖北通志康熙甲子志陳廷訓爲譔政績碑一統志江西志寧波志俱載名宦祀鄉賢舊志本傳

所著譔見藝文志子爚見卓行傳

明

李德庸名宏以字行宋李義山之曾孫遷於蒲爲蒲圻人庸幼讀書即務探微旨及長講明性學深達閫奧得其淵源先輩推讓之洪武十九年辟爲本學訓導勤於教誨永樂五年應江西鄉試聘得士蕭畤中被召入京會皇儲監國經筵進講稱旨遷國子助教陳足疾免朝參十年致仕府志

黃　煜字士昭父楫號雪洲能詩文煜幼穎異積學該博能識奇字辨古文訛謬舉洪武丙子鄉試授合肥教諭風格冷然賦詠自樂未幾棄官歸東阜求碑頌者屨

滿戶外府志所著讜見藝文志子城墀同舉永樂癸卯鄉試好古力行緯有父風城訓富順墀諭內江俱見四川名宦志

王文友字三益永樂甲午舉人性情和易才學充贍授峩眉諭蜀志多裁其手

魏　裒字順甫嘉靖庚戌進士爲人質直亡他腸好讀書博物洽聞一時海內知名士爭相交驩授刑部郎出守濟南解淄來盜均章邱賦濟人德之晉山西副使罷歸杜門不事家人生産而時時好著書里中後進爭師事之明一統志省志祀鄉賢所著讜見藝文志子樸如見卓行傳彬如見孝義傳

王鼎彥字隨菴台彥弟少敏慧能文性不羈台彥屢戒之鼎彥曰兄狷弟狂不相悖也萬曆壬子舉人上公車後遍游吳越閒名山佳川妓館詩壇無不過者偶歸里郎慨然曰吾居邑屋如入瓶盎中殊不耐旋去久之爲河南內鄉令以親喪歸復爲滕縣令三年遷江南西城兵馬司又三年遷刑部郎崇禎庚辰擢陝西榆林兵備副使榆林大將軍張天禮爲其帳下卒張自得所刼盡有其家貲據城以叛殺副將一遊擊一結楊光明等爲外援鼎彥議勦邊撫鎮不問也然鼎彥竟紿楊光明殺張自得以降復招降流寇賀洪啟等六千餘騎定邊悉平時邊餉耗減兵食草實幾變鼎彥百計撫之竟無事及謝事南還降賊跪送五百餘里至隨淚癸未遷粵西桂林參議未就隱居江南年七十歸里七十七卒所著讜見藝文志

魏珩如字白叔科之子萬歷辛丑進士改湖州教授尋陞國子博士擢翰林院簡討爲福藩講官啟沃勞勛賜賚倍至旋參兩浙屯鹽有條行六款鑿鑿可行建塔以標文峯開湧金門以通百物全浙永賴撫按告其成神宗賜金嘉勞焉後以病假歸翰墨自娛所讜著見藝文志祀鄉賢

劉光輝字大者祖慶以孝聞祖母魏以節聞載舊志光輝篤友愛苦志力學以泰昌元年恩貢任松江華亭縣

主簿開河巡鹽均有成績與何喬遠丁賓兩尚書交均以仙吏目之參軍點衛攝篆湄潭所至有聲後歸士民多泣留者年六十九卒子來遠亦能文所著讜見藝文志

國朝

余開熙號嵩山父應瑞性孝友隆師儒好施予開熙以順治戊子己丑聯捷授會昌令勤撫疲民請除漕運量幇之累閱七月擢主政旋補江西司主事遷員外郎癸卯北闈同考進吏部文選司郎中康熙初乞歸養家居八年卒所著讜見藝文志

徐美大字亦人號石峯父邦翊號古愚淹洽經史兩中

副車美大年十三補邑弟子員康熙庚戌進士丁巳入都考中書未任而卒惜未竟其才學也所著譔見藝文志

祝其杏號洪川乾隆戊辰進士淹雅負才望少緝學樓居自課不通往來士人常於深夜望見燈光曉復聞誦讀聲未仕而卒所著譔見藝文志同時沈均秉之並有文名

李　標字表南號蓼灘乾隆丁卯舉人博學工詩爲莊相國恭記室通志輿張開東等齊名人稱四傑所著譔見藝文志

敖一瓚字黄中號復亭乾隆乙卯優貢嘉慶庚申副榜才思清高學問淵博工詩古文詞戊寅授訓天門造士有方所著譔見藝文志

蒲圻縣志

人物四

忠義

漢

駱　瀚仕漢爲御史中丞獻帝末權奸擅朝棄官歸居鳳山采蕁自養人目之曰蕁隱先生

明

漆永受洪武二十四年謫戍梧州永樂四年英國公張輔征交趾永受時從指揮王諒千戶姚眞進攻黄江身先士衆敗之於鹹子關又敗之於平海口七年從征清化擒敵首簡定於美良縣授交州中衛千戶後於慈廉廣威二州屢建奇功宣德四年調征乂安亡於陣湖廣總志

弟永奉襲蔭仍守梧州姪景調岑溪舊志

趙德貴上三都上里人爲人剛毅愼許可寡交遊洪武丙寅年超貢授兵科給事中獨立敢言諫垣凜凜臺閣風生尋被誅

龍景亨字伯通永樂丙戌進士性資英毅孤抗不能容物授監察御史監稅龍江關立法至嚴人不能犯以壽終先是羅洪爲御史以廉稱陳文禮爲御史以明稱暨景亨以嚴稱臺中號三直

盧　中字守正至孝奉父訓維謹正統乙丑進士授刑部主事歷員外郎郎中居官清約遇權璫貴戚屹然峻

絕門無私謁用法罔撓陞浙江參議歸行李蕭然無長物祀鄉賢

王　瑩字潤之景泰丙子舉人銓刑部司務會有犯大辟者中官利其金求出瑩曰吾頭可斷此律不可易也官六月卒弟鑾字奇之成化乙酉舉人通判濟南府復監益州稅廠閹臣諷以賂當爲徙美官鑾曰此豈賢者所爲抑豈吾父兄家訓也遂歸

王　儼字民望先世居蒲圻曾祖子民爲華容丞遂家焉儼中成化己丑進士授兵部主事改工部都水治呂梁洪事竣轉刑部郎中往按鄭府盟津王獄多所平反補成都知府戮妖僧海無邊等擢河南右參政復按涇

陽王獄具得其實轉陝西右布政使北朝入西固城總制王越屬儼督餉匿畫芻糧摘發奸究中官劉瑯索金幣玉儼峻拒之尋陞副都御史巡撫山東上言弭盜五事召爲戶部右侍郎攝太倉薙宿弊理漕政以忤逆奄劉瑾矯詔謫戍遼東三萬衛尋以赦歸致仕年八十八卒諭祭葬儼墓在蒲子姓多居蒲者

汪　洪字克容成化丙戌進士官至山東參議忤尹旻謫知綿州創石盤七堰溉田數千頃土酋叛遇害湖北通志　居人月夜每見乘馬如生立祠祀之湖廣總志

廖　漢字天章俊之子宏治進士授戶部主事陳情便養改南京孤介有聲正德初劉瑾當國上疏抗論時璫不報再疏自陳結茅五洪山不復出湖北通志　子道南見列傳

江　師古字克承宏治進士授工部主事管清江浦閘時中貴往來作威淩轢師古不爲之屈正德初劉瑾柄國即抗疏歸性儉樸敝衣糲食陋室匡床翛然自得湖北通志

胡堯元正德初進士授主事以忤權貴謫高郵州同知轉瑞府通判論平逆濠功擢廣西參政征思恩冒瘴卒林人祀之贈右布政使明一統志　省志　堯元字廷猷兒時遊白石山廟謁顏真卿歎曰大丈夫死國血食茲土榮名豈有既乎正德辛未授戶部山西司主事督金盞馬房

諸倉閹人谷大用者瑾黨也以門客屬堯元堯元沮辱之司徒王瓊舉谷言責堯元拒弗聽瓊大恚冢宰楊一清雅知堯元以瓊言薄譴謫高郵州同知州運河故邦溝也春秋湖溢爲害冬夏涸不可田堯元仿古溝洫法方一里爲溝至與化止兼修石閘爲旱澇備毀淫祠更爲文游台祀蘇東坡黃山谷孫莘老秦淮海四賢丁丑上詔侯指揮妻馬氏入宮堯元上疏諫略曰漢選後宮家人子入侍實納壽王妃職爲亂階上不納閹人史元泰督製御服還京騷害郡邑堯元抗疏條其奸戊寅選江西瑞州府通判明年宸濠反中丞孫燧副使許逵死之堯元自吳城聞變徒步夜行間道五百里還郡知府

宋以方被執寮屬亡去堯元攝郡事僞驕焉李蕃掠城
堯元乃簡壯士盛官儀詐稱迎蕃伏兵石鼓潭擒之嘉
靖壬午詔以江西功授廣西左參政總督糧儲巡案邊
務隨征土酋岑猛計紿岑璋斬猛子邦彥幷斬猛首旋
以深入冒瘴死時嘉靖五年九月二十九日也知州陳
堯恩親行李惟夏衣數襲圖書盈篋發帑殮焉事聞贈
中奉大夫右布政使祠桂林諭葬江夏京口鎮截錄胡
道本傳祀鄉賢子昱字仲陽號次峰壘祠有父風工詩
古文詞嘉靖乙酉舉人補陝西韓城令以不得意投劾
歸常騎射以澆其壯志

鄧廷猷字汝嘉號月泉嘉靖癸丑進士授戶部主事任

建昌府知府時流寇倡亂猷率所屬閱丁壯繕守備寇
平積粟賑民毀淫祠建書院以公道面忤當指謫雲南
大理遂去官歸子士望字子畏官至達州同知著練敏
聲士達字行吾隆慶庚午舉人官至石泉知縣孫日芳
字茂叔天啟丁卯舉人有文行

鄭之亮字邦采嘉靖甲子舉人知臨淮縣臨淮爲鳳陽
首邑最衝疲守監使虎而冠韓上貴人頻來往供帳日
待於境民不堪之亮至多惠政不朘民以行媚官至苑
馬寺少卿歸懸車二十餘年不與聞公私事所著撰見
藝文志

張　書字子中號瀟源隆慶戊辰進士選翰林院庶吉
士改授工科給事中疏論總河糜費轉刑科疏緩刑戶
科疏薄賦兵科劾大同都督馬芳朘削行伍芳張居正
黨時朝政必先聞居正書先奏後揭居正怒出爲河南
布政司參政分守河南道有李天公者爲地室聚兵糧
樹幟將謀反書啚佈偵探一一計獲會居正薦星士索
金三百不與更辱之虜愬居正京察降職居正敗遷南
京兵部武庫司郎中最後官刑部主事致政歸子時雍
字存肅萬歷癸丑進士授南京太常寺博士歷官河南
知府加意拊循以催科延緩降松江府同知調萊州府
同知致仕歸時熙更名懋雅字仲正萬歷癸卯舉人官
至武陵縣知縣時流寇猖獗橫掠修武溫孟之間時熙

修嚴武備境內獲安以禮際疎薄失歡上臺左遷兩淮
鹽運司知事尋陞歸化縣令乞假歸時麟見武功傳

謝承範字元疇萬歷癸酉舉人就職吉安府通判治行
有聲陞梧州府同知梧故多猺賊猖獗備禦稍弛侵夷
能禁承範條陳利害簡閱戎器一切指揮如得夙搆居
有頃監司委以征討入洞殲其渠魁俘獲甚多梧民以
安以瘴癘侵尋卒

魏　詔翼如子字奉之萬歷丁未進士改教授杭潮遷
國子博士轉刑部主事會御史劉光復以直言下獄爲
抗疏免光復勢奮旋以面奏稱旨調兵部武選司專理
清黄勳裔稱快內監明廉欲干預黄政詐言勤勞疏請

於上希廩稍詔上疏直糾明廉之罪上嘉納之褫斥與
廉萬歷末陞江西提學副使以病假歸年六十三卒祀
鄉賢所著撰見藝文志
駱文節字愛梧初授長興主簿陞彰德府經歷復降北
直廣平典史景州妖賊于洪志黨散處京畿河南以白
蓮教煽饑民上檄地方捕之節白於令訪妖首數名餌
以作書招其黨至則盡械之衆大譟令懼節乃單騎直
往諭之衆盡散旋署見布畀銀若干皆載姓名乃餘黨
懼株連求賄脫者節獻之令悉給民爲牛種資令轉達
府府奇之擢州判以內艱歸服闋入京補磁州州判乙
酉賊李自成兵入蒲或强之避叱曰昔在廣平單騎入

賊營數萬之衆談笑而解今老矣豈爲鼠輩喪氣哉必
項賊至輒大罵賊怒縛之因索金節乃紿賊曰我金藏
土中必具衣冠掘之賊釋其縛乃衣冠拜哭於地下尋
入室投繯死四川雙流令李甲節壻也節卒時年七十
五妻蕭氏在雷家橋聞之亦不食卒
李　甲字乎先崇禎中庚午舉人知雙流縣署新都事擢
建昌衛同知未之任流寇至甲力戰進兵榮經歿於陣
僕李事從冒白刃覓尸歸遂以死殉乾隆四十一年
賜諡烈愍湖北通志　甲死時僕李事從李視篆隨事從冒白刃
負甲出積尸中以死殉視篆負骸莫能歸遂瘞髮爲僧
寓名山縣翠峰菴眉尸菴後塔中視篆守塔八年歿託

藏尸於其弟子粲寰又十五年甲仲子藥珠隻僕重跰
由汴秦達益州迎甲新都遺民莫有識者倉皇走名山
而西忽遇粲寰道次詢之得遺骸菴塔中舁以歸名山
隸雅州蜀人爲崇祀雅州名宦
劉寧國廣東參軍將錫乾子襲前職李寇破楚死之
馬福昌南京兵部郎中天錫子庠生崇禎癸未獻賊屠
城福昌被執罵賊而死
國朝
馬際昌崇禎庚午武舉粤東游擊天將子初授巡撫軍
前贊畫後撫軍盧象昇疏薦云智謀沉靜氣度優閑有
儒將風尋擢中軍參將署副將事乙酉左鎮擁兵謀廢

立脅之南下不從竟遇害弟際盛
際盛天將養子少儁於人狀貌驍勇天將奇而鞠之從
兄際昌軍中撫軍何騰蛟特器重授贊畫代兄際昌職
爲參戎晉中軍後隨何視師閩中有殊功擢掛印總兵
益感激矢死報國會戰猝遇困寡援絕餉或脅之降際
盛怒髮裂眥大罵曰汝不聞奉撫軍令招散卒殉難於
鄂郡金牛大冶間者乃吾兄際昌乎屈志靦顏生不如
死遂殉難楚粤闔俱立忠臣廟祀之
張　榮縣巡役嘉慶戊午洋泉團白蓮匪猖榮獨承差
探其巢穴竟被害兵丁余宗錫交戰死之俱入祀昭忠
祠同時死事者有黄明世徐茂文蔡元章劉繼位其脅

籍竹谿充鄉勇陣亡之彭祖耀劉宗相劉元泰饒耀祖
饒耀常寄籍鄖西之羅漢營俱入鄖陽府昭忠祠

蒲圻縣志

人物五

卓行

宋

廖　視字德逵寧宗時任司理參軍歷房陵縣令轉朝奉郎通判衡州事許徑經略湖南薦於朝謂其器質端方克守家法嘗任理掾以直去官兩爲劇縣治狀稱最攝道永二州年餘剔除奸弊愛惜財賦代者賴之

明

李　懋洪武初任新昌知州時兵燹之餘百務廢弛懋創建州治廳署譙樓規制宏偉學校橋梁悉加修葺又爲諭俗八條布之於民懇惻眞切民咸感化　湖廣總志

何　㷯字仲明槐孫之子學有源委愼然自檢以篤行聞國初授休寧縣簿時徵賦督廹㷯區畫有方民賴休養採木櫃築城垣不憚寒暑後坐事罣免民慕之復以明經薦知雲南鎮南州　湖廣總志

田　賦字信立性通敏熟知典故洪武初應求賢詔授知諸暨縣有惠政民懷思之後以事左遷祥符簿歷一考休告歸養恬自樂

陳汝楫字濟民洪武初舉明經累官至廣平知府有卓異聲

王德原字克明性行純篤精於藝能洪武十三年舉驄

明正直授知招遠縣再調丹陽勞績用熙
鄧　槐字大材洪武庚辰進士行端愼與人交未嘗有倦色初授成都新繁知縣百務廢弛槐創規制設條教修水利墾荒田民賴之再任新津政聲益著
陳文禮字貴和嚴威質直洪武庚辰起貢授監察御史値寃獄不決聞童謠云斗穀三升米說與陳文禮因悟曰此奸必康七也立辨之人服其神智裔孫緯嘉靖庚申貢官至青州教授捐俸置學田造士有方
王貴高字明遠邑庠生應永樂二十年辟舉授四川成都府經歷陞峩眉縣知縣勸農興學士民賴之
馬　駿字冀良永樂戊子舉人授崖州同知値海寇蜂

起駿保全城池與有力焉孫文明以貢爲蒼溪連筠教諭文獻字世徵以貢任彭山瑞州司訓有文行
魏　銘字日新景泰甲戌進士任戶部主事監通州倉稅以抗直指使被劾天順元年調判雲南景東府旋改判揚州時揚郡旱甚禱雨不應銘更率父老子弟徒步禱三日大雨若注有黃龍夭矯空中迅雷驚電繞其前是歲郡大熟士民有碑紀之所屬興化縣學宮久圯捐俸修葺尋以最擢守溫州投劾歸林居不問家人生產及卒不能具喪禮子三人長頳宏治壬子舉人次頲宏治乙卯舉人官永寧知縣季頌
頌字美之正德丁卯舉人少以經濟自期嘗讀書疊秀山學者稱秀山先生令潁上循聲藉甚丁母艱服闋起補祥符令祥符中州都會難治甫下車申功令起凋瘵造士畜衆政聲旬如潁上兩臺交薦擢最有日矣旋爲權右所沮量移判福州尋又移知北徐州竟以不能頫卬上官歸以壽終
王　璧字嵒之涪州學訓文修次子文修篤行好學璧未冠登賢書春闈中乙榜三掌學教兩聘考官繼擢雲陽尹政績懋著云　解字時化尹宛平以循良稱
黃　頤字敬德淳謹坦易登成化戊戌進士授知溫縣再調陳留政尙愷悌凡頑民梗化爲條約諭之不妄施刑及致仕家居清約如諸生時子嵛嘉靖甲申貢爲永

昌司理孫鶴翀嘉靖丙辰貢
但存學字宗儒成化丙午鄉舉第二授敘州推官禮士愛民至舞文猾吏則痛斥法繩之屢辨疑獄遷判重慶府値採木之役委令取辨存學恐近地擾民親歷嶮阻深入松播蠻落抽簡調度有方材不竭而役不煩民咸德之府志子偉字邦彥嘉靖辛卯恩貢任岳池知縣風度老成治尙敦樸載岳池志
仵　紳字佩之成化癸卯舉人丁未成進士授戶部主事監稅九江紳性警敏精於心計明習吏事參伍考驗悉中機宜創建公署代者便之府志子瑜見列傳
但維城宏治甲子貢任黃縣丞居官清約辨顏世遠之

寃擒劇海寇有功

魏　溶字文盛正德丁卯舉人令隣水隣俗喜訟兄弟爭産引藴瓊事泣諭之遂感化居官清約卒於隣隣人哭之哀祀名宦子正時正蒙俱以孝友聞

正初字汝復溶次子嘉靖戊子舉人知易州廉介不爇官燭易州稅少而繇多三年一繇老穉無遺算正初曰十五戍丁六十免役古制也乃復老穉一千二百有奇招集流徙會秋警大司馬議城白羊欒之正初勒奇兵二千爲諸郡先遷襄府右長史 府志

龔良猷字起虞嘉靖戊子舉人任廣州通判封川匪黎相繼亂良猷奉檄平撫有功

馬　綵字元素性和易好施予嘉靖己丑進士任嘉定知縣除豪奸濬渠塞壓南京戶部主事員外郎中遷河南知府歷官端慎遇事有識子之貌

之貌字威如嘉靖甲子舉人知養利州申明禮法土司咸遵約束州舊有藥魚鴨市及諸土產異品官歲收其利之貌悉革除之丁艱起補茂州州軍多於民之貌著軍餉包封事宜一無減尅軍感其惠與監司爭安撫封議不合歸性至孝每逢父母忌日泣下沾襟 府志 所著譔見藝文志子介見儒林傳

饒敬承字象賢海峰知縣士亨子嘉靖丙午舉人令蒙城南部陞賓州有德政賓人祠祀之時八寨猺賊阻險攻掠粵西大震敬承親冒矢石督卒兵將奮戰殲其渠魁捷奏陞平樂府同知旋歸子若蒙見列傳

魏樸如字文可裳長子嘉靖辛酉舉人任衛輝府同知旋補敘州府同知又補安慶巨寇劉汝南亂親履行陣擒二渠魁旌功賞賚有加擢守澂江百計疏河民不苦澇三年乞休兩臺請於朝加副使歸所著譔見藝文志

龔　棹字時發隆慶庚午舉人授東鄉令聽斷不避津要一折之以理後補樂安遷判淮安府事卒 府志

熊萬仞字立鄉隆慶庚午舉人授知樂安縣有惠政

謝師啟字叔蒙號衡冲本甘姓蜀人以祖洪嘉靖中爲蒲司訓女適謝因留啟父三訓隨姑遂爲謝後家焉初

登隆慶辛未進士授東昌推官風裁峻肅徵拜御史屢侍經筵論劾冢宰巡視倉漕執法不阿及按兩浙風裁愈厲以見忤柄臣出爲河南按察司僉事駐禹州多善政詳禹州志後遷福建布政司參政罷歸卒祀禹州名宦師啟與弟師彥同科進士師彥字叔美榜發後卒於都孫登啟孝友力學康熙戊午舉人

張　諧字爾卿萬歷丙子舉人授山東淄川令寬和爲理設糜賑饑置學田義倉爲淄川永利先是邑有苛稅諧申請臺司罷之民獲安輯 府志 子于陛號青如萬歷癸卯舉人知鳳陽縣旋遷粵東憲幕會連州缺刺史上司委攝連篆州屬連山楊山素多盜難治陛蒞任務[illegible]

德化盜弭伏不敢出旋陞河南舞陽縣尹甫歲餘歸
余　登字懋庸萬歷丙子舉人鎮靜自守不妄通刺謁
爲廣平諭署縣事著風力聲卒於官
任文台字位南萬歷戊寅選貢司訓瑞昌旋補岳州復
諭保安遇寇警台戎服登城爲諸生倡齊民無不鼓勇
卒賴以完時謂之廣文干城創修保安邑志後轉澧州
學正教先行誼諸生有抑代伸之婚葬不給者捐俸以
助陞河南教授致仕歸杜門自適舉鄉飲大賓所著譔
見藝文志
劉應命字長俞萬歷乙酉舉人授眉州學正署篆青神
釋民積逋轉授夾江知縣有負枉至大辟者湔雪得免

擢知敘州粤俗薄葬成風痛懲曲助之人皆知孝水溢
墊饑捐俸設糜攝南寧府清徭滅權民咸戴之子調鼎
萬歷中例貢
周于蕃字价人萬歷乙酉舉人初授竹山諭造士有聲
秩遵義府司理遵義舊隸播播平始建郡于蕃多方勞
來悉反土司侵地攝知江津事民勒碑頌德轉留都司
理決疑獄禁私錢威惠並著屢經薦剡卒於官府志所
著譔見藝文志子成臣順治七年貢
袁耶文字海巘父盛英山訓導璧之弟性孝友耶文以
萬歷辛卯舉人授湘陰學正陞判臨洮府駐肅州距臨
洮孤懸二千里殫力運籌形神爲瘁內艱起補判新安

署欽篆又攝海陽事汰冗胥革富商換單例銀庚戌秋
榷關蕪湖壬子量移禹州節郵傳省供億新學宮歷有
善政遷邛州會隆昌王侵石笋山稅力爭之不得歸卒
年八十二府志
魏　說字肖生彬如子中萬歷戊戌進士初任南直都
水司主事服闋授北京工部主事神廟內宮日取梨木
條方百餘鑿不用命者說易以杉木減其數上亦霽威
遷本部郎中典試東粵督學四川授山西按察司副使
轉參政復除山東按察使山東妖賊竊發勢逼省會說
檄招撫之陞授太僕寺少卿道經賊所賊載道懽呼壽
除應天府尹主藏者以美金進悉以充餉爲減徵額陞

戶部右侍郎兼都察院右僉都御史歸以晝自娛卒祀
鄉賢所著譔見藝文志
馬天錦字斐生萬歷乙未進士爲興化府司理屢白冤
宛綰泉州篆以清介著聲莆人頌之有莆中德政錄生
祠記溫陵紀事陞工部主事歲有羸金以還內帑丙午
典試山西轉兵部武選司主事丁艱被謫起補兩淮鹽
運判累轉南京戶部主事釐革陋規陞南京兵部郎中
告病歸卒子福昌見忠義傳
徐鳴玉字振之祖思賢以選貢任蒼梧令有廉介聲鳴
玉中萬歷己酉舉人初知福建長樂清介嚴明未期年
丁父艱服闋遷貴州貴陽府司理屢平冤獄臺司推重

時有劇盜猖獗玉同太守剿除之郡內肅然任三年陞
陝西臨洮府通判尋致仕年六十六卒
余　宗字叔夏號襄城性嗜古天啟甲子舉人選河南
懷慶府孟縣開水利甦驛困固城池籌餉料丙子廵撫
陳必謙疏稱防河有功四月按察金光宸查閱州縣城
池考孟縣上上丁丑題補工部虞衡司主事戊寅董修
司經局又督修器皿廠宗監製如式改本部都水司員
外郎時都城戒嚴奉旨督修礮臺刻期告竣河工告急
敕督理淮徐中河兼理徐呂二洪等處河務甫至任疏
請分任河工報可由是邳宿豐碭之間畚挿如雲河道
通行糧運無阻漕督張爾忠推爲蓄洩有方庚辰中河

饑宗請石價銀兩市安東縣黍麥以濟尋科臣以禮際
疎緩購他事中之歸卒年六十九
李　軫字君翼天啟丁卯舉人授清平縣諭捐葺學宮
訓士有方遷國子監助教與修國史歷遷戶部主事監
督海運親太二倉糧務勤於其職戴星出入運弁斂肅
值近倉居民失火時正夜中軫星馳往救煙焰灸烈東
城兵馬司及各守衛官皆環視束手莫敢嚮邇軫忽出
袖中手錄書一冊號召市民曰有致水一器者領一字
有能奮前撲滅者領數字當重賞一時水器湧集衝汪
如雨火頓熄詰朝出數千緡繳賞人服其敏丙子秋師
逼蘆溝橋都城戒嚴部發勘合運六倉糧給軍餉人咸

畏避軫率先倡行事平紀錄積勞成疾乞休歸家居十
四年卒年七十六府志子四人次應謙崇禎癸酉舉人
初任神木令省徭薄稅陞廣東崖州牧崖積苦牛判新
稅應謙十數申文得蠲免崖民德之年八十三卒於家
季應晉勤學好古選公安訓導未任卒

國朝

謝應璜字皇黼父師古字我思有隱行璜以舉人授崇
仁令一歲疏六年積逋勸諭有方又劇盜爲數十年害
應璜單騎諭降之官河西知縣湖北通志
鄒應錫字爾圭號荊野父守宏爲潼梓尉應錫幼孤事
母孝崇禎壬午舉人出長沙李蔡門明年蔡狥獻賊難

訃聞應錫設位哭終心喪順治十六年謁除得知太湖
時海氛波沸江南北悉震羽書飈馳太湖城市一空應
錫徧諭士民訓練鄉勇設席城埤閭稽出入謹斥堠羣
情始定或言僞檄且至應錫厲色拒之刻意守禦城以
全先是太湖編里五十明季賊據英霍歲蹂太湖數四
人十不登於版者十餘年至是生齒稍聚荒田漸闢三
年奏績註上考擢知光州州田賦蕪於太湖應錫拊循
有加然自防海以來形神交瘁不任煩勞遂息心內典
以疏略被劾歸所譔著見藝文志
李世紀博學能文章有勇略獻闖之亂以諸生倡義殺
賊生平樸貌古心衣冠不隨時尙與馬南屏倡心山社

四仲講學執耳文壇性不佞佛屬纊時朗吟而逝

任　崇字山宗號衡麓順治甲午舉人戊戌明通進士初授蘄州學正轉鄖府教授課士有法陞河南滎澤令旋以憂歸服闋補福建府南安令南邑濱海多巨寇祟力除之以賢吏稱卒於官

馬淑昌字稱若號雪峰順治壬辰進士授商水令邑有巨富無子贅壻其姪涎所有致壻於死匿其屍控之官累年未決昌涖任齋沐疏禱凡七晝夜庭鞫忽有雀繞集案牘若向人語昌控騎隨雀往入深叢中尋得屍遂伏法所譔著見藝文志

張瑾光字子待拱璧子順治戊子舉於鄉己亥再行會

試成進士授司理時直指奉裁司理多謫職瑾光獨守法不阿平反得情研求名臣經濟以正己率屬自期一時御其丰采府志所著譔見藝文志

黃　錦字淑嵋康熙丙午舉人授河南祥符令以賑饑廉能擢開封府同知時懷慶有姪盜殺嬸復殺叔以杜控告訟久不決錦往勘訊得實又有掠賣人幼女爲娼女扳轅呼冤錦令聚邑中少年聽女自擇偶適掠女者至女認識之按以法遷河間知府以母老歸年七十六無疾卒

雷　闓太學生知漢中府襃城縣地當衝要復遇大兵防駐每歲更番易戍居民離散闓到職捐俸給籽種集逃亡襃民漸聚丁卯夏辭官歸士民泣送不絕於道

徐淑嘉字爾會號誠齋鳴珍子順治辛丑進士由推官改授江南績溪縣令服闋補廣西羅城縣循良報最調上林縣歸卒年八十四子極亦有才孫而發

唐有勳字枉參號瑔峯留心經世不屑營家人產由拔貢授山東武城令時東省洊饑武邑特甚勳不待奏報開倉捐賑民賴以甦旋丁父艱起補綦江其治如武城不尙苛細當事交推之然位不滿才作令十七載始內轉中書科先期卒於官

祝大澄字登三號東川乾隆庚子舉人大挑一等鐵舉山西歷署三水武功乾州事任汧陽縣知縣甫到職寄

子書曰吾家固貧今作吏豈遂富耶耕讀織紝不可輟其毋以家來萬一斥罷吾即歸毋爲我累也汧陽乃在萬山中產煤民以爲生官日稅錢十數緡大澄至則盡却之曰此方土瘠民生產無幾忍復侵其利耶又縣野向多劇賭官歲得規錢五六百緡大澄禁之不使行居汧數年未嘗飮民間杯水癸亥年與隨營辦糧臺修寨堡以勤疾卒於洋縣蒲河隨行僅一僕有逅堡老嫗數十人請曰我等受公厚恩答登堂一哭乎僕納之哭失聲未幾得

旨准賜塋祭銀兩以柩歸汧陽士民奔送者數百人逾三縣及河乃返而於汧地並立碑紀德政云

張兆安字仁齋號對山嘉慶四年進士初任山西左雲縣知縣有政聲旋去職復任河南泌縣歷林縣武陟調滑縣最後任湖南芷江縣署武岡知州兆安性嚴謹不苟言笑然有幹才以堵築武陟沁河古樊口及滑縣馬工加府同知銜而在芷江士民有政紹漁陽之頌道光十二年卒於官先是蒲邑江隄頻決民苦征派兆安方為孝廉首籲大府籌備銀壹萬兩觧道庫取息修築永停征派焉著有對山詩集見藝文志

蒲圻縣志

人物六

孝義

元

廖均用父昇三卜葬邑之楂林均用負土成墳手植異松元末避亂南山散財饗士鄉民賴以全活躬耕山下儲穀若干石值大旱盡發所儲崇咸嘉蒲四邑取濟焉明一統志 湖北通志 子崇信洪武中貢入太學選武功衛經歷永樂間調雲南景東諭父歿哀毀踰禮服闋補舊職奉母之任跋行萬里不失孝養母歿廬墓終其身

明

戴思明洪武時人父祥遇虎於野亟往救之搤虎吭至虎死父乃脫 湖廣總志

余　恭字尙欽母戴氏割股奉姑恭中永樂丁酉舉人入太學奉遣督役浙江力圖報稱不苟一介邑令嚴重之建忠孝坊以旌其母子

李　玘七世同居成化十年旌表 湖北通志

劉　慶字善餘嘗拾遺金三日還其人母葉氏病劇慶刲股療之母痊

魏　浤字文淵性孝友母卒哀毀踰禮兩事繼母無間言成化丙午舉人選樂安令禦寇安民正德中以抗逆璫劉瑾告終養歸里居三十餘年脫鄉人李致艮冤獄

活七人又捐金贖故人子罪年七十六卒子正中歹孟
擇磽田正恭以貢爲資陽縣正參以貢爲吳縣丞俱有
惠聲中子表嘉靖甲午舉人不仕母疾躬湯藥逾年讓
父遺産於庶弟恭子徃萬歷丙子舉人隆昌令調通江
有德政參子科亦有行從子襄賑饑掩骼表子翼如以
敦義好施祀鄉賢子詔見忠義傳

李興賢字廷賓宏治甲子舉人父仲髙出銀穀各萬濟
天順二年饑興賢事庶母謹兄弟不析食族黨不能婚
葬者助之正德四年旱載穀分濟全活多人未仕卒

邱　岡字鳴鳳嘉靖丙寅貢任魯山諭致仕歸篤義好
施置祭田徜徉河干吟咏瀟洒以壽終

鄧廷珮號亞泉臨貢不仕樂施予鄰有嫠婦償稅者廷
珮捐金代償之全其婦子士亮見列傳士穀有懿行孫
日崇萬歷乙卯舉人官贛州府司理曾孫之梅崇禎庚
午舉人

何　珍字承聘綸七代孫自綸孫至珍父五世同居珍
以嘉靖貢訓餘杭轉武康諭文行爲諸生宗年五十九
假歸卒年七十八子思登見列傳

黄宗榮玹之孫母盲宗榮日舐之目復明壽九十五

熊若虞邑庠生父兆祥見列傳若虞性仁恕敦任卹曾
貸里人穀千五百石值歲饑負者不能償虞悉火其券
舉家啜粥糜晏如也年六十九卒

任文定字兆麐父洛以貢爲廣東都司經歷署南海諸
邑篆委驗買舶茲著清名文定孝行純摯輕財重義善
古文詞工書畫父洛疾刲股療之邑修城掘骨纍纍爲
大坎具牲文瘞之以隆慶丁卯舉於鄉選南陽府同知
捐俸賑饑疊膺上薦署篆舞陽內鄉禱霖雪枉所過人
皆追思致仕歸琴索蕭然所譔著見藝文志

魏彬如裳之子萬歷壬辰貢事繼母孝精岐黄術買藥
活衆諭耒陽爲邑選學宮人文蔚起子說見卓行傳

徐　錦字黄谷持身端謹中萬歷戊子舉人一切田廬
推之兄與姪無所悋吝辛丑選令職病作卒於燕邸子
邦隆字孟昌天啟元年恩貢入太學拔取監元與金聲

譚友夏相酬唱晚林居樂行其善遇人有釁解以醇醪
發藏賑饑造舟渡河多義舉焉孫維椿號疊峯恩貢授
安鄉諭捐修學宮造就諸生先行後文旋諭興寧致歸
維機歲貢生承父志修橋曰繩先橋

饒承教萬歷中人母病刲股作羹愈之承教妻病子若
驥若驦亦刲股以奉驥補庠生同知葉文懋題旌之

王　烘冶鐵爲業母盧氏病劇割左股肉和藥進母痊
至八十餘歲終烘亦以哀毀死邑令旌之

周玉賓明季流寇過境白骨遍野賓日荷畚鍤上下山
原收瘞之鄉里上其事邑令獎賜之賓死無子

舒春野明末庠生萬歷十六七年饑爾賑之

謝奇杏歲貢生以田十餘畝讓之弟成父愛也

彭楚書生五月而孤稍長傭力養母母病篤割左乳肉進愈之知縣林增志旌

但　仕字汝孝邑庠生嘗拾遺金俟其人還畀之其人割半以謝弗受有辭辱之者禁家人勿理其人明日暴卒得不波累

楊四智字伯起邑庠生積學篤行老而不倦家貧館陸口見江干白骨纍纍出館穀造舟收瘞之南嘉熊開元題其舟曰慈航邑令林增志贈以贊

國朝

袁吉暉字月山順治乙酉拔貢性孝友丁親喪哀毀撫孤姪如己出學宗陽明爲文眞樸時稱月坡先生

賀世麟字景璦年十二補邑弟子員旋薄時藝致力於古毋錢氏病篤嘗糞刲股以憂卒

張拱璧字正陽幼失怙事母孝康熙壬辰饑出積穀賑三月年七十以壽終子璉光見卓行傳璟光見藝文志瑜光有學行孫達仔見藝文志

張拱翼字念川多義舉明崇禎庚辰饑傾囷賑給修宜公隄畔瓦窑港橋兩舉鄉飲子文光有父風孫孺子以歲貢授城步縣學博達材納洒女爲婢見女父母不忍離棄其金更褒糧遣之

宋維舉字四隅樂善好施與姪時魁捐貲修復義田三百餘畝自輸公及祭費外以贍族孫希若康熙壬子舉人丁親喪廬墓六年有雙白燕巢其側補黃安諭所著譔見藝文志

任經邦字達生與兄孝廉經世相友愛俱抱遠志邦修任家橋建慈救閣新南泉寺以諸生終卒年八十二所著譔見藝文志

張大綱字伯常孝友督學王志堅錄其行云籲天起危父之疾捐金解叔弟之訟順治丁酉歲薦不仕歲時展先人墓潸泣如兒時以壽終

張士達樂善好施明季庚辰連年饑飯鄉里癸未獻賊陷城掠鄉驟馬士達悉出以抵境獲安捐金贖里人石

某於死順治丙戌荒連四載捐貸如曩時三舉鄉賓年九十終

朱希明當明末闖逆倡獗負父母入荆紫山採薇侍養有家貧售妻者解囊免之舉鄉賓卒年九十二

萬　昂六齡喪父母叔用卿撫之用卿生子二昂友愛不忍析產嘗越洞庭求孤姪於澧州歸爲之婚置祭田以厚宗族拾遺金還其人子大中以拔貢中雍正甲辰舉人任竹谿教諭

丁鼎元邑庠生好學篤行從昆弟求異居鼎元止之不得後從弟中落鼎元復召同爨不分居者三世食指至五十餘人

舒鳳翔字岐陽母死哀號墓次父爲葺廬三月翔始入
居哀益甚有狐魅夜爲哭聲翔驚以爲母開戶迎之魅
爲冶容翔但哭其母魅自滅
張達佐邑庠生篤孝友丁未春淫雨損秧捐種濟之
舒恒言年十三父母病刺血書表禱延父母死未葬至
三十四葬後始娶其餘質金焚券散穀賑荒義舉有足
多者
費成禕親死廬墓三年
陳學義本周文卿子中表陳華楚無子文卿以學義嗣
之後華楚舉二子學義友愛篤甲寅兵變奉父母隱山
中食力孝養周氏父母早喪墳爲隣侵捐金贖之華楚

病禱白石廟遇虎哀告以故虎遁適驛馬至載以歸父
母卒廬墓五年
徐鳴珍字席之鳴玉弟癸未秋母陳氏病會流寇入城
衆奔竄珍獨侍母疾號泣不去賊感釋之子淑嘉見卓
行傳
馬宗昌邑庠生甲申鼎革奉母馮氏避亂崎嶇顧養以
孝稱長子登源有志畧能救人急難次子之鵬別見列
傳
盧逢益字維夏七歲孤母朱氏守節病瘵益呼天請代
侍母旁昏寐見神人可其請醒以語家人母果愈益病
戒子勿進藥曰幸神許代母何以藥爲病亦愈享年八

十妻魏氏以哭姑死子著以哭母死
張文諭篤孝友樂善好施父疾籲天求代及卒哀毀踰
禮吐血數升人有急隨力周卹爲族中婚葬者十餘人
同時先後篤行者有拔貢廖金聲歲貢徐文輝廩生黃
蔚庠生熊黃來鄭鎬歐陽斌劉名鳳廖應榜及歐陽振
葛嶸
張宗白字梅岑性友愛工詩畫書法從弟宗秀病淋欲
絕以口疏膿血而愈所著譔見藝文志
周　柏居親喪廬墓三年
李日瑚字介眉雍正癸巳舉人任鄖縣教諭能古文詞
有義行

但開元字會宗乾隆壬申舉人性孝友家貧授徒於外
所得館穀悉畀其弟作養親甘旨後任石首教諭石邑
人士歸之稱道學先生
周天度字範成乾隆乙酉舉人能孝將赴禮部試行抵
武昌旋憶父歸適父病隨歿得以親殮盡哀云
王崇學字遜亭乾隆乙酉拔貢讀書謹飭能爲經生家
言鄉里皆重其行
李方弼字清輔性孝友父病脹吸臍通便病以痊母足
偶跌進食跪哺兩居親喪廬墓斷葷三年乾隆三十九
年建坊
黄恒滙字仲涵太學生事父孝其叔祖廸字名揚有義

行康熙癸亥舉齒德迎任邑十三團約總恤貧救患給
諫馬之鵬作白紵歌辭贈之至恒漲父病恒漲夜告
天刲左股月和膳以進復效黔婁嘗糞父尋愈
李爲松字秀倫邑庠生父手爲蛇傷以口吸其毒母病
疽亦如之乾隆四十九年以應試至郡城忽心痛曰必
母病也急趨歸虎蹲路側弗之顧母見子歸甚喜病減
娶王氏早卒終身不娶乾隆五十六年建坊
張吉兆字泥封乾隆甲寅歲貢事母孝居縣城未嘗以
半刺入公門年九十卒
錢 琦字崇道嘉慶戊午舉人官鄖縣教諭性灑落好
施與尤篤友誼武昌陳中丞名中孚嘗爲文褒之

陳樹賢字見思嘉慶甲子歲貢性嚴毅而事父母則和
顏盡孝居喪哀毀骨立水不少入口雖衰年必扶杖謁
先人壟號泣至失聲爲詩文必守先正矩度謙於學問
常抑抑然及干以私必面折也所著詳見藝文志
賀運梅字鍊冶嘉慶戊辰恩貢孝友好施與有學官劉
造隆借多金劉卒運梅火其券且厚賻焉弟魁選字瀛
州乾隆己亥舉人能文與學士法式善爲忘年交先運
梅十餘年卒運梅撫孤姪如己子弟魁南字楚望嘉慶
戊午歲貢少穎異年十二補弟子員攻經學至老不倦
魁南次子斐觀字竹箌嘉慶己卯優貢官八旗教習亦
能詩古文詞善星學

吳 濂字宮魯嘉慶癸酉副貢性孝友
章開瑞字萬椿叙職州同事母孝好義母佘氏有淑行
開瑞富於貲奉母命免典棉衣被息者十年母壽至百
歲乾隆戊戌大旱同弟開元設廠三男女士民區別糜
賑其疾病老弱親爲調理自秋初至來春末止全活多
人至若立義學修橋梁以萬金計不惜也
文攀元邑庠生父病手足偏痿攀元左右扶持之不少
懈事繼母能得其歡心
馬光德字孔昭太學生性孝與同里廖潤修並好施廖
廷箴好善同里有宋修者生甫六日失怙恃廷箴撫之
成人著名理學

章應韓字奕山開瑞三子以廩貢任蘄州學正樂善好
施尤篤友誼工部主事陳詩序云奕山與人交澹若無
畦畛而潔清自好之士輒傾心相待無忤色亦無戲容
余以是知奕山之知人也至其友張薇軒老困窮旅寓
於江夏旋卽世所遺兒女子無以自存奕山爲之嫁其
女而令其子歸故鄉薇軒他如輸助隄工經營橋渡又
同諸弟捐四千金以爲邑中鄉試賓興童試卷費御史
袁銑贊曰上雋名區篤生偉人仁聲義質矯出風塵炳
炳賈合懃懃綷縩既取秋實亦擷春華簪紱靡營綱維
是振施而不奢儉而不吝潢流保障忘私急公藝林高
誼一倡胥從匪鈎奇譽匪矜述模善薰閭里和集門閭

宜昌厥後雛鳳音清惟德之報歸於立誠弟應勛字心唐濟人利物設涼亭一修石橋五置義田二施棺三十年旣又以邑無考棚獨捐建費八千餘金邑禮部主事馬麗文序云蒲自建縣以來童試皆在縣署坐位雜蹶扃門之頃倉皇失措一遇風雨則擁擠林立數百年來竟無一人爲廣廈庇者心唐獨慷慨以身任成從前難成之舉也

周麗金字得原道光辛巳恩貢事繼母孝有堂兄武陵失業自蜀歸麗金析產與之教授里中貧寒之家多不取修脯

補遺

賀　瑄字道輿弟斌字邦輿成化時人俱有善行父仁原以千總職督修武當山觀病卒厝紫霄宮下山石崩墮壓棺成窩瑄兄弟奔至慟欲絕監修官以神葬慰起乃立碑哭還夜行荒園中有火光繞足踏之地陷得窖金遂富積穀至十八萬石值饑有司勸賑縣令撥經承六人持簿記明咸湘嘉蒲四邑之人雨集賑三月畢院司爲立義民坊於武昌省城

丁　師車埠人家貧性孝日辦肉一斤養父母自食粥後遇流賊死先是蜂兒嶺下田長苦旱師剗土作堰以溉每夏秋蓮花滿塘藕節可食人目之曰丁師陣

蒲圻縣志

人物七

武功

明

汪　淸世居新溪太祖旣平陳友亮淸首謁轅門扈從征討屢立戰功進階明威將軍後改觀海衛指揮姪明及孫迴元孫鏞襲職

但應隆明初以功擢指揮後從北平從太祖征陳友亮於鄱陽湖有功因敘功不及格逃山中久之論定御史羅洪題請拜武德將軍洪贊曰天威赫赫統屬齊心載勦亂賊雲集於征神武張皇掃境淸明惟公抗志不久官名懋賞其功武德將軍

劉　鐸字振遠父志淸歿於陣鐸年十四吏不加存卹鐸亦不求憐揮淚與同輩別有馬都閫者奇其貌留置記室爲武昌左衛前所軍天順元年從征銅鼓五開及交洞城步苗成化元年征兩廣賊次年征荆襄流寇十二年復征靖州八塞宏治六年檄征貴州判苗前後以軍功累陞至指揮同知加封安遠將軍世襲武昌左衛鐸雖生長戎行有敦詩說禮風晚居山軒手不釋卷年九十七卒孫開襲職

劉錫乾字健甫鐸五世孫勇而能文廕武昌左衛指揮四歷漕運特授貴州銅仁守備時苗賊叛乾單騎赴之

俘獲多人陞四川松潘遊擊官至廣東參軍將

侯定國字正君余開衡字衡山武生皆以勇聞定國孝友沉毅好讀史傳多權智精騎射射輒洞穿命中開衡善雙刀每起舞寒光凛冽兩人野外較技觀者如堵無不叫絕顧往往慷慨論時事相對語輒憤惋欷歔泣下癸未春逆賊張獻忠蹂躪黄屠會城屬縣皆聞風避邑令曾栻奮忠義募壯士及煙兵千人决意死守命兩人督領六月二十四日賊遣輕騎百人爲探哨挐船渡定國先發三矢貫前騎二人賊大驚開衡亟舞刀大呼殺賊賊衆遁七月賊全隊壓境曾令率兩人阻河拒戰衆寡不敵官兵反走邑令曾栻死之定國開衡獨陷陳被重創絕復甦順治甲午經畧洪承疇大軍駐楚開定國名召置水師鎮參謀尋病歸卒

國朝

張時麟字季昭耆季子萬歷乙巳武進士累官至鮎魚關參將屢有戰功後以偏師失利降山東都司僉書順治元年投誠陞二級都司同知年七十卒子昇以鑾儀衛旗籍中山東戊子武舉

李侍義沉靜有智畧崇禎癸未獻賊破會城侍義團練鄉勇堵禦一方順治乙酉闖賊掠邑侍義率鄉勇逆戰於大田畈賊潰走生擒數人磔示之於官路亭賊屯黄茅山楊林諸處侍義計刼其營伏兵截其要路賊至伏

發邀擊之賊大驚散渡臨湘河而南自是邑西南隅無賊害撫鎮聞其名屢聘不就年七十五卒子世紀見卓行傳

馬天將性豪宕東萊白蓮盜起經畧招致幕下所上方略切中機宜薦授登萊守備遷粵東游擊子際昌際盛見忠義傳宗昌見孝義傳

王武臣字莞庵以武舉令安化擢遊擊好讀書爲文慷慨悲壯嘗過闕里錄聖賢贊摹聖像歸重鐫之志欽慕焉所譔著見藝文志

但赴卿字藎臣先世以武功起家赴卿少孤篤友愛夙奮志王事初值甲寅吳醜騷動依左營把總征洞庭得功授守備旋從提督萬人福征福建厦門等處奏捷授懷遠將軍甲子正月朔以疾卒於燕邸

傅奇俊號南竹幼習韜畧膽識過人癸丑甲寅吳逆叛滇孫逆叛粤奇俊擢鋒陷陣所向披靡以恢復房縣功冊銜守備進勦白河上津及巫山川東有功後敘議優加二等爲都司僉書官至湖南永州遊擊卒時年七十長子得勝官南贛鎮中軍遊擊

項　楷字玉軒順治初年平雲貴有功改授陸凉州牧後以母年九十乞歸養

葉鳳舞大貴圖人嘉慶三年洋泉白蓮教匪起鳳舞仝余仁安馬亨昭馬儒俊等領居民七百餘人爲鄉勇先

追至石門頸格殺多人匪旋潰散近圍數十里得免騷擾鳳舞之力也

舒萬年方橋圍人年四十二充督標兵又五年隨定西將軍征金川得瓦爾丹巴圖魯勇號藍翎頂戴千總銜旋補襄陽鎮標右營守備復隨叅贊策討賊擢陝西西安州營都司換花翎改誠勇巴圖魯陞福建桐山營遊擊調臺灣鎮標右營遊擊陞臺灣城守營叅將最後任廣東龍門協副將加武功將軍金川之役萬年得打仗功一百八十五次超等功十次頭等功四次

人物八

隱逸

漢

歐陽炳和自長沙官同兄繼儒卜隱鳳山監今縣署即其與駱氏故址也

明

燕遺民字逸德號空谷老人累以賢良徵不起時獨行深山碧澗間嘯歌終日興至則濡毫揮翰逸氣浩發眞隱者也

龔乾瑞字汝賢艮傳子嘉靖丁未貢爲覇州同知涖任一日即辭官歸濟困匡無觴詠自適子棻本付見艮傳傳朮有隱德孫逢烈見藝文志逢堯以明經爲博士

龔乾曜瑞之弟隆慶壬申貢不仕居家謹厚撫孤姪成立子梃能文補諸生即絕意進取精養生家言娛情山水孫逢祥見藝文志其餘若檀若逢璧逢顏逢旦及瑗俱有軼行璧子維三孫璋見藝文志

祝眉壽字以介邑庠生尚氣節鄉里有爲不義者輒曰祝公得無知乎其見憚如此

魏　宸博學工書晚耽二氏學結菴繙誦無疾終

魏式國詔之孫遭時變隱姓名爲江西寧州寺僧家人覓之不得居歲餘詔門人劉同升知其蹤以書迎之歸

肄業雪峯寺中後補弟子員卒年八十八
黃門相號龍躍其先豫章籍庭堅之後以洪武三年避亂居蒲新店後遷鳳山既而讓其宅爲驛而自居城內之舊驛厥市囂復遷官田同妻鄭氏出入耕鑿家食粗給比諸子成立析食門相惟日徜徉鄉市親黨間癸未秋獻逆躁縣所過腥聞門相抱恙居鄉不克徙避賊漯至戒不得入室謂其僕曰我雖作此行徑甚知好歹女家素好人也與其僕作禮而還子中通任鹽亭知縣後補朝邑門相贈如子官
宋時魁字文可號愢軒萬歷甲辰進士授行人累官河南知府醇謹有氣節因福藩就封不堪騷動以親老告

歸杜門自適絕跡造請
何沖然字湛眞思登孫博涉經史長古文詩歌三十餘始補諸生傲然不屑也飲酒豪放有劉阮風
雷　驚號百里持身端謹勉人爲善多指報施往事相勗聞者悚勸子御龍字譽望崇禎乙亥拔貢歷官多政績
李正蔚田有年周維新熊　崑俱庠生萬啟明魏　嵛汪應鄧明崑葛蒙校何凝思皆舉鄉飲賓王志所載舊志

國朝

黃鳴鐘康熙丁卯貢負奇嗜酒將終前數日策蹇辭交及期命子爇香湯沐浴盤坐延壽寺以卒

彭大章康熙壬申貢性友愛好讀書不仕倡建心山社同庠生熊纘武庠生馬履昌潛之砥隱居其中講學敎行同時先後恩貢熊毓南庠生程伊傳彭祖武李闢地唐有恒庠生周天垣熊必俊何佳然俱以文行隱
陳　佾字宗五庠生以齒德舉鄉飲賓其後舉者有田應元吳仕崇張猶賓周日春盧仲懷熊褕占文勝嵩馬世圖梅文銓李成勛盧義先魏方孔彭應勅劉天錫黃道日彭哲人魏采國王志
魏熙達字爵一南薰團人嘉慶二十五年建百歲坊壽至百有六歲
熊巨俟原名自瑚楊林團人壽百有一歲五代同堂

高學泰字安舒楊林團人壽百歲五代同堂
周占魁馬坳團人年九十四見元孫三五代同堂

蒲圻縣志

人物九

仙釋

國朝

楊易生本縣人游江漢間自言年已百歲誨人以修身明道之學旋游太和未幾即返日山中人具殺機不可與處别結茅以居絶粒啜泉日一勺久之端坐而逝酷暑三日面色如生

太元木蘭寺僧本縣人少入空門恪守禪規茹素終身死之前期戒諸法嗣於次日更衣羅拜趺坐敲木魚誦經而逝

蒲圻縣志

人物十

流寓

宋

廖正一字明畧德化人徙居蒲圻一統志安陸人元祐中除秘書省正字紹聖初入黨籍貶監玉山以卒東都事畧　湖廣總志作京山人

陳求道字得之咸寧人登進士第靖康間判都水監朝議二帝出郊請和求道力爭不聽金人立張邦昌下令在京官不朝者死求道稱疾不屈先是陳留河決漕輸不通開封尹宗澤命求道治之七日盡復故道建炎四年命為襄鄧隨郢鎮撫未行寓蒲圻龍堂僧寺招撫劉忠叛奉求道為主求道正色厲辭賊怒殺求道妻蔡氏及二子符佺必欲從已求道罵愈厲賊斫其口拔舌斷之獨符子凱竄於山谷得免賊退始得求道屍瘗於與陂宋史本傳

趙　葵衡山人寶祐三年鎮荆湖城荆門及郢州湖北通志　府志趙方傳方封長沙縣男後寓蒲圻開第於城內梅隱坊子四人董蘋范葵

明

黃師魯字希聖號清河道人其先自桃溪徙居蒲幕山谷太史之風遇佳山水輒吟哦忘返精篆籀風韵飄逸洪武初辟為崇陽訓導舊志　湖廣總志湖北通志俱作崇陽人

唐 岳詳師儒傳

傳 卿字獻卿福建莆田籍本縣人嘉靖甲辰進士官至廣西僉事坦介不阿義篤梓里丁艱歸哀毁踰禮以孝稱

蒲圻縣志

人物十一

列女

秦寡婦清始皇爲築女懷清之臺史遷傳之貨殖班氏識之而傳列女又多採摭淑行而鄉里小民淑行絶少表見惟守節歷數十年苦甚蓮心艮堪憫焉至若事親及夫病多有刲臂股以和藥者亦孝誠所積發不可沒也今並登之而貞淑壽婦間綴於中志列女

元 見通志者四人

費氏何槐孫妻宋諫議師古曾孫女夫病幾殆刲臂和藥

劉氏王蘭孫妻年二十六子德俊纔六歲德原生六日而蘭孫亡孀婦欲嫁之誓死不二撫二子成立至正壬辰兵越蘄黄躁躪鄉邑二子奉母周全獨完其宗人以爲貞節所感

宋氏黄開妻開早殞誓不再嫁節操貞白以上壽終

宋氏魏雲瑞妻祭酒魏觀母宋濂爲勒墓銘

明 見一統志及通志者三十八

黄氏魏銘妻無子銘别娶丁指揮女爲繼室指揮後知之亟携女還黄追至途懇請讓丁正室而己爲副

左氏王允茂妻元季兵起茂避亂氏備歴艱苦及寓泰

寧茂卒於官子愷年甫九齡邵武衛官吳某欲娶之矢
死不二扶夫櫬反子愷有傳
任氏連輔妻字慶貞年二十適輔閱七月夫卒撫遺腹
子芳以明經任射洪訓導日之操六十年如一日
曾氏但勝聰妻適聰二載聰卒遺孤方七月守節六十
年宏治中舉貞節
魏氏廖賓南妻適賓南一歲而寡氏甘貧奉姑立侄爲
嗣守節六十年
趙氏謝存憲妻二十五寡撫孤謝三誥又卒趙偕娶婦
龔氏紡績甘貧誓死守節嘉靖中　旌
徐氏王世廉妻姑病侍湯藥不櫛沐溲溺皆親承之年

二十五夫疾篤欲以身殉時子艮讀在妊夫勉止之夫
卒撫孤勤苦成名官至眞定判以子貴
余某妻戴氏
金氏謝師彥妻彥舉進士卒於京年二十子纔生數月
金殞欲絶撫孤四十年得　旌表
楊氏劉熾妻熾人道不通楊事之數十年無怨夫喪哀
毀飲食必奠如事生二婢感其義年四十餘亦不嫁萬
歷三年　旌表
謝氏黃祚妻年十六適祚祚卒撫孤有成復夭一孫又
夭子婦何氏孫婦魏氏俱二十而寡嫠居三世俱有節
操

鄧氏魏正模妻事姑謹生子甫十歲而模逝有奪其志
者鄧氏斥之謝侍御師啟爲譔傳任郡丞文定譔誌銘
張氏魏方昇妻年十八昇卒事姑勤孝貞操不渝年三
十五卒
余氏龔宋妻撫嗣侄奉姑七十三年
屈氏庠生龔維翰妻宋孫媳年二十守節撫孤
謝氏庠生龔理妻維翰媳守節清白萃一家三節焉
黃氏但維城繼妻萬歷間舉貞節
田氏郭立本妻年二十寡奉姑守節四十年
姚氏謝自强妻夫卒無子自經死
周氏劉觀妻妾張氏以雙節稱

魏氏劉元妻二十五寡守志
魏氏庠生曾曰忠妻年二十守節
王氏譚廷玉妻年二十五守節四十七年卒邑令曾栻
旌之
謝氏魏柱國妻名三淑年十四獻逆屠城爲賊所獲駡
賊奮躍方塘而死
朱氏黃宸妾宸卒朱甘貧養嫡鄭氏及遺孤勤苦無怨
嫡卒營葬盡心
蔣氏廖秉文妻
明　除一統志通志外見府志者一人
魏氏鄧日華妻華早卒氏苦節三十餘年邑令林增志

旌獎

明　除一統志通志府志外見舊志者六人

黄氏廖後妻有淑行

黄氏胡堯元妻有淑行

鄭氏謝三訓妻以子師啟封孺人邑稱賢毋

鄭氏何思登妻封宜人有淑行

饒氏謝元觀妻元觀贅於饒姑病饒往侍湯藥衣不解帶者累月姑十年未葬解粧奩安厝之年未三十卒邑令曾栻申請督學　旌表

魏氏庠生爵顔繼妻前舉氏生五子魏亦生五子恩勤前子過於所生至嫡亡子所分產爲之畢婚佐治内外禮法肅然子鳳池中崇禎庚午鄉試子孫在庠者十餘人舊志補遺

國朝見一統志及通志者四十六人

陳氏庠生程呂中妻夫亡家貧苦節饔飧不給子拾遺金歸亟命待其人還之雍正五年建坊

朱氏盧聯瑞妻年二十七夫亡子幼遭明末亂負繼姑避難年八十三卒雍正四年建坊

但氏覃則敬妻則敬起義拒寇歿於兵氏聞之欲投河死姑知其有娠嚴防之彌月生男教子成名守節四十年

陳氏熊瞻渭副室年二十六守志以其莊田牛馬等物所生三子自取薄田三十餘畝爲饍後嫡子皆貧氏仍析產與之

周氏馬俞妻年二十寡值鄰饑累穀千石盡散賑不責償

王氏熊大來妻妾劉氏長媳徐氏次媳周氏孫媳李氏孫妾陳氏長孫媳魏氏皆能守志蓋三代七節焉

劉氏張瑾光妾年十八歸瑾光卒守志不渝舉子一年八十卒

沈氏張逵兼繼妻十五歸張未幾寡氏守志善事其翁長子漣早喪妻熊氏無子守節至四十歲卒次子潑列邑庠亦早卒

賀氏張達可妻年十九夫卒子幼多疾氏禱於神子果愈女張氏沈援妻歸沈三載沈卒守節事姑孝初女侍賀側以孝問賀教之後以節問賀曰此惟守節者知之自是女亦以節顯不愧於其母云

任氏熊朝宗妻二十七寡二子俱幼康熙戊辰夏逆猖獗伯欲奪其志氏聞之自縊鄰戚救之乃止卒年八十

熊氏孝廉黄鳴陽妻勤儉孝敬自舉一子衡夫側室二子如已出甲辰姑病劇跪侍藥餌累月不綵積勞成瘵忽樸地卒

楊氏黄衢妻居江夏衢贅其家姑卒氏越三百里來奔喪黄家世清白喪具從節省氏力主循禮解佩環佐之

又出資奩作佛事追薦其姑後歸踰年卒
魏氏邑庠曾恕宣妻二十七寡姑在堂子士雄方三歲會寇燬家氏携子避兵黄葛山與姑相失姑渡沔陽卒氏尋得之鬻衣殮扶柩歸行至黄蓋湖風作隣船飄没氏伏棺號泣呼天曰寡婦死耳姑柩與兒何罪禱訖而風息舟得不覆
楊士雄母萊氏
劉氏余開熙妻少歸余事姑謹隆師教子年四十六卒
魏氏舒春野繼妻前妻子有齒過於氏者有年相敵者氏綜家課子循循有禮法舉所有産悉以畀前妻子後氏子鑒孝廉

余氏龔良柱妻
劉貞女
陳氏雷元聲妻二十四寡翁姑念氏年少家貧勸令改嫁氏剪髮矢志守節三十年如一日
舒氏余應試妻年二十餘夫喪守節五十餘年三子垂白怡怡堂下
余世楚妻吳氏
任氏張逵偉妻年二十五懷孕而孀彌月生子值夏逆亂撫孤臨柩痛哭解粧奩購地就葬乃避兵今建坊入祠
魏氏祝日旭妻

汪氏涂文若妻
鮑氏吳學泮妻
劉氏張開若妻
王氏熊方贊妻
余氏陳祥宇妻
徐氏張甫妻年二十夫喪矢志不二事舅姑如禮後二子俱早亡遺腹一孫與媳程氏同撫育食苦茹淡以終其操
王氏徐渭占妻年二十四寡家貧乏嗣事舅姑力供甘旨不缺
楊氏張作霖妻

李氏懷遠將軍但赳卿妻年二十四寡媳彭氏年二十三寡姑媳守節
石氏龔世鄉妻
鄧氏楊紹爵妻
宋氏王培基妻
蔡氏任某妻
國朝除通志外見舊志者六十三人
姑媳節婦余司楚妻吳氏媳熊氏康熙戊辰値夏逆變吳携子同隣女避兵巖穴中時多虎鄰女畏而强其歸吳以兵未退辭焉次日其弟尋至山見虎伏巖側吳毋子端坐無恙又火延其室吳冒火捧考妣暨夫木主出

媳熊既寡其父母欲奪之感吳訓矢志異於雍正八年建坊

劉氏周日監妻年十九寡無子事舅姑孝立姪爲嗣

黄氏李仲純妻純性敏氏勸之勤學純早殞氏年二十八無所出舅姑命立叔孝廉之次子大泌繼夫後撫摩鞠育如所生泌復早世媳宋氏亦年二十八而寡與姑同節生二子長光松次光梓俱成立

吳氏宋孟甫妻年十八適宋生一子甫五歲孟甫亡氏年二十四事其姑舒氏生養葬祭盡禮壽八十六

馬氏徐美大妻年二十七聞夫卒於京一慟而絶越三日復蘇姑王氏勸曰汝從夫死固宜吾與襁褓兒何依

氏遂不死唯姑命自是朝夕紡績縞衣茹素六十餘年

龔氏舒黄宰妻時丁吳逆亂明年五月宰客洞庭賊殺之氏年方二十父欲奪其志媒至大詈而退翁姑俱失明氏左右扶掖以終天年喪皆無失禮年八十卒

詹氏龔榮伯妻苦節四十餘年初榮伯値明季亂父喪未葬毋熊氏在堂榮伯殁家貧歲歉氏謹事其姑以終力葬三喪無遺憾子二長世成以其先世鄉賢爲奉祀生

劉氏歐陽世生妾世生年六十乃娶舉一子世生殁氏與嫡勤儉持家使子得專志讀書以成名

劉氏周日監妻監甫弱冠卒生一女無子舅姑皆年老氏勉奉甘旨立姪哲夫爲嗣

邱氏雷特圭妻年十六適雷特圭以苦學成疾氏每焚香祝以身代氏送之壙求旁穴共瘞或喚其迷明日氏徃溺母與姑急拯之得免数日氏乃私用緘布密縛肢體奔投狂流家人不及救駭聞數里得屍於雷家橋上灣合手若揖特立猶生時年十九

王氏鄧大聲妻氏年二十四而聲卒舉子虞佐纔六歲氏撫鞠歷千難百折以奉其姑事葬中禮六十四而終

胡氏庠生汪世琦妻既歸六年舉一女而夫卒氏嚙指流血以示信乃以夫遺書教其繼嗣汪昌昌食餼而殀又撫登登亦亡

楊氏陳六御妻二十四歲夫故生子二長三歲次僅七日氏撫之成値歲歉姑病割股以代湯藥

徐氏庠生程應中妻二十三歲夫卒子二齡次子尚在腹氏誓不二紡績以爲活

駱氏張海塘妻二十而寡子女俱無居樓焚香祀其夫像年五十卒

王氏張萬資妻二十七寡剪左手指肉焚鑪內誓不再嫁無何子又殀孫方五歲撫育孤孫復極勞瘁云

錢氏龔季宿妻年二十一季宿早世守志不渝一子甫三歲躬紝以教乾隆二年建坊

吳氏郡庠生沈偉妻十六歸偉婉娩勤慧生子中乾未

週而寡及子有室不踰年卒氏立嗣事姑年六十七卒
馬氏庠生劉紹昆妻曉文知書二十二而寡子生週歲
氏持齋四十年堂上嫡庶三姑善事以終
張氏汪聖錫妻二十七而寡子禮甫二歲家貧奉舅姑
命廿旨必盡年五十九卒
余氏但錫九妻二十而寡生子椿至三歲有足疾氏艱
辛撫之歷五十餘年卒
吳氏汪達重妻二十二夫喪遺孤一矢志五十餘年
談氏鄧之通妻年二十五寡長子幼氏勤紡績事姑嫜
養葬盡禮守節三十餘年
廖氏李增桂妻桂力學攻苦搆病卒氏年二十三子二

幼嫡庶姑俱年老氏勵志苦節事姑數十年不懈
張氏何世祥妻二十五寡子幼善事姑氏命僕耕田數
十畝以奉先祀督子讀書隣里有急輒應之
張氏徐宣昭妻年二十三而寡生一女無子初宣昭以
宦後家貧親喪父招之贅踰年氏請於母廬於隔隴以
奉公姑之靈宣昭以客於外及歸卒葬屋旁日夜悲咽
諸兄弟仍還諸室氏不從
賀氏張杲妻其母無子守志及十九歲母招杲來贅氏
以老舅姑未得事乃隨夫歸其母以年老故復命往生
子二氏二十七守節歷數十年
李氏何容安妻紡績以養姑鄉里矜其貧貽以鹽米辭

不受曰無勞而獲身之災也
李氏歐逢鳳妻二十二寡生子一謹事公姑鄉里稱孝
歐氏張隼妻性敏少識書算年二十二而寡生子一苦
志撫育以紡績營夫葬族里有不能葬者脫簪珥周邮
之
周氏洪羽皇妻年二十二夫死氏撫孤事翁媪躬紡績
備歷艱辛
張氏覃宏諧妻二十五宏諧喪子僅三歲撫之成立子
三十而卒乃値衰暮鞠摩其孫尤極劬勞
姑媳三節者周氏李達遜妻生二子年二十四寡紡績
織紝以育其子長媳陳氏孟乾妻年二十六而寡孟乾

臨危時囑曰汝無舅姑并無子息可隨汝志氏泣曰誓
死不二次媳孫氏澤廷妻二十八而寡生子二俱幼氏
守節不渝
李氏余映極妻寡言笑二十六寡無子立族姪爲嗣
謝氏庠生錢震揚妻年十八歸錢夫亡氏悲啼幾絕隨
出釵佩以供夫葬具囑與夫同塋亦遂卒
魏氏漆昌明妻三十二夫死壽至百有二歲媳汪氏年
少喪夫以苦節稱
舒氏適王姓居方橋園十九守節事姑孝教子嚴年九
十卒鄉里稱之
項氏適馬姓二十守節居劈精園教子有法

涂氏唐有華妻年十七聞夫病願歸唐奉藥餌父母許之歸三載夫喪氏對棺封髮矢死靡他勤紡績自食其力

謝氏庠生王洪宇妻年二十五寡苦節自勵善事舅姑

尹氏熊之柽妻柽早卒氏斷髮毀容日夜悲號成疾越二年亦卒

汪氏滌啟曜妻年二十四寡事老姑謹撫子成立守節五十一年

宋氏鄭尹公妻以夫體弱恐不永年爲備側室期早子既而宋氏舉兩子側室生一女及尹公歿宋與側室俱守節後二子俱列邑庠

三世六節婦者麗氏廖憲臣繼妻年十九寡無子守節終身何氏憲臣胞弟庠生廖師臣妻年二十五無出勸夫納妾張氏張生子一未及二年夫喪同志守節子駿生列邑庠娶潘氏駿生卒氏年二十有五撫子三長金聲拔貢生有傳雍正五年與姑何氏張氏俱建坊其次媳季氏宗諟妻年二十四寡立金聲之四子爲嗣初憲臣師臣之胞姪應機妻魏氏亦少寡守志全孤乾隆二年建坊

錢氏黄進公妻事姑至孝夫早世訓子艱苦畢歷乾隆二年建坊

丁氏余堯章妻年二十六寡子甫半歲事公姑甘旨無缺及死葬祭如禮

鄒氏徐標妻年少守節艱苦彌貞雍正十一年建坊

張氏王首山妻年二十四喪夫事寡姑謹教子有法

陳氏馬漢妻漢卒氏撫遺孤越三年孤又死父母欲奪其志氏覺赴宅後新塘死

胡氏江鳳文妻鳳病篤與氏永訣曰吾死後若可改適氏悲憤曰請先死以報君遂赴水死

周氏李日孜妻孜遠出氏獨居有無藉龔某者窺室少艾輒往挑之氏詬厲不可犯一日氏往同巷借茗具龔尾其後伺左右無人戲以手捫其乳氏號哭奮罵歸遂赴池水自溺死事聞置龔於法氏循例得　旌

姚氏周應和妻性貞靜事翁媪孝夫病時語氏以服闋當嫁氏聞言欲自引裁夫力止之夫氣將絶氏長號結束衣履赴池水先死

佘氏王艮聰妻性温惠喜施與年逾六十夫没子喪媳馬氏守節念城北河浮橋爲南北通衢捐田十石零七升呈券縣官收租穀爲歲修費巡撫盧大中丞結頒惠濟嗣嶶匾額表之

續志淑行二人

佘氏章開瑞母開瑞自有傳佘性淑嘗囑子貧人典棉衣被冤息十年及穀出糶照市價平減百錢定爲家法

汀泗圖

徐氏生員謝標妻喜施與事繼姑孝標好客樽酒不空
氏親烹調叱嗟立辦不任奴婢 官田圖

貞女十一人

貞女聶大姑幼許張以忠子聞訃趨夫家守貞三十七
年卒雍正年 旌表 新店圖

貞女楊四姑鮑紹棠聘室未字聞訃即往夫家守貞卒
嘉慶十年 旌表 南勳圖

貞女葉慶姑龔新玉聘室方字之年聞訃趨夫家守貞
卒知縣彭題其里曰貞里勒石道光元年 旌表 城廂圖

劉順安女許配何某未字何卒欲往服衰父母阻之旋
自裁死邑令陳額獎 官田圖

貞女龔八姑龔勉亭女初許石某石卒女志守貞母再
許葉時年十八自經死 汀泗圖

貞女沈安姑許配葉開哲哲故奔赴不欲生旋投繯卒
邑令丁額獎 汀泗圖

陳一姑王廷佐長子聘室十六未字夫殁聞訃往夫家
守貞四十七年卒年六十三 洋泉圖

李大姑配周廷佐子十六未字聞訃素衣奔夫家拜謁
舅姑辭歸自縊與夫合葬 城廂圖

張氏許配漆開登未字開登故氏聞適漆守貞時六十
九 安豐圖

貞女方一姑幼配陳某未字夫外出守貞八十餘年 池江圖

貞女金九姑幼許字孔毓惺惺外亡女聞登樓自縊學
政王額獎

貞婦一人

尹氏嘉魚尹紹梁女能詩許魏可卿婚有日矣未及期
可卿死尹聞慟哭自經死遺囑與可卿合葬嘉蒲兩縣
迎送者百人 斗門圖

刲股者十四人

向氏一姑張滌寻妻從夫僑寓臨湘夫病刲股以痊夫
嘗拾遺金氏曰君以爲喜遺者傷矣覓其人還之臨邑
人贈詩成帙名芳徽詩鈔

秦氏生員徐以潤妻以潤病割左臂痊之邑令勞獎以
詩見鄉里志風俗條 城廂圖

周氏胡傑煌妻姑馬氏病刲肱以痊林令額獎勞令并
詩美之 城廂圖

張氏沈福一妻刲股痊夫邑令勞額獎 城廂圖

余氏談太福妻刲股痊翁邑令勞額獎 城廂圖

謝氏任濟儁妻年踰二十刲肱療姑邑令勞額獎 蕭橋圖

沈氏李天昇妻割肝療姑邑令王額獎 白石圖

徐二姑徐敦本女年十四割肱痊父邑令王額獎 池江圖

賀氏楊德懷妻刲肱療姑又剖胸斷肝痊翁邑令[illegible]額
獎 洪石圖

李氏吳經妻姑病篤割肝以痊學政王額獎 新興圖

楊氏李宜儀妻二十六守節封肱療姑卒年五十九學
政飽額獎
涂氏但維楚妻二十守節七十病篤孫文錦封臂和藥
以痊卒年八十三 新興團
馬氏江自瀚妻封肱療姑學政吳額獎 峽山團
鄭氏王裕選孫媳封臂療姑與祖母同節 城廂團
壽婦一人
許氏王正榮妻壽百有四歲 新興團
守節已奉
旌表者十八人
魏氏生員廖應機妻二十六夫故守節四十九年乾隆

二年 旌表 斗門團
魏氏生員祝日昶妻二十四夫故守節四十九年子其
杏進士有傳乾隆三十九年 旌表 斗門團
熊氏程望隆妻十七于歸未期夫逝舅姑憂憤成疾氏
侍湯藥稍間服酖卒嘉慶四年 旌表 城廂團
魏氏黃占魁妻二十三夫故守節五十八年卒嘉慶十
四年 旌表 城廂團
汪氏宋日永妻十九守志嘉慶十四年 旌表 洪山團
王氏徐珍妻節孝撫孤嘉慶十五年 旌表 石坑團
張氏徐鍾嶙妻夫故守志嘉慶十六年 旌表 石坑團
彭氏李懋鳳妻二十九守節卒年八十二五代同堂嘉

慶二十三年 旌表 城廂團
鄭氏王裕選妻二十三守節卒年八十二嘉慶二十年
旌表 城廂團
王氏徐棠文妻夫故守志道光元年 旌表 石坑團
徐氏魏錫琥妻二十六守志時年七十有一道光五年
旌表 石坑團
徐氏石咸吉妻二十九守節卒年七十六道光八年
旌表 城廂團
陳氏張霞東妻十八守節以夫弟渭川子爲嗣卒年七
十有一道光九年 旌表 九橋團
張氏周明瑶妻十九夫故嗣姪不永年同媳某氏守節

道光十年 旌表 土橋團
熊氏汪世綱妻二十九守節時年七十有三道光十年
旌表 城廂團
馬氏龔掄升妻二十四夫故守節五十九年教子成名
道光十年 旌表 城廂團
陳氏聶景元妻二十三守節時年八十道光十五年
旌表
吳氏監生陳允鴻妻二十九夫故守節二十三年道光
十六年 旌表 城廂團
陳氏張至繁妻二十三夫故守節三十七年道光十六
年 旌表 城廂團

守節有年紳士結報者一百六十八人

沈氏梅南森妻十九喪夫撫孤未三載子殀投曾塘死石坑團

麴氏徐鍾涵妻二十四守節卒年五十八石坑團

劉氏徐本亨妻二十三守節卒年五十七石坑團

魏氏庠生張兆進妻二十八守節卒年八十石坑團

一門雙節吳氏張兆文妻二十五夫故奉姑守節年九十卒李氏張兆標妻卽吳氏同胞弟媳二十五守節時年六十三石坑團

游氏胡思文妻二十六夫故撫遺腹子守節五十六年斗門團

但氏蕭容秀妻二十一夫故撫遺腹子卒年五十五斗門團

石氏魏溫亭妻二十六夫故教子成立卒年五十八斗門團

尹氏萬大中孫格理妻二十一守節卒年六十三車埠團

魏氏黃世龍妻二十四守節卒年七十八車埠團

童氏聶朝鳳妻守節四十五年卒年七十官橋團

馬氏周青塘妻十九守節卒年六十五官田團

李氏馬楷安妻二十守節卒年七十五學政沈額獎官田團

石氏馬淦妻二十八守節卒年八十官田團

任氏馬文明妻十八守節卒年六十六學政賀額獎官田團

汪氏黃世榮妻二十五夫故守節五十一年斗門團

但氏羅樸臣妻十九守節卒年八十四學政王額獎南慹團

舒氏陳承賢妻十九守節卒年五十有六繼姪光澍承祧安豐團

彭氏生員但傳鴻妻二十五夫故守節四十年子文英拔貢安豐團

魏氏但傳蓮妻二十守節立姪承嗣卒年五十安豐團

章氏鄭明萬妻十八守節卒年七十一城西團

周氏葉廷美妻二十九守節卒年七十四汀泗團

劉氏葉廷華妻二十八守節卒年七十三汀泗團

李氏龔心善妻二十五守節年踰七十汀泗團

唐氏石應相妻二十六守節卒年七十六學政王額獎汀泗團

李氏葉興進妻二十九夫故生子僅五月守節四十六年汀泗團

王氏胡文國妻十九守節卒年八十一郭連團

曹氏李桂芳妻二十七守節卒年六十六學政王額獎郭連團

葉氏胡宏穆妻二十七夫故七日遂自經死郭連團

周氏葉大文妻二十七守節卒年七十汀泗團

廖氏羅凝液妻二十九守節年逾七十卒白藕團

萬氏張高擢妻守節卒年七十四女適程國隆亦二十二守節時五十有六方橋團

田氏洪德英妻二十二守節卒年八十方橋團

尹氏馬宗輝妻二十二守節教子入邑庠卒年八十有五 蕭橋圖

吳氏魏朝安妻二十九守節卒年七十七 南慈圖

魏氏田六長妻二十二守節卒年八十二 大田圖

李氏田逢年妻守節三十餘年卒年六十三學政王額獎 大田圖

黄氏賀大才妻二十四守節卒年六十 來山圖

吳氏邱裕大妻二十九守節卒年八十 洪石圖

王氏監生周明琇妻二十五守節卒年五十六 土橋圖

劉氏謝祖悌妻二十三守節卒年三十二 汀泗圖

龔氏馬宗祿妻二十九守節卒年六十六邑令彭額獎 城厢圖

何氏張獻奇妻二十六守節卒年七十邑令彭額獎 城厢圖

袁氏羅舜州母二十六守節卒年七十五邑令彭額獎 城厢圖

馬氏葉溶南妻二十八守節卒年七十一 城厢圖

馬氏王杏傳妻二十五守節卒年七十九 城厢圖

錢氏陳先騏妻十九歸陳五月夫故守節十年檢夫手錄南華經兩卷一慟而卒 城厢圖

游氏庠生熊本英母教遺腹子成名年逾七十 楊林圖

李氏庠生張開第妾生男三歲夫故苦守視嫡如姑卒年六十八 白[illegible]圖

萬氏盧兆杏妻二十五夫故守節卒年六十七邑令額獎 城厢圖

汪氏李先綸妻二十三守節卒年五十八 官田圖

馬氏謝澤玢妻二十八夫逝時逾七十學政王額獎 官田圖

馬氏李長壽妻二十八夫故守節三十二年時年六十 官田圖

馬氏謝澤斌妻二十一守節時年六十學政朱額獎 官田圖

高氏馬宗瑜妻守節四十四年瑜弟世濟卒妻田氏守節三十七年一門雙節學政王額獎 官田圖

田氏覃錫男妻二十四守節卒年八十 馬獅圖

蘇氏王錫寵妻二十歲守節卒年七十三 馬獅圖

王氏鍾世傑妻二十一守節卒年七十 馬獅圖

鄒氏饒勝萬妻二十三守節卒年六十七 洪石圖

黄氏饒鼎華妻二十九守節卒年六十五 洪石圖

李氏胡掄秀妻二十四守節卒年六十三 城厢圖

魏氏梅逢源妻二十九守節時年六十六 石坑圖

周氏徐鍾旭妻二十八守節時年六十有六 石坑圖

梅氏徐本培妻二十五守節時年六十有一 石坑圖

熊氏周人傑妻祖勤攻節引刀欲自刎祖亟止之學政王額獎時六十有七 楊林圖

鮑氏馬金鵬妻二十三守節教子成人時五十七 斗門圖

石氏廖祖燮妻十八守節時五十有七 斗門圖

黄氏蕭占元妻守節三十六年時六十有一彭令額獎洋泉團
李氏張至繁妻守節三十夫卒家貧回江夏依母家守志時六十二白純團
余氏聶廷桂妻守節四十年立姪承祧時六十有三宜橋團
謝氏馬朝貴妻二十八夭故時年六十守節三十二年黄龍團
吳氏石應寧妻二十守節時八十有五五代同堂南懃團
舒氏生員但尚忠妻二十四守節立姪承嗣時六十有三安豐團
劉氏監生陳允鍾妻二十九守節教子成名時五十九安豐團

鄭氏生員雷萬年妻二十二守節時年六十邑令勞額獎城西團
王氏葉天錫妻二十二夫故撫遺腹子守節四十三年汀泗團
張氏監生章鵬盛妻十九夫故守節四十三年學政吳額獎汀泗團
王氏李瞻點妻二十四守節時七十一郭連團
李氏胡宏通妻二十七守節時年六十三郭連團
陳氏胡心易妻二十六守節時六十有三郭連團
周氏黎明作妻二十守節時六十二郭連團

蘓氏黎明倫妻二十七夫故守節三十三年時年六十學政王額獎郭連團
張氏洪敬修妻二十四守節遺腹子大廷亦早卒媳王氏守志張氏時年八十九王氏時年六十四方喬團
楊氏洪日修妻三十守節時年六十一方喬團
張氏洪宜祥妻二十四守節時年六十四媳趙氏亦守節方喬團
一門三節王氏馬懷壁妻二十六守節壽八十四長子文盛次子文茂俱早逝兩媳王氏相繼矢志時年俱六十蕭橋團
沈氏馬函淵妻三十守節時年六十六白蒓團

馬氏曾華林妻三十守節時年六十白蒓團
馬氏羅九蘭妻三十守節時年七十九白蒓團
徐氏傅輝廷妻三十守節時年八十三白蒓團
任氏吳源祚妻二十七守節時年七十三白蒓團
何氏張朗山妻二十四守節時年八十一靈令額獎南懃團
尹氏張開聰妻三十二夫逝守節二十四年學政王額獎白蒓團
陳氏雷曉園妻二十二夫故守節三十年學政王額獎洪石團
祝氏黃世柏妻二十七夫故守節三十年時年五十六洪石團

李氏周廷行妻二十二夫故守節三十四年時年六十一土橋團
李氏周明琦妻二十二夫故守節三十八年時年六十土橋團
周氏洸壽大妻二十八喪夫守節三十二年其姑王氏媳周氏節同
周氏左秋選妻二十四夫故守節四十二年楊林團
王氏張傳忠母二十四守節時年七十學政額獎城厢團
鄭氏游應榜妻二十六夫故守節五十六年時年八十二城厢團
李氏陳蒓甫妻二十夫逝守節六十五年時年八十五

學政初額獎城厢團
鮑氏吳世毅妻二十四夫故守節五十年時年七十四城厢團
陳氏張榮安妻二十四夫故守節三十五年時年五十九王令額獎白蒓團
涂氏洪澤安妻二十三守節時年八十四學政　額獎官塘團
陳氏廖祖宜妻二十三守節時年六十四唐令額獎白蒓團
盧氏廖有秩妻二十八守節時年六十七方令額獎城厢團
范氏王以文妻二十二守節以姪承祧時年六十五蕭橋團
皮氏朱天茂妻三十二守節時年五十九城厢團

馬氏魏增旦妻二十八守節時年七十六土橋團
聶氏王廷端妻二十七守節時年六十一馬獅團
葉氏許家然妻二十一守節時年六十馬獅團
賀氏邱道奎妻二十九守節時年五十洪石團
邱氏游翔飛妻二十四守節時年六十四洪石團
李氏黃宏瑞妻守節卒年五十六邑令安額獎城厢團
章氏龔心昌妻二十九守節始撫孫子繼撫孤孫學政王額獎時年八十汀泗團
鄭氏龔心元妻二十五守節時年五十城厢團
一門三節朱氏鮑秀夫妻二十六守節媳尹氏經朝妻三十守節孫媳敖氏繁宗妻十九守節無嗣敖一瓚有

傳車埠團
李氏盧周彝妻二十夫死越六日氏虔祭畢自經死車埠團
楊氏庠生游登雲妻二十九守節時年五十城厢團
喻氏袁秀山妻二十九守節卒年六十三小柏團
朱氏熊崇學妻二十八守節卒年六十小柏團
張氏生員熊晦之妻二十餘守節卒年八十四邑令永額獎城厢團
鄭氏鄧俊南妻二十一守節卒年六十五城厢團
黃氏陳世佐妻二十五守節年逾八十池江團
周氏徐光輝妻二十八守節卒年七十九土橋團
丁氏周廷椿妻二十七守節時年四十九土橋團

黄氏李元吉妻二十三守節卒年七十七白蒓圖
黄氏李清甫妻二十五守節時年七十一荆沙圖
吳氏覃天寵妻二十四守節撫姪宗周成明經順治十
四年卒壽八十四馬獅圖補遺
李氏周天凰妻二十五守節立姪順簡成明經卒年九
十一邑令陳額獎來山圖
黄氏劉朝舞妻二十六守節撫孤斐棻成明經卒年五
十來山圖
石氏龔世卿妻十九守節卒年八十峽山圖
張氏庠生曾用方妻二十四守節子淳仕參軍誥贈孺
人卒年七十二城廂圖

徐氏周斗垣妻二十五守節卒年六十二邑令彭額獎
城廂圖
龔氏周順時妻二十二守節卒年五十一城廂圖
鄧氏趙文祿妻二十九守節卒年六十九學政王額獎
城廂圖
余氏舒如鵬妻二十一守節時年六十二學政吳額獎
上寺圖
余氏陳松林妻二十五守節時年六十四城廂圖
方氏熊桂村妻三十守節時年七十楊林圖
饒氏徐執山妻十九守節卒年六十八媳饒氏亦守節
三十七學政王額獎洪石圖

李氏劉鳴士妻二十六夫故守節三十餘年卒張令額
獎來山圖
賀氏周儲伯妻二十三守節年逾六十學政兩次額獎
來山圖
覃氏陳維海妻十九夫故守節七十餘年學政朱額獎
池江圖
鄧氏曹應灝妻二十四守節卒年五十五學政茹額獎
城廂圖
陳氏游正椿妻二十一守節時年六十六城廂圖
徐氏張至敬妻二十八守節時年六十城廂圖
魏氏生員田瑛妻三十守節卒年六十七新興圖

熊氏但開柏妻二十六守節卒年七十三新興圖
王氏周智千妻三十守節撫遺腹子卒年七十新興圖
李氏熊懷仁妻二十九守節時年九十媳徐氏在田妻
二十九守節卒年五十七新興圖
尹氏許偉玉妻十九守志苦節六十餘年新興圖
許氏馬首元妻二十二夫故撫一歲孤彭憲額獎新興圖
熊氏葛佐龍妻二十八夫故教子有方學政王額獎新興圖
許氏楊明瑚妻二十九夫故教遺腹子成人新興圖
賀氏馬册玉妻二十二夫喪守節三十餘年官田圖

續補　旌表一八

談氏鄧之通妻二十五守節卒年五十六雍正十年

旌表城厢圖

刲臂割肝者四人

徐氏吳應顯妻姑刲肱以療父繼割肝以瘞姑奉夫邑令勞額獎 荆沙圖

呂氏任傳釗妻因姑病篤始而刲臂繼而割肝姑病遂痊邑令勞額獎 黃龍圖

蘇氏王品一妻道光十年刲肱痊姑邑令丁額獎時年四十五 荆沙圖

李氏彭宗標妻二十三守節道光六年刲肱痊姑邑令王額獎時年四十一 汀泗圖

紳士結報守節者一百零八人

項氏馬一士妻二十一守節卒年百有二歲學政王額獎 勞精圖

馬氏邱顯周妻二十八守節時年六十二歲學政王額獎 勞精圖

錢氏陳先灼妻二十六守節時年五十九歲 勞精圖

石氏周天東妻二十三守節卒年六十歲邑令王額獎 城厢圖

張氏熊御環妻二十二守節撫遺腹子學憲邊額獎 小柏圖

汪氏熊正朝妻二十九守節卒年五十九 小柏圖

楊氏鄭月山妻二十五守節卒年五十五 車埠圖

賀氏李器周妻二十一守節卒年七十二學政王額獎 大田圖

鄭氏任宗展妻二十七守節卒年六十 大田圖

宋氏劉茂林妻三十守節時年六十八 大田圖

田氏黃榮爵妻二十六歲守節卒年六十六 大田圖

田氏鄭天柱妻二十六守節卒年八十四 大田圖

徐氏王兆貞妻二十八守節訓子成名時年六十二 大田圖

李氏鄭以貞妻二十二守節時年七十一 大田圖

袁氏馬敎恕妻二十八守節時年七十一 大貴圖

袁氏張至晟妻二十守節時年六十二 大貴圖

葉氏周士耀妻二十夫故投繯卒 大貴圖

劉氏馬陞璜妻二十守節孝養撫孤卒年五十 大貴圖

劉氏葉先柏妻十九守節時年六十 大貴圖

周氏顏寇還妻二十八守節時年八十 大貴圖

吳氏馬榮臣妻二十二守節卒年七十三 大貴圖

余氏田正順妻十九夫故投河死 大貴圖

徐氏劉月亭妻廿五守節時年六十 大貴圖

田氏葉御昭妻二十八守節撫孤成立卒年七十八 大貴圖

鄧氏葉星宇妻二十八守節善事繼姑時年六十五 大貴圖

劉氏葉郁章妻二十一守節善事祖姑時年六十學政

吳額獎大貴團

淺氏葉藜九妻二十守節時年六十　大貴團

任氏劉文照妻三十守節時年七十四　大田團

李氏馮艮臣妻三十守節時年六十四　大田團

周氏汪光艮妻二十三守節撫孤成立時年五十

談氏王弼士妻二十六守節卒年五十一　土橋團

汪氏宋克明妻十九守節卒年七十一　龍坑團

扈氏舒聖傳妻二十守節卒年六十三　龍坑團

戴氏周愼三妻二十四守節勤苦撫孤時年六十一　黃土團

涂氏周佐三妻二十二守節時年五十五　黃土團

劉氏楊起銘妻二十七夫喪投繯卒　黃土團

祝氏文振江妻二十四守節卒年五十四　上寺團

洪氏文亨極妻二十四守節卒年七十七　上寺團

龔氏文璇妻二十六守節卒年五十九　上寺團

羅氏文元喜妻二十六守節卒年六十四　上寺團

劉氏文本先妻二十守節時年五十　上寺團

雷氏田奇山妻二十一守節卒年七十二學政李額獎上寺團

張氏田秀文妻二十六守節時年六十三　上寺團

文氏田繼文妻二十三守節時年六十一　上寺團

陳氏任標毓妻二十守節卒年七十八學政王額獎蕭

橋團

張氏馬緝遠妻二十五守節卒年八十二學政王額獎新興團

馬氏袁兆國妻二十八守節卒年七十一　新興團

鄒氏魏銜勳妻二十八守節時年七十學政額獎　城厢團

鄭氏謝明文妻適謝一月夫故　撫遺腹子成立守節五十九年車埠團

劉氏賀遠璧妻二十三守節媳李氏太清妻亦守志两代遺腹一門雙節　來山團

沈氏文塔妻二十守節時年八十學政鮑額獎　上寺團

葛氏周鶴元妻二十四守節時年五十五　楊林團

但氏周瀛洲妻十八守節時年四十八　楊林團

方氏熊桂村妻二十四守節時年七十　楊林團

湯氏宋榮錫妻二十六守節撫子成立時年五十九學政王額獎　荊沙團

鄧氏李明甫妻二十六守節時年五十七學政王額獎荊沙團

田氏梅朝紳妻二十三守志卒年六十媳徐氏與姑同節　石坑團

徐氏周國才妻二十三守節卒年八十四　土橋團

田氏周廷衛妻二十六守節卒年六十一　土橋團

吳氏盧自馥妻守節三十六學政許額獎　車埠團

施氏廖璠遠妻二十四守節卒年九十九邑令安額獎

斗門團
汪氏盧貞甫妻守節三十九年學政王額獎斗門團
廖氏熊本純妻二十守節卒年七十六斗門團
石氏廖日升媳十八守節時年六十一斗門團
黃氏李暄照妻二十二守節卒年八十學政沈額獎洪山團
鍾氏鄧寶鍵妻二十五守節時年五十七車埠團
李氏宋伯興妻二十七守節卒年九十洪山團
李氏宋方衛妻二十六守節五旬邑令彭額獎洪山團
廖氏李順葆妻二十五夫故遂自縊蓮坑團
來氏鄭達興妻二十六守節時年五十二黃土團
宋氏李燦公妻二十守節卒年六十七儒學額獎大田團

理氏李方州妻二十四守節卒年五十三大田團
覃氏涂又華妻夫故七日投繯卒邑令鄭額獎官塘團
洪氏修宏舉妻二十四守節時年五十八官塘團
姜氏盧位天妻二十二守節卒年七十三官塘團
一門三節祝氏馬蒼玉妻守節四十八年李氏馬純玉妻守節四十三年石氏馬儒士妻守節四十二年斗門團
鮑氏廖祖櫛妻于歸未期夫故投繯卒邑令方額獎斗門團
汪氏沈驊吉妻夫死十日焚棄衣物飲酖卒車埠團
余氏馬貴妻十八夫故守節五十年邑令勞額獎上巳團
但氏李茂生妻二十三守節卒年六十四媳彭氏二十五守節卒年七十六大田團
龍氏聶方中妻守節五十三歲時年七十八官橋團
李氏姚煥乎妻二十年守節卒年八十二大田團
許氏熊本蕙妻二十五守節卒年五十九學政王額獎斗門團
鮑氏王艮誥妻二十七守節卒年七十八邑令靈額獎城廂團
賀氏錢汝陟妻二十一夫故守節六十六年邑令何額獎城廂團
覃氏鄒仁以妻二十五守節時年七十七坪下團
梅氏徐丸酒妻二十四守節卒年五十學政王額獎石坑團

但氏周長春妻二十夫故撫遺腹子守節三十餘年楊林團
李氏章逢盛妻二十夫故守節四十二年督學朱額獎汀泗團
饒氏周遂次妻生子二十七日守節教子姪孫輩次第成名卒年七十三縣主兩次額獎來山團
徐氏廪生周晃妻二十九守節時年逾七十來山團
王氏劉宏勛妻二十四守節王憲額獎城廂團
胡氏羅平一妻二十三年夫故守節三十七年學憲朱額獎城廂團

徐氏王兆貞妻二十八守節時年六十二大貴團
魏氏張容菴妻二十夫故守節三十餘年卒教諭孫鑌
獎新店團
熊氏邑庠聶撰三妻二十五守節卒年六十七新店團
聶氏黃正綱妻十九夫故守節五十餘年新店團
彭氏張廷仲妻守節四十二年學政王額獎新店團
覃氏周必運妻二十八守節年屆六旬學政查額獎官橋團
潘氏陳宏仁聘室幼至夫家夫外藝未歸生平未與夫
面時年六十學政王額獎峽山團
杭氏覃光璧妻二十四守節學政吳額獎馬獅團
馬吳氏二十守節撫孤子卒再撫孫時年六十三蕭橋團

馬氏王士瀛妻二十七守節時年七十學政王額獎蕭
橋團

蒲圻縣志

藝文一

儒生有箸述尚已歷代寶之如積珍異
國朝
欽定四庫全書𡩖搜淹載粲乎鉅觀矣然蒲邑往賢諸
譔著存軼不齊今其存者悉遵提要書錄錄之
軼者仿經籍考並据他說畧存篇目而邇來所
作則雋其實而藝者志藝文

舊志錄

宣德戊申志

知縣杜 紳同邑人黃 煜纂輯

王 愷序載本志

成化丁酉志

知縣葛鳳儀同崇陽教諭俞 繪邑人游 志纂修

嘉靖癸巳志

知縣吳本固同邑人廖道南纂修

湛若水序附蒲圻志何爲者也志蒲圻也洞野子生於蒲圻長於蒲圻顯於蒲圻故作志以顯蒲圻生長之地也志之大倫有六焉一曰建邦二曰觀土三曰崇政四曰惇教五曰稽績六曰徵獻蓋自洞野子發之甘泉子觀焉喟曰古稱楚材有以也哉以予博觀於天下未有賢才若楚之盛者也是故徵獻本於稽

績稽績本於惇教惇教本於崇政崇政本於觀土觀土本於建邦知其倫矣夫天覆地載人物生焉地承乎天人本乎氣故首之以星野星野之所躔必有輿革故次之以時制制必有經理故次之以疆域經理疆域必有攸司故次之以官秩官秩所治有山川焉故次之以山支水委山水之中有人民養人民者必有物焉故次之以民數次之以物產宰民物者必有聽事之所故次之以署宇署宇所治莫大乎理財故次之以田賦輸田賦者在里胥故次之以里社里社通濟莫先乎道路故次之以橋梁田社治橋梁通民有養矣養必教之故次之以學宮次之以書院次之

以塾坊皆陽教也有陽教必有陰教故次之以壇祠昭治民事神之道焉教養之所致必有成功茂績以傳於後故次之以鎮牧牧莫近乎令故次之以令長佐令長者丞尉故次之以丞尉飭吏治掌教養者儒也故次之以師儒至治教養之感必有人才人才勲業必有大小隱顯焉故次之以原勳次之以考履次之以纂槩次之以錄遺焉昔泉子曰觀於斯志而知楚材之毓於天產於地成於人矣作敘志

廖道南敘隨夫志奚始乎其始於皇邱摹擬夏貢載陳職方宣列矣乎是故志之道大矣緒委六經綜流百氏羽翼帝紀權輿國史而爲法戒至章焉者也今之爲志者予惑焉剽藝公穀僭擬春秋其失也專纂組遷固祇效譏評其失也謬摭蕪贅瞭紛采譜乘其失也誣予小子何知焉竊有志於古也而未之能也古者聖人仰觀天度俯察地宜觀度以制歷數察宜以畫井疆是故繫之以建邦邦必有土山厚象仁川虛象智爲高必因邱陵爲下必因川澤是故繫之以觀土有土斯有政發政在上承式在下發則樞機運承則神化宜是故繫之以崇政有政斯有教敷教者師受教者士師道立則明士才成則乂是故繫之以惇教政教設而績成覈績惟允登績維熙允則邦紀肅熙則吏治廉是故繫之以熙績績者而文獻足徵

徵德貴貞徵功貴永貞則行過於言永則綏孚於始是故繫之以徵獻是故志建邦也首星野次時制次疆域次官秩則天道也志觀土也首山支次水委次民數次物產若地道也志崇政也首署宇次田賦次里社次橋梁遵君道也志惇教也首學宮次書院次塾坊次壇祠闡神道也志稽績也首鎮牧次令長次丞尉次師儒廣臣道也志徵獻也首原勳次考履次纂槩次錄遺敦人道也六者備而志之道其庶幾矣其專其謬其誣予小子固弗自知也蒲之志古未之有也有之自我明初始也洪武遣使旁求永樂命官專理宣德戊申則黃燈氏剏之王愷氏序之成化丁

酉則俞繪氏續之游志氏校之茲志也吳侯本固爰
始經度越三月而告成

崇禎辛未志

知縣林增志同邑人黃圖南魏方振何冲然纂修賀
逢聖敘附章安可任林公爲蒲圻三年有成矣抵省
會上峕當事以所修邑志見示屬逢聖敘之逢聖拱
而稱績者積也志則千百年之積也公之績孰大於
是且公自敘詞兼魏公敘詳矣余何說而處於此夫
亦曰公樹績於蒲不可能也其績在邑乘尤難能也
請言公心體可乎昔者聖也處於城陽六年嘗學所
以爲邑矣儒者之言斯民也一日可爲唐虞三代此

實有大而非夸者後世人心無日不是上古大和元
氣無日不在世宙獨長民者非薄其民且自待亦不
厚耳吏尹孔子惟是得百里之地而君之使眞厚待
其民四履之地皆可撫諸襟帶之前卽水旱祲祥造
物氣數無不可轉移爲我用於以躋仁壽而升大猷
唐虞三代是旦暮遇之也夫惟其心有所奪而之乎
其他微論山川草木或失其所政恐十二時中悲愉
榮悴已不自繇尚安問堂皇之外一日與時賢耳衙
今之有士君子願還以父母兩字還此兩字不問而
四境之民罔或不親也應之曰仍願還一知字還此
一字不問而一同之地罔或不喻也夫不賢者之心

體還而之乎其他故儆儆焉不勝其勞賢者之心體
安而止乎其所故陶陶焉日享其逸心不勝勞弛則
爲不繫之舟張則爲束濕之苦心處其逸忙則與庶
正交修閑則與屋漏相對以公所爲蒲川何事不振
舉何弊不剔釐何精氣不格於上下何利濟不暨於
遐邇乃公固斂寂若無穆然聲色不動已耳三年之
間民習而安焉悅而豫焉歌而舞焉灝灝乎噩噩乎
熙熙乎皞皞乎一方奠安雖以爲唐虞三代再見也
可則公之心體超於世宙之外翔於千仞之表蒲川
百里不足窮公整暇之用也吁嗟乎蒲非無事之國
也民亦勞止公拮据實什倍尋常自下車訖明試百

餘年來弗廢不舉之乘一旦恰集其成司徒魏公謂
黃王諸先達謝其詳廖學士儀其渾此地方各賢確
論卽公所以爲治體爲心體皆可得而見也已逢聖
於敘蒲圻志無當竊以爲心體一言百爾君子微有
助焉公幸以質諸司徒魏公　截錄

林增志序附余戊辰抄冬受蒲事甫至卽欲從方策
中綜核四履之利弊以襄諸鑑尚友累朝之耆舊以
資撫范需志弗可得也至覓鐫板於藏而梨棗已化
爲烏有矣爰思古之里閈亦有閭史鄉鄰善惡必記
比伍厲彰癉之化況一室鉅典千秋鴻業所以驗得
失於往佐治理於今者可以廢乎然編摩之任肩之

者國長人事也郎謀舉斯役而力屨奪於弛政之鞅
者迨辛未之春今上因邊塵之謐詔續修大明一統
志禮部檄海內郡邑各以本封志進余徧葺僅止
廖太史所纂耳後此百有餘年掌故寥寥文獻安在
郎證以老吏所記誦若存若亡索之雲仍之貯藏或
殘或佚藉不及此修之蒲之典章日就散落世宙永
存之物且以靡托而湮陸矣時東衙適曠遂開局於
此延本邑二三學行譽髦載筆從事余斫久殊便就
討然志亦豈易言也紀事欲括其要纂言貴鉤其元
始有以煥發山川包涵象彙表章煥靈宣著休烈也
曩鳴吾先生播英蕤於桑梓勒成數百年邦獻其編

次條目分敘繫斷縮搆勤矣第出一家之筆而取裁
未廣義例未備非所以訂牘典而表偉觀于是旁摭
博訪歐所遺繆年表書傳一倣史漢廣其裁而備其
例稍芟其前收之可略無至舭謬襲舛研續其信事
之宜詳期於彪嫩褒貞相與蒐羅揚搉務求至當若
秇文則彙收爲裕篇惟取其有關茲邑者至于世數
國典有裨亦附錄焉剔繁就簡崇雅黜浮一代典章
燦然可觀開館於六月二十八日竣事於九月十一
日所謂鏡得失之林閱竹素之圖余竊與焉敢僭序
其端若綱若目之義例列之于凡不復贅云 截錄

魏　說序 載本志

黃國南跋 載本志

康熙庚申志

知縣張圻隆同邑人龔逢烈胡　珪張奇勳謝彌昂
張琛光纂修
張圻隆序 載本志
余開熙序 載本志
張奇勳凡例 載本志

乾隆戊午志

知縣王雲翔同邑人李曰瑚萬大中李　伍張　濤
魏之仁熊之岐張開東張開懋梅　仔李　標魏
擢王　霖李光寶馬　暹舒國梅盧　蒲周日新沈

均王曾元魯　淳纂修
王雲翔序 載本志
程村傳序 載本志
徐而發序 載本志
李曰瑚跋 載本志

蒲圻縣志

藝文二

宋

白雲集十卷 文獻通考　朱志八卷

廖正一譔正一字明畧讀書鳳凰山深造獨得黃庭堅深器重之 一統志

修學記

張　掖譔理宗時任澧州石門縣主簿時縣尹薛儀老學正李洪俱極一時之選而緝文揮藻必屬之掖著有修學記

元

求賢詔

何　維譔維延祐元年鄉貢梓行求賢詔摛藻古雅有兩漢詔令之風

登瀛洲賦 載林志

王廷揚譔廷揚至治三年鄉貢試登瀛洲賦考官龍仁夫大加稱賞

大別山賦 佚

江存禮譔存禮泰定三年中鄉試試大別山賦考官揭奚斯彭楚玉評云大別屹立江漢是予奇蝸與山爭雄

書經義一篇　太常賦一道 載林志　善政指南書

何槐孫譔

明

月中桂賦 載林志　惕齋集

鄧　林譔林字時茂洪武二十九年舉人爲人篤厚和易喜吟詠歷任江津大竹教諭秩滿陞秦府教授藩封敬服

三禮說　鳳凰山賦 載林志　蒲圻縣志

黃　煜譔煜字土照中洪武丙子鄉試爲合肥教諭屢勤文衡致仕後益肆力於古文詞賦邑志其創修也

蒲山集四卷

魏　觀譔明初循吏政教兼行稱蘇守魏公其修府學則宋景濂記之舉鄉飲酒則王常宗述之乞言養老賓僎有儀三代以後不多見也其五言古詩念切民瘼纏綿悱惻不減元道州近體亦清脫可誦當日高皇游上苑召與危素宋濂詹同吳琳同晏奉天門東紫閣詔曰前日送卿還今日與卿飲何其樂也命各賦詩紀之 靜志居詩話

雲谷集 五世孫華輯

王　愷譔

芙蓉百詠

廖　俊譔俊字文英號竹崖中景泰元年舉人授從

州學正偶過開元寺聞諸生誦經音韻朗然歎曰不
猶愈於學生乎乃擇其年幼者四人趙杲方璧周冕
張敖置之先賢堂中朝夕誨之後杲舉進士璧冕俱
領鄉薦而敖亦由貢生爲府通判再調嘉定乎權海
棠於學賦詩云曾於雨裏覓春苔幽洞移來手自栽
枝幹已成人欲去好花他日爲誰開每賓與以花盛
開爲驗云 靜志居詩話
晚歸結廬芙蓉山翛然自得著芙蓉百詠 舊志本傳
十疏 齒錄序
件 瑜撰正德辛巳上疏論天下事一曰勤聖學二
曰篤親親三曰開言路四曰敬大臣五曰選諍臣六

曰去浮屠七曰拯困窮八曰重守令九曰修武備十
曰儲人才疏上上嘉納之
齒錄敘附庚午之秋湖廣大集十四府之士而試之
中試者八十有五人而瑜與焉試有錄錄第先後之
次而已而於少長之序邑里之詳不得而考也故雖
名爲同年而有終身不相識者則於古人所謂兄弟
之義者安在哉辛未春予至京師郎與吾同年謀之
衆志樂從於是卜日會於城外之慈源寺是日也氣
暖風和情歡意契少長之間藹怡如也於是而又志
之以錄錄成咸謂予宜爲序予辭之不得乃言曰同
年之好當世世講焉其於一窮一達一遠一近而情

之相好者有卒焉則是矣苟或情與位殊義以時背
是利友也君子之朋果如是哉然此亦吾同年之私
爾等而上之君臣之義人之大倫又誠不可以不講
者蓋予與同年歌鹿鳴而來也則將大試於庭而授
之以官或卿相於朝或藩臬於外固分內事也先正
在廟堂則憂其民在江湖則憂其君苟能體此意而
以堯舜湯文之事責於君以唐虞殷周之化望於治
使天下後世之人指而稱之曰此皋夔稷契也此伊
傅周召也是固國家之福亦吾同年之光而予亦賴
以收榮名於不朽矣茲豈非幸歟若夫忘國狗家受
直怠事而乃爲國家之玷又不若終身不識者之爲

愈也諸君以爲何如願相與勗焉
講幄集二卷 文集五十卷 詩六卷 通志
文華大訓箴 殿閣詞林記三十二卷 楚紀六十
卷 明史藝文志 蒲圻縣志 元素子集
廖道南撰道南正德末進士選庶吉士歷編修至侍
講學士經筵輪講多所發明日食上言上皆嘉允中
忌讒推官召入卒以忌免所著有文華大訓箴讚殿
閣詞林記楚記 明一統志 省志
殿閣詞林記蓋其在詞垣最久嫻習掌故因集詞林
殿閣宮坊臺省諸臣舊事分類紀載以成是書其例
凡仕至華蓋武英諸殿者曰殿學文淵東閣者曰閣

學兼六館者曰館學晉詹事者曰宮學屬春坊者曰坊學屬宏文者曰館學與成均者曰雍學陞本院者曰卿學有節義者曰贈學擅書翰者曰藝學始終本院者曰院學大概仿列傳之例悉載其官階恩遇而事實亦附見焉首卷以下標題皆作國子監祭酒黄佐侍講學士廖道南同編蓋道南採掇黄佐翰林記之文不沒所自猶有前輩篤實之遺今亦仍從舊本幷存其名焉　四庫全書

楚紀道南歸田後爲世宗而作也世宗以興王繼統實受封於楚之安陸府道南以爲太祖平陳理於武昌實開定鼎之基世宗復由安陸履帝位更啟中興

之業故以楚地爲受命之符天心所屬博採古今鋪張揚厲爲紀十有五曰皇運曰國基曰徵獻曰懋庸曰崇道曰昭文曰孚諫曰稽謀曰樹節曰經變曰考履曰闡幽曰登蹟曰穆風曰景則每紀分內外內外中又分前後凡一八一事與楚稍有所涉者亦牽引以入爲道南當時頗負文名此書亦殫十餘年精力其末卷景則紀中有原冑敘宗感遇等篇詳述已之世系出處仿太史公自序蓋隱然以其書比於史記　四庫全書

湖廣通志九十八卷　明史藝文志　雲山堂集六卷

魏　裳撰汪道昆鎮楚以楚史屬裳草逾年脫稿而是時安州何侍郎遷亦爲楚史成俱上之臺或言二史當合者裳聞之不懌　徐氏海隅集

雲山堂集前三卷皆詩後三卷爲雜文當嘉靖之際李攀龍王世貞方負盛名而裳與南昌余曰德德甫銅梁張嘉允肖甫新蔡張九一助甫實左右之當時稱爲四甫裳才地稍弱尤爲墨守不變集首嘉允序謂其文非左國兩司馬詩非建安大歷則不以寓目此即其力持王李餘論之證故王世貞藝苑卮言亦稱其不失門宗云　四庫全書

翼正錄　自鏡膚語　砭俗箴

何思登撰思登學根性命斥二氏不俯仰隨俗所著

書皆不愧儒家言

怡雲亭集

魏朴如撰

琅玕草　嶽遊草

謝師啟撰

蓬溪縣志　愚得錄

王艮謨撰縣志其官蓬溪時所創修也艮謨生平潔已修身以著述爲事譔愚得數卷有云君子有潔已之行不必有潔已之名有其名則汚者皆吾忌難乎其爲潔矣君子有濟人之實不必有濟人之名有其名則貧者皆吾求難乎其爲濟矣其中格言至論多

類此

臨淮志　繼疏傳

鄭之亮譔之亮官臨淮作臨淮志其祖宗仁爲楚安知縣復補鄞都仁弟宗儒爲鎮江府通判俱年未五十致仕時論比之二疏之亮作繼疏傳

粹白堂集佚

馬之猊譔之猊初知養利州後補茂州淸白自持軍民攸賴

兩河全志

任文定譔文定初選南陽府同知後署篆舞陽内鄉

保安縣志　秦楚雜著佚

任文台譔文台初司訓瑞昌旋諭保安創修保安縣志後轉澧州學正陞河南教授致仕歸杜門自適著秦楚雜著

寤語

周于蕃譔寤語以警世也中有云人只不爲造化所笑不爲造化所忌不爲造化所拘便是有見解的學問人只不爲世俗所染不爲世故所擾不爲世變所移便是有執守的力量其大旨如此

麟經一班

王廷策譔廷策以春秋舉於鄉乙酉聘試山東所拔闕揚等皆知名士

易乘仙源集

王進臣譔

座右十箴　課士語

周　淳譔十箴者潔己愛民秉公勤政省躬積善遠名戒祭味澹養定也多採古人名言痛自箴警其課士語如改過立命戒妄求放心等條詳明剴切惻惻動人亦有功於學行者矣

屏史二十卷　心月軒十六卷

鄧士亮譔

吳越雅言佚

魏　詔譔初教授嘉興府杭湖梓文行世曰吳越雅

言後陞江西提學副使崇雅黜浮文體士風爲之一變

青山閣集八卷

魏　說譔說初督學四川後陞太僕寺少卿入都僉憶歸作青山閣遂有青山之意比致仕惟日與老僧說法淸客譚詩而已

六友山房集

魏珩如譔

自記附壬子之春予方强仕二豎侵尋以病予告四壁徒立無以自娱於是銷黃金之帶典朝冠之衣稍營菟裘得城北之山房焉未敢希蹤巢由不免支公

之訂自號買山隱者山名龍翔負邑之陽河流中界斷隔塵囂振衣流覽令人有開襟坐霄漢意集其勝槪凡厥有五環蒲皆山東南諸岫最爲奇秀排闥當門送青滴翠晴搖雨歇桃花金紫時現諸天芙蓉色相此山之勝也河水洋洋繞階如練支流左帶宛轉逶迤可方可舟可竿可綸富春漁臺渭津釣磯兼而有之此水之勝也山多白雲宋元祐好事者勒其石曰白雲臺坐觀雲起或爲冠纓或爲車蓋或爲繒帛或爲魚鱗草莽毵毵霏微不堪持贈而可怡悅此雲之勝也石號窪鐏其色蒼黝圓凹其內而方稜其外酷似三代秦漢間法物别有峭壁懸巖古文奇字苔

蘚剝蝕不可辨識此石之勝也彌山皆竹蒨葱如簀和煙韻雨舞雪廻風如對湘川如棲嶰谷翛然蔭永和之觴猗然解子猷之俗此竹之勝也隱者一朝而有之躍喜而狂曰之五者吾山房勝友也使予不以病免方將抗塵容走俗狀簿書相仍俯仰如常能有一於此乎且山也水也雲也石也竹也於福爲淸於景爲仙於幽人爲薖軸於夢寐若安禪殆造物所秘惜視鍾鼎珪組若糠粃塵垢而不敢望焉今予擲一官而易五友於臣後矣造物者豈私予哉予乃搆招隱之堂領略山水亭白雲之臺掃窪鐏之石營篠閣於萬个之中嚴元元談空空從事於軍持團焦之業將挾五友以傲一世不覺其趾之高而心之遠也呼童命酌倚醉狂歌酕醄隱几天地若失有兩丈夫者碧衣儒幹款予扉而詰曰噫嘻何子之不廣也夔下懷音朝陽棲鳳凝午陰而銷夏逆商音而知秋吾何慙於山房何負於吾子乃棄予如遺也且惠子之據也是耶非耶抑子之未聞道也隱者戚然寐蘧然覺曰是庭中雙梧桐之謁夢於予也予如不言吾幾失予矣靑山綠水白雲怪石翠竹碧梧五友可六也盍識之作六友山房記

洗塵篇　濯纓館十刻　孟起常譔

黃圖昇譔圖昇負異才遨遊吳越登南嶽參嶺搜山

水之奇勝居官時日與名人質論經史後歸以著作自娛孟起其字也弟圖南能文崇正初與修邑志

正始堂集十卷

王鼎彥譔

法臺草　徑山堂集

龔逢祥譔逢祥字安治一字孝緒天啟丁卯舉人官平凉府司理步穎異曾借人黃帝素問期三日還如期諳送問之無不洞了沈湛讀書工古文書法縱情詩酒以官爲寄一時碑銘序詞多出其手

浮湘十六藝　佚

米艮崐譔艮崐字彥伯未冠時從其父官榮陽鑴浮

湘十六藝後中鄉試歷任河南兗州學正陞涉縣恩縣公餘輙游意翰墨詩風格類晉魏書法類南宮人多寶之

桃花園稿　蒲志闕編

劉光輝撰

南游草　佚

龔維三撰維三字位中號衡湘別號昔莪窮治經史年二十五舉於鄉益肆力於文南雍司成方逢年中臺程正揆大加器賞庚辰謁選當除授不就曰吾願乘下澤車徜徉閭里不則坐弄煙雲竹樹間耳其爲文直抒胸臆見子弟有習文選者輙不懌恐墮六朝駢麗習家訓以行誼爲先焉

榔城賦

李甲撰甲官雙流雙流舊無城甲甫下車鑿濠編榔以備不虞作是賦

大隱堂集　佚

吳童撰童字求叔居霞落溪工詩與下雉吳明卿等狎主詩壇邑爲紳多從之游

藏編　迂編　深榔堂集

李彙撰彙字素民形貌古怪面赤如點丹砂髯長過腹癯然若不勝衣稽古博學騷狂嗜酒尤長古文辭著作二十餘年比之犀愛其角象愛其齒曰藏編士大夫乞文者踵至自以其文深沈博大如深衣褫之叟不同時尚花樣不得已而應其求曰迂編時而偃仰山亭見夫垂絲舞絮郁郁紛紛即其中所得詩文名曰深榔堂集三書不下數十卷俱行於世明末催科甚急彙爲書啟邑令令感悟詳請停征平生所爲文類長吉卒年四十有五

春秋全旨　拔薤錄　憤餘草

袁昊撰昊字昌明負才氣不營產業好施予與人言期期若吃遇公事輙發憤敢前雖大吏不能撓

辨莊指南　小學大觀　增補智囊

馬亦昌撰亦昌邑庠生讀書負奇會遭世變以身隱好禪足跡遍天下名山所至有著述晚乃閉戶山齋默參太極圖不復問人世間事臨卒手一編端坐閉目而逝

南北二京賦　佚

劉來遠撰

國朝

皇極敷言　涉園合編　世史大書　易象明書

梅莊草

魏方振撰方振字宜爾邑廩生肆力經史手不釋卷讀書白龍寺多著述晚年學易留心性命之理

影娥池草　南歸吟　完缽草　北游草　皖吟

弋陽退食草　佚

鄒應錫撰

吳越菜根集　戎郊圾夢集

王武臣撰武臣字羌庵以武舉爲內院幕順治中薦署安化令有政聲尋擢游擊陞任居庸

聽眞軒集

馬淑昌撰此集其晚作也致仕後究心釋典嘗夢操巨舟浮大海中人稱雪峰和尚故自號雪峯

修月軒集

余開熙撰

松節集二十卷

任經邦撰

西爽集　佚

龔逢烈撰逢烈字無競三中副車以恩貢授華容教諭年八十六卒於家

崔岑留稿

張奇勳撰奇勳　善屬文工書抱志不遇恣情山水著詩集與同時龔璋齊名人稱龔張云

雲心亭制義

張瑾光撰

幽蘭山房集

張璟光撰璟光號瞿庵早列諸生以病棄舉子業留心詩古文詞話史緯有見地購書萬卷作千里樓貯之工繪事蕭疎蒼古故居城西北隅晚築室幽蘭山

月盖庵集

黄金莖撰金莖號白峰少補邑弟子員性嚴毅篤孝友與知縣林增志爲道義交

淮游草　佚

唐徵汝撰爲通判時運糧至淮作

寒山集

邱今芳撰今芳號蓮石年十三補諸生十四食餼性曠達耽詩酒怡情騷雅著寒山集應順治五年貢

百合山房詩集四卷

張達仔撰達仔瀟洒嗜古愛丫髻雪峰之勝讓美田宅於諸弟自居百合山中購父遺書寢饋其中頹垣蔬食晏如也

留雲堂詩集

宋日眉撰日眉嗜古博學澹然於世惟以讀書爲樂詩其最著者

燕游草　蜀游草

王祁垣撰祁垣字紫階康熙丙午舉人嘗講學心山出授彭水令有善政所著在燕蜀爲多

金紫軒詩集二卷

徐美大撰美大字亦八號石峰康熙丙戌進士考中

書未任而卒

禿崑子傳

李應泰撰應泰明諸生後謝去娛情書酒書觀大畧酒盡數斗不醉著述以習靜爲宗下筆兀傲不可繩以法自謂禿崑子傳亦可想見其爲人

秘園集

龔　璋撰璋字玉特康熙壬子舉人官黄安教諭工詩古文詞

涉園集　鴻爪吟　柏堂草

宋希若撰

挹泉軒詩集

盧逢垣撰

疏稿三條

馬之鵬撰之鵬才學充贍工詩古文詞詩選入別裁文登寶善集一時傳誦疏稿其最著也

皜菴制義二卷

曾濯聖撰濯聖字皜菴康熙辛卯舉人工時文選入質疑集韓菼謂其於聖賢語意確有發明

蓼灘詩鈔二卷

李　標撰

洪川制藝二卷　詩集一卷

祝其香撰

洞然齋集二卷

唐宗琳撰宗琳字子周少力學屢躓場屋乃放志林泉寄興詩酒王廷鴻序其集謂爲得心應手庶幾有道者

海嶽集四卷　白蕪詩集二卷　白蕪存稿二卷　靖州志七十二卷　通道縣志

張開東撰朱　珪序節錄附壬辰夏蒲圻張子白蕪訪古晉陽挽留四閱月讀其辭賦銘贊各體元氣渾成超越古人十月出雁門謁三皇墓吊青冢屢以劄請立碑予復書曰一片血忱金石不磨可感可敬見蒲坂舜廟頹圮其請如前語語出於至誠若己身必

不可已之事予因爲之新其廟立其碑并囑譔記與銘悉鐫諸石乙未入秦呈畢秋帆中丞諸劄求表護帝王陵寢將相祠墓計百餘處西京故物煥然一新較在三晉蓋廣且大也又訪姬姓之後尋橫渠之裔請秋帆奏於

朝

天子嘉其議俱襲五經博士戊戌楚中大荒白蕪輿衣遠糴分給族里又作救荒急論勸有力者捐貲濟饑民全活無算此白蕪之文有關於世道事功者也

靖州志自序節錄附夫援引經史所以取正也參衡衆說所以通變也遵會典所以明

王章也詳學校文廟所以敦禮而崇道也著武備所以安邦國也釐正祀典所以型俗也綜時代記治忽愼去取別漢茁所以存賓也叩之寂寞以求其聲窺之幽渺以測其象所以闡微也志綱凡十有六目二十有四表一州縣城池公署及文廟殿廡木主位次與禮器樂器拜壇舞位之圖共六十有四傳八十有五卷凡七十有二

夢華樓稿二卷

張開楙撰開楙字伯翹一字還亭生而俊穎書過眼如夙讀十一列邑庠十五舉於鄉充咸安宮教習任石首諭旋黜歸隱居雲洞之坡築夢華樓貯書萬卷

所著文稿縋幽梯險可傳可法卒年六十有九節錄許兆椿傳子兆衞字薇軒著有循繩集六卷

芙峯存稿二卷

潘星文撰星文字子斌乾隆癸酉拔貢甲戌攜其稿北上七年卒於燕邸文盡散失其嗣搜遺篋彙存之友人蕭內史為付梓

樸園詩草

張宗白撰

易經口義　五經條纂　四書口義　雪窗拾遺

朱修撰

嘯餘草二卷

張兆接撰接字梧阜號鳳來性孝友訓子弟有法

對山詩鈔六卷

張兆安撰兆安歷仕晉豫楚南政暇輒撫卷吟咏積久成帙秋闈分校句云同是箇中辛苦出莫將顢頇負平生涖滑縣任句云上官莫恠催科拙拙吏從來不為名

琴心閣古文二卷時文二卷詩集一卷竟陵集一卷

敖一瓚撰

易經經傳八卷

賀自莘撰

留心集二卷

賀運价撰運价字人藩留心名教取日用世故彙為三十九條質切言之

貞恒集二十二卷

覃文榜撰文榜字覲川究心聖賢語錄能文善病有送病文附嗟哉造化甚無我苦也降此厲疾不為不久也神明內閑靈虛之府也宰制物化而不可紐也火中之龍水中之虎也嬰兒姹女上下交濟而不可阻也焦膻之內厥名膏肓也將軍作佐謀斷皇皇右主相導治節斯張也倉廩之官建位乎中州而不可戕也七門三海九竅百節呼吸運行而不可傷也嗟哉造化乎將奚以為禳也將禳之以青蓮之蔡乎朽

甲而不靈也將禳之以緜野之蓍乎枯莖而不可憑
也將禳之以桑田之巫范邑之史乎鬼物而不敢欺
也抑禳之以洗榔之鍼剖胸之劍乎駭絶險恠而予
不忍爲也維茲靈樞秘籥丹竈浮烟杏林吐蕊橘井
飛泉刀圭竹節赤芝紫丸凝機元牝煉性蒲團靜中
宴息精神內守發明耳目淸虛臟腑庶幾保形骸於
不朽也又復佩服格言恪遵矩矱悠游禮法之場沉
潛仁義之藪而後可以留[illegible]身於千古也嗟哉造化
予爲爾思予爲爾嚴也顏氏之髮爾爲之白也屈子
之容爾爲之黑也彭祖何功買生何尤跖也何恩殤
也何仇槌壁致元公之禱執手動宣聖之悲汲孺偪

卧乎淮陽杜公呻吟於浣溪嗟哉造化而竟不能無
私也昔爾之客於予也予固嘗厚以待甘旨之奉未
嘗缺於供也衣被之飾不敢不從其豐也今爾之辭
予而去也予亦當有以送之金玉乃富者之情而予
固安貧也車馬乃貴者之願而予固居賤也防盜禦
侮乃壯夫之匹而予又弱而寡力也爰遣之以歌曰
天地有心鬼神靈兮韶光荏苒產息勞兮和風翔洽
善氣蒸兮夭札不作疹疫泯兮鮐背齯齒與耄耋而
同羣兮送爾於南山之巔北海之濱兮慎毋爲厲於
善人兮

白泉遺稿二卷

廖世德撰

青峯文稿二卷

王桂國撰

青雲課草二卷

李　游撰

四書披雲六卷

魏　檑撰

竹軒詩草二卷

陳樹賢撰

西園文集二卷

廖昌達撰昌達字豁夫嘉慶辛酉舉人性孝友行端

正文亦醇雅

古村文集二卷

熊　駿撰

艮思堂詩集二卷

周順偶撰順偶字偉齋嘉慶乙亥貢讀書立品動不
過則文亦循循法度

紅雪山房詩集一卷

賀斐觀撰

纂修蒲圻縣志跋

乙未夏友人但晨陞傳焙比來爲頌　榕坡勞邑侯德政銘佩以之丙申冬復函寄　侯所修邑志披視數四誠良史家言竊維邑志缺修近百年矣邑先輩若魏杞山之經濟廖鳴吾之文章佇忠甫之忠烈馬文淵之才猷班班輩出史册彪炳惟此百年中忠臣孝子義夫節婦不絕於時不及此時表章而修明之勸獎無貸懲戒不及非細故也我　侯自蒞蒲以來長堤之築地爲驅水妖旱禱之誠天爲降甘澍弭盜則令肅萑蒲捕蝗則神畀変火文以邑文風未振建塔及觀瀾閣於馬鞍山凡關民瘼知無不爲今者邑志已成矣彰癉旌别必有

樹之風聲以爲作新撫者蒲人士當爭自磨濯力追先

輩典型以爲一邑光人庶幾我

侯修志之志也夫

賜進士出身

誥授奉直大夫禮部祠祭司主事軍機章京邑人馬鏖文謹

跋